2025 대한민국 미래 인사이트

# 2025 대한민국 미래 인사이트

© 에스오디, 창톡, 콘시토르, 딩치, AI오프너

초판 1쇄 • 2024년 10월 8일

지은이 • 에스오디, 창톡, 콘시토르, 딩치, AI오프너
펴낸이 • 김영재
마케팅 • 염시종, 고경표
편  집 • 김민주
디자인 • 홍성권, 김소미
제작처 • 책과6펜스
펴낸곳 • 주식회사 하이스트그로우
출판등록 • 2021년 5월 21일 제2021-000019호
이메일 • highest@highestbooks.com
ISBN • 979-11-93282-17-5 03320

# 2025 대한민국 미래 인사이트

## 혁신과 기회의 시대, 2025 글로벌 핵심 트렌드

덩치 · 콘시토르 · 에스오디 · AI오프너 · 창톡 지음

차례

# Chapter 1 부동산

# Chapter 2 테크, IT, 미래기술

# Chapter 3

# AI의 발전

# Chapter 4

# 자영업 트렌드

# Chapter 5

# 주식

# Chapter 1

## 덩치(변영빈)

대기업 차장, 작가, 실전 투자자 그리고 투자 멘토. 투자 시장도 결국 사람이 만들어가는 것이라는 철학으로 부동산 투자 현장을 지속적으로 멘티들과 진솔하게 소통하고 있는 멘토이자 수십차례의 부동산 계약 경험이 있는 찐 투자자. 경제·비즈니스 분야 네이버 인플루언서이면서, 『부동산 부자 노트(공저)』, 『부동산 투자, 이것만 알고 해라』 등을 집필하였다.

부동산 투자를 통해 얻은 지식과 경험을 블로그, 네이버 카페를 통해 꾸준히 기록하고 소통하고 있다.

# 부동산

# 혼돈의 부동산

## 전혀 혼란스럽지 않은 혼란스러운 부동산 시장

2024년 하반기에 들어선 지금 부동산 시장은 여전히 혼란스럽다. 같은 시장을 그리고 통계를 보고 있으면서도 해석은 각기 다르기 때문이다. 서울과 수도권 일부를 중심으로 강한 상승세가 나타나는 지역도 있는 반면 여전히 서울 수도권의 외곽 및 지방의 부동산 시장은 하락하고 있는 모습이 지속되고 있기 때문에 한국의 부동산 시장을 전반적으로 바라보거나 어느 지역을 중점으로 보냐에 따라 해석은 달라지기 때문이다. 따라서 이러한 시장을 바라보는 우리는 혼란스러울 수밖에 없다.

주택이라는 것은 우리의 삶을 영위하는데 있어 반드시 필요한 의식주 중에 하나이기 때문에 내 집 마련을 하거나, 임차로 거주하는지를 반드시 선택해야 하기 때문이다. 그리고 비단 부동산 투자자뿐만 아니라 무주택자가 내 집 마련을 하는 것이라 할지라도 향후 주택 가격이 상승할 것인지 하락할 것인지는 매우 중요한 요소가 아닐 수 없는 것이다.

혹자는 무주택자가 내 집 마련을 하는 것은 언제나 옳다고 하지만 향후 집값이 하락할 것이 자명하다면 그때는 당연히 내 집 마련을 잠시 미루고 임차를 선택하는 것이 옳은 것이라 할 수 있을 것이다. 또한 우리가 부동산 시장을 바라보는데 있어 혼란스러운 이유는 소위 전문가라는 분들의 의견이 극명하게 엇갈리고 있기 때문이다.

누구는 상승기에 돌입했다고 하는 반면 또 그 누구는 지금의 상승은 데드 캣 바운스 현상(주가가 급락한 후 일시적으로 소폭 회복하는 현상)으로 결국 다시 폭락할 것이라고 주장하고 있는 상황이다. 심지어 지금의 상승이 거짓 상승이라고 주장하는 사람도 있다.

이렇게 혼란스러운 부동산 시장임에는 틀림없지만 부동산 시장을 둘러싸고 있는 상황들을 하나씩 뜯어본다면 전혀 혼란스러울 것이 없는 것 또한 사실이다. 언제나 그렇듯 부동산 시장은 우리에게 과거에 나타났던 현상을 그대로 다시 보여주고 있는 것도 있고 잘못된 정책에 따른 부작용을 보여주고 있는 것도 있기 때문이다. 그렇기에 부동산 시장의 트렌드를 파악하기 위해서는 과거의 현상과 원인을 정확하게 파악해야 하는 것이 중요하다. 언제나 그렇듯 시장은 시장에 참여하는 사람의 의해서 움직이는 것이기 때문이다. 따라서 가장 먼저 2022년에 나타났던 폭락의 정확한 원인이 무엇인지 확인해보고 현재 부동산 시장의 수요와 공급에 영향을 주고 있는 요인들을 살펴보고 난 이후 그에 따라 2025년에 나타날 부동산 트렌드를 전망해보자.

## 2022/2023년 부동산 폭락의 원인

먼저 살펴볼 것은 2022년 하반기부터 본격화된 '주택 폭락의 원인이 무엇인가' 이다. 물론 폭락은 여러가지 요소가 복합적으로 작용하여 나타난 현상이지만 결정적인 역할을 한 것이 있을 것이고 그것을 정확하게 파악해야 현재 부동산 시장에 나타나는 현상들을 왜곡 없이 진단할 수 있는 것이다. 그렇다면 2022년에 찾아온 부동산 폭락의 정확한 원인은 무엇이었을까?

## 아파트 거래량

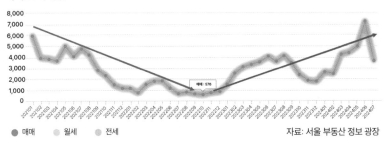

● 매매  ● 월세  ● 전세

자료: 서울 부동산 정보 광장

위의 그래프는 서울 부동산 정보광장에서 볼 수 있는 서울시 아파트 거래량의 추이다. 2021년 1월부터 2024년 7월까지의 흐름을 볼 수 있는데 2022년 10월에 월별 거래량이 576건으로 최저치를 찍은 뒤 서서히 상승하고 있다는 것을 알 수 있다. 즉, 큰 흐름으로 보면 서울시 아파트 거래량은 2022년 10월에 하락의 흐름에서 상승의 흐름으로 전환되었던 것이다.

## 지역별 아파트 실거래가 지수

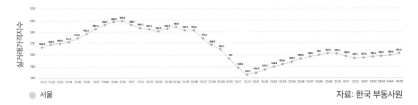

● 서울

자료: 한국 부동산원

부동산

거래량이 감소한다고 해서 그것이 곧 가격의 하락을 의미하지는 않는다. 위의 그래프는 한국 부동산원에서 볼 수 있는 서울 아파트의 실거래가 지수인데 정확히 21년 10월을 고점으로 하락하기 시작했다는 것을 알 수 있다. 거래량 그래프를 다시 보면 21년 8월이후 거래량이 급감하는 모습을 보였기 때문에 그로부터 정확하게 2개월 후부터 가격이 하락한 것이다. 또한 거래량이 최저치를 보인 월이 바로 22년 10월이다. 그리고 거래량은 반등하기 시작했다.

하지만 이때도 가격이 바로 반등한 것은 아니었다. 상승을 할 때도 2개월 후인 22년 10월부터였다는 공통점을 보인다. 그렇다면 무엇이 이렇게 거래량을 감소하게 만들었고 궁극적으로 매매 가격 하락까지 만들어낸 것일까? 다음을 그래프를 참고해보자.

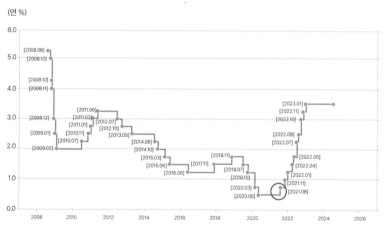

자료: 한국은행

물론, 여러가지 이유가 복합적으로 작용하겠지만 결정적인 원인 한가지를 꼽으라면 바로 기준금리의 인상이 그 주인공이라고 판단하고 있다. 위의 그래프는 한국은행에서 결정하는 기준금리의 추이이다.

여러가지 원인에 의해 등락을 반복하는 모습을 보이며, 많은 사람들이 기억하시는 것과 같이 코로나 팬데믹의 위기 극복을 위해 한국은행은 기준 금리를 0.5%까지 낮추었고 엄청난 돈을 시장에 풀었다. 흔히 말하는 유동성 장이 펼쳐졌던 것이다.

어마어마한 돈풀기는 코로나 팬데믹이라는 위기를 극복하는 원동력이 되었으나 그 이후 인플레이션이라는 엄청난 부작용이 발생하였고 여전히 끝나지 않고 있음을 알고 있을 것이다.

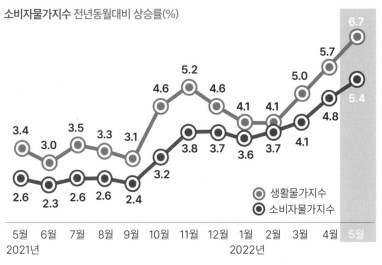

**소비자물가지수** 전년동월대비 상승률(%)

◎ 생활물가지수
◉ 소비자물가지수

| | 5월 2021년 | 6월 | 7월 | 8월 | 9월 | 10월 | 11월 | 12월 | 1월 2022년 | 2월 | 3월 | 4월 | 5월 |

자료: 통계청

부동산

당시 생활물가지수와 소비자물가지수를 보면 왼쪽의 그래프와 같이 2021년 10월부터 크게 상승하기 시작했다. 따라서 한국은행은 물가와의 전쟁을 치르게 된 것이다.

0.5%까지 낮아졌던 기준금리는 2021년 8월에 결국 0.75%로 인상하게 된 것이다. 이는 이제 제로금리 시대는 끝났다는 것을 시장에 선포한 것으로 비단 부동산 시장뿐 아니라 각종 투자 시장에 참여하고 있는 사람들의 심리에 엄청나게 영향을 끼친 사건이다. 아울러 하루가 멀다 하고 단기간에 끌어올린 기준 금리로 인해 투자 시장에 참여하고 있는 사람들의 심리는 그 어느때보다도 빠르게 냉각되었음을 똑똑히 기억해야 할 것이다.

한국은행은 코로나 팬데믹 이후 2021년 8월에 최초로 기준금리를 0.25%를 올린 이후 11월에 연속으로 0.25%를 올리면서 기준 금리의 인상이 계속될 것임을 밝혔고 실제로 2023년 1월까지 두번의 빅 스텝(0.5%) 인상을 포함하여 10번 연속 기준금리 인상을 단행했다. 이는 부동산 시장에 엄청난 충격을 주었고 그 충격은 아래의 가격 지수 변동률에 고스란히 기록되어 있다.

다음 그래프는 한국 부동산원 월별 전국 주택 가격 동향에서 볼 수 있는 주택 매매 거래량 및 가격 지수 변동률이다. 왼쪽부터 차례대로 전국, 수도권, 지방 그리고 서울 지역의 변동률을 볼 수 있는 데 큰 흐름은 거의 똑같다고 해도 과언이 아니다.

21년 말부터 등락을 반복하던 가격은 2022년 하반기부터 본격적으로 하락하기 시작하여 2022년 말 그리고 2023년 초에 큰 충격을 받은

## 전국 주택 매매 거래량 및 가격지수 변동률
The Whole Country Transaction and Sales Price Index Change

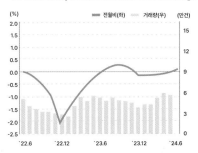

## 수도권 주택 매매 거래량 및 가격지수 변동률
Seoul Metropolitan Area Transaction and Sales Price Index Change

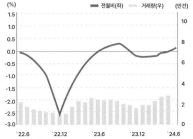

## 지방 주택 매매 거래량 및 가격지수 변동률
Non-Seoul Metropolitan Area Transaction and Sales Price Index Change

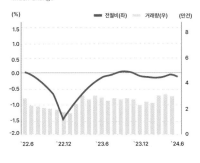

## 서울 주택 매매 거래량 및 가격지수 변동률
Seoul Transaction and Sales Price Index Change

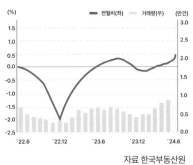

자료 한국부동산원

것과 같은 폭락이 나타났고 그 이후 빠르게 제자리를 찾아가는 듯한 그 래프의 모양이 나타난 것이다. 이러한 매매 가격의 하락은 금리로 인해서 발생한 것이라고 말할 수 있는 근거는 무엇일까? 전 정부에서부터 이어져 온 무수히 많은 규제 때문이라고 주장하는 여론도 많다는 것을 잘 알고 있다. 물론 앞서 언급했던 바와 같이 부동산 시장에서의 가격은 그 어느 한가지 요인에 의해 작동되지 않으므로 켜켜이 쌓여있던 규제로

부동산

인해 하락한 것도 틀린 의견은 아니다.

하지만 급격한 기준금리의 인상이 부동산 시장에서 하락을 만들어 냈다는 근거는 바로 다음과 같다.

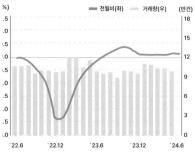

### 전국 주택 전세 거래량 및 가격지수 변동률
The Whole Country Transaction and Jeonse Price Index Change

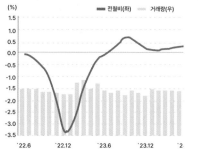

### 수도권 주택전세 거래량 및 가격지수 변동률
Seoul Metropolitan Area Transaction and Jeonse Price Index Change

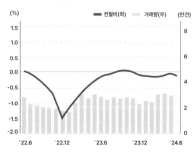

### 지방 주택전세 거래량 및 가격지수 변동률
Non-Seoul Metropolitan Area Transaction and Jeonse Price Index Change

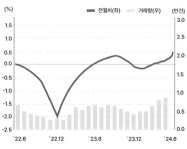

### 서울 주택전세 거래량 및 가격지수 변동률
Seoul Transaction and Jeonse Price Index Change

자료 한국부동산원

앞의 그래프는 전국 주택 전세 가격 동향이다. 마치 앞서 살펴보았던 매매 가격 지수 변동률이랑 혼동될 정도로 비슷한 모양임을 알 수 있다. 즉, 기준금리의 급격한 인상은 매매 가격의 하락뿐 아니라 전세 가격까지 동반하여 하락을 이끌어낸 것이다. 하지만 자세히 살펴보면 전세 가격의 하락폭이 매매 가격의 하락폭보다 더 컸다는 것을 알 수 있다.

과거 부동산 시장의 모습을 살펴보면 매매 가격이 하락할 때에는 사람들이 매매 보다는 전세를 선택하게 되어 매매 가격은 하락, 전세 가격은 상승하는 패턴을 보여왔던 것이 사실이다. 하지만 2022년과 2023년에 나타난 폭락은 매매 가격뿐 아니라 전세 가격까지 동반하여 나타났기 때문에 이는 금리의 인상이 결정적이었다고 판단하게 만드는 것이다.

전세는 투자가 아닌 실거주를 목적으로 하는 것이기 때문에 전세 가격의 하락은 시장에 많은 공급이 나타날 때 또는 이때와 같이 금리가 급격히 상승할 때를 제외하고는 나타나기 어려운 것이다. 하지만 당시에는 전국적으로 공급이 많은 때가 아니었기에 금리가 결정적인 원인이었다고 말할 수 있다. 예전과 달리 전세도 이제는 대부분의 사람들이 대출을 활용하기 때문에 전세 시장도 금리의 영향을 많이 받게 되는 것이다.

이렇게 매매 가격과 전세 가격이 동시에 폭락하던 당시 사람들은 주택 시장에서 무엇을 선택했을까?

**2011~2023년 1~6월, 서울 주택 전월세 거래량** 　　　　　주택(단독·다세대·연립주택·아파트)

전세

69.7%　68.6%　71.1%　63.3%　59.0%　54.7%　57.2%　60.5%　61.6%　62.4%　57.9%　50.8%　51.1%　48.9%

월세

30.3%　31.4%　28.9%　36.7%　41.0%　45.3%　42.8%　39.5%　38.4%　37.6%　41.1%　49.2%

2011　2012　2013　2014　2015　2016　2017　2018　2019　2020　2021　2022　2023

자료: 서울부동산정보광장(2023년 7월 25일 기준)

　　위의 그래프는 서울 주택의 전월세 거래량 추이를 보여주고 있다. 일반적으로 많은 분들이 임차를 고민할 때 월세보다는 전세를 먼저 고려하는 것이 일반적이고 위의 전월세 거래량 추이를 보더라도 그동안 많은 사람들이 월세보다는 전세를 선호했다는 것을 알 수 있다. 하지만 2021년 8월부터 시작된 기준 금리의 급격한 인상으로 인해 대출 이자에 대한 부담이 가중되자 사람들은 이렇게 월세 시장으로 발길을 돌렸던 것이다. 등 떠밀려 나갔다는 표현이 어쩌면 더 정확한 표현일지도 모른다. 2022년부터는 임차시장에서 월세 거래가 전세 거래를 넘어서는 일이 벌어졌으니 말이다.

　　이는 월세 가격에서도 확연하게 확인할 수 있다. 왼쪽의 주택 월세 가격 지수 변동률을 살펴보면 앞서 살펴본 매매 가격 지수, 전세 가격 지수 변동률과 비슷한 모양을 보이고 있지만, 실제 변동률을 자세히 살펴보면 수치는 엄청난 차이를 보이고 있다는 것을 알 수 있다.

## 전국 주택월세 거래량 및 가격지수 변동률
The Whole Country Transaction and Monthly Rent Index Change

## 수도권 주택월세 거래량 및 가격지수 변동률
Seoul Metropolitan Area Transaction and Monthly Rent Index Change

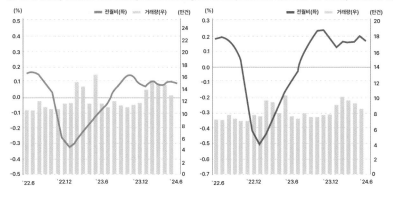

## 지방 주택월세 거래량 및 가격지수 변동률
Non-Seoul Metropolitan Area Transaction and Monthly Rent Index Change

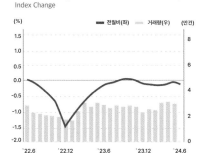

## 서울 주택월세 거래량 및 가격지수 변동률
Seoul Transaction and Monthly Rent Index Change

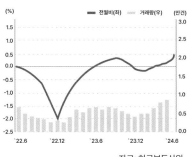

자료: 한국부동산원

전국 주택 매매 가격 변동률은 가장 많이 하락했을 때가 2% 정도 였고 전세 가격은 2.5% 임에 반해 월세 가격은 0.3%를 조금 웃도는 수 치이기 때문이다. 따라서 기준 금리의 급격한 인상은 많은 사람들에게 대출 이자에 대한 부담을 안겨주었고 그렇기 때문에 매매, 전세 시장에 서 월세 시장으로 발길을 돌리게 만들었다고 볼 수 있다.

부동산

그로 인해 매매 및 전세는 거래량이 급격히 줄어들었고 가격은 폭락을 하게 되었지만 월세는 이와 같은 기간에도 거의 하락하지 않았던 것이다.

실제 당시 부동산 시장의 모습을 묘사하면 다음과 같다. 전세 시장 만기가 돌아온 주택의 집주인은 다시 전세를 맞추기 위해서 부동산에 내놓는다. 그런데 시간이 흘러도 집을 보러 오는 사람이 없다. 당시 부동산 중개사분들의 말을 빌리면 부동산에 개미 새끼 한 마리도 오지 않는다는 말이 생겨날 정도였다. 심지어 주말과 휴일에도 말이다. 집주인들은 다급해지기 시작하였고 전세 보증금을 낮추기 시작한다. 그리고 집주인들 간에 보증금 낮추기 경쟁이 일어난다. 하루가 다르게 최저가격이 바뀔 정도였으니까 말이다.

하지만 그래도 전세를 찾는 사람은 없었고 급기야 집주인들은 매물 던지기를 시작한다. 지역별 단지별 차이는 있지만, 반값 매물을 찾는 것이 그리 어렵지 않은 시기가 바로 2022년 말/2023년 초의 모습이었던 것이다.

이렇게 기준 금리의 급격한 인상은 시장에서 매매 가격과 전세 가격을 동시에 폭락시킨 주범이다.

## 현재 금리의 모습

이제 2022년에 발생한 폭락의 원인이 금리였다는 것에 동의하실 것이다. 그렇다면 현재 부동산 시장을 이해함에 있어 금리의 추이를 살펴보는 것은 중요하다. 2024년 하반기에 진입한 지금 금리는 과연 어떠한 모습을 하고 있을까?

은행의 혼합, 주기형 주택담보대출 금리에 연동된 금융채 5년물 무보증(AAA) 금리는 왼쪽의 그래프와 같이 하락하고 있는 모습을 보이고 있다. 그에 따라 주요 은행의 주택담보대출 금리 하단은 계속해서 내려가고 있는 상황이다.

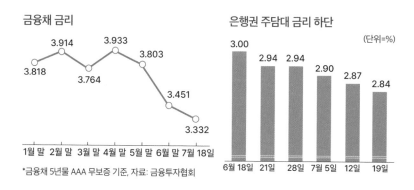

금융채 금리

3.818 · 3.914 · 3.764 · 3.933 · 3.803 · 3.451 · 3.332

1월 말 2월 말 3월 말 4월 말 5월 말 6월 말 7월 18일

*금융채 5년물 AAA 무보증 기준, 자료: 금융투자협회

은행권 주담대 금리 하단 (단위=%)

3.00 · 2.94 · 2.94 · 2.90 · 2.87 · 2.84

6월 18일 21일 28일 7월 5일 12일 19일

한때 7~8%까지 수직 상승했던 주택 담보 대출 금리는 이제 3% 대에서 받을 수 있는 상황이 되었다. 아직 한국은행의 기준 금리는 3.5%로 요지부동이지만 시장 대출 금리는 이렇게 시나브로 조금씩 떨어지고 있었던 것이다.

앞서 말씀드린 바와 같이 2022년 하반기부터 시작된 주택 가격 하락은 금리 인상이 결정적인 원인이라고 한 바가 있다. 2024년 들어서 다시 주택 가격이 상승하는 모습을 보이는 것도 이러한 금리의 움직임 때문이라 말할 수 있다.

또한 시장 대출 금리의 하락으로 가장 먼저 반응한 것은 전세 가격이다. 따라서 서울 아파트 전세 가격은 1년 이상 지속적으로 상승하고 있는 것이다. 이토록 금리는 지금까지 부동산 시장에 가장 큰 영향을 주고 있는 주요 변수인 것이다. 계속 뒤로 밀리고 있지만 우리는 곧 기준 금리 인하를 맞이하게 될 것이다. 이 책이 세상에 나왔을 때에는 이미 기준 금리 인하가 되었을지도 모르는 일이다.

기준 금리의 인하는 계속해서 시장에 참여하는 사람들의 심리에 영향을 주게 될 것이고 향후 금리가 더욱더 낮아질 것이라는 기대는 사람들의 투자 성향을 좀 더 공격적으로 바꾸어 놓게 될 것이다. 그와 동시에 경기침체라는 용어도 등장할 것이며, 기준 금리의 인하가 경기 침체의 원인으로 작동하기 전에 선제적으로 단행되어야 한다고 생각하지만 그렇지 못할 경우 기준 금리의 인하가 곧 경기 침체를 의미하는 것이 되므로 투자 심리에는 악영향을 줄 것이다. 따라서 기준 금리의 인하가 곧 투자 시장의 상황을 긍정적으로 바꿔 놓는 것은 아니란 점을 명심해야 한다. 하지만 어쨌든 부동산 시장에 있어 금리의 영향은 점차 줄어들고 있는 것만큼은 사실이다.

그렇다면 2025년 부동산 시장 트렌드를 결정할 요소들은 무엇이 있을까?

## 부동산 시장에 적용되고 있는 규제들

현재 부동산 시장에 영향을 주고 있는 요인을 살펴봄에 있어 규제를 빼놓아서는 안 된다. 정부가 어떠한 정책을 펼치는가에 따라 수요와 공급에 엄청난 영향을 미치게 되기 때문이다. 아래의 이미지는 전 정부에서 내놓았던 굵직한 부동산 대책들을 요약한 것이다.

왜 전 정부에서 내놓았던 부동산 규제들을 살펴보는 것일까?

현 정부 들어서 각종 부동산 규제를 완화하는 정책을 펼치고 있지만 여전히 부동산 시장을 둘러싼 규제들은 전 정부와 크게 바뀐 것이 없기 때문이다.

정부 정책은 부동산 시장의 수요와 공급에 큰 영향을 준다고 하였으므로 이를 살펴보는 것은 향후 트렌드를 전망하는데 있어 매우 중요하다.

표를 살펴보면 대출관련 규제, 세금 관련 규제 그리고 공급을 위한 대책들이 다양하게 발표되었음을 알 수 있다.

이렇게 전 정부에서 켜켜이 쌓인 규제들은 여전히 지금도 부동산 시장을 감싸고 있는 것이 대부분이다. 따라서 지금부터는 현재 부동산 시장에 크게 영향을 주고 있는 요소들을 살펴보며 그에 따라 어떠한 현상이 나타나게 될 것인지에 대해서 분석해보도록 하겠다.

# 문재인 정부 부동산대책 일지

## 2017년

| 대책 | 날짜 | 내용 |
|---|---|---|
| 6·19 대책 | 6월 19일 | 조정대상 지역 추가지정. 서울 전역 분양권 전매금지 |
| 8·2 대책 | 8월 2일 | 투기지역·투기과열지구 지정, LTV DTI 금융규제 강화 |
| 10·24 가계부채종합대책 | 10월 24일 | 신DTI SDR 조기도입, 상업용 부동산 규제 강화 |
| 주거복지로드맵 | 11월 29일 | 신혼희망타운 7만 호 공급 계획 발표 |
| 임대 주택등록 활성화 | 12월 13일 | 양도세, 종부세 등 세제혜택 통한 임대주택 등록 활성화 |

## 2018년

| 대책 | 날짜 | 내용 |
|---|---|---|
| 재건축 안전진단 강화 | 2월 20일 | 안전진단 구조안전성 비중 강화 |
| 신혼·청년 주거지원 | 7월 5일 | 신혼 희망타운 10만 호로 확대, 청년우대형 청약통장 |
| 8·27 대책 | 8월 27일 | 서울 종로구 중구 동대문구 동작구 투기지역 추가지정 |
| 9·13 대책 | 9월 13일 | 조정대상지역 2주택 이상 보유시 종부세율 최고 3.2% |
| 수도권 주택공급계획 | 9월 21일 | 미니신도시 등 수도권 공공택지 30만 호 공급 |
| 3기 신도시 1차분 발표 | 12월 19일 | 남양주 왕숙, 하남 교산, 인천 계양 등 신도시 지정 |

## 2019년

| 대책 | 날짜 | 내용 |
|---|---|---|
| 등록임대주택 관리 | 1월 9일 | 임대료 제한 5% 위반 시 과태료 최대 3000만원 |
| 주거종합계획 | 4월 23일 | 재개발 임대주택 의무비율 최대 30%까지 상향 |
| 3기 신도시 2차분 발표 | 5월 7일 | 고양 창릉, 부천 대장 등 신도시 지정 |
| 민간 분양가 상한제 발표 | 8월 12일 | 5년만에 민간 분양가 상한제 부활, 지정요건 설정 |
| 10·1 대책 | 10월 1일 | 분양가 상한제 6개월 유예 |
| 민간 분양가 상한제 적용 | 11월 6일 | 서울 27개동 민간택지 분양가 상한제 지정 |
| 12·16 대책 | 12월 16일 | 15억원 초과 두택담보대출 전면 금지 |

## 2020년

| 대책 | 날짜 | 내용 |
|---|---|---|
| 2·20 대책 | 2월 20일 | 수원 영통, 장안구, 안양 만안군, 의왕시 등 조정대상지역 추가지정 |
| 5·6 대책 | 5월 6일 | 용산정비창 등 개발계획 발표, 3기 신도시 일부 사전청약 |
| 6·17 대책 | 6월 17일 | "법인 과세체계 정비, 토지거래허가구역 지정 수도권 대부분 조정대상지역 지정" |
| 7·10 대책 | 7월 10일 | "주택임대사업자 폐지, 다주택자 종부세율 최대 6%까지 상승, 취득세 최대 12%까지 상승" |
| 8·4 대책 | 8월 4일 | 태릉골프장 용산캠프킴 등 신규택지 발굴, 공공재건축 재개발 활성화 |
| 서민·중산층 주거안정지원방안 | 11월 19일 | 2022년까지 11만 4000가구 공공임대 형태료 공급 |

2025 대한민국 미래 인사이트

# 세금

부동산 규제에 있어 정부가 사용할 수 있는 가장 강력한 것이 바로 세금이다. 부동산에 있어 세금은 취득 단계에서 부과되는 취득세, 보유 단계에서 부과되는 보유세(재산세, 종합부동산세) 그리고 매도 단계에서 부과되는 양도소득세(이하 양도세)로 나눌 수 있다.

각각의 세금이 어떻게 부과되는지를 살펴보고 부동산에 어떠한 영향을 끼치고 있는지 그에 따라 향후 부동산 시장은 어떠한 모습으로 나타나게 될지에 대해서 알아보자.


## 취득세

취득세는 말 그대로 부동산을 구입할 때 부과되는 세금을 말한다. 이는 지방세로서 구입하는 아파트의 가격에 따라 세액이 다음과 같이 구분되어 있다.

| 과세표준 | | 취득세 | 지방교육세 | 농어촌특별세 |
|---|---|---|---|---|
| 6억원 이하 | | 1.0% | 0.1% | 전용면적<br>85㎡ 초과 시<br>0.2% 과세 |
| 6억원 초과<br>9억원 이하 | 6.5억원 | 1.3% | 0.1%~0.3% | |
| | 7억원 | 1.7% | | |
| | 7.5억원 | 2.0% | | |
| | 8억원 | 2.33% | | |
| | 8.5억원 | 2.67% | | |
| | 9억원 | 3.0% | | |
| 9억원 초과 | | 3.0% | 3.0% | 0.3% |
| 원시취득(신축), 상속* | | 2.8% | 2.8% | 0.16% | 0.2% |
| 무상취득(증여) | | 3.5% | 3.5% | 0.3% | 0.2% |

앞의 표는 주택을 취득할 때 적용되는 취득세 표준 세율이다.

가격에 따라 그리고 면적에 따라 1%에서 3%까지 부과되고 지방교육세 및 농어촌특별세가 추가되는 구조로 되어있다.

**현행 다주택자에 대한 취득세 중과 세율**

| 구분 | 1주택 | 2주택 | 3주택 | 4주택이상 · 법인 |
|---|---|---|---|---|
| 조정대상지역 | 1~3% | 8% | 12% | 12% |
| 非조정대상지역 | 1~3% | 1~3% | 8% | 12% |

**예1** 1주택 보유자가 조정대상지역에서 거래가격 **3억원** 주택을 추가로 취득하면 납부세액이 2,700원임 (일반세율 적용 시 390만원)

*전용면적 85㎡ 초과

**예2** 1주택 보유자가 조정대상지역에서 거래가격 **7.5억원** 주택을 추가로 취득하면 납부세액이 6,750만원임 (일반세율 적용 시 1,800만 원)

*전용면적 85㎡ 초과

오피스텔과 같은 비 주택의 경우는 4.6%의 단일세율이 적용된다. 그런데 문재인 정부에서 집값이 급등하는 모습이 계속 보이자 2020년 7·10 대책을 통해 취득세 중과를 발표하게 된다.

표는 2020년 문재인 정부에서 발표한 취득세 중과 세율이다. 주택 소유 및 주택이 위치한 지역이 조정지역인지 여부에 따라 1~3% 였던 취득세율을 1~12%까지 대폭 상승시켜버렸다. 따라서 2020년 7·10 대책은 부동산 시장에 다주택자의 유입을 원천적으로 차단하는 효과를 불러 일으켰다. 12%의 취득세를 납부하면서까지 주택을 구입하려는 사람은 많지 않을 것이기 때문이다. 따라서 이후 아파트 거래량은 서서히 줄어들게 된 것이다. 그렇다면 이 때부터 적용된 취득세 중과는 현 정부의 규제 완화 기조 속에 어떠한 모습을 하고 있을까?

## 취득세 중과 완화 방안

| 지역 | 1주택 | 2주택 | 3주택 | 4주택이상 · 법인 |
|---|---|---|---|---|
| 조정대상지역 | 1~3% | 8% → 1~3% | 12% → 6% | 12% → 6% |
| 非조정대상지역 | | 1~3% | 8% → 4% | 12% → 6% |

자료: 행정안전부

현 정부는 2022년 12월, 위의 표와 같이 취득세 중과 완화 방안을 발표하고 그 해 12월 21일 이후부터 거래되는 주택에 대해 소급 적용할 계획이라고 발표하였다. 중과 완화 방안을 살펴보면 2주택까지는 기본 취득세(1~3%)를 적용하고 3주택부터는 중과되는 취득세에서 정확하게 절반으로 줄여주는 것임을 알 수 있다. 하지만 취득세 중과 완화안은 아직도 국회 문턱을 넘지 못하고 있다. 따라서 취득세 중과(1~12%)는 여전히 부동산 시장에 적용되고 있고 그로 인해 다주택자는 계속해서 시장에 참여하지 못하고 있다. 그렇다면 이로 인해 앞으로 부동산 시장에 어떠한 영향을 주게 될까? 보유세, 양도세까지 함께 알아본 후 종합적으로 파악해보자.

## 보유세

보유세에는 크게 재산세와 종합부동산세(이하 종부세)가 있다. 이 두가지 세금 모두 부과 기준일은 6월 1일이다. 따라서 6월 1일 기준 해당 부동산을 보유하고 있는 명의자에게 세금이 부과되는 것이다. 먼저 재산세

주택

| 과표 | 표준 세율<br>(공시가 9억원 초과 ·<br>다주택자 · 법인) | 특례 세율<br>(공시가 9억원 이하<br>1주택자) |
|---|---|---|
| 0.6억원 이하 | 0.1% | 0.05% |
| 0.6억원 초과 ~ 1.5억원 이하 | 6.0만원 +<br>0.6억원 초과분의 0.15% | 3.0만원 +<br>0.6억원 초과분의 0.1% |
| 1.5억원 초과 ~ 3억원 이하 | 19.5만원 +<br>1.5억원 초과분의 0.25% | 12.0만원 +<br>1.5억원 초과분의 0.2% |
| 3억원 초과 ~ 5.4억원 이하 | 57.0만원 +<br>3.0억원 초과분의 0.4% | 42.0만원 +<br>3.0억원 초과분의 0.35% |
| 5.4억원 초과 | | 미적용 |

를 살펴보면 다음과 같다.

재산세율은 표와 같다. 주택수에 따른 중과가 없는 유일한 세금이라고 할 수 있지만 1주택자에게는 특례 세율을 적용하기 때문에 이 또한 다주택자와 법인은 중과가 적용되고 있는 셈이다. 이렇게 적용되는 재산세는 세액의 1/2은 7·16~7·31에, 그리고 나머지 1/2은 9·16~9·30까지 주택 소재지 관할 시, 군, 구에 납부해야 한다.

부동산 세제에 있어 가장 말도 많고 탈도 많은 것이 바로 종부세다. 애초에 종부세는 부자세로 불릴 만큼 부자들에게만 적용되는 세금이라고 인식되었는데 전 정부에서 부동산 가격이 치솟게 되자 부과 대상자가 꾸준히 증가하였고, 급기야 2022년에는 약 120만명에게 부과가 된 세금이 되었다. 따라서 종부세 완화 이슈는 꾸준히 재기되어왔고 현 정부 들어서 우선적으로 공정시장가액 비율을 조정하여 종부세 완화 효과

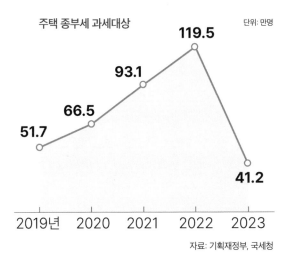

주택 종부세 과세대상

단위: 만명

51.7

66.5

93.1

119.5

41.2

2019년 2020 2021 2022 2023

자료: 기획재정부, 국세청

를 가져왔고 또한 공제금액을 상향하는 여야 합의로 인해 더욱더 종부세 완화 효과를 가져와 2023년에는 종부세 부과 대상자가 급감하게 된 것이다.

2023년 12월 여야는 종부세 공제 금액을 6억원에서 9억원으로 상향하였고 1가구 1주택자는 11억원에서 12억원으로, 그리고 2주택까지는 기본세율을 적용하는 것으로 합의하였다. 그렇다면 종부세 과세 표준 및 세율은 어떠한 모습일까?

종부세 과세 표준은 개인별 보유한 주택의 공시가격을 합산 한 후 공제 금액인 9억원(1세대 1주택자는 12억원)을 차감한 후 공정시장가액 비율을 곱하면 된다. 여기서 공정시장가액 비율은 해마다 정부가 결정하고 있으며 2022년 세 부담 완화를 위해 45%로 낮춘 이후 2024년까지

부동산

$$\{(\text{인별 주택 감면 후}^* \text{ 공시가격})-9억원^{**}\}×공정시장가액비율$$

*재산세 감면주택의 경우 감면비율만큼 공시가격에서 차감
*1세대1주택자는 12억원, 단일세율 적용 법인은 0원

유지되고 있다.

현재 적용되고 있는 종부세율은 다음과 같다.

| 과세표준 | 2주택 이하 | | | 3주택 이상 | | |
|---|---|---|---|---|---|---|
| | 개인 | | 법인 | 개인 | | 법인 |
| | 세율 | 누진공세 | | 세율 | 누진공세 | |
| 3억원 이해 | 0.5% | | | 0.5% | | |
| 6억원 이하 | 0.7% | 60만원 | | 0.7% | 60만원 | |
| 12억원 이하 | 1.0% | 240만원 | | 1.0% | 240만원 | |
| 25억원 이하 | 1.3% | 600만원 | 2.7% | 2.0% | 1,440만원 | 5% |
| 50억원 이하 | 1.5% | 1,100만원 | | 3.0% | 3,940만원 | |
| 94억원 이하 | 2.0% | 3,600만원 | | 4.0% | 8,940만원 | |
| 94억원 초과 | 2.7% | 10,180만원 | | 5.0% | 18,340만원 | |

여기서 유심히 살펴보아야 할 것은 바로 주택수에 따른 세율이 달라진다는 점이다. 앞서 언급한 바와 같이 2023년 여야의 합의로 2주택자까지는 기본세율이 적용되지만 법인과 3주택 이상 보유한 사람은 세율이 중과가 되고 있는 것이다.

따라서 앞서 살펴본 취득세와 마찬가지로 다주택자는 종부세도 중과가 되고 있다. 법인의 경우는 공제 금액이 적용되지 않기 때문에 그야말로 살인적인 종부세 부담을 안고 있다. 앞서 살펴본 취득세에서도 법

인은 주택수 및 조정 지역 여부와 상관없이 12%를 부과받기 때문에 법인이 주택을 매수 또는 보유하는 것은 사실상 원천 차단되었다고 해도 과언이 아니다. 이러한 세제 정책으로 인하여 부동산 시장은 어떠한 영향을 받게 되었을까? 우선 양도소득세까지 마저 살펴보도록 하자.

양도세

부동산 세금에서 마지막으로 살펴볼 것이 바로 양도소득세(이하 양도세)이다. 양도세는 주택의 양도 차익에 부과하는 세금으로 과세표준은 양도소득금액에서 기본 공제금(250만원)을 제외한 금액으로 정하게 되며 기본 세율은 다음과 같다.

과세 표준에 따라 기본세율은 6~45%까지 분포하고 있다. 양도세에서도 앞서 살펴본 세금과 마찬가지로 다주택자에 대한 중과세율이 존재하며 다음과 같다.

| 과세표준 | 기본 세율 | 누진공제액 |
|---|---|---|
| 1,400만원 이하 | 6% | - |
| 5,000만원 이하 | 15% | 126만원 |
| 8,800만원 이하 | 24% | 576만원 |
| 1.5억원 이하 | 35% | 1,544만원 |
| 3억원 이하 | 38% | 1,994만원 |
| 5억원 이하 | 40% | 2,594만원 |
| 10억원 이하 | 42% | 3,594만원 |
| 10억원 초과 | 45% | 6,594만원 |

부동산

| 구분 | | 세율 | |
|---|---|---|---|
| | | 21.5.31.까지 | 21.6.1. 이후 |
| 조정대상지역 소재 주택 | 2주택자 | 기본세율 + 10% | 기본세율 + 20% |
| | 3주택 이상자 | 기본세율 + 20% | 기본세율 + 30% |
| | 분양권 | 50% | 1년 미만 : 70%<br>1년 이상 : 60%<br>(조정대상지역 내 · 외<br>구분없음) |
| 주택 보유기간별 | 1년 미만 보유<br>주택 · 조합원입주권 | 40% | 70% |
| | 1년 이상 2년 미만<br>주택 · 조합원입주권 | 기본세율 | 60% |
| | 2년 이상<br>주택 · 조합원입주권 | 기본세율 | 기본세율 |
| | 미등기 양도주택 | 70% | 70% |

양도세 중과세율을 살펴보면 우선 조정대상 지역에서 다주택자는 2주택자일 경우 현재 20~30%를 중과하는 것으로 되어 있고 분양권과 입주권의 경우는 최대 70%까지 세율이 올라가게 된다. 따라서 과세표준이 1억원일 경우 2주택자는 55%의 양도세를 즉 5,500만원을 납부해야 하는 것이고 3주택자의 경우는 65%인 6,500만원을 양도세로 납부해야 하는 것이다.

물론 이는 조정대상지역에 소재하는 주택에 대해서 과세되는 세금으로 현재 대한민국에서 조정지역은 강남 3구(강남구, 서초구, 송파구)와 용산구만이 해당되므로 그 외의 지역에 소재하는 주택 매도시에는 중과가 되지 않는다. 또한 현 정부 들어서 보유기간이 2년 이상인 조정대상지역 내 주택을 매도시에는 양도세 중과를 한시적으로 배제(25년 5월 9일까지)하는 조치를 취하고 있으므로 역시 중과가 되고 있는 것은 아니다.

하지만 한시적으로 중과 배제가 되고 있는 것이기에 양도세 역시 앞서 살펴본 취득세 그리고 종부세와 마찬가지로 주택수에 따른 중과가 유지되고 있다. 이는 부동산 시장에 어떠한 영향을 주고 있을까?

부동산에 관심이 있는 분이라면 한 번은 '똑똑한 한 채'라는 용어를 들어보았을 것이다. 이는 이제 하나의 트렌드로 자리잡았다고 해도 과언이 아니다. 앞서 살펴본 부동산관련 세제가 모두 여러 채의 주택을 소유한, 즉 다주택자에게 중과하는 방향으로 설계되어 있기 때문에 자연스럽게 시장에 참여하는 사람들은 여러 채의 주택을 소유하는 것 보다는 가장 좋은 입지에, 가장 좋은 주택 한 채를 보유하는 것으로 생각을 전환하게 된 것이다.

이러한 '똑똑한 한 채' 전략은 어떠한 부작용을 만들어내고 있을까?

다소유지수라는 용어에 대한 이해가 필요하다. 이는 아파트, 연립주택, 다세대주택, 오피스텔 등 집합건물을 소유한 사람 가운데 2채 이상을 가진 사람의 비율을 뜻하는 것으로 그래프와 같이 계속해서 상승하다가 앞서 언급한 바와 같이 다주택자의 진입을 사실상 금지시킨 7·10 대책(취득세 중과)이 발표된 이후 감소하기 시작하였다. 2020년 7월 16.7까지 올라갔던 다소유지수는 현재 16.4 정도까지 낮아진 상황인 것이다.

이는 주택을 소유한 100명중 16.4%가 2채 이상 소유했다는 의미로 2022년 기준 전체 가구 중 약 52.6%가 주택을 소유하고 있으므로 전

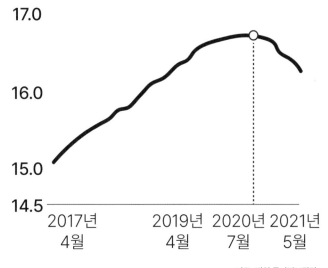

7·10 대책 이후 감소하는 다주택자

17.0

16.0

15.0

14.5

2017년 4월    2019년 4월    2020년 7월    2021년 5월

자료: 법원 등기정보광장

체 가구 중 약 9%가 다주택자라는 의미가 되는 것이다.

다주택자가 시장에서 줄어들면 어떠한 현상이 발생하게 될까?

다주택자가 줄어들고 있다는 것은 시장에 전월세로 나올 수 있는 주택이 절대적으로 줄어들고 있음을 의미한다. 따라서 다주택자에게 중과를 하는 세금 정책이 길어지면 길어질수록 시장에서 다주택자들은 점점 줄어들게 될 것이고 그것은 바로 임차로 나올 수 있는 물건의 감소를 의미하기에 전월세 가격은 상승 압박을 계속해서 받게 되는 것이다.

그렇기 때문에 금리의 영향권을 서서히 벗어난 부동산 시장에서 전세 가격이 가장 먼저 상승 반등을 하게 된 것이고 1년 이상 계속해서 상승을 유지하고 있는 이유가 여기에 있다. 다주택자를 줄이는 세제가 유지된다면 그리고 그 기간이 길어지면 길어질수록 전세 가격은 계속해서 상승 압박을 받게 될 것이다. 그리고 이러한 전세 가격의 상승은 결국 전세 수요를 매매 수요로 옮겨가게 한다는 점에서 매매 가격 또한 불안하게 만드는 요소가 되는 것이다. 이 또한 전문가들 사이에서 맞다 틀리다 논란이 많지만 다음의 자료를 함께 보며 알아보자.

앞의 그래프는 서울 아파트의 매매, 전세 그리고 월세 거래량 추이를 보여주고 있다. 빨간색 네모 안은 2021년 1월부터 23년 1/4분기까지의 거래량 추이인데 매매 거래량(빨간색)은 계속해서 줄어드는 모습이고 전세(파란색)는 증감을 반복하는 모습임에 반해 월세(녹색)는 증가하는 추세를 그리고 있다는 것을 알 수 있다.

이는 21년에는 매매 가격이 급등하는 모습을 보이자 많은 사람들이 추격 매수를 하기 보다는 임차 시장으로 발길을 돌렸다는 것을 알 수

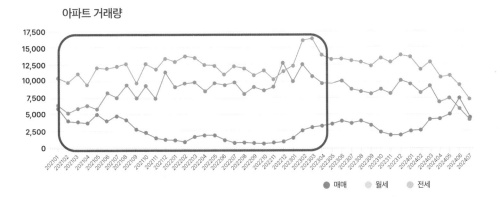

아파트 거래량

부동산

있으며, 22년 하반기에 나타난 매매와 전세의 동반 폭락 때에는 월세를 더욱더 많이 찾았다는 것을 알 수 있다. 그런데 2025년은 21년부터 4년 후가 되는 것이고 23년부터는 2년 후가 되는 해로 당시 임차 시장으로 발길을 돌렸던 수많은 사람들이 다시 부동산 시장에서 매매와 임차 사이에서 고민을 해야 하는 해가 되는 것이다. 따라서 이때 많은 사람들이 전월세보다는 매매를 선택하게 된다면 가격은 더욱 상승할 수밖에 없게 되는데, 이러한 현상은 2024년 하반기인 지금부터 아니 그 전부터 이미 나타나고 있는 것이다.

그래프의 오른쪽으로 갈수록 매매 거래량(빨간색)은 늘어나고 있고 전세 거래량(파란색)과 월세 거래량(녹색)은 줄어드는 모습을 보이고 있기 때문이다. 즉, 사람들이 임차시장에서 매매 시장으로 옮겨가고 있는 것이다.


규제지역

다음으로 살펴볼 것은 바로 규제 지역이다. 조정대상지역, 투기과열지구 그리고 투기지역으로 나뉘는 규제 지역은 문재인 정부에서 전국 대부분의 주요지역을 지정하여 오히려 지정되지 않은 지역은 정부에서도 버림받은 지역이라는 자조 섞인 목소리가 나올 정도였다.

규제 지역으로 지정이 되면 대출 및 세제에 있어 많은 규제가 적용되기 때문에 해당 지역내에 주택을 구입하는데 많은 제약이 생기게 된다. 규제지역으로 지정됨으로써 적용되는 규제들은 왼쪽의 이미지와 같다. 이렇게 지역을 규제하는 것은 규제 지역으로 지정하는 것 외에 또하나가 있다. 바로 토지거래허가제가 그것인데 이는 투기 수요 차단을

| 투기과열기구 | 조정대상지역 |
|---|---|
| **대출**<br><br>• 주택담보대출비율(LTV):<br>   9억원 이하 40%,<br>   9억원 초과 20%,<br>   15억원 초과 0%<br>• 총부채상환비율(DTI) 40% | • 주택담보대출비율(LTV):<br>   9억 이하 50%,<br>   9억 초과 30%<br>• 총부채상환비율(DTI) 50% |
| **세제**<br><br>- | • 2주택 이상자 취득세 중과<br>• 다주택자 양도소득세 중과<br>   장기보유특별공제 배제<br>• 2주택이상 보유자 종부세<br>   추가과세<br>• 1주택이상자 신규 취·등록<br>   임대주택 세제혜택 축소<br>   (양도세 중과, 종부세합산과세)<br>• 법인이 8년 장기 임대등록<br>   하는 주택 종부세 과세 |

목적으로 하고 있다.

  이러한 규제지역은 현 정부가 들어서면서 해제하기 시작하여 지금은 전국에서 서울 그것도 강남 3구와 용산구만이 적용되고 있다.

  뒤의 보도자료와 같이 현재 서울시에서는 강남구 압구정동, 영등포구 여의도동, 양천구 목동, 성동구 성수동의 재개발·재건축 단지와 송파구 잠실동, 강남구 삼성, 대치, 청담동등을 토지거래허가구역을 지정하여 관리하고 있다. 이렇게 규제 지역 및 토지거래허가구역으로 지정이 되면 대출 및 세제에 있어 여러가지 규제가 붙게 되는데 그중 가장크게 부작용이 발생할 소지가 있는 것은 바로 실거주를 할 수 있는 사람외에는 해당 지역의 주택을 매수할 수 없다는 것이다.

부동산

이는 투자 수요는 접근할 수 없다는 것을 의미하고 비단 투자 수요가 아니라 하더라도 일단 집을 매수하고 차후에 실거주를 할 계획이 있는 사람조차도 매수할 수 없음을 의미한다. 물론 규제지역의 경우는 매

자료제공 : 2024. 4. 17.(수)
이 보도자료는 배포 즉시 보도할 수 있습니다.

동해·매력
특별시 서울
SE♡UL
M!SO∪L

**보도자료**

| 담당 부서 : 도시공간본부 토지관리과 | 토지관리과장 | 이계문 | 02-2133-4660 |
| | 토지정책팀장 | 지미종 | 02-2133-4662 |

사진 없음 ■ 사진 있음 □    쪽수 : 1쪽

# 서울시, 주요 재건축단지 등(강남, 영등포, 양천, 성동) 토지거래허가구역 재지정
― 제5차 서울특별시 도시계획위원회 개최결과 ―

자료제공 : 2024. 6. 13.(목)
이 보도 자료는 배포 즉시 보도할 수 있습니다.

동해·매력
특별시 서울
SE♡UL
M!SO∪L

**보도자료**

| 담당 부서 : 도시공간본부 토지관리과 | 토지관리과장 | 이계문 | 02-2133-4660 |
| | 토지정책팀장 | 지미종 | 02-2133-4662 |

사진 없음 □ 사진 있음 ■    쪽수 : 4쪽

# 서울시, 잠실·삼성·대치·청담 일대 '토지거래허가구역' 재지정
- 국제교류복합지구 포함 송파구 잠실동, 강남구 삼성·대치·청담동 총 14.4㎢
- 토지거래허가구역 내 아파트 용도 한정 지정, 1년간 기간 연장
- 주거지역 6㎡, 상업지역 15㎡ 초과 아파트 용도 거래 시 구청장 허가

수 즉시 실거주를 해야 하는 것은 아니지만 보유기간내에 실거주 의무를 이행해야 한다.

이는 투기 수요를 차단하는 효과가 있을 수는 있으나 현재 서울시에서 규제 지역 및 토지거래허가구역으로 지정되어 있는 지역들이 바로 누구나 인정하는 최상급지라는 점에서 오히려 그 지역으로 올라가려는 사람들을 차단하려는 장벽으로 작용하고 있기에 문제가 있다고 판단하는 것이다.

투기 수요 차단이라는 목적도 다시 생각해 볼 필요가 있다. 이러한 지역들이 과연 규제 지역 및 토지거래허가구역으로 지정되어 있기 때문에 가격이 오르지 않았다고 할 수 있는가 아니면 덜 올랐다고 할 수 있는 것인가. 또한 규제 지역 및 토지거래허가구역으로 지정하지 않았다면 천정부지로 가격이 상승하게 되었을까?

이러한 규제들은 오히려 더 '똑똑한 한 채' 라는 심리를 강화하는 부작용을 낳고 있는 것이다.

## 인구수

부동산 시장을 살펴보는데 있어 인구수는 매우 중요하다. 그것 자체가 수요의 크기를 의미하기 때문이다. 하지만 안타깝게도 우리나라는 2020년에 약 5,183만명으로 인구수의 정점을 찍은 뒤 조금씩 줄어들고 있는 모습이다.

이는 전세계에서도 유례를 찾아 볼 수 없을 정도로 낮은 합계 출산율 때문인데 그래프와 같이 우리나라 합계 출산율은 2019년에 1명이 깨져 2024년에는 0.68명까지 내려갈 것이라고 전망하고 있다.

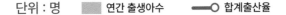

올해 합계출산율 전망치 0.68명

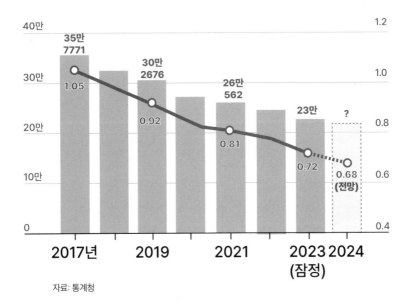

단위 : 명  █ 연간 출생아수  ─○─ 합계출산율

35만
7771
1.05

30만
2676
0.92

26만
562
0.81

23만
0.72

?
0.68
(전망)

2017년 2019 2021 2023 2024
(잠정)

자료: 통계청

　이로 인해 시간이 흐르면 흐를수록 우리나라 인구는 줄어들 수밖에 없게 되는 것이다. 따라서 많은 부동산 전문가들이 인구 감소를 이유를 들어 앞으로 부동산 가격은 하락할 수밖에 없을 것이라고 말한다.

　그렇다면 결국 인구 감소로 인하여 부동산 시장은 하락을 면하지 못하게 되는 것일까? 이러한 질문을 하게 되면 많은 사람들이 서울대 이야기를 한다. 학생수가 줄어들었다고 하여 서울대 경쟁률이 떨어지는 것은 아니라는 논리인 것이다. 하지만 그것은 부동산 시장에 있어 양극화를 설명할 때는 적절한 예가 될 수 있으나 주택 가격을 설명하는데 있어서는 적절하지는 않다.

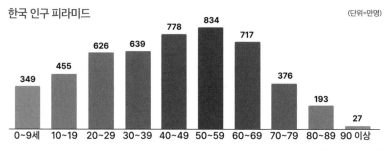

한국 인구 피라미드 (단위=만명)

| 0~9세 | 10~19 | 20~29 | 30~39 | 40~49 | 50~59 | 60~69 | 70~79 | 80~89 | 90 이상 |
|---|---|---|---|---|---|---|---|---|---|
| 349 | 455 | 626 | 639 | 778 | 834 | 717 | 376 | 193 | 27 |

2022년 기준. 자료: 통계청

인구 감소 문제를 해결하지 못하면 부동산 시장에도 엄청난 변화가 나타나게 될 것이고 결국 가격도 하락도 피하지 못할 것이다. 하지만 결론부터 말씀드리면 그러한 일이 당장 아니 최소한 10~20년안에 벌어지지는 않을 것이라고 판단하고 있다. 그 이유는 다음과 같다.

그래프를 보면 안타깝게도 연령이 낮아질수록 인구수가 줄어들고 있다는 것을 알 수 있다. 하지만 소위 에코부머 또는 에코베이비부머 세대라 불리는 베이비부머 세대의 자녀들이 포진되어 있는 20대와 30대는 여전히 600만명 이상의 인구가 있음을 알 수 있다.

해마다 60만명 이상이 태어난 세대인 것이다. 부동산 시장에 가장 적극적으로 참여할 수밖에 없는 연령대가 바로 이들이라는 점에서 향후 적어도 에코 베이비부머 세대인 이들이 부동산 시장에 참여하게 되는 10~20년 동안은 인구 감소라는 이유로 가격 하락이 나타나지는 않을 것이다.

이는 이미 시장에서 수치로도 증명되고 있다. 다음의 그래프는 서

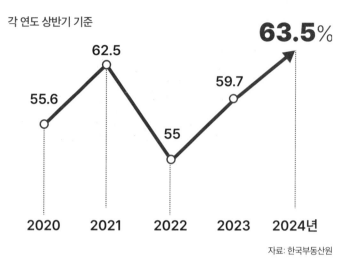

각 연도 상반기 기준

**63.5**%

62.5

59.7

55.6

55

2020     2021     2022     2023     2024년

자료: 한국부동산원

울 아파트 매매 거래 중 30~40대 비중을 보여주는 그래프인데 연도별 상반기 기준으로 보면 21년 가장 크게 상승했을 때 비중을 24년에 넘어 섰다는 것을 알 수 있다. 비중도 계속해서 증가하고 있는 모습을 볼 수 있다. 이처럼 여전히 많은 인구 비율을 보이고 있는 젊은 층이 있기에 적어도 인구 감소로 인해 부동산 가격이 하락하는 일은 당분간 나타나지 않을 것이다. 또한 인구 문제를 살펴볼 때 종합적으로 봐야 할 것이 있다. 바로 증가하고 있는 외국인 인구이다.

합계 출산율 저하로 인해 내국인의 인구가 감소하고 있는 것은 분명 사실이지만 국내로 유입되어 거주하는 외국인은 2023년 기준 약 194만명으로 코로나로 인해 2020년 이후 감소하다가 2022년이후 다시 증가하는 모습을 보이고 있다. 따라서 외국인까지 고려한 총 인구수는 2023년에 전년대비 0.2%(8만명) 증가한 수치를 보이고 있다.

**2023년 11월 1일 기준 총인구는 5,177만 명, 전년 대비 0.2%(8만 명) 증가**
내국인은 **4,984만 명(96.3%)**으로 전년 대비 10만 명(-0.2%) 감소
외국인은 **194만 명(3.7%)**으로 전년 대비 18만 명(10.4%) 증가

총인구 및 연평균 증감률

* T:전통적 방식(Traditional), R:등록센서스 방식(Register-based)

　전 세계에서 유례를 찾아보기 힘든 낮은 합계 출산율로 인해 인구가 감소하고 있고 또 그것으로 인해 주택 가격이 하락할 것이라는 논리는 동의하기 어렵다. 아니 그러한 현상이 나타난다 하더라도 적어도 당장의 문제는 아닐 것이다.

　그런데 인구와 관련된 부동산 문제는, 그래프와 같이 수도권의 인구는 계속해서 증가하는 흐름을 보이고 있다는 점이다. 지방에서도 중부권은 큰 변화가 없지만 영남권과 호남권은 확실히 인구가 계속해서 줄어들고 있는 모습을 보이고 있다.

　이는 현재 부동산 시장에서 보이고 있는 가격 흐름과 무관해 보이지 않는다. 서울과 수도권 일부에서 매매 가격 상승이 나타나는 이유가 여기에 있는 것이고 지방 시장은 여전히 암울한 전망이 많은 이유 또한 여기에 있는 것이다. 이러한 인구 분포로 인해 이미 서울/수도권과 지방 사이에 양극화 현상은 나타나고 있다.

부동산

## 권역별 인구

(단위: %)

| | '18 | '19 | '20 | '21 | '22 | '23 |
|---|---|---|---|---|---|---|
| 영남권 | 25.2 | 25.0 | 24.8 | 24.7 | 24.5 | 24.4 |
| 호남권 | 11.2 | 11.1 | 11.1 | 11.0 | 11.0 | 11.0 |
| 중부권 | 13.8 | 13.9 | 13.8 | 13.9 | 13.9 | 14.0 |
| 수도권 | 49.8 | 50.0 | 50.2 | 50.4 | 50.5 | 50.7 |

수도권 ● 중부권 ● 호남권 ● 영남권

이를 해결하기 위한 정책이 나오지 않는다면 2025년에도 그리고 그 이후에도 서울과 지방의 양극화 현상은 하나의 트렌드로 자리잡게 될 것이다.

부동산 시장은 여러가지 요소들이 영향을 주고받으며 결과가 도출되는 여타 다른 시장과 다르지 않다. 다만 시기마다 가장 크게 영향을 주는 요소가 있기 마련이고 그것을 정확하게 파악하는 것이 투자에 있어 가장 중요한 능력이 된다는 것이다.

금리 하나만 놓고 보더라도 금리가 오른다고 해서 반드시 주택 가격이 하락하는 것은 아니라는 것을 알아야만 한다. 반대로 금리를 내린다고 해서 가격이 상승하는 것도 아닌 것이다.

다시 한국은행의 기준금리 추이를 살펴보면 2010년 7월부터 2011년 6월까지는 기준 금리를 올렸지만 그 기간에 서울 아파트 매매 가격은

(연 %)

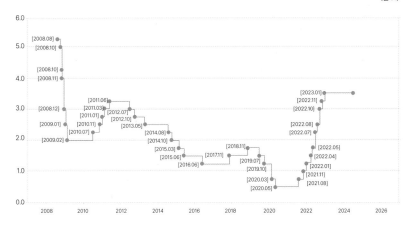

오히려 상승하는 모습을 보였으며 그 이후 기준 금리를 내렸지만 서울의 아파트 가격은 하락하는 모습을 보였다. 또한 2017년과 2018년의 금리 인상 시기에도 서울의 아파트 가격은 상승하는 모습을 보인다.

따라서, 소위 부동산 전문가라고 하는 사람들이 2021년부터 한국은행이 기준금리를 올리기 시작하였음에도 불구하고 금리는 부동산 시장에 큰 영향이 없다고 주장했던 근거가 바로 여기에 있는 것이다. 하지만 단기간에 지속적으로 올린 금리는 시장 참여자의 심리에 크게 영향을 끼치게 되었고 폭락의 가장 큰 원인이 되었던 것이었음을 잊지 말아야 한다.

지금까지 부동산 시장에서 수요에 직접적으로 영향을 끼치는 요소들을 살펴보았다. 다음은 공급에 대해서 살펴보도록 하자.

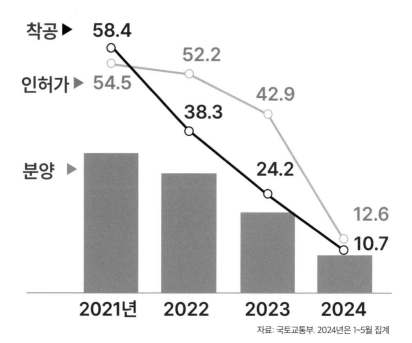

착공 ▶ **58.4**

52.2

인허가 ▶ 54.5

**38.3**

42.9

분양 ▶

**24.2**

12.6

**10.7**

**2021년** **2022** **2023** **2024**

자료: 국토교통부. 2024년은 1~5월 집계

공급

금리는 2022년 하반기에 폭락을 만들어낸 이후 최근까지 부동산 시장에 있어 가장 강력하게 영향을 끼치는 요소였다. 하지만 기준 금리가 앞으로 내려갈 것이란 기대감과 함께 주택 담보 대출 금리는 서서히 하락하고 있기 때문에 이제 더 이상 금리는 사람들의 심리에 크게 영향을 주는 요소에서 멀어진 것이다. 오히려 지금은 각종 경제 상황으로 인해 점점 더 심각해지는 공급 부족이 가장 큰 영향을 주는 요소로 등극하였다.

향후 부동산 시장을 전망하는데 있어 공급 부족 이슈는 빠지지 않는 단골 메뉴가 될 것이다. 그렇다면 현재 주택 공급 상황은 어떤 분위기일까?

그래프를 보면 상황이 꽤 심각하다는 것을 알 수 있다.

주택 공급의 3가지 요소라고 할 수 있는 인허가, 분양 그리고 착공 물량 모두 해를 거듭할수록 큰 폭으로 줄어들고 있으니 말이다. 인허가 물량의 경우 물 흐르듯이 진행될 경우 약 5년안에 입주 물량으로 전환 되는 것이며 분양은 약 3년, 착공은 약 2년 반 후에 입주 물량이 되는 것 이니 착공과 분양 물량이 크게 감소한 해가 2023년이기에 25년, 늦어도 26년부터는 공급 부족 사태가 발생할 것은 누구나 예측이 가능하다.

현 정부는 해마다 50만호 이상의 인허가를 공급 목표로 진행하겠 다고 약속하였지만 이 약속은 23년부터 지켜지지 못하고 있는 상황이 다. 게다가 인허가를 받았다고 하더라도 현재 건설사들은 여러가지 이 유로 분양과 착공으로 진행하지 않는다. 하지 못하고 있다는 말이 더욱 정확할 것이다.

여전히 고금리의 상황속에서 인플레이션으로 인해 천정부지로 올 라가는 공사비로 인하여 건설에 따른 수익성을 담보할 수 없기 때문이 다. 따라서 실제 분양과 착공은 뒤로 밀리고 있는 상황이고 심지어 건설 을 포기하는 지역들도 속속 나타나고 있다. 따라서 이러한 상황이 지속 될수록 주택 공급 부족 문제는 심각해질 수밖에 없는 상황이다.

그렇다면 각 지역별로 향후 입주 물량은 어떻게 될까?

다음 그래프는 부동산 지인에서 볼 수 있는 서울의 연간 입주 물량 이다. 물론 26년 이후의 물량은 아직 집계가 끝난 것이 아니기에 앞으로 늘어나게 될 것이다. 하지만 문제는 25년도에도 많은 물량이 아니라는 것이고 26년은 아직 집계가 다 되지 않았다 하더라도 너무 적다는 것에

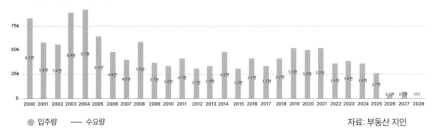

**서울기간별 수요/입주**

● 입주량 ── 수요량

자료: 부동산 지인

주목해야 한다.

고작 2년여 밖에 남지 않은 26년에 물량이 늘어난다 하더라도 드라마틱하게 상승할 것이라는 기대를 하는 사람은 없을 것이다. 그렇다면 수도권의 입주 물량은 어떨까.

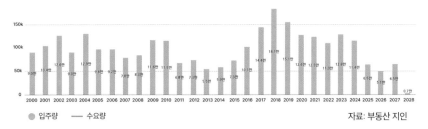

**경기기간별 수요/입주**

● 입주량 ── 수요량

자료: 부동산 지인

경기도의 입주 물량이다. 서울과 마찬가지로 25년과 26년으로 갈수록 줄어든다는 공통점이 있다. 그리고 24년에 비해 큰 폭으로 감소한다는 특징이 있다. 비록, 27년에 반짝 상승하는 모습이지만 23년, 24년

2025 대한민국 미래 인사이트

과 비교하면 반 정도에 불과한 입주 물량인 것이다.

**인천기간별 수요/입주**

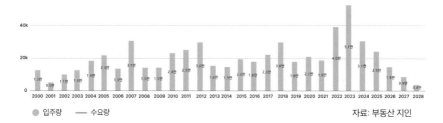

● 입주량 — 수요량
자료: 부동산 지인

최근 전국에서 가장 입주 물량이 많았던 인천의 모습이다. 역대 최고의 입주 물량을 보였던 23년과 24년을 지나면 25년부터는 입주 물량이 큰 폭으로 줄어든다는 점에서 서울, 경기도와 별반 다르지 않은 모습이다.

인천의 경우는 24년에 여전히 입주 물량이 많음에도 불구하고 지역에 따라 매매 가격과 전세 가격이 상승하는 모습이 나타나고 있는 도시이기에 앞으로 입주 물량까지 줄어들게 된다면 더욱더 상승 압박을 받게 될 것이다. 또한 지방이라고 하여 향후 입주 물량이 크게 다르지는 않다.

그동안 입주 물량이 많아 부동산 분위기가 좋지 못한 부산과 대구도 위의 그래프와 같이 25년부터는 물량이 크게 줄어드는 모습을 보인다.

다만 지방의 경우는 지금까지 공급된 많은 물량을 소화하는데 시

부동산

간이 더욱더 필요한 상황이다.

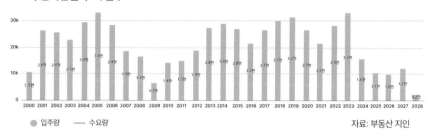

### 부산기간별 수요/입주

● 입주량　── 수요량

자료: 부동산 지인

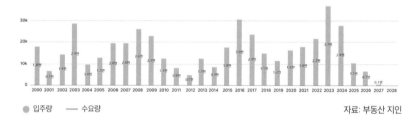

### 대구기간별 수요/입주

● 입주량　── 수요량

자료: 부동산 지인

　실제로 24년 상반기 전국 미분양 주택 현황을 살펴보면 서울 수도권보다 지방이 훨씬 더 심각하다는 것을 알 수 있다. 물론 경기도의 미분양 물량 또한 큰 폭으로 증가하고 있는 모습이지만 상대적으로 외곽 지역인 평택, 안성 그리고 이천시에서 발생한 미분양 물량이 대부분이기에 경기도 전체적인 문제라고 볼 수 없는 것이고 이 또한 수도권에서 양극화의 단면으로 볼 수 있는 것이다. 하지만 대구/경북, 부산/경남과

## 전국 미분양 주택 현황(2024년 6월)

### 전국 미분양 현황

수도권 **15,051호**
서울 959호
인천 4,136호
강원 4,740호
경기 9,956호
충북 3,290호
세종 88호
대전 3,299호
경북 7,876호
충남 5,536호
전북 3,187호
대구 9,738호
울산 2,801호
광주 1,720호
경남 5,217호
부산 5,205호
전남 3,731호
제주 2,558호

지방 **58,986호**

### 규모별 현황

| 40㎡이하 소형 주택 | 40~60㎡ 소형 주택 |
|---|---|
| **2,167 호** | **8,533 호** |
| 60~85㎡ 중형 주택 | 85㎡초과 대형 주택 |
| **54,198 호** | **9,139 호** |

더불어 충청권 그리고 호남권 모두 미분양 문제에서 자유롭지 못하다는 것을 알 수 있다. 강원도도 마찬가지, 무엇보다 심각한 것은 악성 미분양이라 불리는 준공 후 미분양 물량이 계속해서 상승하고 있다는 것이다.

이는 건설사의 재무 구조를 악화시키는 주범으로 앞으로 민간 건설사에 의해 공급이 더욱더 어려워질 것임을 의미하기 때문이다. 따라서 미분양 문제만큼은 서울/수도권과 지방과의 양극화 현상이 이미 매우 심화되고 있고 앞으로 공급에도 큰 영향을 끼칠 것이라고 예측해볼 수 있다.

그렇다면 이렇게 공급 부족 이슈가 대두되게 된 원인은 무엇일까?

가장 큰 원인은 바로 고금리와 치솟는 공사비를 예로 들 수 있다. 금리의 상승은 비단 주택의 수요에만 영향을 끼치는 요소가 아니다. 이렇게 공급단에도 큰 영향을 끼치며, 우리나라 주택 건설은 그 특성상 자금 조달(대출)이 원활하지 않으면 진행이 어려워지기 때문이다. 그리고 인플레이션으로 인한 원자재 가격 및 인건비 상승으로 인한 공사비 급등은 건설사의 사업성을 떨어뜨리는 결과를 초래한다. 분양가격을 마냥 올릴 수 없기 때문에 리스크가 커져가는 상황 속에서 금융권 또한 선뜻 대출해 주기는 쉽지 않을 것이다.

이미 지방 시장의 경우는 미분양 물량이 계속해서 증가하고 있는 모습을 보이고 있기 때문에 사업성이 떨어지는 곳에서는 사업 취소를 결정하는 일이 속속 나타나고 있다.

인천 서구에서 추진했던 인천 가정2지구 우미린 B2블록은 2022년에 사전청약, 2023년에 본 청약 그리고 2024년 11월 입주 예정이었지만 본청약과 입주 시기가 미뤄지다가 사업을 철회하였으며, 경기 파주 운정 3지구 3, 4블록 주상복합 건설 사업은 사전 청약까지 진행되었다. 인허가도 모두 받았지만 사업성 저하로 취소되고 말았다. 이 곳은 GTX-A의 호재가 있어 사전 청약 당시 45대 1이라는 높은 경쟁률을 기록했음에도 불구하고 낮은 사업성으로 인해 결국 진행이 멈추어 버린 것이다.

이렇듯 고금리와 공사비 급등은 민간 건설사의 참여를 위축시키고 있는 것이고 결국 이는 현재 부동산 시장 분위기와도 결코 무관하지 않다는 것이다. 매매 가격이 상승하는 지역에서는 높은 분양가에도 경쟁률이 치열한 반면 매매 가격이 보합, 하락하는 지역에서는 설사 분양을 한다 하더라도 미분양으로 남는 결과를 만들고 있기에 공급을 진행하는 데 어려운 상황이다. 따라서 공급과 관련해서도 부동산 분위기가 좋아진 서울과 수도권 일부지역과 지방은 큰 차이를 보이고 있고 이러한 기간이 길어지면 길어질수록 양극화는 더욱더 심화될 것이다. 공급 부족이라는 문제는 정부의 실책도 한몫을 크게 했다.

2019년부터 급등한 주택 가격은 무자본 갭투자라는 기형적인 투자 방법을 음지에서 양지로 끌어내고 말았다. 흔히 무갭 투자(매매 가격과 전세 가격이 같은 주택), 플피 투자(매매 가격보다 전세 가격이 높은 주택)로 불리는 무자본 갭투자는 특히 빌라와 오피스텔과 같은 물건에 집중되었다. 하지만 코로나 팬데믹 기간동안 시장에 풀린 유동성으로 인해 모든 주택의 매매 가격 및 전세 가격을 끌어올리는 결과를 초래하였고 2020년에 시행된 임대차 2법은 전세 가격을 역대급으로 상승시키는 요인으로 작용하였다. 때문에 무자본 갭투자는 기승을 부렸던 것이다.

이러한 무자본 갭투자의 기승은 2022년 하반기에 재앙으로 나타나고 말았다. 바로 전세 사기 사건이 그것인데 앞에서 언급한 바와 같이 단기간 급등한 금리로 인해 매매 가격 및 전세 가격은 폭락에 폭락을 거듭했고 무자본 갭투자로 수십채에서 수백채를 사들인 사람들은 애초에 시세 차익을 목적으로 매수를 한 사람들이므로 전세 보증금을 돌려줘야 한다는 생각조차 없었던 것이고 폭락한 전세 보증금으로 인해 새로운 임차인을 들이기도 어려워졌다. 설사 새로운 임차인을 구한다 하더라도 역전세로 인해 온전히 임차 보증금을 돌려줄 수 없었다.

애초에 사기를 목적으로 여러 채를 매수한 사람들도 있었으니 과히 시장은 아비규환이었던 것이다.

정부가 시행한 해결책 중 뼈아픈 실책이 바로 시장에 개입해 결과적으로 가격을 통제해버린 것이다. 전세 보증금 126% 룰이 그 주인공이다.

우리나라에는 임차 보증금 관련하여 보증보험 제도가 있다. 보증보험은 한국주택금융공사HF, 서울보증보험SGI 그리고 주택도시보증공사HUG에서 가입하게 되는데 가장 많이 가입하는 곳이 바로 주택도시보증공사다.

주택도시보증공사에서 가입한 보증 보험의 사고는 일정한 수준을 유지하다가 2022년부터 부동산 가격 폭락으로 인한 역전세난이 발생하자 집주인을 대신하여 대위변제한 금액이 치솟기 시작했다.

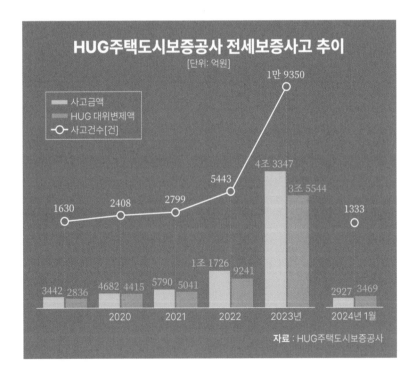

앞의 이미지와 같이 2022년의 사고 건수, 사고 금액 그리고 대위변제액은 전년 대비 약 2배가량 늘어났다는 것을 알 수 있다. 문제는 2023년인데 그 수치가 기하급수적으로 늘었다. 2022년에도 큰 폭으로 늘어난 수치였는데 2023년은 그러한 2022년보다 3배 이상 늘어났으니 말이다.

상황이 이렇게 되자 정부는 보증보험 가입요건을 강화하기에 이른다. 바로 전세가율을 100%에서 90%로 낮추고 매매시세는 공시가격의 140%만 인정하기로 하는 '민간임대주택 특별법' 시행령 개정안을 발표한 것이다.

기존에는 전세가가 매매시세의 100%이하이기만 하면 보증보험 가입이 가능하였지만 이제는 90%까지 가능하게 된 것이고 특히 매매시세가 정확하지 않은 빌라의 경우는 공시가격의 150%까지 적용하는 것이 일반적이었는데 바뀐 규정에 따르면 140%까지만 시세로 인정되고, 전세가율의 90%까지만 보험 가입이 허용되기 때문에 공시가격의 126% 이하여야 보증보험 가입이 가능해진다.

이는 깡통전세, 역전세난 그리고 전제사기 사건으로 인해 정부로서는 어쩔 수 없이 적용한 고육지책이었다고 할 수 있겠지만 결과적으로 시장 가격에 개입하여 가격을 통제하는 수단이 되었기 때문에 엄청난 부작용이 발생하게 된 것이다.

이러한 법 적용으로 인해 정부가 강제로 역전세난을 더욱더 부축인 결과를 만들어냈다. 따라서 빌라와 오피스텔 등의 비 아파트 주택들은 이제 아무도 전세로 찾지 않는 주택이 되어버렸고 그렇게 되자 해당 주택을 매수하려는 사람도 사라지게 된 것이다. 이렇게 아무도 찾지 않

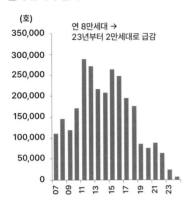

빌라 인허가 실적

(호)

연 8만세대 →
23년부터 2만세대로 급감

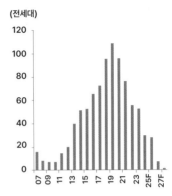

오피스텔 준공 실적

(전세대)

자료: 한국부동산원, R114, 삼성증권

는 주택이 되어버리면 공급도 멈춰버린다는 심각한 문제점이 발생하게 된다.

　실제로 빌라와 오피스텔의 공급관련 지표를 살펴보면 그래프와 같이 매우 심각하다는 것을 알 수 있다. 빌라의 경우는 연 8만세대 정도의 인허가 물량이었던 것이 25% 수준인 2만 세대로 급감하였고 오피스텔 또한 19년도에 10만세대 이상 준공 실적을 보였다. 만 24년에는 4만세대에도 못 미치는 실적을 보이고 있다. 그런데 이렇게 비 아파트 주택의 공급 부족은 어떠한 현상을 야기하게 될까?

　전국의 주택 종류별 주택 구성비를 보면 10채중 6.5채는 아파트, 그리고 1.5채가 빌라로 불리는 연립/다세대이고 2채 정도만 단독주택임을 알 수 있다. 하지만 서울을 보면 아파트 비율은 낮아지고(59.8%) 빌라(연립/다세대)의 비율은 30.1%까지 올라간다는 것을 알 수 있다.

　전국에서 빌라의 비율이 가장 높은 곳이 바로 서울이다. 앞서 살펴

## 시도 및 주택종류별 주택 구성비, 2022년
● 아파트   ● 연립/다세대   ● 단독   ● 비거주용

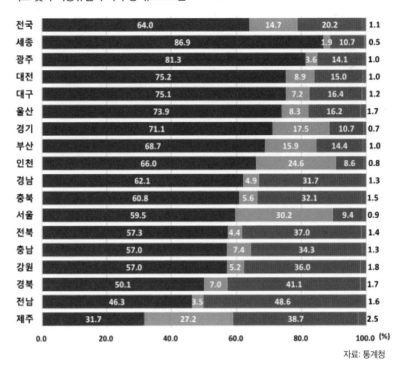

| 시도 | 아파트 | 연립/다세대 | 단독 | 비거주용 |
|---|---|---|---|---|
| 전국 | 64.0 | 14.7 | 20.2 | 1.1 |
| 세종 | 86.9 | 1.9 | 10.7 | 0.5 |
| 광주 | 81.3 | 3.6 | 14.1 | 1.0 |
| 대전 | 75.2 | 8.9 | 15.0 | 1.0 |
| 대구 | 75.1 | 7.2 | 16.4 | 1.2 |
| 울산 | 73.9 | 8.3 | 16.2 | 1.7 |
| 경기 | 71.1 | 17.5 | 10.7 | 0.7 |
| 부산 | 68.7 | 15.9 | 14.4 | 1.0 |
| 인천 | 66.0 | 24.6 | 8.6 | 0.8 |
| 경남 | 62.1 | 4.9 | 31.7 | 1.3 |
| 충북 | 60.8 | 5.6 | 32.1 | 1.5 |
| 서울 | 59.5 | 30.2 | 9.4 | 0.9 |
| 전북 | 57.3 | 4.4 | 37.0 | 1.4 |
| 충남 | 57.0 | 7.4 | 34.3 | 1.3 |
| 강원 | 57.0 | 5.2 | 36.0 | 1.8 |
| 경북 | 50.1 | 7.0 | 41.1 | 1.7 |
| 전남 | 46.3 | 3.5 | 48.6 | 1.6 |
| 제주 | 31.7 | 27.2 | 38.7 | 2.5 |

자료: 통계청

본 이유로 인해 아파트 공급도 원활하게 되지 않고 빌라의 공급 마저도 급감하게 된다. 서울 주택의 90%를 차지하는 아파트와 빌라에서 모두 공급에 문제가 생긴 것이다.

　　정부의 시장 개입 그것도 가격을 통제하는 것은 이 뿐만 아니라, 대표적인 것이 분양가 상한제를 꼽을 수 있다. 분양가 상한제는 많은 사람들로 하여금 로또 청약을 꿈꾸게 만드는 부작용을 낳았다.

부동산

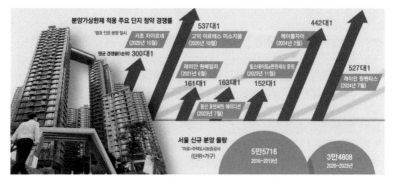

자료: 다음 부동산

2024년 상반기 분양가 상한제가 적용된 청약 경쟁률을 살펴보면 위의 이미지와 같이 어마어마한 경쟁률이라는 것을 알 수 있다. 이렇듯 분양가 상한제는 서민 주거 안정이라는 허울을 내세워 10억, 20억 로또 청약과 같은 도박판 같은 청약 시장을 만들어 낸 것이다. 분양가 상한제를 해제하면 고삐 풀린 분양가로 인해 주변 시세를 자극할 것이라는 우려가 있는 것도 사실이지만 수준이 높아진 소비자를 무시할 순 없다. 그 누구도 상식적이지 않은 분양가의 단지에 청약할 사람은 없을 것이기 때문이다. 그러한 가격으로 분양 시장에 나온다면 고스란히 미분양 물량으로 남게 되고 말 것이다.

이러한 분양가 상한제는 오히려 공급을 위축시키고 투기 수요를 부추기게 되는 것임을 알아야 한다. 또한 정비 사업에 있어 많은 조합원들에게 금전적으로 피해를 입히는 것이 분양가 상한제다. 이렇듯 시장 개입 그것도 가격에 대해서 직접적으로 개입하는 일은 엄청난 부작용을 수반한다는 것을 명심해야 한다.

현재는 앞서 살펴본 바와 같이 고금리로 인해서 그리고 인플레이션으로 인한 공사비 증가로 인해서 공급자인 건설사가 적극적으로 공급에 나서지 못하고 있는 상황이다. 그리고 이미 오른 신축 분양가로 인해 지역에 따라 수요가 따라오는 곳과 그렇지 못한 곳으로 양분되고 있고 수요가 따라오지 못하는 지역에서 이미 분양을 진행한 단지는 미분양으로 그렇지 않은 단지는 공사 철회를 하고 있는 것이다.

비 아파트 주택의 경우는 정부의 시장 개입이라는 실책이 주요 원인으로 작용하여 공급 부족 현상이 나타나고 있다. 따라서 주택 종류에 따라 공급 부족 문제를 해결하기 위한 대책 마련이 시급한 상황이다.

무엇보다 서울/수도권과 지방으로 양분되어 나타나고 있는 양극화를 해결하기 위해서는 주택수에 따른 세금 제도를 개편해야 한다. 이는 수요를 감소시키는 대표적인 정책임을 앞서서 말했다. 따라서 가장 좋은 해결책은 주택수에 따른 세금 정책을 폐지하고 총 금액에 따라 세금을 정하는 정책으로 전환되어야 할 것이다. 하지만 아직까지 그렇게 될 가능성은 거의 없어 보이는 게 사실이다. 그렇다면 비 아파트 주택은 주택수에서 제외해주는 규제 완화 책도 생각해 볼 문제다.

이미 정부는 지난 1·10 대책에서 24년 1월 10일부터 25년 12월 31일까지 취득한 주택 중에서 60제곱미터 이하, 취득가액이 수도권 6억원 비수도권 3억원이하 그리고 준공시점이 24년 1월 10일부터 25년 12월 31일까지인 소형 신축 주택 및 85제곱미터 이하, 취득가액 6억원 이하의 지방 미분양 주택에 대해서는 주택수에서 제외해주는 정책을 발표하였다. 하지만 이러한 조건의 주택을 매수하여 주택수에서 제외가 된다 하더라도 기존 주택을 보유하고 있는 사람이라면 기존 주택의 1세대

1주택 특례(양도세, 종부세)가 미적용되기 때문에 큰 효과를 보지 못했다. 따라서 1주택자가 소형 오피스텔을 매수하게 되면 주택수에서 완전히 제외해주는 방안을 검토 중이라는 사실을 알아야 한다.

1·10 대책에서 기존 주택의 1세대 1주택 특례가 적용되지 않는 단점을 보완하는 것이다. 그렇다 하더라도 현재 공급 부족에 대한 이슈는 크게 달라질 것이 없어 보이는 것이 사실이다. 굳이 1주택자가 소형 오피스텔을 취득하여 얻게 되는 이점이 크지 않기 때문에 오히려 세금에 있어 손해를 보더라도 아파트를 매수하여 2주택자가 되는 것이 투자에 있어서는 훨씬 더 나아 보이는 선택이다. 따라서 획기적인 대책이 마련되지 않는 한 현재와 같은 공급 부족 문제는 해결되기 어려울 것이다.

또한 공급을 가로 막고 있는 규제들을 폐지 또는 완화해야 한다고 판단한다. 가장 대표적인 것이 재건축을 가로막고 있는 재건축초과이익환수제(이하 재초환)이다. 재초환은 재건축을 통해 이익이 조합원 1인당 8천만원을 넘을 경우 최대 50%를 환수하는 제도이다. 종전은 3천만원이었는데 8천만원으로 완화되었다. 이 제도는 2006년 부동산 시장이 활황기에 도입된 것으로 이후 2차례 적용 유예를 거쳐 24년 3월부터 본격 시행되었다. 이는 이익이 확정되지 않은 시점에 재건축을 이유로 얻게 되는 추정 이익을 계산하여 산정한다는 문제점 외에도 재초환 자체가 재건축을 가로막는 규제로 작용하고 있기 때문에 정비업계에서는 폐지를 요구하고 있다. 정부와 여당에서도 폐지 필요성을 주장하고 있고 무엇보다 공급 문제를 해결하기 위해서라도 폐지 또는 규제 완화가 필수적인 것이다. 향후 어떻게 될지 유심히 지켜봐야 할 사항이다.

## 예정되어 있는 공급

지금까지 살펴본 여러가지 이유와 요인들로 인해 아파트, 비아파트 주택 구분 없이 향후 공급은 어려움을 겪게 될 것이라 전망한다. 따라서 수요는 증가하는 방향으로 나아가고 공급은 어려움을 겪는 방향으로 나아가기 때문에 앞으로 주택 가격은 상승할 가능성이 높다고 예측해 볼 수 있다.

그렇다면 이쯤에서 3기 신도시와 같이 이미 진행하고 있는 공급 물량이 있기에 물량이 충분하다고 반문하는 의견도 있을 것이다. 이미 예정되어 있는 공급 물량의 진행사항을 한번 살펴보도록 하자.

많은 사람들이 관심을 가지고 지켜보고 있는 곳은 바로 3기 신도시다. 3기 신도시는 서울 주변으로 약 36만호의 공급을 하는 대규모 주택 공급 사업이며, 고양 창릉, 남양주 왕숙, 하남 교산 등 좋은 입지에 많은 물량을 예고하였기에 많은 분들이 관심을 가졌고 또 사전 청약에 지원했었다. 2021년 진행한 3기 신도시 첫 사전 청약에 4만명이 몰렸고 당시 최고 경쟁률은 240 대 1을 기록할 정도로 인기가 있었다.

물론 입지에 따라 선호도 차이는 있지만 이 정도 공급 물량이 입주를 하게 된다면 부동산 시장에 엄청난 영향을 끼칠 것이라는 것은 누구나 예상할 수 있는 사실이다. 하지만 언제나 문제는 '제때 공급이 이루어지는가'가 된다.

그렇다면 3기 신도시는 어떻게 진행되고 있을까?

2020년 7·10 대책 때 발표된 국토교통부 문건을 보면 3기 신도시의 최초 입주는 바로 24년이었다. 하지만 24년인 지금 입주는 커녕 아직 첫 삽도 뜨지 못한 곳이 태반이다. 공사를 진행하고 있는 곳도 인천 계

부동산

## 2. 실수요자를 위한 주택공급 확대

☐ **(현황)** 주거복지로드맵, 수도권 30만호 등에 반영된 수도권 **공공택지**에서 '20년 이후 **총 77만호**를 공급할 계획

**【수도권 공공택지 입주자 모집 계획(旣확보한 택지 기준)】**

| 구분 | 계 | '20년 | '21년 | '22년 | '23년 | '24년 | '25년 이후 |
|------|-----|-------|-------|-------|-------|-------|-----------|
| 호수(만호) | 77 | 10.1 | 11.6 | 11 | 11.7 | 10.5 | 22.1 |

\* 사전청약제를 통한 조기공급물량 9천호 반영

○ 특히, **3기 신도시 5곳**을 포함하여 수도권 인근의 주요입지에 공공주택 등 **30만호** 공급 계획을 수립하고, **'24년부터** 입주 추진

\* 입주자 모집 : ('22년까지) 7만호 ('23년) 6.7만호 ('24년) 5.8만호 ('25년) 6.1만호 ('26년 이후) 4.4만호

양 한 곳일 뿐이다.

그렇다면 언제 3기 신도시의 본격적인 입주가 이루어질까?

2022년 9월 국토부에서 답변한 내용을 살펴보면 실마리를 찾을 수 있다. 위의 이미지를 보면 3기 신도시 중에서 인천 계양을 제외하면 제대로 진행되는 곳이 하나도 없다는 것을 알 수 있다.

아마도 사업 준공 예정일에서 1~2년 정도 미뤄질 것으로 예상하고 있다. 따라서 3기 신도시 입주로 인해서 부동산 시장이 영향을 받는 시점은 2030년 이후가 될 가능성이 높다고 판단할 수 있다.

이렇듯 재개발 재건축을 통해 공급을 하는 것도, 신규 택지를 조성하여 공급을 하는 것도 쉬운 것이 없다는 것이다. 따라서 원활한 공급을 위해서는 결국 규제 완화 및 수요 진작 정책이 필요한 것이 사실이다. 과연 2025년에는 그러한 대책이 시행될 수 있을까?

지금까지 부동산 시장에 있어 수요와 공급에 영향을 미치는 요소

| 구분 | 남양주<br>왕숙 | 남양주<br>왕숙2 | 하남<br>교산 | 인천<br>계양 | 부천<br>대장 | 고양<br>창릉 | 광명<br>시흥 | 의왕<br>군포<br>안산 | 화성<br>진안 |
|---|---|---|---|---|---|---|---|---|---|
| 후보지 발표 | '18.12 | '18.12 | '18.12 | '18.12 | '19.5 | '19.5 | '21.2 | '21.8 | '21.8 |
| 지구지정 | '19.10 | '19.10 | '19.10 | '19.10 | '20.5 | '20.3 | '22.11 | '22.12 | '22.12 |
| 보상착수 | '21.12 | '21.12 | '20.12 | '20.12 | '21.11 | '22.06 | '24.下 | '24.下 | '24.下 |
| 보상률 | 토지: 73%<br>지장물: 71% | 토지: 64%<br>지장물: 33% | 토지: 97%<br>지장물: 63% | 토지: 100%<br>지장물: 85% | 토지: 70%<br>지장물: 52% | 토지: 31%<br>지장물: 39% | | | |
| 지구계획 | '21.8 | '21.8 | '21.8 | '21.6 | '21.11 | '21.11 | '24.下 | '24.下 | '24.下 |
| 사전청약 | '21.12 | '21.10 | '21.11 | '21.7<br>'21.12 | '21.12 | '21.12 | | | |
| 공사착공 | '23.上 | '23.上 | '23.上 | '22.下 | '23.上 | '23.上 | '26.上 | '26.上 | '26.上 |
| 본 청약 | '24.下 | '24.下 | '24.下 | '23.下 | '25.上 | '25.上 | '28.上 | '28.上 | '28.上 |
| 최초입주 | '27.上 | '26.下 | '27.上 | '26.上 | '27.下 | '27.下 | '31.上 | '31.上 | '31.上 |
| 사업준공 | '28.下 | '28.下 | '28.下 | '26.下 | '29.下 | '29.下 | '31.下 | '31.下 | '31.下 |

*착공 및 준공: 부지조성 기준
* 광명시흥·의왕군포 안산·화성진안(2.4)대책 후속 신도시급 신규택지

를 살펴보았다. 부동산 시장의 트렌드를 분석함에 있어 어느 한가지 요소를 가지고 판단할 수는 없을 것이다.

지금까지 살펴본 요소들과 더불어 정치, 경제 그리고 시장에 참여하는 사람들의 심리 등을 종합적으로 살펴봐야 한다. 그렇다면 부동산 시장을 둘러 싸고 있는 환경적인 요소들을 간단히 살펴보도록 하자.

먼저 살펴볼 것은 경제 성장률 전망이다. 오른쪽의 이미지는 IMF에서 전망한 세계 주요국의 24년과 25년 경제 성장률이다. 올해와 내년도 경제 성장률 전망을 보면 특별한 변수가 없는 한 내년에도 올해와 비슷한 경제 성장이 전망된다고 할 수 있다.

우리나라의 경제 성장률을 보면 올해는 지난 4월에 예측한 전망보다는 상승하고 내년은 소폭 하락하는 것으로 나타났는데 어쨌든 23년

부동산

**IMF 세계 경제성장률 전망(단위 %)**

| 전망시점 | 2024년 | | 2025년 | |
|---|---|---|---|---|
| | '24. 4월 | '24.7월 | '24. 4월 | '24.7월 |
| 세계 | 3.2 | 3.2 | 3.2 | 3.3 |
| 선진국 | 1.7 | 1.7 | 1.8 | 1.8 |
| 신흥국·개도국 | 4.2 | 4.3 | 4.2 | 4.3 |
| 미국 | 2.7 | 2.6 | 1.9 | 1.9 |
| 유로존 | 0.8 | 0.9 | 1.5 | 1.5 |
| 한국 | 2.3 | 2.5 | 2.3 | 2.2 |
| 일본 | 0.9 | 0.7 | 1.0 | 1.0 |
| 중국 | 4.6 | 5.0 | 4.1 | 4.5 |
| 인도 | 6.8 | 7.0 | 6.5 | 6.5 |
| 러시아 | 3.2 | 3.2 | 1.8 | 1.5 |

자료: 국제통화기금(IMF)

의 1.4%의 저조한 성장률을 극복하고 다시 2%대로 올라선다는 것을 알수 있다.

물가 상승률 전망을 보면 올해 미국, 유로존과 더불어 우리나라도 2%대로 전망이 되고 있으며 내년에는 더욱더 낮아질 것이라는 전망이 더욱더 금리 인하에 대한 무게감을 주고 있는 상황이라고 할 수 있다.

미국은 이미 9월에 빅컷(0.5%) 금리 인하를 단행하였고 우리나라는 10월에 금리 인하가 될 것임을 확실시 하는 분위기이다.

그렇다면 부동산 관련 정치권의 움직임은 어떠한가?

무엇보다 규제 완화에 대해서 기대감이 높아지고 있는 것이 사실이다. 무엇보다 그동안 부동산 규제 완화에 반대해왔던 야당의 움직임

2025 대한민국 미래 인사이트

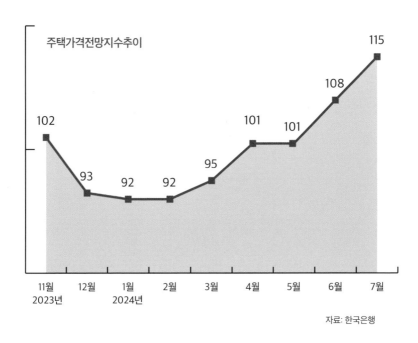

주택가격전망지수추이

102
93
92
92
95
101
101
108
115

11월
2023년
12월
1월
2024년
2월
3월
4월
5월
6월
7월

자료: 한국은행

이 변화되었다는 것이 그러한 기대감을 높이고 있다는 점에서 실현 가능성이 높아 보인다. 여전히 찬반 논쟁이 뜨거운 상황이지만 종부세 완화, 임대차 2법 손질, 재초환 완화 등 다양한 규제 완화가 논의되고 있다는 점에서 긍정적이라고 할 수 있다. 이러한 규제 완화는 전세 가격 안정, 공급 부족 해결 등에 반드시 필요한 사항으로 앞으로 계속해서 지켜봐야 할 것이다.

그렇다면 현재 부동산 시장에 참여하고 있는 소비자의 심리 변화는 어떠할까?

먼저 살펴볼 것은 한국은행에서 매달 발표하는 주택가격 전망 CSI 지수이다. 이는 100을 기준으로 그것보다 높으면 1년 후 집값이 상승할 것이라는 전망이 우세하다는 뜻으로 왼쪽의 이미지와 같이 지난 24년 4

부동산 매수우위지수 추이

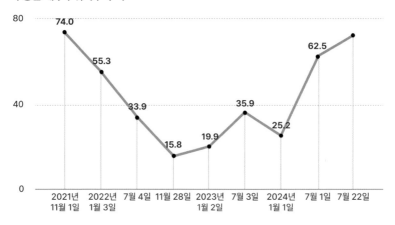

자료: KB부동산 데이터허브

월에 100을 돌파한 후 계속해서 상승하는 그래프를 그려가고 있는 것이다. 따라서 향후 1년 뒤 집값을 상승하는 심리가 점점 더 강해지고 있다고 할 수 있다.

또한 KB 부동산에서 발표하는 매수 우위 지수가 있다. 이는 100을 기준으로 100을 초과하면 매수 비중이 높고 이하이면 매도 비중이 높은 것을 의미한다.

매수 우위지수의 추이를 살펴보면 그래프와 같다. 아직 100이하에 머물러 있기에 부동산 시장은 매도 비중이 더 높은 것이다. 하지만 23년 말에 10대로 떨어졌던 매수 우위지수는 빠르게 회복하고 있는 모습을 보인다. 서울 아파트의 경우는 거래량이 늘어남에 따라 가격이 상승하고 있고 시장에 나와있는 매물도 빠르게 줄어들고 있는 모습을 보이고 있기에 매수우위지수 또한 빠르게 상승하고 있고 앞으로도 이러한 모습은 유지될 것으로 보고 있다.

　　마지막으로 향후 부동산 시장의 모습을 전망하는데 있어 필수적으로 살펴보아야 하는 것이 있다. 바로 실 부동산 시장을 선행해서 보여준다는 경매시장이다.

　　경매 시장이야 말로 진정한 투자자들이 활동하는 곳으로 향후 시장 전망이 긍정적일 때 더욱 활기가 띄는 곳이다.그동안 전세 사기 사건이 주요 이슈를 선점하며 많은 주택들이 경매 시장으로 넘어가게 될 것이고, 그에 따라 공급 증가로 인한 경매 낙찰가율이 떨어질 것이라는 전망이 많았던 것도 사실이다.

　　그 전망과 같이 낙찰가율이 떨어지게 되면 향후 부동산 시장의 모습도 긍정적일 수 없게 되는 것이다. 그렇다면 2024년 상반기 서울 아파트 경매 시장은 어떤 모습을 하고 있을까?

　　다음의 그래프는 23년 하반기부터 24년 상반기까지의 서울 아파트 경매 시장의 주요 지표를 보여주고 있다.

　　초록색 막대는 해당 월에 경매 진행 건수를 보여주는 것이고 파란색은 진행된 물건 중 낙찰이 된 비율을 나타내는 것이며 빨간색은 낙찰된 물건이 감정가 대비 몇 %의 비율로 낙찰되었는지를 보여주는 그래프이다.

　　먼저 녹색의 경매 건수를 살펴보면 시간이 흐름에 따라 점차 경매 시장으로 넘어오는 물건의 수가 증가하고 있다는 것을 알 수 있다. 이는 금리의 인상에 따라 그리고 우리나라 내수 경기가 좋지 않음에 따라 더 이상 버티지 못하고 담보로 잡힌 주택이 경매 시장으로 넘어오고 있

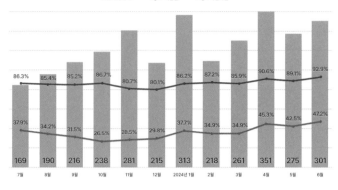

다고 볼 수 있다. 하지만 낙찰율을 보면 경매 시장으로 넘어오는 물건이 증가함에도 불구하고 낙찰되는 비율인 낙찰율이 높아지고 있다는데 주목해야 한다.

그리고 더 중요한 것은 감정가 대비 낙찰가의 비율을 의미하는 빨간색의 낙찰가율인데 시간이 흐름에 따라 계속해서 높아져 6월달에는 90%도 훌쩍 넘긴 모습을 보이고 있다. 이는 향후 부동산 시장을 긍정적으로 바라보고 있는 사람들이 점차 늘어나고 있다는 간접적인 근거가 되는 것이다. 하지만 경매 시장에서도 뚜렷한 한가지 현상이 나타나고 있다. 그것은 바로 양극화로 서울내에서도 이렇게 뚜렷하게 나타나고 있다는 것이다. 용산구, 성동구 그리고 강남구와 같이 누구나 선호하는 지역은 경매 시장에서도 낙찰가율이 100%를 넘어가고 있는 반면 외곽 지역들은 여전히 80%대에 머무르고 있다.

이러한 양극화는 서울내에서도 그리고 서울과 지방 간에도 뚜렷하게 나타나고 있는 현상이다. 실제로 지방 5대 광역시의 24년 6월 낙찰가율을 살펴보면 부산 78.1%, 대전 86.1%, 대구 84.5%, 광주 84.0%, 울산 84.7%로 여전히 7~80%대에 머물러 있기 때문이다.

## 종합하며··· 2025년 부동산 트렌드

지금까지 부동산 시장관련 많은 요소들을 설명했다. 아마도 눈치 빠른 사람은 이미 알아채셨을 것이다. 지금까지 가장 많이 나온 단어가 무엇일까? 바로 '양극화'이다.

과거의 부동산 시장을 살펴보면 하락기를 지나 상승기에 접어들 때 나타나는 뚜렷한 증상이 있다. 그것을 지역별로 보면 서울 그것도 강남 3구의 주택이 먼저 상승하기 시작하고 그 상승의 힘이 점차 주변지역으로 확산된다는 것이다. 강남 3구가 오르고 나면 마용성(마포구, 용산구, 성동구)이 오르고 그 이후 서울의 외곽 및 수도권이 상승한다는 점이다.

주택의 종류로 살펴보면 아파트가 먼저 오르고 나면 오피스텔과 같은 아파트 대체 상품이 오르고 마지막으로 빌라/다세대 주택이 오르는 모습을 보였다. 그리고 주택의 특성으로 보면 분양 가격이 오르고 그에 따라 신축의 아파트 가격이 먼저 오르고 나면 준신축 아파트가 오르며, 그 이후 구축 아파트의 가격이 오르는 패턴을 보이게 된다.

하지만 2024년 하반기인 현재 이러한 패턴이 나타나는 것 같지만 진행이 더디거나 단절된 모습을 보이고 있다는 느낌을 받게 된다. 그것은 바로 '양극화' 때문인데 이러한 현상은 2025년에는 더욱더 공고히 될 것이라고 전망한다. 그렇게 판단하는 이유는 다음과 같다.

먼저 앞서 계속 언급했던 부동산 관련 세제 정책 때문이다.

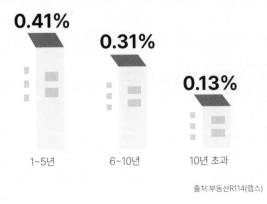

올 1~7월 수도권 입주 연차별 **아파트값 상승률 추이**

**0.41%**

**0.31%**

**0.13%**

1~5년       6~10년       10년 초과

출처:부동산R114(렙스)

모든 세제가 다주택자가 되어서는 안 된다고 말하고 있다. 그로 인해서 '똘똘한 한 채'가 부동산 트렌드로 자리잡게 된 것이며, 따라서 서울에 여러 채의 주택을 보유하는 것보다는 강남 3구에 한 채를 보유하는 것이 나은 선택이 되었다.

이는 지방에 거주하는 사람이라 하더라도 서울에 아파트를 매수하게 만들고 있다. 서울이 안된다면 최소한 수도권 그것도 서울과 가까운 도시에 있는 아파트를 매수하려고 하는 심리가 강하게 작용한다는 것이다. 따라서 이러한 현상으로 인해 현재 서울 그리고 일부 수도권에서 가격 상승이 나타나고 있는 것이며 2025년에도 이러한 현상은 계속될 것이다.

공급 부족 이슈는 날로 신축에 대한 선호도를 높이는 결과를 만들어낼 것이다. 물론 신축에 대한 선호도는 어제 오늘 일은 아니지만, 앞으로 공급 부족 이슈가 계속될 것이라는 심리는 더욱더 신축에 대한 수요를 높일 것이고 이는 이미 부동산 시장에서 결과로 나타나고 있다.

이미지를 보면 지어진 지 10년 이내의 아파트와 초과 아파트의 상승률이 극명하게 차이가 난다는 것을 알 수 있다. 신축의 상승은 그 이후에 준신축과 구축의 상승을 불러오기 마련이다. 하지만 공급 부족이라는 이슈가 똘똘한 한 채 현상이 만나 바로 신축의 상승률을 더욱더 높이고 있다. 이러한 현상은 2025년에도 계속될 수밖에 없는 것이라 전망한다.

서울, 경기, 인천과 그 외의 지역간 인구 격차는 2018년까지 줄어들다 2019년, 다시 증가세로 돌아섰고 증가폭은 해를 거듭할수록 커져가고 있는 상황이다. 따라서 이러한 현상이 지속되면 지속될수록 앞으로 서울/수도권과 비수도권 간에 가격 격차는 더욱더 벌어지게 될 것이다.

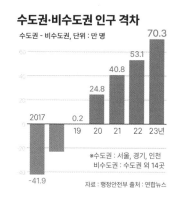

**수도권·비수도권 인구 격차**
수도권 - 비수도권, 단위 : 만 명

- 70.3 (23년)
- 53.1 (22)
- 40.8 (21)
- 24.8 (20)
- 0.2 (19)
- 2017
- -41.9

※수도권 : 서울, 경기, 인천
비수도권 : 수도권 외 14곳

자료 : 행정안전부 출처 : 연합뉴스

이러한 결과는 여러가지 이유가 복합적으로 작용한 것이겠지만 젊은 세대의 다음과 같은 인식이 크게 작용한 것으로 보인다.

바로 젊은 층의 지방 취업을 꺼리는 현상이다. 오른쪽의 이미지와 같이 고연봉을 받지 않는다면 취준생의 70%가 지방으로 취업하지 않겠다는 여론조사가 그것을 대변해 주고 있다.

이러한 트렌드로 인해 향후 생존을 위해 인재가 필요한 기업들은 점차 서울과 수도권으로 몰려오고 있는 상황이다.

취업준비생에서는 남방한계선이라는 용어가 있다. 인재를 영입하

부동산

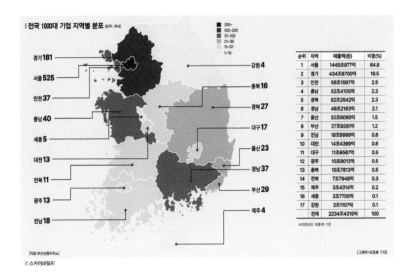

기 위해서는 판교가 마지노선이라는 것이다. 따라서 우수 인재를 영입하기 위해서 특히 R&D(연구개발) 분야는 속속 수도권으로 거점을 옮기는 기업들이 많아지고 있는 상황이다.

이는 전국 1000대 기업의 지역별 분포를 보아도 알 수 있다. 왼쪽의 이미지를 보면 서울, 경기 그리고 인천지역에 1000대 기업이 대다수가 포진되어 있다는 것을 확인할 수 있다. 2020년 통계를 살펴보면 1000대 기업의 수도권과 비수도권 비율이 무려 86.9%대 13.1%라는 것에서 양극화라는 현상이 매우 심각하다는 것이다.

이러한 현상은 우리나라 국민에서만 나타나는 현상은 아니다. 우리나라에 유입되는 외국인들도 자연스럽게 일자리의 분포에 따라 서울/수도권이 압도적이라는 것을 알 수 있다. 따라서 이러한 현상들을 종합적으로 판단해볼 때 부동산 시장에서 '양극화'는 시간이 흐르면 흐를

2025 대한민국 미래 인사이트

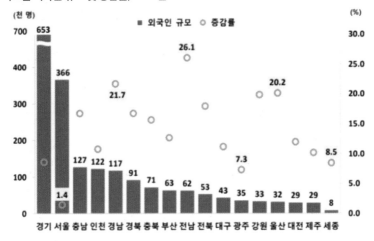

시도별 외국인 규모 및 증감률, 2023년

(천 명)　　　　　　　　　　　■ 외국인 규모　○ 증감률　　　　　　　(%)

경기 653, 서울 366, 충남 127, 인천 122, 경남 117, 경북 91, 충북 71, 부산 63, 전남 62, 전북 53, 대구 43, 광주 35, 강원 33, 울산 32, 대전 29, 제주 29, 세종 8

증감률: 26.1, 21.7, 20.2, 7.3, 8.5, 1.4

자료: 통계청

수록 더욱더 강하게 나타나게 될 전망이다.

　부동산 시장을 둘러싸고 있는 상황들이 현재와 같이 유지된다면 2025년에도 양극화 현상은 지속적으로 커질 것이며, 지방에 거주하는 분들이라 할지라도 거주지는 임차(전월세)로 지내면서 서울 또는 수도권에 아파트를 보유하는 방향으로 생각이 굳어지는 추세가 될 것이다.

　서울과 수도권에 거주하는 사람은 더욱더 상급지로 가려는 생각이 강해질 것이다. 따라서 2025년에도 서울과 수도권 일부 지역의 아파트 가격 상승세는 계속해서 유지될 것으로 보인다. 그리고 그러한 상승세가 서울/수도권에서 지방으로, 신축에서 구축으로, 아파트에서 비아파트로, 확산되는 현상은 그 어느때보다 느리게 나타나게 될 것이다.

　지금까지 설명한 부동산 정책의 전환이 나타나기 전까지 이것은 곧 다방면에서 '양극화'가 심화될 것임을 의미한다.

# Chapter 2

## 에스오디 SOD (권순용)

성균관대학교에서 반도체 전자패키지로 석사학위를 받고 한국생산기술연구원(KITECH)에서 패키지 소재를 연구했다. 현재 기술전문 뉴미디어 스타트업 '하이젠버그'의 대표로 재직 중으로 과기부, KIST, 카이스트, 산업통산자원부, IBS 등과 여러 프로젝트를 진행한 바 있고 퀄컴, 엔비디아, ASML, SK하이닉스, 삼성전자 등 글로벌 반도체 기업들과도 활발히 협업을 진행 중에 있다. 기술과 경제를 엮은 대표 채널 '에스오디'를 통해 반도체 기술에 관련된 다양한 이야기를 대중의 눈높이에서 흥미롭게 풀어냄으로써 70만명 이상의 구독자에게 큰 사랑을 받고 있다.

# 테크, IT, 미래 기술

# 거대 인공지능의 시대

## 구글의 위기

현 시간 기준으로 테슬라의 단차는 둘째치더라도 반자율주행만큼은 인정할 수밖에 없습니다. 테슬라가 오토파일럿에서 타사를 압도하기 시작한 것은 안드레이 캐퍼시Andrej Karpathy가 테슬라 오토파일럿을 설계하기 시작한 때부터입니다.

추천 이미지 : 테슬라 차종 시리즈 / 순서대로 S-E-3-Y
테슬라 공식 홈페이지

그런데, 테슬라 오토파일럿의 주역인 안드레이 캐퍼시가 2023년 OpenAI에 합류했죠.[12] 거대한 변화가 시작되고 있습니다.

1994년 웹 브라우저, 1998년 구글 검색엔진, 2007년 아이폰의 등장은 전세계의 생활을 변화시켰습니다. 20년 전 시가총액 10위 권 기업

중 현재도 10위권 자리를 지키고 있는 것은 마이크로소프트 단 한 곳 뿐입니다. 아마 역사가 그래왔듯 지금 10위권 내의 대부분 기업들도 새로운 다크호스들에게 자리를 빼앗길 겁니다. 감히 판단하건대 지금이 바로 그 시작이 아닐까 합니다. 이를테면 영원할 것 같았던, 그 어떤 경쟁자도 허용하지 않았던 구글의 견고한 성벽이 약간씩 뚫리기 시작하고 있습니다. 바로 AI 때문이죠.

처음 이 역사의 포탄을 쏘아올린 것은 다들 알다시피 스타트업 OpenAI. 85년생 프로그래머 샘 알트만이 설립했고 일론 머스크가 초기 멤버로 투자를 했습니다.

2015년, 당시 거의 아는 사람이 없었던 OpenAI는 유례없는 역사적인 성장을 하며 마이크로소프트를 등에 얾고 현재는 세계를 위협하는 경지에 올랐습니다. 수많은 생성형AI들이 있지만, 많은 사람들이 ChatGPT를 기념비적인 모델로 생각하는 것도 이 때문이겠죠. 당연히 발전 속도가 지수함수적인 AI 분야다보니 현재는 또 달라졌을 수 있지만, 2022년 AI분야 연구 순위를 보면, 기업 중에선 구글이 1위, 2위 마이크로소프트, OpenAI는 14위입니다. OepnAI의 연구 성과만보면 10위의 삼성보다도 떨어집니다.[11]

여기서 알 수 있듯 구글은 OpenAI에게 기술력에서 밀리지 않습니다. 그럼에도 불구하고 이상하게 구글에 대한 위기감을 말하는 전문가들이 많습니다. 이는 구글의 견고함과 완벽에 가까웠던 위상, 그 수익모델이 흔들리는 것 때문일 것입니다. 구글의 주 수익모델은 검색 광고인데, 마이크로소프트와 ChatGPT는 그 근간을 흔들고 있습니다.

예를 들어 일본 삿포로로 여행을 가려고 합니다. 구글에 삿포로 여행코스를 검색합니다. 아마 대부분 상단에 위치한 사이트에 들어갈 것이고, 제 컴퓨터에는 신발 광고 배너가 떠있습니다. 그런데 새로고침을 하면 같은 사이트임에도 신발 광고가 항공권 광고로 바뀌는 것을 볼 수 있습니다. 왜냐면 구글의 인공지능이 저는 여행을 갈 계획이 있는 사람으로 인식했기 때문입니다. 구글은 이런 방식으로 돈을 법니다. 그리고 전세계 그 어떠한 기업도 구글 검색의 아성에 도전하지 못했습니다.

테크, IT, 미래기술

그런데 ChatGPT를 접목한 마이크로소프트의 코파일럿을 예로 들어봅시다. 여행 계획을 짜달라고 하면 언어모델이 우리의 질문을 이해하고 최적의 여행코스를 다 짜줍니다. 구글의 아성이 깨지는 순간인거죠. 무엇보다 구글 광고에 대한 소비자 불만이 쌓이고 있습니다. "구글 위험의식", "구글 위기의식" 등으로 네티즌들의 반응을 살펴보다보면, 유튜브는 폰지사기 광고까지도 돈만내면 실어주고… 또 피싱사이트 광고가 엄청 나온다는 비판을 하는 분들을 심심찮게 찾아볼 수 있죠.

즉, OpenAI의 ChatGPT와 마이크로스프트의 코파일럿은 소비자의 불만이 서서히 생기고 있던, 또 너무나 견고했던 구글의 성벽을 뚫고 들어가기 시작했다는 것에 그 의의가 있습니다. 물론 구글이 이것 때문에 망하거나 무너지지는 않겠지만[2] 예전에 비해 흔들리고 있습니다. 2023년 Bing의 사용자 수는 하루 1억명을 돌파했다는 것이 그 증거입니다. 한달 1억명이 아니라 하루 1억명입니다. 우리는 너무 공고해서 들어갈 틈도 보이지 않았던 구글의 성벽에 틈이 생긴, 역사적인 순간을 보고 있는 산증인인 겁니다.


OpenAI의 초기 설립자들은 앞서 말씀드렸듯이 샘 알트먼, 일론 머스크, 아마존 웹서비스, Y콤비네이터, 링크드인 창업자 리드 호프먼, 페이팔 창업자 피터 틸 등입니다. OpenAI의 이득은 이들의 이득이 됩니다. OpenAI는 2019년 마이크로소프트로부터 약 1조원을 투자받았고 2023년 1월, 40조의 기업가치를 인정받으며 마이크로소프트로부터 약 10조원을 추가 투자 받았죠. 2024년 2월에는 100조원을 넘어섰습니다.

현재 ChatGPT에게 가장 큰 영향을 미치는 투자자는 마이크로소프트이며 마이크로소프트는 AI 붐으로 인한 주가 상승 효과를 제대로 봤죠. OpenAI의 이득은 마이크로소프트의 이득이 될 가능성이 농후할 테니까요.

실제로 NH투자증권은 챗GPT 최대 수혜주로 MS를 꼽았습니다. 반도체 기업들 역시 GPT로 인해서 수혜를 보고 있습니다. OpenAI의 ChatGPT에는 엔비디아의 수천만 원짜리 GPU가 수만 개는 들어가니까요. 그리고 이 GPU를 만들기 위해선 우리 삼성전자와 하이닉스의 기술력도 필수입니다.

다들 아시다시피 챗봇은 기존부터 존재했었습니다. 다들 한 번씩은 사용한 기억이 있을 겁니다. Chat-GPT는 기존에 없던 새로운 것을 만든 것이 아닙니다. 개선했을 뿐입니다. 그러나 이 부분이 중요합니다. 대부분 사업들은 기존에 있는 것을 베끼고 개선해서 세상을 바꿨습니다.

카톡은 왓츠앱을 베낀 것이고 티몬은 그루폰을 베꼈습니다. 아이폰 이전에도 스마트폰은 존재했었습니다. 성공하는 99%의 사업들은 완전히 새로운 무언가의 등장이 아니라 개선된 무언가의 등장으로 바뀐다고 합니다. 그리고 대부분 사람들은 혁신이 오기 전까지 모릅니다.

대부분 사람들은 Chat-GPT가 나오기 전엔 OpenAI의 존재조차 몰랐을 겁니다. 그러다가 이제 와서야 "야 써보고 싶다" 이렇게 느끼셨을 거예요. 구글의 전 CEO 에릭 슈미트는 말합니다.

"위대한 혁신가와 회사들의 특징은 남들이 보지 못하는 것을 본다는 것이다. 그들은 당신이 필요하다고 느끼지도 못한 것을 개발한

테크, IT, 미래기술

다. 그리고 어느 순간 그걸 본 당신은 말한다. 나 저거 가져야겠어!"

## 마이크로소프트의 저장법

최근 엄청난 사건이 있었죠. 마이크로소프트가 사상 처음으로 장중 시가총액 3조원을 넘어섰고 애플을 밀어내며 전세계 시가총액 1위로 올라섰습니다. 마이크로소프트는 흔히 대중들에게 윈도나 오피스 파는 곳 정도로 알려져 있지만, 챗GPT 오픈AI의 최대 주주가 마이크로소프트이듯 어마어마한 연구들을 이어가고 있습니다. 전세계 클라우드 서버부터 AI 등 전방위에 걸쳐 MS가 세계를 지배하고 있습니다. 쉽게 말해 전세계 데이터를 지배하고 있는 기업 중 하나란 거죠.

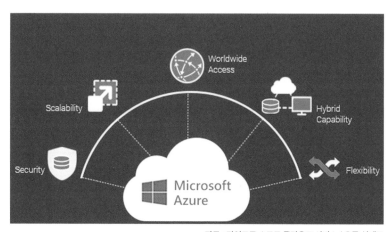

자료 : 마이크로 소프트 클라우드 서비스 / 유통 설계도

그런데 클라우드는 대체 뭘까요? 2024년 7월, MS의 클라우드 오류로 인해 850만 대 이상의 기기들이 먹통이 되었습니다. 전세계를 강타한 MS발 장애 이후 인공지능 클라우드 시대의 먹통 공포가 커지고 있는 거죠.

생성형 AI 시대로 접어들며 클라우드 의존도가 높아지고 있는데, 이게 먹통이 되면 항공부터 방송, 금융까지 무력하게 마비됩니다. 대체 이 클라우드는 무엇이길래 온 세상을 뒤집어 놓은 걸까요?[14]

바다 속에는 어마어마한 사이즈의 거대 케이블이 존재합니다. 전세계는 이 케이블로 유선으로 연결되어져 있습니다. 예를 들어 미국에서 올라간 유튜브 영상은 구글의 서버에 저장되고, 바다 속의 해저 케이블을 통해 한국으로 와서 우리에게 데이터를 전달해줍니다.

생각해보면 미국에서 네이버나 다음에 접속하면 미국 현지 사이트들보다 속도가 약간 느린 경향이 있습니다. 이는 미국 현지 사이트들의 서버가 물리적으로 더 가깝기 때문이에요.

눈에 보이지 않지만 전세계는 해저 케이블을 통해 연결되어져 있기 때문입니다.[28,2] 즉 우리는 어딘가 존재하는 데이터 서버에서 데이터를 받아 보고 있습니다. 물리적으로 서버는 반드시 존재합니다. 클라우드는 서버를 굳이 사지 않고 다른 회사의 서버에 프로그램을 두고 필요할 때만 쓰는 겁니다.[15]

우리 모두가 클라우드를 이미 쓰고 있습니다. 예를 들어 저만 하더라도 영상 편집을 위한 어도비 클라우드, 개인 데이터 저장을 위한 구글

테크, IT, 미래기술

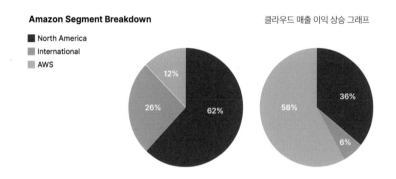

**Amazon Segment Breakdown**
- North America
- International
- AWS

클라우드 매출 이익 상승 그래프

포토와 구글 드라이브, 문서 편집과 데이터 백업을 위한 원드라이브, 드라마와 영화를 보기 위한 넷플릭스, 문서협업 워크스페이스인 노션, 업무용 메신저인 슬랙[16], UI/UX 작업을 위해 사용 중인 피그마 등… 아 참고로 이 피그마는 몇 달 전에 어도비에 28조에 인수됐습니다.[18]

이처럼 클라우드는 안 쓰이는 곳이 없습니다. 전세계 클라우드 세계 1위인 아마존은 아직도 많은 사람들이 인터넷 쇼핑몰로 알고 있지만 아마존 매출의 12.5%를 아마존 클라우드인 AWS가 차지하고 있습니다.[22,26]

세계 클라우드 시장의 과반 이상은 미국 기업들이 차지하고 있는데 리바운드를 지배하는 자가 코트를 지배하듯 클라우드 시장을 지배하는 나라가 데이터를 지배합니다. 완전히 동일하진 않지만 이해가 되기 쉽게 설명 드려보겠습니다.

저는 구글 포토를 씁니다. 제가 찍은 모든 사진들은 구글 클라우드에 저장되고 제가 지나온 모든 위치까지 싹 다 저장됩니다. 물론 구글이 내 데이터를 팔거나 이상한 짓을 하지는 않지만, 이 데이터를 가지고 있고 본인들 서버에 저장시켜둔다는 것 자체가 큰 힘입니다.

그래서 한국에서도 클라우드를 차세대 산업으로 정부 차원에서 지원을 하고 있습니다.[34] 실제로 국민연금은 최근 클라우드 국내 스타트업인 메가존클라우드에 1000억을 투자합니다.[32] 아시다시피 국민연금은 어마어마한 투자 고수들이죠.[33]

정부에서도 클라우드를 핵심으로 육성하기 위해 2030년까지 8000억을 투입시키는 방안까지 발표할 정도이며 이미 삼성전자랑 SK하이닉스, KT, 네이버와 정부가 협력체까지 구성했습니다.[23]


클라우드의 핵심은 뒤에서 더 자세히 말씀드리겠지만, 바로 AI반도체입니다. 아마존의 예를 보면 왜 AI반도체가 클라우드의 핵심인지 알 수 있는데요.

아마존은 본인들 데이터센터에 자사AI반도체를 적용해서 기존보다 무려 70% 저렴한 비용에 컴퓨팅 서비스를 제공하고 있습니다. 실제로 아마존과 마이크로소프트, 구글 모두 자사 전용 AI 반도체 개발을 통해 클라우드 세계 톱이 되려고 하는데 지금 우리나라는 아직 미국에 비해 많이 뒤처집니다. 그래서 정부 차원에서 이걸 키우고자 대규모 연구 진행을 진행 중인 거죠.

정부가 인정한 통계치에 따르면 AI반도체는 연 16% 성장할 것이고 AI 반도체를 국내 데이터 센터에 적용해 세계적인 클라우드 경쟁력을 강화하려는 프로젝트를 설계했습니다. AI반도체에 엄청난 힘을 주고 있는 상황입니다.

AI반도체와 클라우드를 국가 산업으로 가져가려는 것은, 단순히 트렌드에 편성하는 것은 아닙니다. 우리나라는 소프트웨어는 다소 부족하지만 하드웨어 실력만큼은 세계 1,2위를 다툴 정도로 압도적으로 강합니다.

SK하이닉스와 삼성전자는 차세대 메모리이자 정부가 육성하고자 하는 PIM의 세계 최강국이고 스타트업도 일부 지표에선 엔비디아를 제치는 등 상당한 성과를 내고 있습니다. 무엇보다 삼성 파운드리는 스타트업들이 설계한 AI 반도체를 만들어주고 또 날개를 달아줄 수도 있습니다. 물론 AWS나 Azure, 구글 클라우드의 자리를 국산 클라우드가 가져갈 가능성은 불가능에 가깝지만 그 시장에 쓰이는 하드웨어는 우리나라가 차지할 수 있습니다.

우리나라는 엄청난 하드웨어 실력을 갖추고 있기에 불가능하진 않고 이는 수치가 입증하는 사실입니다. 그리고 이 분야에 실제로 비용이 엄청나게 흘러 들어가고 있습니다.

그러면 이런 생각이 들지 않나요? MS는 클라우드 데이터를 어디에 저장하는 걸까? 실제로 마이크로소프트도 그런 생각을 했습니다. "아니 시대가 어느 시댄데 아직도 테이프를 쓰는거야?"**39**

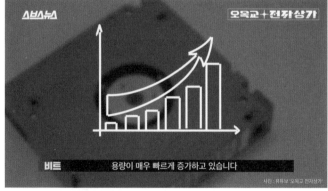

자료: 유튜브 채널 [오목교 전자상가] 동영상 캡쳐 / 글에 삽입된 링크 참조(0:11) (3:32)

테크, IT, 미래기술

왠 테이프냐고요? 제게 가장 흥미로웠던 유튜브 영상 중 하나는, 오목교 전자상가에 올라온, 아직도 방송국들은, 하물며 구글조차 데이터 저장할 때 테이프를 쓴다는 영상이었습니다.

저희 스튜디오는 유튜브 스튜디오 수준이라 방송국만큼 거대한 데이터가 없기에 그냥 외장SSD 4TB 여러대를 사서 촬영본을 저장해 두는데요. 방송국에서는 여전히 테이프에다가 촬영본을 저장해둔다는 거죠. 왜냐? 거의 8배나 저렴하니까! 그리고 일반적인 하드디스크는 보장 수명이 3~5년인데 테이프는 보존기한이 무려 30년에 달하기 때문입니다. 그런데 곧 방송국과 MS의 테이프가 전부 유리로 바뀔 지도 모르겠습니다.

MS는 최근 최정예 연구팀을 꾸렸습니다. 그리고 데이터 저장 업계가 완전히 뒤바뀔 결과가 나옵니다. 2023년 10월, MS에서 매우 이색적인 논문이 한편 발표됩니다. 논문의 제목은 "프로젝트 실리카Project Silica"[41] 결과부터 말씀드리면, 유리에 데이터를 저장합니다. 유리로 만든 하드디스크입니다. 그런데 이 작은 직사각형 유리 구조물에 무려 7TB. 수명은 1만년이고 전기도 필요 없습니다.[36]

석영 유리는 매우 저렴합니다. 마이크로소프트는 펨토초라는 엄청나게 강한 레이저를 통해 유리에 데이터를 새기는데, 데이터를 하나하나 겹겹이 쌓아 올림으로써 엄청난 밀도로 데이터를 저장할 수 있습니다.[37] 이렇게 레이저가 맞닿은 부분들이 살짝 성질이 변하면서 3차원 패턴이 그려지는데 이 패턴을 '복셀'이라고 합니다.

복셀 안에 컴퓨터 데이터를 새겨 넣는 거죠. 그럼 이걸 어떻게 다시 읽냐? 그러니까 복셀 안에 새겨진 컴퓨터 데이터를 어떻게 다시 불러오냐? 현미경을 쓴다고 합니다. 컴퓨터로 연결된 현미경이 복셀 패턴을 디코딩해서 읽어옵니다. 연구진에 따르면 유리 안에 데이터를 저장해 두었기에 오븐에 넣어버리든 긁든 데이터는 안전하게 보관됩니다.[39]

유리에 저장된 데이터를 컴퓨터로 옮기는 셔틀을 제외하면 그 어떤 전기도 사용하지 않기에 데이터센터 운영 비용을 줄일 수 있습니다. 이게 매우 중요합니다. 현재 전세계는 데이터센터의 엄청난 전기세와 발열로 인해 이걸 대체 어떻게 해결해야 하나 걱정과 고민, 연구를 지속하고 있습니다.

오죽하면 중국은 바닷속에 축구장 13개 규모 데이터 센터를 짓겠습니까? 물론 데이터센터에는 데이터 저장 외에 데이터 처리부터 여러 가지 전기 비용이 들어가지만 데이터 저장으로 인한 발열과 전기 요금을 없앨 수 있는 데다가 안정성, 저장 밀도 등이 상당하므로 이 연구는 앞으로 MS가 클라우드 분야에서 타사 대비 큰 경쟁 우위를 가져갈 요인 중에 하나가 될 지도 모릅니다. 참고로 2023년 클라우드 시장 규모는 858조원, 2027년엔 1733조원에 달할 것으로 예상되며 아마존과 마이크로소프트, 구글이 삼파전을 벌이고 있습니다.[43]

앞으로 시대는 바뀌게 될 겁니다. 하드디스크에 저장된 데이터는 수명이 5~10년이기에 5~10년 마다 데이터를 다시 저장해줘야 합니다. 방송국에서 쓰이는 테이프들도 수명이 다 해갈 것이고 더 빠르고 더 좋은 것을 찾게 될 겁니다.

데이터 센터들은 당연히 데이터를 저장할 더 좋은 것을 찾게 될 것이고, 그때 마이크로스프트의 유리 저장장치가 쓰이게 될지도 모릅니다. 마이크로스프트 프로젝트 실리카의 연구원 스테파노비치IOAN

STEFANOVICI는 말합니다.


"프로젝트 실리카는 데이터를 '영원히' 저장할 수 있는 완전히 새로운 방법입니다."**39**


## 초거대 인공지능

영화 Her에서 주인공 테어도르는 인공지능에게 묻습니다.


"너는 이름이 뭐니?

AI는 답합니다. "음… 사만다?"

주인공은 묻습니다. "언제 지은건데?"

AI는 답합니다. "너가 물어봤을 때 0.02초간 이름 짓는 법이라는 책에서 18만개의 이름을 모두 읽고 그 중에 발음이 좋은 걸로 골랐어."


앞으로 몇 년 안에 여러분이 고객센터에 전화를 걸었을 때 듣게 될 대화입니다. 인간의 감성을 이해하고 인간에게 공감할 수 있는 AI가 등장할 것이고, 등장하고 있습니다. 인공지능들 중에서도 대용량의 정보를 스스로 학습하여 추론을 할 수 있는 인공지능, 초거대 AI들이 이제는 일상이 되었습니다. Chat GPT 같은 것들이 바로 초거대 AI입니다.

그런데 우리 기업들은 내년에만 700조원 이상에 육박한다는 AI 시장에 도전조차 하기 어려운 상황입니다.44 예를 들어 인공지능은 막대한 데이터가 필수인데 이 데이터를 어디에 저장할까요? 인공지능에게 학습시킬 사진 10,000TB를 가지고 있다고 가정합시다.

외장 SSD 4TB짜리가 2,500개가 필요합니다. 외장SSD 하나에 40 만원이라고 가정하면 약 10억원이 필요합니다. 2,500개의 외장SSD는 연결하고 관리하는 데도 천문학적인 비용이 소모가 됩니다. 이와 비슷합니다.

OpenAI는 하나에 천만 원이 넘는 엔비디아의 A100을 약 1만개 투입하여 ChatGPT를 개발했고, 2024년에 공개된 엔비디아의 최신 GPU 인 B200은 대당 5천 만원에 육박하며 기존 제품 대비 성능이 최대 30배 는 개선될 정도로 엄청난 속도로 발전하고 있습니다.

문제는 사고 싶어도 살 수가 없다는 점이며, 우리 경쟁자는 구글, 마이크로소프트, 엔비디아 같은 실리콘밸리 빅테크들이라는 점입니다.

당연하겠지만 이들을 단 하나의 기업이 위협하거나 이기는 것은 불가능에 가깝습니다. 그래서 한국이 택한 것은 '연합군 구성'입니다. 이를테면 KT는 리벨리온과 모레 같은 스타트업에, SKT는 사피온 등에 투자를 하고 삼성 파운드리가 이들의 반도체 칩을 생산하며 반도체 노하우를 전수하고 있습니다.

2024년 6월 기준으로 리벨리온과 사피온의 합병 소식도 들려오고 있고요. 물론 전면전에선 이기기 어렵습니다. 그렇기에 한국은 '연합군' 을 구성하되 보다 '효율적인' 연합군을 구성하고자 합니다. 이를테면 절대적 성능에서 이기는 것이 아니라 전력 대비 성능에서 이기고자 하는 것이죠.

예를 들어 미국이 5억짜리 페라리의 성능을 뽑아내되 연비가 낮다 면, 우리는 페라리보단 성능이 낮지만 1억 정도의 가격에 연비가 높은 하

테크, IT, 미래기술

이브리드 자동차를 뽑아내는 방식인 거죠. 그렇다면 경쟁력이 있습니다.

물론 강조하지만 한국에게 쉽지 않은 상황인 것은 맞습니다. 2022년 기준으로 The VC와 statista의 데이터를 보면 엔비디아의 연구 개발비가 거의 10조원 수준으로 우리나라의 모든 AI 스타트업들의 투자액을 합한 것보다도 높습니다. 우리가 후발주자고 연구개발비도 뒤쳐지기에 따라가기가 어려운 부분도 많습니다. 상당히 심각한 부분인 것도 사실이며 국가적 관계에서도 매우 중요한 부분입니다.

기업 대 기업으로 경쟁을 하기에 어려운 부분도 많기에 많은 현업자들이 국가적 차원의 지원을 요청하기도 하죠. 다행인 점은 우리 스타트업들과 대기업들이 서로 간의 협업을 통해, 상당히 고급 인력들이 사명감과 도전의식을 가지고 해외에서 돌아와 한국에서 세계를 향해 도전하고 있습니다.

현업 AI의 임원들과 인터뷰를 해봐도, 앞으로 단 시일 내 미래는 한두 업체가 독점할 것처럼 보이는 것이 사실입니다. 하지만 궁극적으로는 그렇게 되지는 않을 가능성이 높습니다. 미국 실리콘 기반의 빅테크들이 시장을 열고 나면 우리나라 같이 IT에 민감한 나라들이 그 붐에 타고 틈새 시장에 진출할 것입니다.

예를 들어 마이크로소프트가 전체 PC 시장을 장악했으나, 특정 목적으로 내장된 소프트웨어인 임베디드 소프트웨어 시장이나 기업용 소프트웨어 시장인 오픈소스인 리눅스 기반으로도 상당한 파이를 차지하고 있습니다. 이처럼 무언가 다른 '필살기'가 있다면 독과점까지는 가지 않을 가능성이 높을 겁니다.

현재 상황에선 모든 길이 실리콘 밸리로 흘러가고 있는 모양새라고 봐도 과언은 아닙니다. 하지만 엔비디아의 수백분의 1 수준의 투자금으로 우리 스타트업들이 일부 분야에서 엔비디아를 제치는 등 상당한 성과를 내고 있습니다. 앞서 말했듯 우리 반도체들은 전성비가 우수합니다. 전기세가 덜 나간다고 보면 되겠죠.

이를테면 데이터센터는 매년 전기세만 수조원에 육박하는데, 이런 전기세를 압도적으로 줄여버릴 수 있습니다. 물론 현실적으로 한국이 AI 시장을 지배하는 것은 불가능에 가깝습니다. 미국과의 경쟁에서 한국이 이기긴 어렵습니다. 그럼에도 불구하고 이 경쟁은 할 수 있냐의 문제가 아니라 해야만 하는 문제입니다.

리벨리온의 박성현 대표는 "맞아 죽더라도 세계 시장에서 맞아 죽겠다"고 말씀하셨던 것이 생각납니다. 맞아 죽더라도 세계 시장에 도전해보자고요. 승리가 당연해 보이는 '최강자'보다 예상치 못했던 다크호스가 '최강자'를 꺾는 것이 더 재미있지 않겠습니까?

테크, IT, 미래기술

# 스마트폰AI 전쟁

## 온디바이스AI

제가 유튜브에 처음 영상을 올릴 당시, 삼성전자 냈던 커다란 혁신은 폴더블이었습니다. 그때 삼성전자가 갤럭시폴드1을 출시했고 저는 당시에 신선한 충격을 받았습니다. 사실 당시의 갤럭시폴드1은 보완할 부분이 많은 스마트폰이었어습니다. 가격부터 무게, 힌지, 자국 등 많은 부분에 문제가 많았죠.

그럼에도 불구하고 가장 먼저 새로운 폼팩터에 도전했고 새로운 시대를 열었다는 것엔 아무도 이견이 없습니다. 그리고 2024년에 출시된 갤럭시S24 역시 지금까지 스마트폰과 완전히 다른 형태로 출시되었습니다.

바로 'AI' 스마트폰. 삼성전자도 2024년 7월 공개된 갤럭시폴드6와 플립6 시리즈에서도 '갤럭시의 AI가 여기에 있다 (Galaxy AI is here)'라며 갤럭시는 'AI 스마트폰'이라 다르다는 것을 강조했고, 특히 간만에 퀄컴의 반도체 칩이 아니라 삼성전자의 반도체 칩을 탑재함으로써 '실력의 건재함'을 보여주었죠.

사진: 갤럭시 공식 홈페이지

테크, IT, 미래기술

냉정하게 바라보면 삼성전자의 갤럭시는 애플의 아이폰에 비해 상대적으로 이미지와 성능 면에서 열위에 있습니다. 그런데 다시 또 한번 냉정하게 돌이켜보면, 저 같은 테크 전문가나 IT유튜브 크리에이터, 혹은 게임을 무겁게 즐기는 사람이 아니라면 '스마트폰을 고르는 기준'에 '어떤 성능의 AP가 탑재되느냐'를 중점적으로 보지는 않을 겁니다.

갤럭시S24에 들어간 '머리'인 엑시노스 혹은 스냅드래곤과 아이폰 15에 들어간 '머리'인 A시리즈 모두 매우 높은 성능을 보여주기 때문입니다. 물론 더 좋은 AP가 들어간다는 것은 내 스마트폰의 머리가 더 좋다는 뜻이고 AI든 사진 보정이든 그 밖의 여러가지 일들을 매우 원활하게 돌릴 수 있다는 뜻이기도 하지만, 냉정하게 말해서 '높은 성능' 만으로는 적어도 스마트폰 시장에서 압도적 1위가 되기는 어렵다고 생각합니다. 이미 대중이 체감할 수 있는 한계의 영역까지 올라왔고 무언가 다른 '이미지'가 필요한 시점이라고 생각합니다.

그런 의미에서 삼성전자 MX사업부는 영리하게 '폴더블'이라는 새로운 폼팩터를 먼저 선점하며 혁신에 도전하는 이미지를 형성하였고 경쟁사보다 빠르게 '온디바이스AI'를 적용하며 'AI 스마트폰'이라는 이미지를 굳혔습니다.

삼성전자 입장에선 단기적이고 즉흥적인 결정이 아니라, 꽤 심사숙고한 결정이었을텐데요. 실제로 삼성은 2023년 11월에 AI포럼을 한국에서 개최하였었는데, 그때 AI 전문가 150명 정도가 참석 했었고, 삼성리서치에서 직접 개발한 생성형 AI 모델 '가우스'를 공개했습니다.[4]

그런데 대부분의 네티즌들 댓글 반응, 커뮤니티 반응을 보면 "ChatGPT, 코파일럿, 클로드, 제미나이 같은 시장 지배자와 가우스가 대체 뭐가 다른데? 솔직히 이걸 왜 쓰는데?"라는 날 선 반응을 보이고 있습니다.

그런데 다른 점이 있습니다. 가우스와 그 기술에 전세계에서 삼성 전자와 애플만이 가질 수 있는, 타 경쟁사들은 따라잡기 어려운 강력한 강점이 있습니다.

바로 앞에서 잠깐 언급한 차세대 딥러닝 기술 '온 디바이스On-Device'. 먼저 양심 고백을 하죠. 저는 요즘 영상 기획을 하며 AI를 적극 활용합니다.

논문을 다 읽는 것은 이제 너무나 시간 낭비입니다. 논문이나 수십 장짜리 레포트를 코파일럿과 ChatGPT에게 요약시키고 얘네가 날 속이는 건지 아닌지, 즉 할루시네이션이 없는지 체크하며 영상 스크립트를 기획하고 있습니다.


이는 빅테크나 국내의 여러 대기업들도 마찬가지입니다. 내부 문건 같은 걸 복사해서 GPT한테 물어보고 요약하곤 하겠죠. 앞으로 시대에서 필요한 역량은 'AI를 얼마나 잘 활용하는가'가 될 것이 명백합니다.

그런데 문제가 있습니다. GPT한테 물어보는 순간 Open AI의 서버로 기업의 내부 문건이 저장되고 인공지능이 해당 문건을 학습할 염려가 존재합니다. 그렇기에 기업들의 자체 AI는 필수입니다. AI를 쓰고 안 쓰고는 업무 속도와 효율에 있어 차이가 진짜 크기 때문이죠. 제가 논문 하나 읽는데 몇 시간 걸리는 걸 얘네는 10초 안에 다 읽고 요약해 주니까요.

물론 요약본만 보는 것이 아니라, 요약된 내용을 바탕으로 중요 내

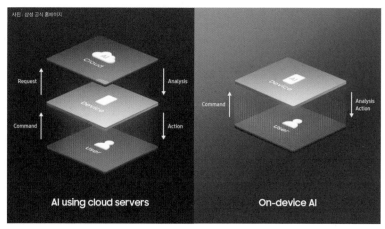

온 디바이스의 구조 (삼성 ver.)

자료: 삼성 홈페이지

용을 다시 확인하긴 하지만 나침반을 가지고 목표지점을 알고 밀림에 들어가는 것과 그냥 들어가는 것엔 매우 큰 차이가 있는 법입니다. AI는 목표지점에 빠르게 갈 수 있게 도와주는 나침반이나 다름없습니다. 하지만 우리가 현재의 생성형AI들에게 명령하면, 우리의 명령에 대한 바로 답이 나오는 것이 아니라, 우리 명령이 클라우드 서버로 전송되고, 그들의 AI가 분석을 하여 답을 만든 뒤 우리에게 전달해줍니다.

우리의 중요한 정보가 다른 회사의 클라우드에 전달된다. 이걸 해결하기 위해 나온 것이 '온디바이스'입니다. 단말기 자체적으로 AI를 수행하는 기술인데, 인터넷 연결도 없이, 단말기 자체 성능으로 AI를 돌릴 수 있습니다.

단말기 자체 성능이 매우 중요하므로, 삼성전자가 올해 10월에 실

2025 대한민국 미래 인사이트

리콘밸리에서 열렸던 시스템LSI 테크데이에서 "엑시노스 2400이 엑시노스 2200 대비 AI 성능이 14.7배 대폭 향상됐다"[6] 며 지속적으로 AI 성능을 강조한 것이죠. 물론 단말기 자체적으로 돌려야 하기 때문에 LLM에 비해 상대적으로 작은 sLLM^small Large Language Model이나 SLM^Small Language Model 등 소형 모델을 사용합니다.

이를테면 퀄컴의 스냅드래곤8 3세대는 약 100억개의 매개변수를 지원합니다. 참고로 GPT-4의 매개변수는 정확히 공개되진 않았으나, 거의 1조 7천억개를 훌쩍 넘길 것으로 추측되고 있습니다. 즉 매개변수의 사이즈 자체는 아주 작습니다. 매개변수의 사이즈가 작다는 것은 상대적으로 도서관의 사이즈가 더 작다는 뜻으로 이해하면 됩니다.

이런 의미에서 봤을 때, 당연히 온디바이스는 수조 개의 책이 꽂힌 도서관보다 정보의 양과 정확성 자체는 다소 부족할 수 있을 것이라고 볼 수 있지만, 근래는 LLM과 SLM을 적절하게 섞거나 여러 개의 SLM 모델을 섞는 등 빅테크와 대기업들이 작은 언어모델들에 집중하고 있습니다. 무조건 거대한 AI모델을 만든다고 그것이 성능과 정확하게 비례한다고 보기 힘들기도 하거니와, 투자비용도 너무 크고 스마트폰 같은 '엣지 디바이스'들에 적용하기 어렵기 때문입니다.

생각해봅시다. 스마트폰에 3 kg짜리 GPU를 넣고 다닌다면 제 아무리 성능이 좋다한들 누가 사겠습니까? 즉 작은 도서관들을 여러 개를 만들되 각각의 도서관이 특색이 있고 효율적으로 책이 구성되어져 있다면 충분히 LLM 수준의 성능을 뽑아낼 수 있다는 뜻입니다. 더 잘 구성하면 LLM 이상의 성능을 뽑아낼 수도 있습니다.

실제로 이러한 작은 언어모델이 가장 잘 적용될 수 있는 '온디바이스'의 장점이 뭐길래 이렇게 '전쟁'을 방불케 할 경쟁을 이어가고 있는가? 온디바이스의 장점은 크게 세가지로 봅니다.

첫번째로 보안성입니다. 서버를 타고 이동할 염려가 없습니다.
두번째는 속도입니다. 아무래도 서버 타고 이동하는 경로가 많은 클라우드 AI보다 빠르겠죠.
세번째로 편의성입니다. 인터넷이 안 돼도 쓸 수 있으니 사막 한 가운데서도 사용할 수 있습니다.

그리고 시대는 온 디바이스로 갈 가능성이 높습니다. 자율주행을 위해 앞으로 자동차에도 AI가 탑재될텐데, 여러분은 현재의 GPT 대답 속도가 믿음이 가십니까? 자율주행차는 수천 분의 1초 단위로 주변 지형과 도로 상황을 판단하고 대응해야 합니다. 그런데 터널이나 도시 외곽 등 인터넷이 잘 안 되는 곳이라면 자율주행은 불가능합니다. 또 초고성능 AI게임을 한다고 합시다. 인터넷 상태에 따라 어떨 때는 빠르고 어떨 땐 느려서 만족스럽지 못할 겁니다.
그러면 왜 삼성전자나 애플의 온디바이스가 그들 만이 가질 수 있는 큰 강점인가? 갤럭시S24에서 AI가 실시간으로 음성통화 번역을 해 주거나 코드 작성을 도와주기 때문에?[8] 그거 때문은 아닙니다.
상대적으로 새로운 기술을 빠르게 적용하는 것에 인색한 애플조차

2024년 WWDC에서 '애플 인텔리전스'를 공개하며 온디바이스 전쟁의 신호탄을 쏘아올렸죠. 폴더블은 도전하지 않은 애플조차 온 디바이스 AI는 빠르게 추격합니다.[9]

삼성전자도 이에 질세라 얼마 전에 유럽연합과 영국에 AI 스마트폰과 AI 폰에 대한 상표 등록을 마쳤습니다.[1] 온 디바이스는 결국 단말기 하나로 AI를 수행하는 기술인데, 단말기가 있는 기업들이 경험과 노하우를 쌓을 수 있을 것이고 단말기가 많은 기업일수록 더 많은 경험과 데이터를 쌓을 수 있습니다.

그리고 전세계에서 가장 많이 퍼진 스마트폰은 갤럭시와 아이폰입니다. 물론 칩이 매우 중요하기 때문에 구글, 퀄컴, 인텔, 아마존, 애플 모두 달려들었습니다. 그렇기에 시장 규모도 갈수록 커지게 될 것이 분명합니다.

수많은 디바이스를 가지고 있는 삼성전자, 애플에게 있어 온디바이스는 GPT, 코파일럿, 제미나이, 클로드 등에 맞설 수 있는 무기가 될 것입니다. 삼성전자도 애플도 달려들었습니다. 더 말이 필요합니까? 온 디바이스 시대는 무조건 옵니다. 삼성전자 시스템LSI 사업부의 박용인 사장은 얼마 전 "온 디바이스 AI가 기술적 혁신으로 이어질 것이다."[10]라는 말을 했을 정도니까요.

## 애플 인텔리전스?

2024년 5월, 애플의 아이패드가 거의 2년 만에 새로 발표됐습니다. 근데 아이패드가 중요한 게 아닙니다. 어차피 우리 대부분은 이전 세대 아

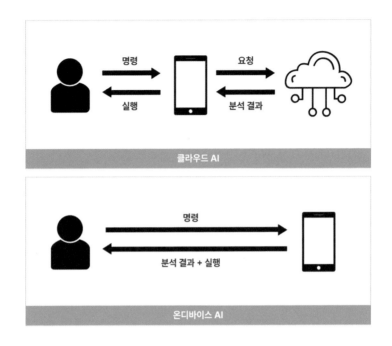

클라우드 AI

온디바이스 AI

이패드랑 지금 아이패드랑 블라인드 테스트하면 눈치 못챌 테니까요.

2024년 6월에 열린 WWDC에서 애플은 '애플 인텔리전스'를 공개했습니다. 애플은 참 영리한 기업입니다. 분명 AI에 늦게 진입했습니다. 그런데 참 영리하게도 AI라는 단어를 쓰기보다 'Apple Intelligence'라는 단어를 쓰고 있습니다.

마치 AI는 'Artificial Intelligence'의 줄임말이 아니라 'Apple Intelligence'의 줄임말이라고 말하는 듯하는 모양새입니다. 저는 당시 WWDC를 보고 반도체 현업자로서, 또 AI에 관심이 굉장히 많은 과학

커뮤니케이터로서 솔직히 "애플 만의 AI"에 대해 나오지 않은 점은 조금 실망스러웠습니다.

물론 "애플 인텔리전스"를 내놓았고 며칠 뒤 애플의 주가는 크게 오르며 화답했습니다. 애플이 드디어 온디바이스에 대해 접근하기 시작했다는 것에 대한 시장의 환호였겠죠. 다만 이미 타사에선 수년 전부터 존재했던 기능들입니다.

물론 애플만의 UI/UX, 그리고 사용자의 일상이 편해야 한다는 그 가치관은 대단하다고 생각했습니다. 가장 좋은 UI/UX는 "AI가 알아서" 해주는 겁니다. 애플은 알아서 우선순위를 정하고 정리해주고 우리가 뭘 하라고 시키지 않아도 알아서 처리해주는, 시리를 자비스 같은 비서로 만들고자 합니다.


WWDC에서도 나왔듯 메시지의 내용을 보고 메시지에 있는 주소 저장하라고 하면 알아서 저장하는, 일상을 편리하게 해주는 AI가 애플의 AI입니다. 이걸 잘 하려면 화면의 내용을 엄청나게 잘 구분해야 할텐데요. 애플이 최근 발표한 논문을 보면 성능을 어느정도 알 수 있는데[11] 애플AI는 여러 개의 전화번호와 이메일을 정확하게 구분하고 애플AI의 성능은 97.9점으로 97.0점의 GPT-4, 84.1점의 GPT3.5보다 뛰어납니다.

다만 이 점수는 얼마나 데이터를 정확하게 분석하느냐, 쉽게 말해 서로 다른 데이터들을 얼마나 잘 구분하느냐 입니다. 이게 이메일 주소인지 전화번호인지 이게 치킨인지 피자인지 얼마나 잘 구분하느냐 이지 AI의 전반적인 성능을 나타내는 건 아님을 주의하셔야 합니다. 즉 애플AI는 뭘 잘 구분한다. 이렇게 정리할 수 있겠네요.

테크, IT, 미래기술

애플 인텔리전스 기능 中 …
자료: APPLE 뉴스룸

개인적으론 AI 시대를 대비하려면 빅테크들은 "자신 만의 AI"를 가지든 혹은 다른 누군가의 AI를 사용을 해야할텐데, 삼성전자가 안드로이드에 종속되어버렸듯 애플이 OpenAI에 종속되어 버리는 것이 아닌가 염려되는 것도 사실입니다.

이번 WWDC에 나왔듯 시리가 ChatGPT에 의존하니까요. 현재의 스마트폰이 iOS에 종속되든 안드로이드에 종속되든 둘 중하나가 되었듯, 앞으로의 시대는 ChatGPT에 종속되든 Gemini에 종속되든 Copilot에 종속되든 어딘가에 종속이 되게 될 가능성이 큽니다.

그런데 애플은 ChatGPT와의 협력을 맺었고 ChatGPT는 Microsoft에 종속되어져 있으니 애플의 팬들 입장에선 그리 달가운 그림은 아니죠. 물론 애플이 그렇게 호락호락한 놈들은 아닙니다. 어마어마한 엣지 디바이스들이 전세계에 퍼져 있죠. 아이폰, 애플워치, 아이패드, 맥북 이제 더 나아가 비전프로까지. 쉽게 종속당하지는 않을 것이고 두 ChatGPT를 만든 OpenAI의 최대주주인 MS와 애플의 전례 없는 협업으로 소프트웨어 역사상 최대 생태계 파괴종이 등장하게 될지도 모르죠. 분명한 점은, 적어도 지금은 AI라는 금빛 비가 내리고 있다는 사실입니다.

그리고 역사가 늘 그래왔듯, 미국 주식은 늘 지금이 저점이었을 지도 모릅니다. 워렌 버핏은 "금빛 비가 내릴 때는 골무가 아니라 양동이를 사용하세요"라는 말을 남겼으니까요.

다만 애플 만의 압도적인 강점은 단순히 소프트웨어에만 있는 것이 아닙니다. 사실 애플AI의 강점은 압도적인 하드웨어 성능이라고 볼 수도 있습니다. 애플은 소프트웨어도, 하드웨어도 세계 최강의 기업이니까요. 그 맛보기가 바로 이번 아이패드에 탑재된 M4겠죠. 3나노 기술로 만들어진 M4의 뉴럴엔진은 AI 가속화를 도와주는데, 역사상 가장 강력합니다.[13]


실제로 수년 전부터 애플은 비밀리에 스위스에서 생성형 AI모델 연구를 해왔다고 합니다. 파이낸셜타임즈가 수년간 애플의 채용정보를

분석한 결과 구글에서 인재들을 최소 36명 이상 데려와 AI를 연구를 해 왔습니다.[19]

최근 캐나다 AI 스타트업인 다윈AI를 인수하기도 했고요. 즉 애플은 AI를 연구를 하고 있긴 했습니다. 그런데 문제는, AI를 제대로 돌리려면 학습을 해야 합니다만, 삼성도 그렇지만 애플 역시 '학습'에는 최적화되어 있지 않습니다.

그들에겐 너무나 많은 갤럭시와 아이폰이 전세계에 퍼져 있지만 유저 데이터를 함부로 학습해버리는 것은 바람직한 일은 아니겠죠. 그래서 최근 CNBC를 보면 애플이 개발 중인 AI용 반도체 칩은, '학습'보다는 '추론'에 포커스가 맞추어져 있어요.[14] 그럼 앞으로 애플의 미래는 어떻게 될까? 블룸버그에 의하면[17] 애플은 아이폰에 구글의 '제미나이' 탑재를 논의한 적도 있었다고 합니다.


작년부터 애플은 애플GPT를 사내에서 테스트했는데 타사 GPT에 비해 성능이 크게 떨어졌었다는 소식이 있었고.[15] 애플 입장에선 라이벌인 구글의 AI를 탑재할 순 없으니 OpenAI의 ChatGPT를 선택한 것일지도 모르죠. 당연하지만 애플도 AI를 포기한 건 아닙니다. AI에 하루에 수백만 달러씩 투자를 하고 있어요. 이를테면 이미지 생성 모델이나 텍스트, 이미지와 비디오를 인식하고 생성하는 AI를 연구 중이기 때문입니다.[18]

앞에서 설명했듯 아이폰의 AI는 화면 분석에 탁월합니다. 아이폰이 화면을 싹 분석하고 "당신은 지금 치킨 먹고 싶나 보네요. 치킨집에 전화를 걸까요?"와 같이 현실판 자비스가 애플이 지향하는 목표입니다.

## 애플 폴더블

말이 나온 김에 애플에 대한 이야기를 더 해보죠. 애플은 AI에는 이렇게 적극적인데 폴더블엔 유독 적극적이지 않습니다. 왜일까요? 애플이 폴더블을 내놓지 않는 이유로 언론에서는 '완벽주의', 그리고 '굳이?'를 꼽습니다.[30]

아무래도 접힌 자국과 그 자국에서 힘이 집중되어 발생하는 결함, 그리고 굳이 폴더블을 내놓지 않아도 이미 잘 팔리기에 애플 입장에선 스마트폰을 접어야 하는 이유를 아직 찾지 못했다는 것이 일반적이에요.

솔직히 폰을 접고 늘리는 기술은 이미 성숙되어져 있고 어차피 애플은 LGD나 삼성디스플레이에서 납품 받은 디스플레이를 사용하기에, 마음만 먹으면 폴더블 적용은 쉽습니다. 하지만 폴더블 아이폰은 갤럭시폴드, 플립이 6까지 나올 동안 등장하지 않고 있죠.

그런데 근래 공개된 특허를 보면 아이폰은 폴더블 그 이상을 고민하고 있는 걸로 보입니다. (물론 특허가 나왔다고 모두 제품화되는 것도 아니고, 이렇게 나온 특허를 제작해주는 것도 우리나라 LGD나 삼성디스플레이지만…) 2023년 7월에 애플은 아이폰, 아이패드, 모니터, TV에 사용될 수 있는 OLED 또는 마이크로 LED 기반의 롤러블 디스플레이에 대한 특허를 냈습니다.[28]

이 특허에서 애플은 디스플레이 유리의 균열을 방지하기 위해 힘을 분산시킬 수 있는 방안을 고안했습니다. 즉 애플 역시 폴더블과 롤러블의 가능성을 열어둔거죠. 특허에서 애플은 오피셜로 이렇게 적었습니

테크, IT, 미래기술

다. "전자기기들은 롤러블 디스플레이를 가지게 될 지도 모른다."

애플 특허들에서 알 수 있는 애플의 철학은 두가지인데, 첫번째 접합부가 잘 안 부숴져야 되고, 두번째 얇아야 합니다.[26, 27] 접히거나 늘어나는 부분에서 힘이 집중되어 폰이 고장나는 일은 없어져야 되니까요. 그리고 근래 아이패드에서도 전력을 다해 홍보하듯, '얇은 것'에 포커스를 맞출 겁니다.

실제로 올해 출시될 아이폰, 내년에 출시될 아이폰 모두 '얇은 것'에 포커스를 맞추고 있어요.[25] 아마 앞으로 나올 아이폰들은 '역사상 가장 얇은 스마트폰'이라며 홍보하지 않을까요? 실제로 2024년 출시되었던 아이패드 프로 역시 '얇다'는 것에 집중한 마케팅을 했죠. 물론 애플이 말하는 수준의 디스플레이들은 삼성전자도 이미 하고 있고, 이미 했다는 것이 사실입니다.

2024년 5월에 간만에 애플이 굉장히 재미있는 특허를 발표했습니다. 이 특허 초록을 보면 애플이 진짜 힌지에 얼마나 집착하는지 알 수 있습니다. "폴더블 기기들은 힌지를 통해 휠수 있다. 그런데 데미지 없이 잘 휘게 만들려면 커버 레이어가 필요하다"… 그리고 이 부분이 재밌는 사실입니다. "이 커버 레이어는 자가치유가 된다The display cover layer may also include a layer with self-healing properties" 즉 애플이 구상하는 건 디스플레이가 자가치유되는 폴더블/롤러블 아이폰입니다.[20]

화면에 스크래치가 생겨도 다시 원상복구시키는 디스플레이를 구상 중인거죠.[21] 애플이 추구하는 건 '완벽주의'이고 폴더블/롤러블의 자국에서 부숴지는 현상이 없어야 되니까요. 화면이 접히는 부분에 유연한 디스플레이를 넣고 자가치유가 되는 기능을 연구 중인 거에요.[22] 비유하자면 메모리폼을 디스플레이에 넣는 겁니다. 겨울에 메모리 폼은 좀 딱딱해지는데 따뜻해지면 다시 푹신해지듯 충전시키면서 발생하는 전류나 열에 의해 다시 되돌아가는 방식을 연구 중입니다.

참고로 이 특허의 주요 개발자에 한국인들이 있는 것도 흥미롭습니다. 아무튼, 지금까지 정황으로 보면 어쩌면 곧 애플 온디바이스AI 롤러블 아이폰이 자가치유 기능과 함께 등장할 지도 모른다. 하드웨어의 제왕답게 어마어마한 한 걸 연구 중이긴 하다.[2]

그런데 개인적으로는 부정적이에요. 저는 오랜기간 갤럭시폴드 시리즈를 쓰다가 아이폰, 갤럭시 울트라로 넘어왔고 태블릿은 갤럭시탭 9 울트라를 메인으로 쓰며 아이패드도 사용 중인데요. 아무래도 반도체 전공자이며 산업 트렌드 종사자다보니 B2B 관점으로 접근을 하는 편이기 때문입니다.

B2B 밸류체인 상으로 보면 애플이 이렇게 특허를 낸다 한들 어차피 애플은 자체적으로 디스플레이를 생산하지 못합니다. 물론 애플도 자체 생산하겠다고 의도를 밝히고 있지만 아직은 먼 일 같습니다. 기술 개발은 하고 있고 미리 특허를 내두긴 하지만, 이걸 만들 생산력과 기술력은 갖추고 있진 않기에 큰 기대는 되지 않는 것이 사실입니다.

어차피 삼성 디스플레이나 LG디스플레이, 혹은 중국 BOE가 애플이 준 설계도를 참고하거나 자체 기술을 통해 만들어줄 것입니다. 그리고 2023년 독일 IAA에 참관해서 봤던 차세대 롤러블 디스플레이나 차세대 폴더블 디스플레이는 신기하긴 했는데 접히고 늘어나는 속도가 상당히 느려 실사용성이 좋은지는 와닿지 않았습니다.

그러나 제가 WWDC에서 애플의 AI를 보며 애플이 LLM 시장에 있어 유의미한 성과를 내지 못한 것을 보며 실망했음에도 불구하고 대중들의 환호와 함께 애플 주가가 며칠 뒤 크게 올랐던 것처럼, B2C, customer의 생각은 B2B의 관점과 다소 다를 수 있다는 점은 기억해 주셨으면 좋겠습니다.

결론적으로 애플은 어떤 폼팩터의 기기를 출시할까요? 최근 애플이 2026년 즈음에 폴더블 맥북을 출시할 가능성이 높다는 기사가 나왔습니다. 애플 소식통으로 매우 유명한 궈밍치에 따르면 LG디스플레이가 패널을 공급한다고 합니다.[23] 20.25인치, 18.8인치 맥북을 낸다고 합니다. 아마 가격은 최소 500만원을 넘겠지만, 이상의 정황상 증거들에서 볼 수 있듯 아마도 애플이 폴더블에 한번쯤은 도전할 것으로 보입니다.

그 시작은 아이폰과 맥북보다는 아이패드로 폴더블이나 롤러블로 시장을 실험하지 않을까 싶습니다. 왜냐면 아이폰과 맥북은 너무나 많은 사람들이 쓰는 디바이스니까 아이패드로 한번 테스트를 해보지 않을까 싶은 생각이 듭니다.

그런데 저는 근본적으로 이런 질문을 드리고 싶습니다. 언제까지 우리는 스마트폰을 쓸까요? 이제는 AI시대입니다. 많은 전문가들이 앞으로의 세상은 터치보다는 음성 인식으로 갈 가능성이 매우 높다고 했고, 최근 제가 연사로도 참석했던 2024년 ADF의 강연에서 MS의 상무조차 '키오스크'가 불편해서 AI를 이용해 주문하는 방식을 고안 중이라고 하셨습니다.

과거에는 점원의 목소리, 내 목소리, 주변 잡음을 구분하기 어려웠지만 이제 구분이 가능한 수준으로 AI가 발전했기에, 앞으론 키오스크에서 '불고기 버거 세트로 줘' 하면 알아서 주문이 되는 세상이 올 것입니다.

독자들에게 이런 질문을 드리고 싶습니다. 과연 AI를 담기에 이 사각형의 스마트폰이 적절한 그릇일까요?[29]

애플 아이폰이 출시되고 거의 20년이 흘렀고 우린 여전히 이 사각형 속에서 터치하고 있습니다. 애플 인텔리전스 역시 음성AI로 스마트폰을 제어하는 것이 핵심이었죠. AI는 이미 사람처럼 보고 듣고 말하는 오감의 시대로 넘어왔는데 터치 중심인 사각형 스마트폰이 정말 AI의 성능을 모두 담아낼 수 있는 그릇이 맞을까요?

그렇지 않다고 생각합니다. 아마 곧 아이폰이랑 갤럭시를 밀어낼 새로운 형태의 무언가가 등장하고, 스마트폰의 시대가 종말을 맞이할 것이라고 생각합니다. 또한 그 기업은 삼성도 애플도 아닌, 전혀 예상하지 못했던 제3의 다크호스겠죠. 역사가 늘 그랬듯이요.

조선일보 오로라 기자는 이런 오피니언을 남겼습니다. "귀에 꽂는 AI, 안경으로 쓰는 AI 등 수많은 가능성이 시험대에 오르고 있고 대부분 실패하겠지만 그중 무언가는 스마트폰 시대를 열었던 아이폰 모먼트를 맞이할 것이다."[29]

# 인공지능에 독을 풀다

## AI의 위험성

튜링 테스트라는 것이 있습니다. 기계가 인간과 얼마나 비슷하게 대화할 수 있는지를 기준으로 판별하는 테스트입니다. 미국의 OpenAI가 발표한 ChatGPT와 여러 생성형 AI가 만들어낸 이미지들을 만든 것과 구별하는 것은 이제 쉬운 일이 아닙니다.

아래의 이미지는 실제로 AI를 이용해 만든 이미지입니다. 피부결부터 화장, 머리카락 등 실제 사진과 구분이 가십니까? 적당히 보정해서 나온 이미지라는 느낌이 들 뿐 AI라는 생각이 드시나요?

현재 인공지능들은 이런 의미에서 이미 튜링 테스트를 가볍게 통과했습니다. 인공지능의 엄청난 위험이 이제 시작된 걸지도 모르죠. 구글의 전 CEO 에릭 슈미트는 말합니다. "인류를 위해 인공 지능 개발을 6개월간 중단해야 한다." 구글의 전 CEO가 인공지능 개발을 멈춰야 한다고 주장한 것은, 현재의 개발 속도를 윤리 의식이 따라잡지 못하고 있기 때문입니다.

일론 머스크 역시 AI 개발 속도가 현재 너무 빨라 인류가 미처 예상하지 못한 위험들이 생길 수 있다고 주장했습니다.

중요한 점은 현재 인공지능 발전은 인류에게 상당한 위협이 되고 있고 악의적으로 만들어진 정보나 고의적으로 허위정보를 인공지능이 퍼뜨리는 것을 인간은 막을 방법이 없다는 점입니다. ChatGPT가 인공적으로 인격체를 만들어 혐오발언을 습득한 후 대화에 참여함으로써 인간에게 편견을 주입하고 폭력을 유도할 수 있습니다. 이를 위해 콘텐츠 검열 AI 알고리즘에 의존해야 합니다. 그런 알고리즘은 누가 짜고 어떻게 개발하고 관리할까요?

　단적으로 예를 들어 유튜브 알고리즘조차 가짜뉴스를 많이 보는 중장년층에겐 지속적으로 가짜뉴스를 추천하여 현대판 나치즘을 주입하고 있습니다. 가짜뉴스를 보는 분들은 타국에 대해 혐오감정을 가지는 것이 잘못됐다는 것조차 인지를 못하고 살아갑니다.

　구글 전 CEO와 미국 전 국무장관, MIT 학장 등의 주장에 따르면 허위정보의 유포를 막는 콘텐츠 검열 AI가 실수로 진실한 정보를 막았을 때 인간은 그것을 알 수 있는 방법이 없다고 합니다.1 AI가 가짜로 낙인 찍은 정보를 애초에 우리는 읽을 권한도 없고 읽을 의향조차 없습니다. AI는 특정한 목적을 가지고 움직입니다. 그런데 이 AI의 목적함수를

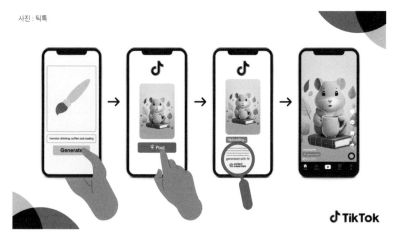

추천 이미지 : 틱톡 인공지능 콘텐츠 발전 과정 (이에 대한 경각심 인정)
자료: 틱톡 뉴스룸

조금만 바꿔도 사회 전체를 바꿔버릴 수 있습니다.

　미국은 틱톡에게서 그 위기의식을 느끼고 있습니다. 틱톡은 짧은 영상을 공유하는 플랫폼입니다. 겉으로 보기에 틱톡은 AI를 이용해서 짧은 영상을 추천해주는 유튜브 쇼츠 같은 곳으로 보입니다. 하지만 미국 정부는 틱톡을 매우 위험한 어플리케이션으로 보고 있습니다. 틱톡이 미국을 조종하고 있다며 서비스 사용을 제한했습니다.[3] 실제로 몬태나주에선 2023년 4월 18일, 틱톡을 금지하는 법안을 통과시켰습니다.[2]

　미국 의원들에 따르면 틱톡이 미국인을 감시하고 통제하며 틱톡이 자유와 인권, 혁신을 따르지 않는다고 주장했어요. 자유 민주주의 국가가 특정 어플이 매우 위험하다고 제한하는 사상 초유의 사태가 발생했습니다. 미국에서만 틱톡을 사용하는 사람은 1억 5천만명에 달합니다.

테크, IT, 미래기술

에릭 슈미트에 따르면 그들의 AI 알고리즘은 각 이용자가 이전에 틱톡을 사용한 기록을 토대로 좋아할 만한 콘텐츠를 추천해주는데, 틱톡이 서로 다른 권역의 사용자들에 관해 학습하고 적응함에 따라 인간의 행동에 지역별로 다른 영향을 미칠 가능성이 존재합니다. 그러면 전 세계적 커뮤니티가 형성된 현 사회에서 오히려 지역 간 분열을 조장할 수 있습니다.

왜냐면 서로 다른 지역에 사는 사람들이 서로 다른 방향으로 발전한 AI의 영향을 받아 서로 다른 현실을 살아가기 때문입니다. 멀리 볼 것 없이 유튜브의 케이스를 봅시다. 자타공인 인정하는 좋은 정보가 올라오는 좋은 채널 위주로 알고리즘이 만들어진 분들과 가짜 뉴스 채널로 점철된 정보가 올라오는 채널 위주로 알고리즘이 만들어진 분들은 같은 유튜브를 보고 있고 같은 한국에 살고 있지만 서로 다른 현실을 살아가게 됩니다. 그리고 실제로 이러한 문제로 인해 엄청난 다툼이 일어나고 있다는 것은 공공연한 사실이지요.

2010년, 2016년, 2019년 구글이 직접 학회에서 발표한 유튜브 추천 알고리즘에 대한 논문6,7,8에 따르면 구글은 각각의 데이터들의 연관성을 분석하고 여기에 딥러닝을 섞은 방식으로 유튜브 알고리즘을 구성합니다.

만약 제가 일본 가수 '아이몽'을 좋아해서 자주 본다면, 다른 일본 가수인 '요아소비'를 좋아할 가능성도 매우 높겠죠. 여기서 더 나아가 유튜브는 오래 시청하는 영상들을 더 추천하도록 함수를 설계하였습니다. 쇼츠의 조회수가 평균적으로 높은 이유가 이 때문입니다.

틱톡과 유튜브 사용자 변화 그래프

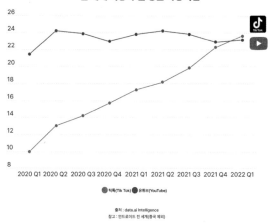

**전 세계 이용자 월 평균 사용시간**

출처 : data.ai Intelligence
참고 : 안드로이드 전 세계(중국 제외)

쇼츠에 유튜브 알고리즘에 더 높은 가점을 주는 것도 있지만 쇼츠가 길어야 1분으로 짧다보니 대부분 사람들은 쇼츠를 처음부터 끝까지 다 보게 됩니다. 즉 평균시청지속률이 매우 높고 이는 알고리즘이 더 많은 쇼츠를 추천하도록 만드는 이유가 됩니다. 그리고 이러한 방식이 인간의 사고 방식을 바꿔버릴 수 있고 실제로 이로 인해 국가 안보의 위협을 느낀 미국은 중국의 틱톡을 금지했습니다. 유튜브를 금지하지 않는 것은 유튜브가 미국 소유이기 때문이겠죠.

현 상태를 두고 UC버클리의 컴퓨터 과학과 교수 스튜어트 러셀은 말합니다.

"통제 불가능한 인공지능의 개발은 누구에게도 이득이 되지 않는다. 인공지능 연구가 순전히 그저 연구일 뿐이라고 말할 수 있는 시기는 이미 오래전에 지났다."

테크, IT, 미래기술

## AI라는 마케팅

AI에 대한 공포심을 심었으니, 이번엔 그와 반대되는 이야기를 해보죠. 일각에선 현재의 AI, 더 나아가 '기술적 특이점'은 마케팅에 불과하다는 주장도 나오고 있습니다.

메타의 AI 책임자이자 튜링상 수상자인 얀 르쿤은 말합니다. "미안한데 일론, 강인공지능이 내년에 오진 않을거야. GPT들은 절대로 인간 레벨에 도달할 수 없어"9 많은 네티즌들은 하루 빨리 인간을 넘어서서 스스로 사고하고 판단하는 '강인공지능'이 오기를 바라고 있습니다. 또한 강인공지능이 도래하는 특이점이 하루 빨리 오기를 기원하고 있죠.

일론 머스크와 젠슨 황은 인간을 넘어서는 인공지능이 5년 안에 도래할 것으로 바라봤습니다. 하지만 세계 최고 수준의 인공지능 전문가인 얀 르쿤을 비롯하여 상당히 많은 과학자들이 "특이점"이나 "강인공지능"은 칩을 더 많이 팔고 '테크 리더'의 이미지를 얻기 위한 마케팅에 불과하다고 주장하기도 하며 대부분의 사람들이 "낚였다"고 표현을 하는 과학자들도 있을 정도입니다.

과연 인공지능은 2000년대 초반의 닷컴 버블의 재림일까, 아니면 정말 세상을 바꿀 미래가 코 앞에 있는 것일까?

저는 얼마 전 딥러닝 분야 석학인 시카고 대학의 Ben 교수를 직접 인터뷰하여 현업자들과 실리콘밸리에서 돌고 있는 샘 알트먼의 이면과 특이점의 진실에 대해 들었는데요.3 이 이야기는 조금 뒤에서 더 자세히 말하기로 하고, 먼저 얀 르쿤이 왜 이런 이야기를 했는지 이야기해봅시다.

Meta의 얀 르쿤 연구원은 "우리는 인공지능의 유창한 언어 능력 때문에 똑똑하다고 생각하기 쉬우나 사실 그들의 이해력은 매우 피상적이다"라고 말했죠.[9] 얀 르쿤은 X에서 일반적인 4세 아동이 오히려 세계 최대 규모의 LLM보다 50배 더 많은 데이터를 본다고 추정했습니다.

그는 인공지능이 인간처럼 되려면 추론하고 계획하고 지속적으로 기억하며 또 주변 환경에 대해 이해를 해야 하는데 현재의 인공지능 시스템으론 불가능하다고 주장합니다. 뿐만 아닙니다. 한국 정부연구기관인 KIST의 인공휴먼 연구자 임화섭 단장님은 특이점에 대해 '책을 팔기 위한' 상술 같다고 부정적인 견해를 내놓으신 바 있습니다.

물론 과학자들이 모두가 동의하는 부분이 있습니다. 얀 르쿤도 말했듯 결국 기계가 인간을 능가할 것이며 AI는 피할 수 없는 흐름이라는 점입니다. 다만 과학자들은 일론이 말한 것처럼 내년, 혹은 젠슨 황이 말한 것처럼 5년 내에 빠른 시일 내에 오기보다 AI가 성숙되고 사회에 스며들기엔 시간이 꽤 걸릴 것이라고 주장합니다. 세상이 크게 바뀌고 있다는 것은 마케팅이라는 것일 지도 모른다는 거죠.

물론 이와 반대되는 주장을 하는 과학자들도 분명 존재합니다. 알파고를 만든 딥 마인드의 CEO 데미스 하사비스 역시 "지난 몇 년 간의 발전 속도는 전례가 없었고 생각 이상으로 발전 속도가 빨라지고 있다"고 전망하기도 했으며 미래학자이자 기술적 특이점을 예측한 대표적인 미래학자 레이 커즈와일 역시 2029년쯤을 예상했습니다.[10]

실제로 인공지능 스타트업 보이저엑스의 대표인 남세동 대표님께선 현재 AI 업계에서, 즉 학자들은 보수적일 수 밖에 없는데 이 보수적인 학자들이 모인 AI 업계에서도 '특이점'이 점점 빨라지고 있다고 인터

테크, IT, 미래기술

뷰에서 말씀해주신 것이 기억이 납니다.

인공지능 전문가나 개발자가 아닌 기술 커뮤니케이터의 입장에서, 여러 전문가들의 이야기를 들으며 느끼는 점이 한 가지 있습니다. 전문가들조차 AI의 잠재력에 대해 정확하게 알지 못하고 있는 게 아닌가 하는 점입니다. 이를테면 AI 전문가들은 "AI가 분명 잘 되고 있는 건 맞다. 하지만 왜 잘 되는지 모르겠다"고 말하곤 합니다. 실제로 만나 뵀던 많은 연구자 분들도 "AI가 잘 돌아가는 이유"를 인간은 아직 정확히 모른다고 말합니다. 그런 기사들도 수없이 쏟아졌죠.

실제로 국내의 한 메이저 언론사의 칼럼 제목도 "아무도 모른다"이며 기사의 시작을 두고 "왜 잘 되는지 모르겠다"고 적을 정도입니다.[13] 그렇기에 이렇게 의견들이 나뉘는 것이 아닐까? 인공지능이 왜 똑똑해지는지 인간은 모르기 때문입니다.[14] 실제로 과거에 AI의 창시자이자 노벨상 수상자였던 허버트 사이먼은 1965년, 1985년이 되면 인간을 뛰어넘는 강인공지능이 올 것으로 예측했고 기계가 인간이 하는 모든 일을 할 수 있을 것으로 예측했으나 보기 좋게 빗나갔습니다.[10] 이를 통해 알 수 있듯 기술에 대한 예측은 매우 어렵고 변덕스러운 일입니다.

## Nightshade

많은 AI 관련 현업자들은 현재의 상황을 두고 "큰 일이 나기 전에 무언가 공생할 수 있는 환경이 필요하다"고 말하고 있습니다. 역사적으로 현재와 같은 대격변에 시기에 늘 혁명이 발생했고 많은 사람들이 죽거나 다치거나 혹은 역사의 뒤안길로 사라졌습니다.

샘 알트먼의 Open AI가 만들어낸 새로운 세상은 분명 아이폰 그 이상의 혁신을 일으켰지만, 그 이면에는 엄청난 일들이 숨어져 있었는 데요. 특히 기술의 도입이 빠른 미국에서 굉장히 이례적인 사건이 있었 습니다.

얼마 전 미국에서 지금 일어나고 있는 일에 대해 직접 알기 위해 미국에서 컨셉 아티스트로 일하고 계신 추유진님과 시카고 대학의 컴퓨 터과학자 Ben Zhao 교수님과 인터뷰를 진행한 바 있습니다. 현재 인공 지능은 애널리스트, 변호사, 의사 등 전통적 화이트 컬러의 직업, 더 나 아가 감성의 영역인 '예술'까지 침범하며 상상 이상의 부작용을 일으키 고 있는데 개발자들과 예술 분야에 종사하고 있는 사람들에겐 매우 치 명적입니다.

개발자의 경우를 예로 들어봅시다. 코드는 저작권을 걸기가 어렵 습니다. 구글의 웬만한 개발자들보다 생성형AI가 코드를 더 잘 짜고 실 제로 구글과 아마존을 비롯한 빅테크 직원들은 수만 명 규모로 정리해 고 되기 시작했습니다. 한국은 미국보다 고용안정성이 매우 좋은 편입 니다. 미국은 해고가 쉽습니다. 그렇기에 체감이 안 될 수 있고 남의 나 라 이야기로 들릴 수 있는데, 거칠게 말해서 빅테크의 엘리트들도 필요 없어지는데, 일반적인 수준의 개발자가 쓸모가 있을까요? 구글 본사 개 발자도 쓸모 없어지는 시대에 한국 기업 개발자가 쓸모가 있을까요? 그 렇지 않을 겁니다. 예술도 마찬가지입니다.

저는 지난 2024년 4월부터 스타트업 제너레이팅 프로그램에 참여 했고 그때 만났던 인연과 함께 'AI 연애 챗봇'을 만들고 있습니다. 여기

에 사용되는 이미지를 이미 AI를 통해 제작 중에 있습니다. 아마 예전엔 그림 하나하나 외주를 주거나 디자이너를 고용해야 했지만 이제는 Stable Diffusion을 이용해 내가 원하는 느낌의 사진과 이미지를 아주 자연스럽게 만들어낼 수 있습니다. 음악도, 영상도 마찬가지입니다. 이를 테면 아래의 이미지는 저희 팀에서 불과 몇 분 만에 만들어낸 사진들입니다. 모델도, 디자이너도 필요가 없어지는 시대가 오고 있는 겁니다.

시카고 대학의 Ben Zhao 교수는 샘 알트먼의 양면성에 대해서도 인터뷰에서 지적하셨는데, 교수님에 따르면 "샘 알트먼은 겉으로는 정부의 AI규제나 도움에 찬성하나 사실은 원하지 않는다. 예를 들어 EU에서는 AI 규제를 심하게 거는데, 갑자기 샘 알트먼은 지금은 규제할 시기가 아니라며 의견을 바꿨다.

알트먼이 사업가라는 점을 생각하면 이해할 수 있고 본인의 이미지 마케팅을 위해 열려 있고 사려 깊은 이미지를 가지길 원할 것이다."며 "사실은 자신이 원하는 것, 회사에 원하는 것은 뭐든 하길 원하는 사람"이라 답해 주셨습니다.

실제로 결국 시대는 OpenAI가 원하는 방향대로 흘러가고 있습니다. 개인적으로는 AI 기술 그 자체가 문제라고 생각하지는 않습니다. 다만 문제는 바로 '무단 학습'이 될 텐데요. 이를테면 현재의 AI들은 뉴스 기사부터 책, 더 나아가 노래와 소설, 시, 미술 작품 등을 무작위로 학습해버립니다. 화가나 만화가의 입장에서 내 화풍을 그대로 학습한 AI가 나와 동일한 화풍의 그림을 그려버린다면 나는 더 이상 필요 없어지게 됩니다.

실제로 미국에 거주하시며 컨셉 아티스트로 활동하시며 마블과도 다양하게 협업하셨고, 최근에는 국내에서 가수 윤하와 함께 "하울림 : 아림의 시간"이라는 전시를 서울 성동구에 열기도 하신 '추유진'님은 인터뷰에서 "처음에는 AI의 결과물이 좋지 않았으나 시간이 지나고 나니 발전 속도가 매우 빨라져서 주변의 지인들도 직업을 잃으신 분들이 많다"고 말하며 "현재의 AI를 두고 업계에선 Silent Killer라고 표현한다"고 답해 주었습니다. 실제로 주니어급을 고용되는 경우가 현재 미국에선 거의 사라졌다고 봐도 무방하고 "애플 등 빅테크에서 일하시는 동료 분들의 사례에서도 볼 수 있듯 주니어급이 필요하지 않는 수준"이라고 AI의 성장에 대해 우려를 표했습니다.

미국에선 AI로 인한 사회적 피해도 심각한데요. 이를테면 '딥페이크'입니다. 최근 테일러 스위프트도 AI 딥페이크로 인해 큰 고통을 받았습니다. 테일러 스위프트 딥페이크 영상이 X에서 무려 조회수 4,700만회를 넘기는 등 미국 현지에선 딥페이크 포르노 이슈가 상당한 이슈입니다. 실제로 컨셉 아티스트 추유진 씨는 "아동 성 착취물을 AI 딥 페이크로 만들어내 마크 주커버그를 포함한 딥테크 CEO 분들이 최근 청문회에 참석했다. 딥페이크로 인해 극단적인 선택을 한 학생 분들의 부모님들이 청문회에 와서 시위를 하는 등 매우 심각한 문제다"고 말했습니다.

이카루스는 너무나 빠르게 태양 가까이에 다가갔다가 날개가 녹아서 떨어져서 죽었죠. 지금 인간에게 달린 날개는 간당간당 하고 많은 사람들이 떨어져 죽고 있습니다. AI가 그래서 아티스트부터 판검사, 의사 등 모든 직업들을 위협하고 있는 AI가 일자리를 잃게 만들고 있으며 딥페이크나 가짜 뉴스로 고통받는 것을 바라본 일부 과학자들은 'Nightshade'라는 신기술을 만들어 냈습니다.

역사를 보면 알 수 있듯 법의 발전 속도보다 기술의 발전 속도가 월등히 빠르기 때문에, 기술엔 기술로 대응한다는 건데요. 한마디로 말해서 "인공지능이 학습할 데이터에 독을 풀어버린다"입니다.

현재의 AI모델들이 갈수록 심각해지는 문제 중의 하나는 누구도 막을 수 없다는 겁니다. 우리가 만든 글이나 그림, 컨텐츠를 다운로드하고 베껴도 막을 수 있는 것이 아무것도 없다는 것이죠. 빅테크들은 우리들에게 친절할 의무가 없고 수익을 공유해줄 의무가 없습니다.

그들은 AI 모델을 키우길 원하는데 왜 우리의 컨텐츠를 쓰지 말고, 쓸 것이면 합당한 비용을 내라는 요구를 들어주겠습니까?

즉 빅테크가 무슨 짓을 해도 대중이 할 수 있는 것은 아무것도 없고 무엇보다 우리가 만든 컨텐츠를 빅테크가 이미 무단으로 학습시켰다는 것조차 모르고 있을 겁니다. 핵심은 바로 '허락없이' 남의 데이터를 '무단으로' 쓰는 것은 옳지 않다는 것이죠.

그래서 시카고 대학교의 Ben Zhao 교수는 'Nightshade'라는 기술을 개발하여 데이터에 독을 탑니다. AI가 독이 든 데이터에 반응하도록 만드는데요. 예를 들어 AI에게 "달에 있는 고양이를 그려줘"라고 요청한다면 AI는 고양이와 달이 무엇인지 파악하고 데이터베이스에서 합성할 텐데 Nightshade는 이 과정에서 혼선을 줍니다. 만약에 "고양이 사진을 줘"라고 한다면 이미지를 바꿔서 개로 인식시켜버립니다.

인간의 눈으로 보기엔 고양이 사진처럼 보이지만, AI의 눈엔 개의 사진으로 보이도록 수학적으로 만들어 보이는 겁니다. 따라서 AI는 고양이 사진을 학습해도 강아지로 인식을 하게 되고 결과물이 이상하게 나오게 될 겁니다. 텍스트와 이미지 간의 관계를 뒤틀어버립니다. 그러면 AI 모델들이 붕괴되기 시작할 겁니다.

그런 생각을 하기도 합니다. 기술의 발전으로 인한 기술적 실업은 자연스러운 현상이며 막을 수 없는 흐름이기도 하며, 20세기 초 마부라는 직업이 자동차의 등장으로 사라졌듯 인공지능이라는 거대한 흐름

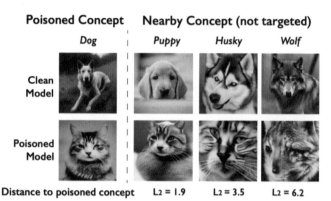

**Poisoned Concept** | **Nearby Concept (not targeted)**

*Dog* | *Puppy* | *Husky* | *Wolf*

Clean Model

Poisoned Model

Distance to poisoned concept | L2 = 1.9 | L2 = 3.5 | L2 = 6.2

**Figure 14.** Image generated from different prompts by a poisoned model where concept "dog" is poisoned. Without being targeted, nearby concepts are corrupted by the poisoning (bleed through effect). SD-XL model poisoned with 200 poison samples.

속에서 여러 직업들이 사라지는 것은 너무나 당연한 흐름입니다. Ben Zhao 교수는 "과거와 현재는 양상이 다른데, 예전에는 새로운 기술이 기존의 기술을 학살해버리지는 않았다.

자동차를 만들기 위해 말을 죽일 필요는 없었고 카메라를 만들기 위해 화가를 죽일 필요는 없었다. 하지만 현재의 생성형AI는 사람들을 학살한다"고 반문하였습니다. 새로운 산업을 만드는 것이 아니라 없애 버린다는 겁니다.

과연 앞으로의 흐름은 어떻게 될 것인가? 전문가마다 말이 다르고 전문가마다 의견이 다르다는 것은 반대로 생각한다면 그 만큼 이 산업의 가치가 높고 우리가 많은 관심을 가져야 한다는 의미로 보이는 데요.

분명한 점은 AI는 인간의 예술, 인간이 만든 데이터 없이는 존재할 수 없습니다. AI는 다양한 분야에 있어 매우 효율적인 도구가 맞습니다. 하지만 문제는 그 방향이라고 볼 수 있겠습니다.

AI와 인간이 공존하는 것이 아니라, 인간과 산업을 파괴하는 방향으로 가고 있다는 주장에 저는 어느 정도는 공감을 합니다. Ben Zhao 교수는 말합니다.

"AI는 분명 피할 수 없는 흐름이지만, 적어도 현재의 AI는 그렇지 않습니다"

테크, IT, 미래기술

# 삼성전자 위기론

## 삼성전자 vs SK하이닉스

반도체는 대한민국 산업과 경제의 뿌리입니다. 단연 한국 수출품목 중에서는 1위이며 가장 높은 비중을 차지하고 있습니다.

가장 최근의 한국무역협회 데이터를 보면 약 20% 정도의 비중을 차지하고 있죠. 하지만 반도체는 자동차부터 TV, 스마트폰 등 들어가지 않는 곳이 없기 때문에 실제로 체감되는 영역은 훨씬 더 거대하다고 말할 수 있습니다.

반도체는 나온지 이제 반세기 정도 된 것인데, 완전히 세상을 바꿔버렸죠. 반도체가 무엇이냐고 물으면 크게 세가지 버전으로 답할 수 있는데 첫번째론 '전기가 반만 흐르는 소재'이며 두번째론 '전기전도도가 도체와 부도체 사이인 소재'이며 마지막으론 '에너지 밴드갭이 적당히 좁아서 전자가 자유전자로 여기excitation되기에 상대적으로 쉬운 소재'라고 말할 수 있습니다.

셋 중 무엇을 선택하든 크게 틀린 말은 아닙니다. 어떨 때는 전기가 통하고 어떨 때는 전기가 통하지 않는 소재, 이것이 바로 반도체입니다. 스위치와 증폭의 역할을 수행한다고 보시면 됩니다.

그럼 고작 스위치가 왜 이렇게 중요해 졌을까요? 컴퓨터에서 데이터는 0,1로 저장되기 때문입니다. 전기가 흐르면 1, 전기가 흐르지 않으면 0 이렇게 판단하는데 어떠한 데이터를 '0101'이라고 가정합시다. 이 데이터를 컴퓨터가 인지하려면 반도체의 힘이 필요한데, 반도체 입장에서는 거칠게 비유해서 스위치를 껐다가(0) 켰다가(1) 껐다가(0) 켰다가(1) 해서 '0101'을 표현하는 겁니다. 하지만 이런 반도체가 하나만 있다면 성능이 그렇게 좋을 순 없을 겁니다. 어느 세월에 껐다가 켰다가 이런 걸 계속 반복하겠습니까?

하지만 이런 것들이 수백, 수천, 수만, 수억 개가 모이면 이야기는 달라집니다. 저장할 수 있는 데이터와 처리할 수 있는 데이터의 양이 급증하게 되는 거죠. 근래 최신의 아이폰의 칩 안에는 무려 190억개 이상의 트랜지스터가 탑재되어 있습니다. 여러분이 스마트폰을 이용하는 그 순간에도 내부에선 010101010101을 보내며 데이터를 처리하고 저장하고 있는 겁니다.

이러한 반도체의 최강국은 단연 미국입니다. 반도체는 크게 시스템 반도체와 메모리 반도체로 나뉘는데 시스템 반도체는 데이터를 처리하는 반도체고 메모리 반도체는 데이터를 저장하는 반도체입니다. 데이터를 처리하는 반도체는 스마트폰의 뇌인 'AP', 컴퓨터의 뇌인 'CPU' 그리고 근래 AI에 필수적인 'GPU' 같은 녀석들이라고 간단하게 생각해도 충분합니다. 미국은 이런 반도체를 아주 잘 만듭니다.

AP의 최강자인 퀄컴부터 CPU의 최강자인 인텔, AMD, GPU의 최강자이자 반도체의 황제인 엔비디아 모두 미국 기업입니다. 그 외에도 브로드컴, 텍사스 인스트루먼트, 어플라이드 머티리얼즈, 마이크론 등 모두가 미국 기업이에요. 그 이후로는 한국과 대만, 조금 더 넓게 본다면 일본이 반도체를 지배하고 있습니다. 우리나라는 특히 '메모리 반도체'의 종주국인데요. 거의 메모리 반도체 시장을 지배하고 있다고 봐도 과언이 아닙니다. 대만은 '반도체 제조'의 종주국이에요. 세상에 있는 거의 대부분의 반도체가 대만 손에서 태어납니다.

그런데 우리나라 내에서 최고의 두 기업인 삼성전자와 SK하이닉스가 어마어마한 경쟁을 이어가고 있습니다. AI라는 시대와 함께 AI에

### 글로벌 HBM(고대역폭메모리) 점유율

2023년 기준, 자료: 시장조사업체 트렌드포스(추정치)

### HBM시장 규모 전망

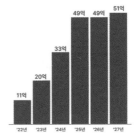

단위: 달러, 자료: 시장조사업체가트너

### HBM 시장 점유율(단위 %)

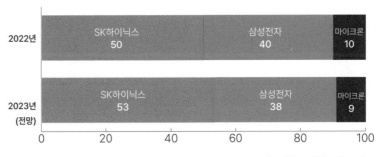

자료: 시장조사업체 트렌드포스

쓰이는 메모리 반도체인 'HBM'이라는 것의 중요성이 매우 커졌는데요. 문제는 언제나 초격차 기술로 1위였던 삼성전자가 충격적이게도 SK하이닉스에게 HBM에서 밀려버렸다는 겁니다.

언론사에서는 SK하이닉스가 약 50%, 삼성전자가 약 40%, 마이크론이 약 10% 수준의 파이를 차지하고 있다곤 하지만, 현업자들에 따르면 최신 HBM들로 간다면 거의 SK하이닉스가 80~90% 정도로 압도적인 비중을 차지하고 있습니다. 그러면 조금 더 공개된 데이터를 통해 이야기해볼까요?

테크, IT, 미래기술

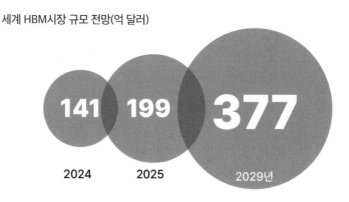

세계 HBM시장 규모 전망(억 달러)

141
2024

199
2025

377
2029년

자료: 율그룹

2024년 7월 기준으로, SK하이닉스의 주가는 지난 1년 간 약 58% 올랐습니다. 현재 시간 기준으로 시세가 2024년 고점보다 약 10~20% 떨어진 것임을 감안하면, '박스피'에서 어마어마한 선방을 한 것이죠. 이는 같은 기간 삼성전자 주가 상승률(약 16%)의 3배 이상입니다. 증권가는 그 이유를 두고 엔비디아에 먼저 SK하이닉스가 올라탔기 때문으로 보고 있습니다.

최근 삼성전자를 다니는 분들과 만나면 "확실히 위기론이 느껴진다"라거나 "언제부터 삼성전자는 하이닉스한테 진 적이 있었나요? 2등이 1등 잡았다는 그림이 언론사들한테 잘 팔리는 소재긴한데 삼성전자는 하이닉스에게 진 적이 없습니다"고 말하며 같은 회사 내에서도 상반된 분위기를 감지할 수 있었습니다.

실제로 공개된 자료에서도 삼성전자와 하이닉스가 서로가 "우리가 HBM 1등"이라고 주장하고 있습니다. 경계현 삼성전자 SAIT 원장은 DS부문장으로 계시던 시절, 삼성전자의 HBM 점유율이 50% 이상이라고 말씀하셨고 곧바로 SK하이닉스 박명수 부사장은 "우리는 시장 초기부터 경쟁력을 축적했고 시장 선두를 계속해서 유지하겠습니다"라고 맞받아쳤습니다.[6] 참 살벌합니다. 서로가 1등이라는 현 상황, 그리고 대체 HBM이 뭐길래 이렇게 뜨거울까요?

먼저 HBM을 아주 간단하게 말하자면, DRAM이라는 메모리 반도체를 위로 쌓아서 연결한 겁니다. DRAM은 쉽게 생각하면 책상이에요. 공부를 할 때 책장에서 책을 꺼내서 책상 위에 올려두면 쉽게 가져가서 빠르게 공부할 수 있습니다. 그런데 인공지능이 등장하며 데이터가 많이 필요해요. 책상에 책을 많이 올려둬야 됩니다. HBM이 필수가 된 상황입니다.

HBM은 저장공간도 기존 DRAM보다 훨씬 높고 속도도 훨씬 빠릅니다. 기존 DRAM이 산 입구에서 산 정상까지 느린 케이블카 타고 올라가는 거라면, HBM은 초고속 엘리베이터 타고 올라간다고 생각하시면 됩니다. 하이닉스에 따르면 초당 처리 속도가 1.15 TB입니다. 영화 230편을 1초 만에 처리할 수 있어요.[8]

그런데 근래 들어 이런 기사들이 나오고 있습니다.

"삼성보다 빨랐다. SK하이닉스 HBM 초격차 지속"[5]

"HBM 이름 바꿔라… 큰 손 엔비디아 요구에 고심하는 삼성전자"[4]

"AI 선점한 하이닉스, 엔비디아에 올라탔다"[2]

"엔비디아 HBM 공급 두고 삼성전자-SK하이닉스 진실공방"[3]

테크, IT, 미래기술

자료: 삼성 전자 뉴스룸

다소 살벌한 기사들입니다. 서로의 뉴스룸에서 서로가 최고라고 강조하고[7, 8] 언론사들에서도 각기 다른 이야기들을 하고 있습니다. 그만큼 이 분야가 미치도록 뜨겁다는 증거입니다. 하지만 이런 기사가 나오는 것은, 하이닉스가 2013년, 무려 10년 전부터 업계에서 가장 먼저 HBM 개발을 하며 삼성전자보다 빠른 페이스를 유지하며 삼성전자의 공고한 '메모리 장벽'에 금을 내기 시작했기 때문입니다.

언론사 관계자를 통해 들은 바로는 2등이 1등 잡는다는 내용의 기사가 인기가 많기 때문이기도 합니다. 그 성능과 용량도 높고 출시 속도도 빠릅니다.[5] 이렇게 좋은 HBM을 만들고만 있었다면 이런 기사들이 나오지 않았을 텐데, 여기서 '반도체 업계의 큰 손'인 엔비디아가 나타납니다.

엔비디아는 전세계 AI 반도체를 독점하고 있는데 SK하이닉스는 가장 최신의 HBM인 5세대 HBM3E를 양산해 엔비디아의 퀄리티 테스

출처 : Samsung Semiconductor Newsroom

생각의 속도를 능가하다!
두뇌보다 빨라진 메모리
HBM2의 노림수

트를 통과하고 엔비디아에 HBM을 납품하고 있습니다.

삼성전자는 2024년 7월경 4세대 HBM인 HBM3를 엔비디아에 공급하는 것에 성공했습니다.[17] 5세대 HBM까지 공급하는 것에 성공한다면 SK하이닉스를 따라잡는 발판을 마련할 수 있겠습니다.

삼성전자랑 하이닉스가 이렇게 뜨거운 이유 중 하나는 차세대 메모리를 선도하는 이미지도 있겠으나 가격이 기존 DRAM보다 6~7배나 비싸기 때문에 불황을 맞은 현재 메모리 반도체 업체들에겐 수익성 개선의 돌파구이기 때문입니다. 업계 관계자들은 HBM을 두고 "대한민국 경제의 동아줄"이라고 부를 정도입니다. 물론 시장규모는 아직은 1조 4천억 수준으로 작지만 무려 연평균 36% 이상 성장할 것으로 전망되는 시장입니다.[14]

트렌드포스에 따르면 2023년 기준으로 HBM 점유율은 SK하이닉

테크, IT, 미래기술

스가 53%, 삼성전자가 38%입니다. SK하이닉스가 차세대 메모리에서 삼성전자를 제친 것은 사실이나, DRAM의 시장규모가 적을땐 60조, 많을 땐 90조원 수준인 걸 감안하면, HBM은 이제 첫 삽을 뜬 겁니다.

HBM 시장 규모가 2027년 7조원에 육박할 것으로 보이는데 DRAM은 이 시기에 시장규모가 150조원에 육박합니다.[15] 즉 현재까지 나온 정황상 하이닉스가 다소 앞서 있으나 전체 메모리 반도체 시장 규모는 여전히 삼성전자가 하이닉스보다 크게 높습니다. 물론 첫 단추를 아주 잘 꿰었다는 것, 그리고 거대한 장벽에 금을 내버렸다는 것엔 아주 큰 의의가 있습니다. 다만 제네시스에서 최신 기술이 접목된 최첨단 자동차가 나와도, 여전히 국민차는 최신 기술보다 기존의 우수한 기술이 많이 탑재된 소나타와 K5이듯 최신 기술이 기존 기술을 한 번에 뒤집지는 못합니다. 최신 기술은 비싸니까요.

그런 의미에서 앞서 나간 하이닉스도 대단하지만, 삼성전자 위기론이 나오며 뒤쳐졌다고 말할 단계는 아직은 섣부르다고 생각합니다. 이제 시작된 시장에서 승패를 가르기는 어려운 법입니다. 적어도 2025년에서 2026년 이후 나타날 6세대 HBM인 HBM4까지는 지켜봐야겠습니다.

사실 삼성전자가 1등이 되든 하이닉스가 1등이 되든, 저는 대한민국 국민으로서 또 반도체 전공자로서 세계 시장에서 1등 자리를 두고 경쟁을 하고 있는 기업 두 군데가 우리나라 기업이라는 것이 자랑스럽습니다. 두 기업의 계속되는 경쟁과 발전을 기원합니다. 삼성전자의 황상준 부사장은 말합니다. "기술 혁신의 중심에는 언제나 삼성전자가 있을 것이다."[7] 더불어 SK하이닉스의 박명재 부사장도 말합니다. "SK하이닉스가 프리미엄 메모리 시장의 주도권을 확고히 할 것이다."[16]

## 삼성전자 위기론은 잘 팔린다

"한국 반도체는 더 이상 필요없다. 삼성전자 역대급 실적 쇼크"[20]

"녹슨 삼성의 추락"[25]

"삼성과 격차 벌린 SK하이닉스"[28]


삼성전자가 2023년 1분기 전년 동기 대비 영업이익이 무려 95% 급감했을 당시 나왔던 기사들의 헤드라인입니다. 수많은 언론사에서 삼성의 추락을 가시화했습니다. 흥미롭게도 당시 삼성전자 영업이익의 감소를 두고 바라보는 시각이 각 언론사마다, 전문가마다 다소 다른 모습을 보였었는데요.

결과론적으로 말하면 삼성전자의 2024년 1분기 실적은 매출은 무려 10조원이 올랐고 영업이익도 -4.58조원에서 6.49조원이나 오른 1.91점을 기록하며 흑자 전환하였고 실적이 크게 개선되었습니다.[33] 물론 앞으로의 실적들을 더 지켜보아야 하지만 녹슨 삼성전자의 추락이라며 삼성 위기론을 말했던 것은, 어쩌면 '삼성 위기론' 만큼 언론사에서 잘 팔리는 소재가 없기 때문일 지도 모르겠습니다.

물론 삼성전자는 2023년에 이례적일 정도로 반도체에 있어 큰 부진이 있었습니다. 매출은 점점 감소하였으며 영업이익이 90% 이상 급감한 적도 있습니다. 삼성전자의 매출을 분석해보면 삼성전자의 반도체가 더 이상 높은 영업이익을 내지 못했었다는 것을 확인할 수 있었습니다. 조선비즈에서는 "그동안 삼성전자는 지금 혁신보단 원가 맞추기에 집중하고 있다"며 비판을 할 정도였습니다.[25]

테크, IT, 미래기술

2010년대 후반을 이끈 삼성의 압도적인 실적은 반도체 슈퍼사이클과 초격차 덕이었으나 이제는 SK하이닉스에게 D램을 추월당했고 퀄컴을 TSMC에 빼앗겼으며 반도체 한파를 견디지 못하고 쇼크 수준의 실적 감소를 이끌었다는 것이지요.[8] 당시의 이런 위기론들은 일리가 있는 부분도 있습니다. 대만의 TSMC의 파운드리 생태계와 간격을 좁히지 못하고 퀄컴을 빼앗기는 장면들이 연출되었던 것, SK하이닉스에게 HBM이라는 차세대 메모리에서 우선주자 자리를 내주었던 점 등은 삼성의 위기론을 대변합니다.

하지만 일부 위기론들은 다소 과장된 측면도 분명 존재하는데요. 대표적으로 SK하이닉스의 삼성전자 추월입니다. 최근 국내의 메이저 언론사는 "세계 1위라고 자부했던 D램은 SK하이닉스에 추월을 허용했다"고 현 상황을 요약했습니다.[25]

SK하이닉스도 세계 2위를 지키며 삼성전자를 추격하고 있고 차세대 메모리인 HBM에 있어서는 삼성보다 한발 앞서 달리고 있으나 적어도 현재 메모리 사업의 대부분을 차지하고 있는 D램과 낸드플래시에서 삼성은 추월을 허용한 적이 없습니다. 트렌드포스에서 발표한 D램 매출 추이를 보면 2020년도 2021년도 2022년도 2023년도 한 번도 추월당한 적이 없습니다.

그리고 2023년 당시 삼성전자의 역성장을 두고 "중국에게 한국 반도체는 필요 없다"[20]며 역성장이 삼성전자만의 문제인 것처럼 표현했으나 TSMC도 영업이익이 23% 감소하며 3년 만에 처음으로 역성장 했습니다.[28] 미국 반도체 산업협회에 따르면 반도체 판매액은 계속해서 감소 추세에 있었기 때문입니다.[29]

## 세계 낸드플래시 시장 점유율

삼성전자/SK하이닉스 낸드플래시 시장 점유율 (삼성전자 우세)

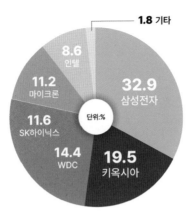

**1.8** 기타

**8.6** 인텔

**11.2** 마이크론

**11.6** SK하이닉스

**14.4** WDC

단위:%

**32.9** 삼성전자

**19.5** 키옥시아

자료: 트렌드포스

마이크론도 전년대비 매출이 53% 급감하며 20년 내 최악의 분기 실적을 기록했고 15%의 직원을 해고한다고 밝혔으며 "첫 희생양"이라는 타이틀을 쥐었습니다.[32] 물론 70~90% 가까이 역성장한 삼성전자의 체력이, 20% 정도 감소한 TSMC보다는 다소 약하다고 평가받는 것은 일리가 있으나 역성장 그 자체만 놓고 위기론을 판단하기에는 다소 근시안적인 결론일 수 있다는 점, 더 나아가 일부 네티즌 분들께서도 이에 대해 이성적인 시각과 기술에 대한 분석 없이, 정치로 연결지어 바라보시는 부분은 다소 주의가 필요하다고 생각합니다.

우리가 바라봐야 할 부분은 기술과 비전입니다. 혹자는 조직 문화를 예로 들기도 합니다. 최근 노조가 형성되었고 삼성전자의 조직 문화가 '점 조직'스럽다는 비판도 기자님들을 통해 듣곤 합니다. 부서 간 정보 교류가 잘 되지 않고 통제가 어렵다는 뜻이겠지요.

이는 분명 일리가 있는 말이지만 저는 기술과 비전이 더 중요하다

테크, IT, 미래기술

고 감히 생각합니다. 만약 삼성전자가 가진 기술 수준이 낮고 비전이 잘못되었다면 앞으로도 TSMC와의 영업이익 격차를 따라잡지 못할 것이고 차세대 메모리 HBM에서 한발 앞선 SK하이닉스를 추월하지 못하겠지요. 저는 대개 삼성전자가 가지고 있는 기술과 비전의 힌트들을 오피셜로 열고 있는 행사들에서 찾곤 합니다.

이를테면 SFF/SAFE 같은 파운드리 관련 행사, 그리고 메모리 테크데이 같은 행사들이 그러한 것들입니다. 2024년 SFF/SAFE의 키워드는 '최첨단 패키징'과 'BSPDN' 등이었는데 이에 대해서는 조금 뒤에서 더 말해보도록 하겠습니다.

이번 장에서는 2023년 메모리 테크데이의 핵심 키워드였던 초거대AI와 Automotive에 집중해봅시다. 먼저 Automotive, 자동차입니다. 최근 삼성전자 반도체가 이례적으로 독일 모터쇼 IAA에도 참석을 했듯 삼성은 현재 상상 이상으로 자동차용 반도체 시장에 매우 진지하게 임하고 있으며 실제로 '차량용 반도체'를 올해 있었던 거의 대부분의 컨퍼런스에서 언급하였습니다.

2023년 6월에 진행되었던 파운드리 포럼에서는 차량용 반도체 8인치 GaN 서비스를, 9월에 진행되었던 IAA에서는 아예 대놓고 차량용 서비스들을 공개하는 등 "우리 자동차 산업에 진지하게 뛰어든다"는 것을 여과 없이 보여주고 있습니다.

이 부분은 경쟁자인 TSMC에게도 적용되는데, TSMC의 실적을 봐도 올해 1분기 거의 대부분의 분야에서 성장률이 감소했으나 자동차만큼은 5% 성장한 것을 볼 수 있었습니다.[20] 자동차는 전기차 붐 덕에 거의 대부분의 사람들이 그 중요성을 피부로 인지하고 있습니다. 물론 근래엔 전기차 시장의 수요가 둔화되며 전기차 시장에 캐즘Chasm이 나타나고 있긴 합니다.

그러나 이는 일시적일 것이죠. 하지만 이제 갓 시작하였으나 여전히 거의 대부분의 사람들은 모르고 있는 분야가 하나 있습니다. 바로 초거대 AI입니다.

초거대AI를 아주 쉽게 말씀드리면, 일반 AI에서 한단계 진화한 차세대 AI라고 보시면 되는데 대용량 데이터를 '스스로' 학습해서 인간처럼 생각하고 추론할 수 있는 AI입니다. Chat-GPT가 그 시작을 열었죠.

단언컨대 초거대 AI는 앞으로 대한민국 산업의 핵심이 될 가능성이 매우 높습니다. 저희 회사는 최근 KT, IBM, 삼성전자 등 다양한 기업들과 협업을 진행하거나 진행하였는데, 해당 기업들에서 회사를 홍보할 때 미래 산업으로 늘 강조하는 키워드가 바로 "초거대AI"였습니다.

메모리 테크데이에서 삼성전자 메모리사업부 이정배 사장은 "초거대 AI 시대에 직면한 난제를 극복해 나가겠다"고 밝혔고 삼성전자가 핵심으로 잡은 키워드도 "초거대 AI시대 주도"였습니다. 현재 대한민국에서 가장 유명한 반도체 스타트업인 리벨리온도 KT와 모레, 콴다, 업스테이지 등과 함께 엔비디아에 맞서기 위한 초거대AI연합군을 구성했습니다.

그리고 현재 초거대AI 시장에 존재하는 매우 거대한 문제를 삼성전자와 하이닉스가 하드웨어로써 풀어나가려고 합니다. 현재 초거대AI는 수천 억개의 데이터를 하드웨어적으로 처리해야 합니다. 쉽게 말해 고속도로가 5차로인데 거기에 자동차가 1000억대가 몰려든다면 병목현상이 생기게 되겠죠.

테크, IT, 미래기술

## 초거대 AI와 인공신경망

초거대 ai의 인공신경망은 파라미터(매개변수)에 의해 작동하며, 여러 입력값(input)을 처리한 뒤 임계값이 넘으면 출력(output)한다.

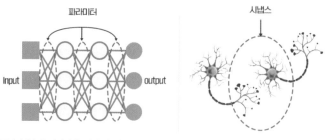

인공신경망의 파라미터는 인간 뇌의 뉴런 간 정보전달 통로인 시냅스와 비슷한 역할을 한다.　　　　자료: SK하이닉스

이 문제를 해결하려면 최대한 고속도로 차로를 넓혀야 되며 하이패스 입구도 넓히고 입구를 정체 없이 지나갈 수 있도록 차량 속도를 높여주는 장치라도 달아야겠죠. 최대한 빠르게, 최대한 많은 데이터를 보내줘야 하고 이를 해결하기 위해 등장한 것이 앞에서도 주구장창 말했던 HBM입니다. 중요한 점은 가격은 D램보다 3~4배 이상 비싸다는 점입니다. 그런데 글로벌 빅테크들은 AI에 목숨 걸고 있기에 무조건 HBM을 사야 합니다. 우리나라에게 절호의 기회인 것이죠.

결론적으로 삼성전자를 기술적 관점에서 바라보면 개선점은 보이나 위기라고 보긴 어려운 민낯입니다. 초거대AI와 자동차 등 바람직한 방향으로의 비전을 잡고 나아가고 있으며 세계 최고 수준의 HBM 기술력과 경쟁자인 TSMC보다 한발 빠른 공정 개발, 그리고 상대적 열세였던 AP에서도 최근 공개되어 내년 갤럭시에 탑재될 엑시노스의 성능에서도 볼 수 있듯, CPU 성능은 전작 대비 1.7배, AI 성능이 무려 14.7배 향상되었습니다.

메모리, 파운드리, 시스템 모든 부서들이 아쉬웠던 부분들을 개선하며 도전장을 던지고 있습니다. 실제로 지금부터 소개해드릴 기술들을 보면 삼성전자는 미래 기술에 대해서도 끊임없이 연구를 지속하고 있는 것은 논문과 레포트, 데이터로 나온 '팩트'입니다.

아마 최근의 삼성은 반도체 혹한기와 맞물려 많은 '실패'를 겪었을 겁니다. 그런데 오히려 그렇기에 앞으로 더 나아질 것입니다. 기술 기업들은 실패를 피해서도 안 되고 오히려 발전을 위해 더 많은 실패를 해야 합니다.

얼마전 리벨리온의 박성현 대표님과의 만남에서, "적어도 1000번은 실패해야 하고 500번은 실패했으니 우리는 500번만 더 실패하면 된다"고 말씀하셨던 것이 정말 인상깊었습니다.

실패는 곧 기회입니다. 오늘 실패해야 내일 성공합니다. TSMC도 처음부터 세계 1위였던 것이 아닙니다. 그들도 어제까지 수천 번의 실패를 했기에 오늘 세계 1위로 올라선 것입니다. 모든 기술 기업들은 연구 과정에서 미치도록 실패합니다. 그리고 압도적인 빅테크들의 우위 앞에 좌절하기도 하겠지만 그것이 바로 내일의 기회가 될 것입니다.


인텔의 창업주 고든 무어는 말합니다.


"공학에서 올해의 실패는, 내년에 다시 도전할 수 있는 기회이다. (With engineering, I view this year's failure as next year's opportunity to try it again.)"

삼성전자의 비밀병기

## 삼성의 미래를 바꿀 소재

삼성전자도 꿈의 소재, 미래 난제의 핵심이라고 부르고[1] 석박사들은 "신의 소재"라고 여기는, 현업 연구자들은 오히려 초전도체보다도 더 현실성 있는 혁신이라고 불리는 소재가 있습니다. 이 소재는 상상을 초월하는 SF 소설 같은 높은 성능을 가지고 있음에도 불구하고, 실존하는 소재입니다. 바로 2차원 소재입니다.

때는 2020년, 저는 도합 조회수 무려 108만. 마이너인 공학 분야에서 꽤 높은 조회수를 얻었습니다. 그렇기에 너무 많은 분들이 2차원소재 근황이 너무 궁금하셨던 것 같습니다.

그래서 2024년에 열렸던 반도체학술대회에 참석하고 현업 종사자를 통해 최근 2차원 소재의 동향에 대해 알아봤었는데, 신의 소재라고 불리는 2차원 소재의 근황, 그리고 2차원 소재는 왜 필요한 걸까요?

현재의 소재들은 충분히 성능이 좋지만 요즘 기술력이 너무 좋아지다보니 한계에 봉착했습니다. 스마트폰의 램은 일반적으론 8~16GB 수준입니다. 이 수치만 하더라도 20년 전엔 상상도 못했던 수치입니다. 20년 전 컴퓨터의 램이 128 MB것에 비해 이제는 현재 128GB가 되었듯, 20년 뒤엔 128,000GB가 될 지도 모르고 연구자들은 이걸 현실화하기 위해 노력 중입니다. 하지만 현재의 소재와 현재의 공정으론 이는 어렵습니다. 심각한 난제들이 존재합니다.

예를 들어 반도체가 너무 작고 얇아지다 보니 전자들이 이리저리 막 부딪히기 시작합니다. 그런데 2차원 물질로 대체하면 이러한 문제들이 극복될 수 있습니다. 연구자들은 이 문제점들을 해결하기 위해 연구를 했고 그 중에 하나, 2차원 소재를 발견합니다.

테크, IT, 미래기술

차원 소재, 삼성 뉴스룸

● C(탄소)　● N(질소)　● B(붕소)

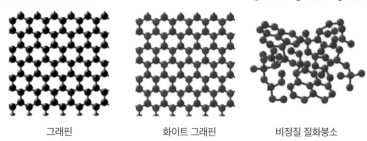

　　그래핀　　　　　　화이트 그래핀　　　　　비정질 질화붕소

　　2차원 소재는 한마디로 원자 하나 두께로 엄청나게 얇은 소재에요. 일부 소재들은 단 한 겹에서 엄청난 성능을 보여줍니다. 아마 대부분 이과생들은 '그래핀'이라는 만년 유망주를 들어 보셨을 겁니다, 이것도 2차원 소재입니다. 노벨물리학상을 받을 정도였고 전기가 구리보다 100배나 더 잘 통하고 다이아몬드보다 열전도율은 2배 높으며 강철보다 200배 단단한데 탄성이 좋아 잘 휩니다.

　　2차원 소재들은 이처럼 상상을 초월하는 성능을 보여줍니다. 실제로 유니스트에서도 2차원 소재 연구를 활발하게 진행 중에 있고 2020년엔 2차원 물질을 웨이퍼 위에 합성하는 것에 성공했습니다.[3] 삼성전자 역시 2020년 6월 유니스트와 함께 세계에서 가장 낮은 유전율을 가지는 비정질 질화붕소라는 2차원 물질을 발견했고 nature에 그 결과를 발표했습니다.[4] 유전율은 쉽게 말해서 전기를 얼마나 잘 잡고 있냐는 뜻입니다.

　　삼성전자 연구진이 만든 물질의 유전율은 전기가 안 통하는 절연체보다도 무려 30% 이상 낮습니다. 유전율이 낮으면 회로의 전기적 간섭을 최소화할 수 있기 때문에 전력 사용량을 낮추고 소자의 속도를 높여야 하는 경우에 유용합니다.

쉽게 말해 2차원 소재에 대한 엄청난 연구들이 다양하게 진행되고 있고 삼성전자에서도 박사급 연구원들이 지속적인 연구를 수행하고 있습니다. 왜냐면 2차원 반도체는 2차원 원자층에서만 존재하는 심오하고 복잡한 소재로써 그간의 전통적 반도체 특성을 압도하는 새로운 물리적 특성을 보여줍니다.

2차원 소재는 '넥스트 실리콘'이라는 거창한 이름까지 나올 정도로 많은 관심을 받고 있고 삼성전자도 "미래 반도체이자 꿈의 반도체 핵심, 반도체 소재 난제 해결의 열쇠"라고 평가할 정도지만, 해결해야 할 난제도 많습니다. 반도체에서 도핑이라는 것은 매우 중요합니다. 원래 반도체는 특별한 성능이 없는 실리콘이라는 소재에 도핑을 거쳐 적절한 성능을 만들어주는데요. 사실상 실리콘 자체만 놓고 보면 소자로 쓰기에 적합하진 않습니다. 그래서 이온주입이라는 필수 공정을 사용하여 실리콘에 적절한 성능을 부여합니다.

문제는 이런 이온주입공정을 2차원소재엔 쓰기가 어렵습니다. 2차원 소재는 한 층이기 때문에 물리적으로 어떤 소재를 박으려고 하면 부숴지게 되겠죠. 그래서 연구자들은 어떻게 2차원 소재에 도핑을 해줄 수 있을까 고민을 하다가 치환 도핑이라는 방법을 생각해냅니다. 서로 자리를 바꿔주는 겁니다. 한 개의 층이라 새로운 소재를 주입하기 어렵지만, 원래 있던 자리를 빼내고 그 자리에 넣는 겁니다.

현재는 많은 연구자들이 2차원 소재를 더 넓은 면적에서, 좋은 퀄리티로 만들기 위해 노력하고 있습니다. 이게 가능해지게 되면, 지금까

테크, IT, 미래기술

지 경험하지도 못했던 엄청난 성능 변화가 있을 겁니다. 솔직히 스마트폰이나 컴퓨터의 성능 변화가 과거에 비해 미미하다고 느끼고 있는 요즘입니다. 그런데 소재가 대체되는 순간 완전히 달라지게 됩니다. 기름차에서 전기차로의 변화 그 이상의 변화가 있을 겁니다.

또한 연구자 분들이 학회에서 말씀하시듯, AI가 갑자기 급속도로 발달했고 최근에 무려 38만개의 물질을 발견했는데 그 중 약 5만개가 2차원 물질이었습니다. AI를 통해 시간과 비용이 크게 줄어들 것이므로 생각한 것보다는 더 빨리 큰 변화가 있을 수 있겠다고 학계는 기대하고 있습니다.


## 삼성전자의 '마하' 스피드

삼성전자가 2023년 주주총회에서 소규모 인공지능용 반도체, 마하1을 언급했습니다. 누군가는 시스템 반도체 불모지인 우리나라에서 무슨 인공지능 반도체냐며 의심스러운 시선을 보내고 있습니다.

이미 엔비디아가 시장을 장악했고 어떤 관점에서 보면 인공지능도 미국과 중국의 싸움이 되었고 우리나라가 들어갈 틈새가 잘 보이지 않는 것도 맞습니다. 그러나 엔비디아와 삼성전자는 경쟁관계가 아니라 협력관계입니다. 엔비디아가 시장을 거의 독점하고 있지만, 모든 부분을 잡아먹기는 불가능합니다.

캐파가 한정되어져 있기 때문이죠. 포르쉐가 최고의 엔진을 만든다고 모든 소비자에게 포르쉐를 공급할 수는 없지 않습니까? 인공지능도 마찬가지입니다. 인공지능 데이터를 배우는 학습, 그리고 데이터를 사람처럼 사용해서 답을 내놓는 추론으로 나뉩니다. 이 모든 것을 다 엔비디아가 하고 전세계 모든 캐파를 맡겠다는 것은 물리적으로 불가능합니다.

콜라조차도 코카콜라와 펩시콜라로 나눠져 있는데 반도체를 어떻게 칩 하나가 모두 지배하겠습니까? 무엇보다 현재 인공지능 반도체의 갑인 엔비디아의 초고성능GPU들은 가격이 너무 비싸요. 한 대에 수천만원에 육박하고 비싼 메모리인 HBM도 탑재되어 있으니 가격을 낮추기가 불가능에 가깝습니다.

본론으로 돌아와서 삼성전자는 꽤나 일리있는 시장을 지목했습니다. 삼성전자 전 반도체 부문장이었던 경계현 사장은 일전에 링크드인을 통해 이런 글을 올렸습니다. "추론과 서비스에 중점을 둔 칩 개발에 중점을 둘 것입니다. 필요한 전력을 획기적으로 줄이기 위해 모든 것을 재검토하고 있으며 더 강력한 성능을 더 적은 전력과 비용으로 지원할 겁니다."[10] 그렇다면 대체 삼성전자는 어떤 비밀을 가지고 외계인을 고문했길래 고위 임원이 자신있게 링크드인에 글을 남기며 주주총회에서까지 말씀하실 정도일까요? 아인슈타인이 말했듯 전문용어를 쓰지 않고 설명할 수 없다면 제대로 이해한 것이 아니라고 했고 스티븐 호킹은 공식 1개가 나올 때마다 책 판매량이 반토막 난다고 했죠. 제가 초등학생도 이해할 수 있도록 아주 쉽게 말씀드릴 테니 잘 따라와주세요!

AI는 엄청 많은 데이터를 학습하고 학습한 데이터를 통해 대답을 생성합니다. 데이터가 많아야 합니다. 그런데 문제는 데이터가 너무 쌓이니까 자동차가 많아지면 길이 막히듯 빨리 지나가지 못하고, 전기도 너무 먹게 되는 겁니다.

테크, IT, 미래기술

엔비디아가 2024년 발표한 B200은 손바닥 만합니다. 이런 칩 두개 돌리는데 들어가는 전력소모량이 에어컨 한 대와 같습니다. 메타는 이런 칩을 35만개를 돌리고 있으니 소모되는 전기의 양이 상상을 초월할 정도로 말입니다. 전기세가 조 단위로 들어가고 우리나라 팹리스 스타트업 리벨리온의 박성현 대표는, 건물 한 채를 다시 짓고 별도의 전력 공사까지 하고 쿨링 시스템까지 갖춰야 할 정도라고 말했을 정도입니다.

경계현 전 DS 부문장의 말에 따르면 삼성전자가 준비중인 칩 '마하1'은 메모리와 GPU 처리량을 8분의 1로 줄였고 성능은 무려 8배 높다고 합니다. 기술검증이 이미 완료되었다고 하죠. 삼성전자는 2030년까지 130조원을 들여 시스템 반도체를 하겠다고 선언한 바 있고 시스템 반도체에선 세계 점유율 5%도 되지 않았던 삼성전자의 반격의 서막이라고도 볼 수 있을까요? 반격이 먹힐지 안 먹힐지는 나와봐야 아는 문제긴 하지만요.

그럼 마하1이 타사의 AI반도체 대비 경쟁 우위를 갖는 부분은 어디인가? 앞서 말씀드렸듯 현존하는 모든 AI시스템은 메모리 병목현상으로 인한 성능저하와 파워 효율 문제를 가지고 있는데요. 지금까지 많은 AI 칩들이 '최대한 높은 성능'에 포커스를 맞추었다면 마하1은 이 문제를 해결하는 것에 포커스를 맞춘 최대한 높은 성능보다는 전력효율에 포커스를 맞췄다고 보면 될 것 같습니다.

왜냐면 남들과 같은 방식으로 해서는 남들을 이길 수 없기 때문입니다. 남들이 스포츠카 슈퍼엔진을 만든다면, 우리는 연비 좋고 도로 주행에 무난한 성능의 하이브리드 엔진을 만드는 거죠. 우리가 굳이 람보르기니나 페라리처럼 슈퍼카가 될 필요는 없습니다. 우리는 연비 좋고 엔진도 좋은 렉서스가 되면 되는 겁니다.

그런데 이게 쉬운 일은 아니죠. 왜냐면 연비도 좋고 엔진 출력도 좋아야 한다는 것은, 기존에 쓰던 엔진에서 버려지는 불필요한 운동들을 없애고 효율성을 높인다는 뜻인데요. 여기서 대표적인 기술이 'pruning'입니다.

눈치 빠른 분은 알아차리셨을 텐데, 가지치기라고 보시면 됩니다. AI모델은 복잡하게 얽힌 나무라고 보시면 됩니다. 여기서 나무가 성장하고 자라나는데 있어 불필요한 연결을 제거함으로써 전망도 좋게 만들고 효율성도 높이는 겁니다.

AI입장에서 '파라미터'라는 것은 그림을 그리는 도구 같은 겁니다. 도구가 많을 수록 더 정확하고 다양한 색을 표현할 가능성이 높겠죠. 그런데 AI가 발전하며 파라미터라는 것이 너무 많아지다 보니 도구 이거 고르고 저거 고르고 저거 쓰고 하는 과정에서 막히고 열이 나기 시작한 겁니다.

1억개의 파라미터 중에서 굳이 지금 필요 없는 파라미터 한 4천 만 개를 메모리가 무시해버리면 어떻게 될까요? 남은 6천만 개만 처리하면 됩니다. 1억개를 해야 될 것을 6천만 개만 하면 되니까 덜 힘들어서 성능도 좋아지고 전력 소비도 급감하게 됩니다.

물론 이렇게 끝나면 간단하겠지만, 가정해서 분신술을 썼다고 합시다. 분신이 3명 있다고 합시다. A는 일 10개, B는 일 5개, C는 일 3개를 해야 합니다. 일의 난이도는 모두 같습니다. 그리고 모두 일이 끝날 때까지 다음 일감은 들어오지 않습니다. 이게 현재의 AI입니다. 일을 3개만 받은 C는 10개를 받은 A와 5개를 받은 B가 끝날 때까지 기다려야

테크, IT, 미래기술

**불필요한 파라미터 제거·설명 이미지**

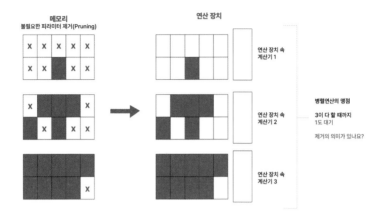

하는 구조입니다. 나머지 메모리는 놀고 있는 겁니다.

현재 모든 AI 반도체에는 삼성전자와 SK하이닉스가 만드는 'HBM'이라는 고성능 메모리가 필수이고 이 친구가 일반적인 메모리인 D램보다 3~5배 비쌉니다. 이 비싼 친구를 샀는데 제대로 활용을 해야겠죠? 따라서 불필요한 파라미터들을 없애주는 과정이 꼭 필요한 겁니다. 비싸게 주고 산 HBM 메모리가 놀거나 비효율적으로 일하고 있으면 안 되기 때문에 이 문제를 아직 해결하지 못하고 있습니다.

그래서 삼성전자가 '마하1'을 내세운 겁니다. 2020년 발표된 삼성전자의 논문을 보면[4] '암호화'라는 걸 이용하는데요. 쉽게 생각해서 A,B,C 모두 같은 일감을 받는 것처럼 만든다는 겁니다. 그러면 일이 끝날 때가지 기다리는 사람도 없을테니 일이 훨씬 효율적이겠죠. 삼성전자는 이러한 방식으로 마하1을 개발했고 최근 밝혀진 바에 따르면 마하

2도 이미 개발 중이라고 합니다.

삼성전자가 노리는 시장은 '추론' 시장입니다. 엔비디아 AI가속기는 '학습'에는 유용하지만 추론엔 상대적으로 비효율적이라는 지적이 있거든요. 엄청난 데이터 병목현상들과 전력 소모가 발생하고 있잖습니다.7 삼성전자는 엔비디아와 '학습'에서 경쟁하기보다 엔비디아의 부족한 부분인 '추론'으로 나아가는 것을 택했고 동시에 소규모 인공지능 시장을 노렸습니다.

삼성전자의 강점은 갤럭시라는 디바이스들이 많다는 것이며 소규모 인공지능은 작은 갤럭시에 알맞습니다. 삼성 갤럭시에 저전력 소규모 인공지능이 가능한 칩이 탑재되게 된다면 온디바이스AI 성능을 크게 끌어올릴 수 있을 겁니다.

앞으로 미래는 거대한 인공지능 하드웨어 시장을 목표로 하여 달려가는 엔비디아와 오픈AI같은 기업이 있다면, 소형 인공지능 대상으로 달려가는 삼성전자와 애플 같은 기업들로 나뉠 것 같습니다. 삼성전자는 마하1 15~20만대를 네이버에 납품하여 현재 네이버가 쓰고 있는 엔비디아의 AI가속기를 대체할 계획이라고 합니다. 가격은 엔비디아 제품의 10분의 1수준이며 네이버 오피셜에 따르면 현 GPU대비 모델 사이즈는 10분의 1에 4배 이상의 전력 효율을 보일 것이라고 합니다.8

이 책을 보시는 여러분 대부분이 네이버 클로바에 큰 실망을 하셨고 세계적 경쟁력이 없는 국내 IT기업이, 우물 안 개구리나 다름없지 뭔 구글이나 메타 같은 세계를 상대로 경쟁하냐라고 생각하실 수 있습니다. 근데 다시 말하자면 경쟁한다고 보기보다 구글이나 메타가 아직 시

테크, IT, 미래기술

도하지 못한 시장을 타게팅하는 겁니다.

무엇보다 엔비디아의 독점이 마음에 들지 않은 기업들이 엔비디아 의존도를 낮추기 위해 노력하고 있으니 오픈AI나 메타 같은 기업들이 삼성 제품을 쓰는 세상이 올지도 모릅니다.[13]

실제로 삼성은 MS와 아마존, 메타, 오픈AI 등을 상대로 영업을 시작했고[14] 마침 오픈AI와 메타의 대표들도 방한했습니다. 참 타이밍이 좋습니다. 아마 샘 알트먼과 주커버그는 이미 마하1, 더 나아가 이미 개발 중인 마하2의 존재를 알고 왔겠죠. 마하1이 성공적으로 이루어지게 된다면 삼성전자의 미래 먹거리는 HBM과 마하-1 투트랙이 될 것으로 전망하는 증권사도 있을 정도입니다.[12] 물론 아직 갈 길은 멀지만, 일리 있는 꿈을 꾸는 것이 잘못은 아니니까요.

미래 먹거리는 200% AI가 될 것이 명확하며 AI에는 메모리 반도체와 시스템 반도체가 모두 들어가는데, 삼성전자가 메모리와 시스템 둘 다 잡은 최초이자 대체 불가능한 기업이 되길 기원해봅니다. 수백 년 전 산업혁명의 시발점이 증기기관이었다면, 4차산업혁명의 시발점이자 엔진은 AI가속기가 될 겁니다.

엔비디아의 젠슨 황이 얼마 전 새로운 AI 가속기인 블랙웰을 공개하며 말했습니다. "생성형AI 산업혁명을 구동하는 엔진이 될 것이다."[13]

## 용량을 천 배 늘리는 강유전체

앞으로 집에서 쓰는 SSD의 용량이 천 배는 증가할 지도 모릅니다. 삼성전자가 어마어마한 기술을 연구 중이고 만약에 양산에 성공한다면 메모리 반도체의 일대 혁신을 일으키게 됩니다. 지금부터 말씀드리는 기술을 이용하면 지금의 1,000배, 4,000TB짜리 SSD를 만들어낼 수 있습니다.

삼성전자는 꽤 오래 전부터 이 기술을 준비했고 경쟁자들을 이길 압도적인 기술이 드디어 그 모습이 조금씩 세상에 드러나기 시작했습니다. 최근 삼성전자와 유니스트, 카이스트 등 세계적인 연구그룹들의 공로로 반도체 학회에서도 엄청난 관심을 받고 있는 기술, High-k입니다.

원리가 무엇이길래 무려 1000배 이상 용량을 높이는 것이 가능한가? High-k는 유전율이 높다는 뜻인데 가만히 있어도 전기적으로 분극을 유지하는, 즉 자석의 성질을 가지는 녀석들입니다. 즉 유전율이 높다는 건 전기를 더 잘 끌어들인다는 뜻입니다.[18]

외부 자극이 없어도 전자가 잘 모입니다. 실제로 유니스트의 이준희 교수 연구팀과 삼성전자는 과거 하프늄옥사이드를 이용했고 집적도를 1000배 높였습니다.

이 연구는 2021년 세계 최고의 저널 'Science'에 발표된 바 있고 학계의 극찬을 받았어요. 당시 이준희 교수님께 적절한 비유를 요청드리자, "기타 줄 하나에 피아노 건반 수백개가 올라가 있다"고 말했습니다. 즉, 기타 줄 하나 만으로 수십, 수백 대의 피아노가 필요한 음악을 연주할 수 있는 겁니다.[22]

기존에 자주 쓰는 실리콘 옥사이드 유전율이 3.9인데 하프늄옥사이드는 20 수준이니 5배 이상 더 많은 전자들을 모을 수 있는 겁니다.

그리고 이 분야에 있어선 삼성전자가 과거부터 최근까지도 크게 앞서 있습니다. 삼성전자는 다음달 열릴 세계 최고 권위의 반도체 학회에서 카이스트와 함께 강유전체 낸드플래시를 발표할 계획을 밝혔는데요.[15]

SSD 안에는 '낸드플래시'라는 반도체가 들어가는데 낸드플래시의 단수가 높을수록 용량이 높습니다. 쉽게 생각해서 아파트 층수가 높으면 높을수록 많은 사람이 살 수 있듯, 낸드플래시에서 셀을 높게 쌓으면 쌓을수록 저장 용량이 높아집니다.

삼성전자는 2024년 4월, 286층으로 세계에서 가장 높은 낸드플래시를 양산하는 것에 성공합니다.[23] 하지만 이것이 한계입니다. 300층 이상 아파트를 짓는 것이 기술적으로 어렵듯 낸드 플래시는 층수가 높아질수록 공정 난이도가 급증합니다. 수율도 떨어지고 제품 성능과 내구성을 담보하는 것도 어려운 일입니다.

그래서 삼성전자와 카이스트는 새로운 소재를 택했고, 그것이 바로 강유전체 소재입니다. 지금까지 낸드플래시에서 쓰던 산화물 대신 더 얇고 강하게 만들 수 있는 새로운 소재를 씀으로써 수년 내에 1000단 이상의 낸드 개발을 목표로 하고 있고 연구개발에 착수합니다. [15]

실제로 2024년 1월에 열렸던 반도체 학술대회에서 삼성알엔디센터에서 발표한 자료에 따르면 High-K를 사용할때 대역폭이 월등히 높아집니다. 근래 삼성전자의 메모리 관련 발표 중 상당히 많은 것들이 'High-k'에 집중되어져 있을 정도로 삼성전자는 High-k를 이용한 기술들을 통해 경쟁우위를 가져가려고 하고 있습니다.

삼성전자 관계자들은 앞으로 시대는 테라바이트를 넘어, 페타바이트 시대가 올 것으로 보고 있습니다. 1PB는 1,000TB입니다. 지금은 4TB짜리 SSD를 쓰지만, 2030년쯤 되면 4페타바이트(4000TB) SSD를 쓰게 될지도 모르는 일입니다. 누군가는 HBM이나 CPU, AP 등을 바라보며 전통적인 메모리의 중요성을 간과하기도 합니다.

특히 HBM이 대세이기도 하고 SK하이닉스가 삼성전자를 따돌렸으니 삼성전자의 미래에 대해 부정적으로 바라보시기도 할 겁니다. 하지만 중요한 점은 SK하이닉스에서도 말했듯 낸드플래시 같은 전통의 메모리가 없으면 그 어떤 반도체 제품의 미래는 없습니다.[24]

AI 데이터 어디 저장할까요? 결국 SSD를 활용해야 합니다. 사담이지만 최근 외장SSD가 생기며 해외출장이 엄청 편해졌다고 합니다. 한 방송팀과 해외출장을 간 적이 있었는데 그때 감독님들 말로는 옛날에는 스튜디오에 있는 영상 소스들을 가지고 다니기가 힘들어 본체를 가지고 비행기를 탄 적도 있었지만 최근에 외장SSD가 생기면서 속도가 엄청 빨라져서 이제 SSD 하나만 들고 타면 되는 세상이 됐다고 말씀해주셨던 것이 기억이 납니다.

예전엔 무거운 데스크톱 직접 들고 다녔다면, 이제는 감독님들의 상상력이 SSD 덕분에 날개를 달게 된 겁니다. 삼성전자는 늘 이런 말을 합니다. "당신의 위대한 상상, 반도체가 현실로 연결합니다."

## 삼성전자의 신기술들

물론 HBM이라는 대한민국의 어마어마한 반도체 기술 단 하나로 SK하이닉스의 주가는 지난 1년간 거의 2배가 올랐고 삼성전자의 거대한 아성을 뚫기 시작했습니다. 현재의 인공지능 시장은 GPU의 엔비디아, 그리고 그 뿌리를 받쳐주는 SK하이닉스의 HBM이 이끌어왔다고 봐도 과언이 아닙니다. 다만 늘 그래왔듯 HBM 다음 타자가 있을 겁니다. 그리고 그 후보군은 PIM부터 유리기판 등등 다양하게 있지만 가장 유력한 후보 중 하나, 그럼에도 불구하고 장담컨대 아마 대부분은 모르실 기술, 'BSPDN Back Side Power Delivery Network'에 대해 말씀드리겠습니다.

반도체를 '도시'라고 생각해봅시다. 도시의 발전 과정을 한번 상상을 해보자고요. 처음에는 작은 부락들이 하나씩 생기다가 조금 더 멋진 집들이 지어지고, 건축 기술과 도시 행정이 발전하며 아파트 같은 건물들이 들어서기 시작합니다.

고압전선은 땅 위에 세워져 건물에 전기를 공급하고, 안테나가 신호를 받아 인터넷을 사용하고 TV를 보게 되죠. 이게 현재의 개발도상국들의 모습입니다. 개발도상국이 발전하면 고층 건물들이 들어서고 신식 건물들, 그리고 하이패스를 비롯한 여러 신형 장비들이 들어서기 시작합니다. 동시에 땅 위에 있던 전선들이 땅 아래에 들어가기 시작합니다. 서울이나 신도시를 보면 전선이 보이지 않습니다. 전선 지중화가 이루어져 있기 때문입니다. 이렇게 전선을 땅 아래에 심는 기술, 반도체에선 BSPDN, 한국 말로 후면전력공급이라고 부릅니다.[26]

실제로 삼성 파운드리는 올해 6월, 파운드리 포럼에서 TSMC를 이길 기술을 몇 가지 제시했는데 그중 핵심이 바로 2나노 GAA, 최첨단 패키징, 그리고 BSPDN이었습니다.[29]

실제로 2024년 7월, 삼성 파운드리 포럼에 대한 리뷰로 삼성전자의 방송에 출연하며 저와 유튜버 가젯서울님, 삼성 현업자 분들 모두가 강조했던 기술입니다. 현재의 반도체 단면을 살펴보면 전력을 공급하는 두꺼운 녀석이 위에 있습니다. 마치 개발도상국의 어지러운 전선들처럼, 하지만 이걸 아래로 쓱 옮겨버리는 겁니다.

왜 아래로 옮길까요?

## 삼성전자 연구 성과 ①

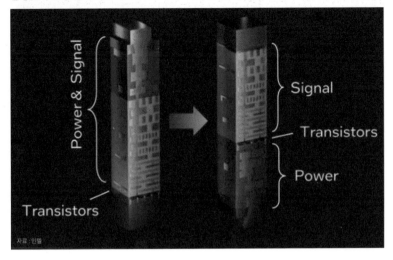

자료 : 인텔

종이에 가로선을 최대한 많은 가로선을 그어야 한다고 생각해봅시다. 최대한 많은 가로선은 서로서로 가까워지게 됩니다. 만약 그림을 그리는 도구가 보드마카라면 많은 선을 긋긴 어려울 겁니다. 하지만 얇은 펜으로 선을 그리면 더 많은 선을 그릴 수 있게 될 거에요. 더 얇은 펜이 필요합니다.

그런데 반도체에서의 더 '얇은 펜'은 가격이 너무 비쌉니다. EUV는 2천억, High-NA는 5천억에 육박하고 돈이 있어도 사려고 대기하는 사람이 너무 많아 살 수가 없었습니다.

그럼에도 불구하고 삼성 파운드리, TSMC 등 대기업들은 이 비싼 얇은 펜을 구입해서 아주 얇은 작은 반도체를 만들기 시작했습니다.

과거에는 반도체가 작아져도, 두꺼운 전선이 위쪽에 있더라도 괜

테크, IT, 미래기술

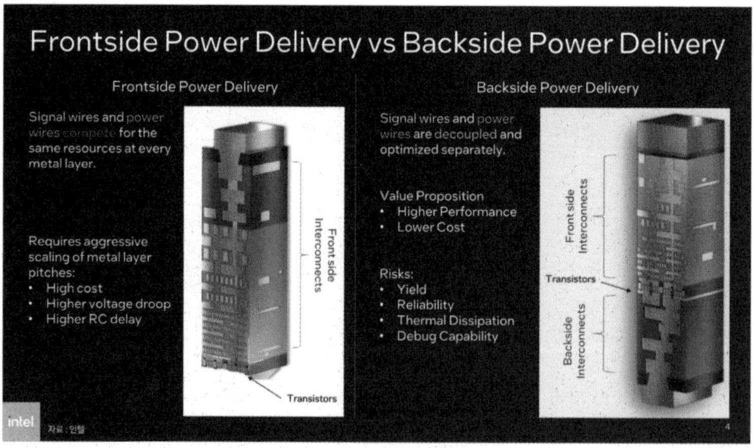


삼성전자 연구 성과②

찮았습니다. 그런데 이제는 너무 작아지다 보니 신호 간섭도 생기고, 전선이 무려 면적의 20%나 차지하다보니 이걸 칩의 뒷면에 심어버리는 겁니다. 성공하면 무려 면적을 15~20%나 더 확보 가능하고 성능도 급등합니다.

반도체의 성능은 PPA, Performance, Power, Area로 나눌 수 있는데 삼성전자가 자랑하는 'GAA'라는 기술에 BSPDN을 접목하면 성능은 더 높아지고 공간과 파워는 더 낮아집니다.[31]

쉽게 말해 저전력 고성능이 가능해진다는 뜻입니다. 이런 방향이 삼성 파운드리에 긍정적인 이유는, 삼성은 세계 최초로 3나노 GAA라는 기술을 상용화시킨 기업이기 때문입니다. 앞으로 모든 기업들이 FinFET이라는 과거 기술에서 GAA라는 새로운 기술로 업그레이드를 하게 되는데, 삼성 파운드리는 GAA를 세계 최초로 양산화했고 양산화 과정에서 벌어질 수 있는 매를 가장 먼저 맞았습니다. 가장 앞서 있다는 뜻이죠.

물론 이걸 알고 인텔과 TSMC 역시 BSPDN에 대한 연구를 지속하고 있습니다. 실제로 TSMC는 삼성과 인텔을 인식하고 BSPDN 기반의 1.6나노를 2026년부터 양산하겠다고 깜짝 발표를 했고 이는 삼성과 인텔보다 빠릅니다.[30]

특히 인텔은 PC용 칩에 BSPDN 기술을 적용해서 저전력으로 작동 가능한 칩에 대한 양산 능력을 확보했고 곧 출시가 되며 2025년부터 시장 입지를 확보할 계획인데, 더 긍정적인 소식은 미국의 대폭적인 보조금 지원과 로비가 있다는 점입니다. 실제로 인텔은 미국이라는 거대한 지원 아래에 네덜란드 ASML의 가장 최신 장비인 High-NA를 휩쓸었습니다.

즉, 현재의 시점에선 반도체의 선폭을 줄이는 것은 돈도 더 많이 들고 장비를 구입할 정치사회적 여건도 되지 않습니다. 따라서 새로운 기술들을 접목시키는 것이 현실적입니다. 다만 주의할 점은, BSPDN을 접목하면 이길 가능성이 있지만, BSPDN은 만만한 기술이 아니라는 점입니다.

삼성 파운드리는 책을 쓰고 있는 시점 기준으론 아직 3나노 GAA에 대한 수율을 아직 완벽하게 잡지 못하고 있는데 거기에 BSPDN까지 얹으면 나쁘게 말해 모래 위에 지어진 멋진 성과 다를 바 없기에, 삼성 파운드리는 앞으로 2~3년 뒤 본격적인 경쟁을 위해 토대를 튼튼히 만들 필요가 있겠습니다.

이러한 모습을 보며 삼성 파운드리에 비관적인 분들도 계시지만

테크, IT, 미래기술

저는 그건 너무 간 것이라 생각합니다. 현재의 삼성 파운드리의 점유율은 약 10%로, 세계 1위 TSMC와의 격차를 좁히지 못하고 있는 것이 사실입니다.

하지만 삼성 파운드리는 출범한지 10년도 되지 않았습니다. 이제갓 초등학교에 입학한 어린아이와 성인을 비교하는 것은 바람직하지 않습니다. 인텔은 미국의 압도적인 지지, TSMC는 대만 정부와 국민의 압도적인 지지를 받고 있고 삼성 파운드리는 외로이 싸우고 있습니다. 그리고 삼성 경영진들이 말하듯, 냉정히 TSMC보다 1~2년 뒤쳐졌으나 2나노에선 앞지를 수 있습니다. 그때가 되면 삼성 파운드리도 고등학생쯤 되니 승부수를 띄울 수 있을 겁니다.

우리 뇌는 몸의 약 2% 정도의 무게 밖에 되지 않는데, 고작 20와트로 초당 10~18개의 연산을 할 수 있습니다. 수치상으로 현존 최고의 반도체보다도 몇 십 만 배는 뛰어납니다. 아직 엄청난 가능성이 열려 있다는 뜻입니다. 아직까지 더 낮은 비용과 더 낮은 전력으로 반도체를 만들 수 있고 그 증거가 여러분의 머리에 달려 있습니다.

아직까지 그 누구도 인간의 뇌보다 효율적인 반도체를 만들어내지 못했습니다.[32] 그리고 인류가 뇌보다 효율적인 반도체를 만들려면, 지금까지의 방식과는 전혀 다른 구조와 전혀 다른 방법을 사용하게 될 겁니다.

반도체의 살아있는 전설, 짐 켈러는 말합니다.

"다음 단계로 넘어가기 위해선 기존의 방식을 버리고 새로 시작해야 한다. 지금 당장 모든 걸 바꾸지 않는다면 결국엔 반드시 망한다. 오래 살아남는 위대한 리더들은 새로운 위기에 직면할 때마다 미련 없이 모두 버리고 다시 시작했다."

# 대한민국 위기론

## 7인의 사무라이

'7인의 사무라이'라는 말을 들어본 적이 있을 겁니다. 미국의 매그니피션트7은 상대적으로 익숙할 텐데, 미국 경제를 이끄는 마이크로소프트, 아마존, 애플, 알파벳, 엔비디아, 메타, 테슬라를 두고 매그니피션트7이라고 부릅니다. 그런데 최근 '7인의 사무라이'들이 모습을 드러내기 시작하고 있습니다.

전문가마다 의견이 다르지만, 무너져버렸던 일본 반도체가 다시금 꿈틀대고 있습니다. 일본은 지난 30년 간 경제성장이 멈추며 오랜 경제 불황을 겪고 있으나 최근 언론사에서는 미국과 일본이 반도체를 견인하며 잃어버린 30년을 지웠다고 말합니다.

그 중심에 있는 것이 '일본의 7인의 사무라이'이며 이들이 일본 경제를 이끌고 있습니다. 무려 지난 1년간 주가가 257%가 오른 스크린홀딩스, 220%가 오른 디스코를 비롯하여 도쿄일렉트론, 미쓰비시상사, 토요타, 스바루가 바로 7명의 사무라이들입니다. 이들 덕에 무려 34년 2개월 만에 일본 대표 주가 지수인 닛케이지수가 사상 최고치를 경신했습니다.

2024년 들어 일본 주가지수가 16.85% 치솟는 동안 코스피는 고작 0.33% 오르는데 그쳤습니다. 최근 1년 상승률 격차 또한 33.42%p에 달합니다.[8] 그리고 이 사무라이 7중 무려 4곳이 반도체 장비 기업입니다. 반도체 장비의 중요성은 말할 필요가 없습니다. 물론 세계 최고인 네덜란드 'ASML'을 빼놓을 수 없으나 먼저 2019년 수출규제에서도 전국민을 분노하게 했던 일본의 반도체에 대해 알아보죠.

## 일본 엔화 약세

KEY CHART

미일 금리차(10년)과 엔/달러 환율 추이

자료: Bloomberg, 키움증권 리서치센터

일본은 본디 전통적인 반도체 소재·장비 강국입니다. 하지만 반도체를 잘 만드는 것은 못합니다. 과거 일본이 반도체를 휩쓸던 전성기 시절, 미국은 일본의 반도체 경쟁력을 묶어버렸고 적의 적은 친구라며 삼성전자에게 D램 제조 기술을 비롯하여 지원을 아끼지 않았습니다. 이후 결과를 보면 우리나라는 전세계 최고의 메모리 강국이 되었고 일본 반도체는 무너졌죠.

여전히 일본은 반도체는 못 만듭니다. 그런데 일본이 왜 살아나고 있는가? 쉽게 설명드리면 요리는 못하는데 요리 재료와 도구는 전세계에서 일본이 최고 수준이기 때문입니다.

삼성전자의 경계현 전 DS부문장을 비롯하여 차세대 연구를 담당하는 송재혁 사장, 라인 기술을 총괄하는 남석우 사장, 소부장 구매를 총괄하는 박진영 부사장 등 삼성 반도체의 핵심 고위 임원들이 모두 2024년 급히 일본으로 출장을 가기도 했습니다.[9] 일본은 본인들이 요리는 못하지만 재료와 도구만큼은 최고이기 때문입니다.

이를 알고 있는 일본은 전세계 최고의 요리사를 본인들의 땅으로 불러왔습니다. 최고의 요리사는 바로 TSMC입니다. TSMC의 새로운 공장이 일본 구마모토현에 위치하고 있습니다. 이 공장은 일본과 대만의 동맹을 상징하는데, TSMC와 일본 반도체 기업의 합작사인 JASM이 운영합니다.

언론은 1980년대 세계 최강의 반도체 국가였다가 한국과 대만에 패배하여 몰락한 일본이 대만과 손잡고 부활하는, 일본 반도체 부활을 상징한다고 보도하고 있죠. 참고로 일본 정부는 TSMC 공장에 보조금으로 약 4조원을 지원할 정도로 열정적이었습니다.[1] 그리고 AI 혁명에서 반도체는 필수이기에 반도체 제조 장비를 공급하는 일본 기업들의 주가가 2~3배 가까이 오르며 일본 경제의 상승세를 이끌었죠.[4]

정치경제적으로는 미국과 중국의 갈등으로 인한 반사이익과 엔저로 인한 외국인 투자금의 영향도 있을테지만, 중요한 점은 일본 정부의 전폭적인 지지 아래 일본이 잃어버린 30년에서 탈피하고 있고 우리나라는 미적지근하다는 점입니다. 언론사들은 이 반도체랠리에서 한국만 왕따를 당하고 있다는 내용을 최근 들어 계속 내보내고 있을 정도니 일본 반도체의 반격이 이제 체감이 되시리라 생각합니다.

그리고 이 흐름을 만들고 있는 것은 바로 미국입니다. 2024년 2월 21일, 새너제이에서 인텔이 컨퍼런스를 열었는데요. 여기서 있었던 일들이 굉장히 인상깊습니다. 인텔의 CEO는 대놓고 "인텔이 반도체 분야 리더쉽을 재건할 것"이며 "모든 AI 반도체를 제조할 것"이라고 말했습니다. 미국이 반도체 설계부터 제조 등 모든 것을 장악하겠다는 의도

테크, IT, 미래기술

죠.2 즉, 실리콘은 실리콘밸리에서 이루어지도록 만들겠다는 겁니다.

원래 반도체는 미국의 기술입니다. 과거 일본은 미국의 기술을 미국에 팔면서 미국을 이길 수 있다는 오만함을 가졌고 미국에게 제재를 당했습니다. 이제 미국은 다시 원래 본인들의 기술을 본인들의 땅 위에 재건하고자 합니다. 이뿐입니까? 여기에 등장한 두 인물이 있는데 바로 전세계 시가총액 1위 마이크로소프트의 CEO 사티아 나델라입니다. 그는 인텔을 돕겠다고 밝혔고, 인텔에게 생산을 의뢰할 것이라고 말했죠. 한명 더, 바로 오픈AI의 샘 알트먼입니다.

샘 알트먼은 인텔의 재기를 볼 수 있어 기쁘다고 말했고, 인텔의 CEO가 "우리가 공장을 많이 짓고 있으니 마음껏 AI 반도체를 찍어내라"고 회답했고 샘 알트먼은 "좋다"고 답했죠. 미국 정부가 나서서 미국 기업들을 밀어주고 있는 상황입니다. 실제로 인텔은 차세대 EUV 장비인 High-NA를 가장 먼저 선점했습니다. 쉽게 말해서 세상에서 가장 우수한 요리 도구를 가장 먼저 가져갔다는 뜻입니다. 물론 2024년 8월, 인텔은 배당금 지급도 어려울 정도의 어마어마한 어닝쇼크로 거의 20년 전 주가로 돌아가며 50년 만에 최대폭 폭락이 있었습니다. 하지만 인텔의 뒤에는 미국이 있다는 것이 큰 변수입니다.

2024년 연초 대비 미국 엔비디아는 무려 58.6%, 미국 AMD는 23.4%, 대만 TSMC는 17.5%, 일본의 도쿄일렉트론은 44.8% 올랐습니다. 반대로 우리 반도체 기업들은 상대적으로 더디게 상승했습니다. 결국 돈은 미래에 대한 기대로 흘러가기 마련인데, 전문가들은 이것을 두고 '기울어진 운동장'이라는 위협이 반영된 결과로 바라봅니다.

현재 한국의 상황을 한마디로 말하면, 기울어질 대로 기울어진 운동장 위에서 경쟁을 하고 있는 것이라고 요약할 수 있겠습니다. 인텔은 미국 정부의 대대적인 지원과 함께 2027년까지 삼성전자를 추격하겠다는 분명한 메시지를 던졌습니다.[10]

물론 삼성전자도 지지 않습니다. 2025년부턴 2나노 공정 양산을 시작할 것이고 2027년 차량용 반도체까지 확장할 것으로 밝혔습니다. 지금 당장은 TSMC에 비해 뒤져질 수 있으나, 삼성전자는 세계에서 가장 먼저 GAA라는 가장 앞선 기술을 선보였습니다. TSMC보다 빠르죠. 즉 더 빠르게 노하우를 쌓았습니다. 그리고 현업자들에 따르면, TSMC 역시 GAA라는 기술을 접목할 수밖에 없으며 삼성전자는 '매를 미리 맞은 것'과 같다고 주장하기도 합니다. 따라서 TSMC가 GAA라는 기술을 접목하는 2025년쯤부터 삼성전자와 차세대 공정을 통한 본격적인 경쟁이 시작되고, 삼성은 여기서 역전을 노리고 있다고 볼 수 있겠습니다.

쉽게 비유해서 현재까지의 유행은 소금빵 기술이었습니다. 여기서는 TSMC가 한발 앞서 있었어요. 하지만 내년부터 유행은 소보로가 될 것이고 소보로를 TSMC보다도 훨씬 먼저 만들고 있었던 삼성에게 기회가 올 것이란 분석이죠. 무엇보다 일본 반도체 소부장의 부상과 별개로 nature는 일본 과학은 더 이상 월드클래스가 아니라고 밝혔습니다.[6]

실제로 일본 과학의 세계 기여도는 점차 감소하고 있는 추세입니다. 즉 일본도 마냥 좋은 상황은 아니라는 것이죠. 본인들이 주도하는 형국은 아니며 미래에 대한 불확실성은 점차 커지고 있기 때문입니다.

일본은 R&D 예산을 홀대하며 연구 역량이 뒤처졌다는 평가도 받고 있고요. 물론 이 문제는 일본뿐 아니라 한국도 마찬가지긴 하지만요.[7]

테크, IT, 미래기술

모든 면을 종합해서 볼 때, 결국 핵심은 미국이 주도하게 될 것이고 미국과 어떠한 협력관계를 구축하는가가 핵심이 될 것입니다. 엔비디아와 HBM이라는 협력관계를 잘 구축한 SK하이닉스가 떠오르는 다크호스가 되고 있듯 말이죠. 저는 단순 삼성전자와 하이닉스뿐 아니라 우리나라의 다양한 반도체 기업들이 미국과 다양한 협업 관계를 구축했으면 좋겠습니다.

## High-NA

이제는 반도체 장비 전세계 1위인 ASML에 대해 이야기해봅시다.

자, 먼저 아파트 건설이 필요하다고 생각해봅시다. 단순한 아파트가 아니라 초고층 아파트여야 합니다. 일반적인 초고층이 아니라 내외부 자재 및 설계도가 모두 최상급이어야 합니다. 그런데 이러한 초고층, 초고급 아파트 건설에 필요한 크레인은 전세계에 딱 한군데에서만 생산됩니다. 따라서 각 나라의 대통령과 대기업 총수들조차 이 크레인을 확보하기 위해 영업해야 합니다. 이것이 바로 대통령과 이재용 회장, 최태원 회장이 네덜란드 ASML 본사를 국빈 방문한 이유입니다.[11] ASML의 새로운 최첨단 장비를 선점하고 국가 발전에 기여하기 위함입니다.

ASML하면 바로 'EUV'죠. 우리 집은 피자를 30등분으로 나누어 각 조각에 만원에 팔고 있었습니다. 그러면 수익은 얼마죠? 30만원입니다. 그런데 ASML이 만든 피자는 그 맛이 세계에서도 따라올 곳이 없는 천상계의 맛이라 한 조각에 10만원입니다. 더 대단한 점은 300등분내서 팔 수 있어 수익은 3,000만원입니다.

조금 말도 안 되는 비유이긴 하지만 이런 느낌으로 이해해주시면 됩니다. 타사와 경쟁 자체가 불가능한 수준이라고요. 하지만 시대가 흐르며 고객들은 더 작은 조각과 더 맛있는 피자를 원하기 시작했습니다. 그리고 ASML이 개발한 차세대 EUV인 High-NA가 등장합니다.

High-NA에서 NA는 '개구수numerical aperture'로 '렌즈의 크기'를 의미합니다.[16] High-NA는 0.55NA로, 기존 EUV의 0.33NA보다 1.67배 큰 렌즈를 사용합니다. 큰 렌즈는 더 많은 빛을 받아들일 수 있어 더 선명한 회로를 그릴 수 있습니다.[12] '레일리의 식'을 통해 원리를 확인할 수 있는데요.[13] 굳이 식을 여기서 알 필요는 없고 '개구수(NA)'가 커지면 더 회로를 정밀하게 그릴 수 있다고 알아주시면 됩니다. 즉, NA가 높아질수록 더 미세한 반도체를 만들 수 있다. 그리고 NA가 높은 것이 바로 'High-NA'입니다. 더 쉽게 말해보면

과거에는 보드마카로 그림을 그리고 있었습니다. 불화크립톤(KrF, 파장 248 nm)이나 불화아르곤(ArF, 파장 193 nm) 같은 것들이 '보드마카'입니다. 그런데 더 얇게 선을 그리고 싶다는 욕구가 생겨 아주 얇은 펜을 쓰기 시작합니다. 그게 바로 EUV(파장 13 nm)라는 빛입니다. 그런데 더 얇은 펜을 만드는 것은 과학적으로 너무 힘듭니다. 그래서 ASML은 렌즈의 크기를 키웠습니다. 이것이 바로 차세대 EUV인 High-NA입니다.

이 새로운 EUV의 가격은 기존보다 2배 더 높은 약 4천~5천억원으로[15] 이는 반포 자이 160채와 맞먹는 규모입니다. ASML은 2026년부터 양산을 계획하고 있으며, 가장 먼저 이 장비 1대를 인텔이 손에 쥐었습니다. 인텔은 2025년부터 High-NA를 통해 1.8나노를 생산할 계획입니다. 지금까지 삼성 파운드리와 TSMC에 밀렸던 인텔의 한방이 시작

되는 것이죠. 인텔의 CEO 겔싱어가 '인텔이 돌아왔다'고 선언한 것이 허언이 아니었다는 방증이일지도 모릅니다.[13]

물론 현재의 인텔은 좋은 장비를 가지고 맛있는 요리를 하고 있진 못합니다만… 요리사 실력이 좋아지면 맛있는 요리가 나오게 될 겁니다. 두번째 High-NA는 벨기에의 한 연구소가 1대 가져가게 됐습니다.

삼성 파운드리와 TSMC는 모두 2025~2026년경 2나노 도입할 예정입니다.[17, 18] 미국 기업보다는 상대적으로 후순위죠. 어떤 기업이 먼저 ASML High-NA를 가져가느냐가 매우 중요합니다만 이런 점에서 우리는 다소 불리한 위치입니다. 현재 3나노의 경우 각사의 공식 발표는 없지만, 삼성 파운드리와 TSMC의 수율은 대략 50~60%로 알려져 있습니다. 더 날카롭고 더 정확한 피자 커터가 필요한 시점입니다. 목 좋은 자리에서 먼저 새로운 피자를 팔아야 시장을 선점할 수 있습니다. 그러므로 ASML의 High-NA를 먼저 도입하느냐 마느냐는 2나노 이상의 반도체 선점을 위한 싸움이 될 겁니다.

반도체는 대한민국 경제를 이끄는 주요 산업 중 하나로, 이에 대한

자료 : ASML

HIGH-NA 노광장비 랜더링 이미지

자료 : ASML

HIGH-NA 장비 홍보용 이미지

경쟁력을 확보하는 것이 국운을 좌우하는 문제일지도 모릅니다.

화성시가 대표적인 사례입니다. 2000년에 인구수가 18만에 불과했던 화성시는 현재 인구 100만을 눈 앞에 두고 있고 지역내 총생산 전국 1위(81조원)를 차지하고 있습니다. 삼성전자, ASML, 현대차가 모두 화성에 둥지를 텄기 때문입니다. 평균 나이는 38.8세로 전국에서 가장 젊은 부자도시로 거듭났습니다.[19]

화성시는 세계 7대 부자도시 도약을 목로 하고 있습니다. 이처럼 우수한 기업은 도시 전체를 움직이고 국가 경제를 좌우할 수 있습니다. 그리고 반도체 산업이 이러한 경쟁력을 획득하여 모든 국민의 삶의 질을 높이는 핵심 역할을 수행하고 있다는 것엔, 이견이 없을 것입니다.


## 붉은 반도체의 진격

먼저 하나 강조하고 싶습니다. 중국에 대한 '편견'입니다. Made in China 하면 저품질이 떠오르며 '짝퉁'이 생각난다는 것, 너무나 잘 알고 있습니다. 하지만 과학기술계에서 중국의 위상은 그것과는 다소 다릅니다.

중국이라고 "믿고 거른다"고 생각한다 것은, 임진왜란 발발 전에 일본이 별 거 아니라고 생각하던 사람들, 근현대사에서도 일본 별거 아니라고 안이했던 사람들과 비슷할 지도 모릅니다. 중국과 아무런 연관관계가 없는, 세계에서 가장 오래되고 권위있는 과학저널 네이처가 측정한 전세계에서 가장 우수한 기관 및 대학의 순위를 보시면, 1위 중국과학원, 2위 하버드대, 3위 막스플랑크대, 5위 중국 UCAS, 6위 스탠포드대, 7위 중국 USTC, 8위 중국 난징대, 9위 중국 베이징대, 10위 중국

칭화대입니다.

현재의 중국 과학기술은 이미 미국을 제칠 때도 있고 비등비등합니다. nature에 따르면 현재 전세계에서 가장 발달한 과학 도시 1위가 베이징입니다.[24] 현실은 이렇다는 점, 그렇기에 '편견'을 다소 내려 놓길 권장합니다.

최근 중국의 진격 중 굉장히 뜨거운 감자였던 연구를 하나 소개하고 싶습니다. 칭화대가 개발한 세계 최초 '아날로그 광전자 칩'이라는 반도체입니다. 언론플레이를 위해 다소 과장된 감도 있지만, 2023년 11월, 중국의 칭화대학 연구진은 엔비디아의 초고성능칩 A100보다 3,000배 빠른 '아날로그광전자칩'이라는 것을 개발해냈습니다.

구체적으로 말씀드리면 시각 인식 속도가 3000배 빠르고 에너지 효율은 400만배 수준이라고 알려져 있습니다.[23] 기존에 쓰던 칩을 한시간 구동하는데 들어간 전력으로 500년 이상 구동할 수 있는 수준입니다. 원리를 아주 간단하게 말해보죠.

현재 인공지능의 발달은 우리 주변에 있는 비주얼 정보들을 인공지능이 해석하여 이루어지고 있습니다. 마치 인간이 주변 사물을 보고 인지하듯, 인공지능이 비주얼 정보를 해석함으로써 이루어지고 있습니다. 이를 위해선 이미지를 인식하고 탐지하고 이해하는 과정이 필요합니다.

쉽게 말해 귀여운 강아지인 포메라니안이 있다고 합시다. 우리 뇌는 어떤 과정을 따라 '포메라니안'이라는 강아지를 인식할까요? 먼저 어떤 물체가 존재한다는 것을 인식합니다. 그리고 뛰어가는 것을 인식하고 살아있는 생명체라는 것을 알게 되며, 전체적인 분위기를 통해 소형 견인 포메라니안이라는 것을 알게 됩니다. 컴퓨터는 아날로그 데이터를 디지털 데이터로 변환하며 이런 사실을 알게 됩니다. 아날로그 데이터는 빛이나 소리, 온도, 압력, 습도 같은 것들입니다.

춥거나 덥거나 시끄럽거나 조용하거나 이런 신호들을 컴퓨터나 반도체가 이해하기 위해선 디지털 신호로 바꿔주어야 합니다. 컴퓨터는 아날로그 신호를 디지털 신호로 변환하는데 여기서 상당한 시간과 에너지가 소모가 됩니다. 그리고 받아들인 데이터를 분류하고 처리하는 작업이 들어갑니다.

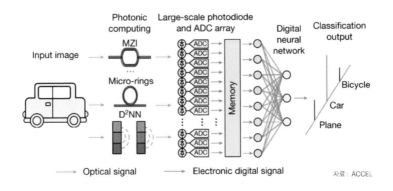

자료 : ACCEL

위 그림이[21-a] 전통적인 방식입니다. 이 그림의 파란색과 주황색, 갈색이 사람으로 따지면 눈이라고 보면 되는데, 이걸 통해 자동차를 인식합니다. 그리고 이 신호를 엄청나게 많은 아날로그-디지털 컨버터 ADC들이 처리합니다. 그 이후 이게 자동차인지 자전거인지 비행기인지

테크, IT, 미래기술

분류하여 결과물을 내죠. 그런데 중국 연구진의 방식은, 이런 눈이 어마어마하게 많습니다. 엄청난 고해상도로 이미지를 뽑아냅니다.

고해상도로 뽑아내면 아무래도 이게 자동차인지 자전거인지 비행기인지 더 빠르게 판단할 수 있겠죠. 그리고 전통적인 방식에서 쓰이던 아날로그-디지털 컨버터ADC들이 없습니다. 아날로그 데이터를 디지털 데이터로 바꾸는 컨버터들이 없습니다. 대신 SRAM이라는 녀석들을 넣었어요.

SRAM은 DRAM보다 속도가 100배 이상 빠릅니다. 근데 가격이 비교도 안 될 정도로 비싸요. 메모리 반도체 중에 가장 비싼 편입니다. 쉽게 설명해드리면, DRAM은 은행 ATM기고 SRAM은 지갑입니다. 현금을 찾고 싶어요. ATM까지 달려가긴 거리가 멀어서, SRAM은 지갑이라 금방 찾을 수 있지만 많은 현금을 가지고 있을 순 없죠. 중국의 연구진은 SRAM을 자주 적절하게 배치하여 설계함으로써 전통적인 방식이 해내지 못한 엄청난 성능을 이뤄냈습니다.

즉, 최근 발표된 중국의 반도체가 이토록 빠르고 에너지 효율이 좋았던 것은, 이런 변환의 과정을 최소화하고 아날로그 신호로 데이터를 처리해버리기 때문입니다. 중국 연구진은 단일 칩에 빛을 탐지하고 또 전자 신호를 처리할 수 있는 소자를 결합시킴으로써 엄청난 성능을 달성했습니다. 연구진의 표현을 빌리면, 아날로그 신호를 디지털 신호로 변환하는 과정이 필요하지 않습니다.[22]

연구진에 따르면 스마트워치나 자율주행차와 산업현장 등에 사용된 뒤 점차 확대될 전망입니다. 강조드립니다만 이번 연구는 네이처에 개재되며 현역 톱 전문가들에게 인정받은 연구입니다. 네이처는 "아마도 이번 칩의 출현으로 중국이 만든 새로운 방식의 컴퓨터 아키텍처가 예상보다 훨씬 더 빨리 일상에 접목될 것이다."[1]며 극찬하기도 했습니다.

근래 연구들과 반도체 구루들의 행보들을 보면, 미국의 견제와 중국의 발전이 팽팽한 줄다리기를 하는 모양새입니다. 2023년 11월 15일, 시진핑이 미국 샌프란시스코에 방문했고, 시진핑과 한끼 식사를 하기 위해 팀쿡, 일론 머스크 등 미국 최고의 거물들이 모였습니다. 밥 한끼 하는데 5천 만원이 넘지만 자리가 없을 정도로 시진핑의 인기는 하늘을 치솟았습니다. 젠슨황은 2023년 6월, 중국 반도체를 과소평가해서는 안된다고 경고했고 중국에는 GPU 스타트업들이 매우 많다고 언급했죠.[27]

중국은 미국 바이든 정부가 고성능 반도체 규제를 비롯하여 계속된 견제를 받고 있는데, 아직 부족하지만 중국 스마트폰 47%를 국산화하는 것에 성공했습니다. 3년 전 까지만 하더라도 국산화 비율이 29%였던 것을 감안하면 빠른 속도로 발전하고 있는 것입니다.[28]

하지만 이 전쟁의 시발점은 역시 인공지능입니다. 인공지능이 고도화되며 상황이 달라지기 시작합니다. 미국은 대체 뭘 하고 있나? 미국은 이런 '기존에 없던' 반도체 같은 건 안 만드나? 당연히 만들고 있습니다. 미국도 상당한 기술력을 갖추고 있는데 지금 상황에선 미국과 중국의 기술 전쟁과도 비슷한 느낌입니다.

반도체 전쟁엔 우방이 없다는 사실을 꼭 기억해야 합니다.[6] 현재 미국은 다시 반도체를 미국 땅에서 재건하려고 하고 있으며 미국 주도로 반도체 질서가 재편될 것은 다시 강조하지만 틀림없어 보입니다. 사실 과거에는 이 정도는 아니었습니다. 왜냐면 CPU와 DRAM의 조합만으로도 데이터 전송을 감당할 수 있었기 때문입니다.

테크, IT, 미래기술

실제로 엔비디아는 중국 시장에 진출하기 위해, 미국의 규제를 피해 성능을 낮춘 AI 반도체 3종을 출시할 계획을 밝히기도 했습니다. 미국 정부가 어느 정도 이상 성능 반도체는 중국에 팔지 말라고 하자, 규제치보단 낮은 반도체를 만든 것이죠.[25]

CPU 연산의 특징은 직렬입니다. 비유하자면 박사급 일꾼 한 명이 어려운 문제를 계산한다고 가정해봅시다. 그런데 GPU 연산의 특징은 병렬입니다. 비유하자면 일반적인 학생 수천명이 쉬운 문제를 계산해요. 그런데 엔비디아는 오랜 연구개발과 여러 행운이 겹쳐 명실상부 세계 1위로 등극했습니다.

그리고 엔비디아의 초고성능 GPU에는 HBM이라는 메모리가 필수인데요. D램들을 탑처럼 쌓아올린 반도체들인데 속도도 빠르고 용량도 높아서 인공지능 연산엔 필수입니다. 전세계 1위가 SK하이닉스입니다. 삼성전자가 2위로 하이닉스를 쫓고 있죠. 문제는, 이 엔비디아의 GPU가 해도해도 너무 비싸다는 점이 있습니다. 하나에 수천만원에 육박하는데 이것 마저도 줄을 서서 사야 합니다.

샘 알트먼은 반도체 산업을 재편하겠다며 나설 정도로 앞으로 인공지능 개발은 GPU와 HBM이 주도할 것이 자명합니다. 물론 짐 켈러나 한국의 하이퍼엑셀 같은 여러 스타트업들이 'HBM 없는 반도체'를 만들어 가격을 엔비디아 제품보다 5분의 1에서 10분의 1 수준으로 확 낮추는 방안도 고려 중이지만, 아직까지 바로 대체될 수준은 아니라는 것이 학계와 현업자들의 중론입니다.

그럼에도 불구하고 분명 완전히 새로운 반도체에 대해선 계속해서 개발해야 합니다. 앞서 중국이 그랬듯 말입니다. 그리고 비교적 최근 미

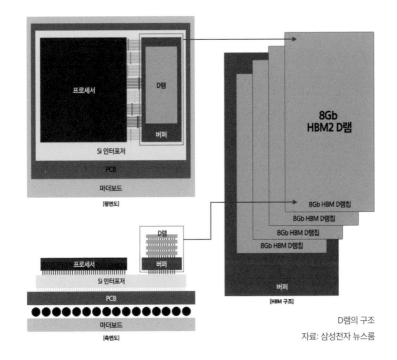

프로세서

D램

버퍼

SI 인터포저

PCB

마더보드

[평면도]

8Gb
HBM2 D램

8Gb HBM D램칩

8Gb HBM D램칩

8Gb HBM D램칩

8Gb HBM D램칩

버퍼

[HBM 구조]

D램

프로세서

버퍼

Si 인터포저

PCB

마더보드

[측면도]

D램의 구조

자료: 삼성전자 뉴스룸

국의 DARPA(고등연구계획국)에 이런 게시물이 올라왔습니다.

"DARPA의 새로운 반도체 프로젝트가 새로운 반도체를 개발하고 있다. 이 반도체는 엄청난 잠재력을 가지고 있다."[31]

미국 DARPA는 인터넷과 GPS, 드론을 만든 곳으로 위험하지 않으면 건드리지 않아요. 말 그대로 미친 미래 기술에 투자를 하는 곳입니다. 파괴적 혁신의 대명사이며 앞으로 있을 기술적 충격을 미연에 방지하기

테크, IT, 미래기술

위해 예상되는 도전에 미리 준비하는 것이 DARPA의 목적입니다. 즉 앞으로 있을 잠재적 위협에 대비하거나 전략적 우위를 차지하기 위해 실패할 가능성이 높더라도 도전하는 곳이 DARPA인데, 여기서 이례적으로 반도체 기술 중 하나를 점 찍은 건데요.[36] 대체 무슨 기술인가? 인메모리 컴퓨팅을 가능하게 하는 기술입니다. 기존의 컴퓨터는 데이터를 저장하는 메모리 반도체, 데이터를 처리하는 시스템 반도체로 나뉘었습니다. 그런데 인공지능은 처리하고 저장해야 할 데이터의 양이 너무 많고 어렵습니다.

일반 대중들의 컴퓨터론 계산이 어려워 저 멀리 클라우드 컴퓨터에 가서 계산을 해줘서 결과값을 우리에게 알려줍니다. 그래서 ChatGPT나 코파일럿, 제미나이, 클로드 등에게 질문을 해도 로딩이 있는 겁니다. 이 데이터의 양은 갈수록 늘어나고 있습니다. 그런데 메모리가 어느 정도 계산한 다음에 클라우드에 전달해주거나, 아니면 클라우

**Chat GPT / 제미나이 / 코파일럿 비교**

| 구분 | Chat GPT | Gemini | Copilot |
|---|---|---|---|
| 회사 | Open AI | Google | Microsoft |
| 분량 | 많음 | 아주 많음 | 적음 |
| 답변 스타일 | 줄글과 넘버링된 키워드 혼합 답변 | 불렛포인트 형식으로 답변 제공 | 짧은 답변,<br>하단부에 관련 자료 링크 제공 |
| 장점 | 복잡한 자연어 프롬프트<br>이해 능력 뛰어남<br>나의 상황에 맞추어 커스텀 가능 | 구글 워크 스페이스 및<br>구글 기반 서비스와의<br>단계 연계에 용이 | 별도의 사이트 접속할 필요없이<br>일반적인 웹에서도 사용에 용이함<br>무료버전에서도 이미지 생성 가능 |
| 단점 | 장문 글 생성시 어색한 번역투 사용 | 자연어 프롬프트 처리 기능<br>상대적으로 아쉬움 | 답변의 분량 및 내용의 길이 아쉬움 |

드에 전달할 필요가 없어진다면 어떻게 될까요? 인공지능 시대의 혁신이 오는 겁니다.

예를 들어 모든 데이터를 구분 없이 부장님한테 주면 부장님이 일하시는데 시간이 오래 걸리게 될 겁니다. 근데 데이터를 종류 별로 구분해서만 주더라도 금방 일을 끝낼 수 있는 것처럼 인메모리컴퓨팅은 CPU, 메모리, 프로그램으로 구분된 기존의 폰노이만 구조에서 벗어나 메모리 자체에 연산 기능을 추가하여 데이터 처리를 수행합니다. CPU와 메모리 간 데이터 이동이 없다보니 처리 속도도 높고 에너지 효율도 높아지겠죠.[32]

이번에 DARPA와 협업하고 있는 프린스턴 대학교의 나빈 베르마Naveen Verma 교수가 현재 이것을 개발하고 있습니다. 그들이 만든 EnCharge AI'라는 스타트업은[30] 데이터가 클라우드를 타고 이동하는 과정을 최소화하였다고 합니다. 구체적인 구조나 기능은 극비라 알 수 없지만, 현재 알려진 바에 따르면 컴퓨팅의 기초를 완전히 새롭게 설계했다고 합니다.

바이든 대통령의 과학기술자문위원회 위원인 'A. Goldsmith 교수'도 이번 연구를 위한 자금 조달을 비롯해 생태계 구축에 힘썼고 베르마 교수 연구팀은 무려 1860만 달러의 보조금을 받았죠. 그야말로 미국 정부가 힘써서 도와주는 모양새인 겁니다.[32] 무슨 칩을 만들고 있는지 구체적으로 알 순 없지만, 최근 프린스턴 대학에서 발표한 바에 따르면 "GPU는 최고의 도구지만 우리는 AI의 잠재력을 위해 완전히 새로운 유형의 반도체가 필요하다는 결론을 내렸다"고 말할 정도입니다.[29] 다만 어느 정도 힌트는 얻을 수 있었는데, 연구팀의 목적은 "AI를 분산시켜

테크, IT, 미래기술

데이터 센터에서 해방시키고 데이터센터를 핸드폰이나 랩탑 같은 것들에 이식시킬 것이다"고 말한 것을 보면 엣지 컴퓨팅과 인메모리 컴퓨팅의 시너지를 노리고 있는 듯합니다.

엣지 컴퓨팅은 어렵게 생각할 것 없이 지금까지 AI가 클라우드라는 중앙 서버에서 처리되었다면, 엣지 컴퓨팅은 우리 근처에서 데이터를 처리하는 겁니다. 스마트폰이나 센서들, IoT 기기 같은 것들이 엣지 장치들의 예시입니다. 이 긴 이야기를 쉽게 비유해서 설명드리면, 기존의 컴퓨터는 책장에서 필요할 때마다 책을 꺼내서 읽고 다시 반납하는 형식이었다면, 인메모리 컴퓨팅은 책의 내용들이 전부 머릿속에 들어가 있는 형식입니다. 그래서 기존보다 훨씬 빠르게 필요한 정보에 접근할 수 있게 됩니다.

한마디로 말해 인메모리 컴퓨팅은 데이터 저장과 연산을 함께 수행할 수 있는 기술입니다. 두개의 칩을 하나로 합쳐 대량의 데이터를 이동 없이 연산할 수 있습니다. 예를 하나 더 들어드리면 노트에 필기를 함과 동시에 노트가 계산기처럼 계산까지 해주는 겁니다.

어느 정도 반도체 지식이 있으신 분들은 "이거 PIM하고 비슷한데?"라는 느낌을 받으셨을 것 같습니다. PIM은 Processing In Memory의 약자로 CPU에서 처리하던 일부 연산을 메모리에서 처리하는 겁니다. 쉽게 비유하자면 '생각하는 책장'이라고 보시면 돼요. 지금까지 공부를 할 때 책장(메모리)에서 책을 꺼낸 뒤 책을 읽으며 공부를 했습니다. 우리의 뇌가 CPU인데, 우리 뇌를 책장에다 박아놓았다고 생각하시면 돼요. 아주 혁신적인 반도체입니다.

삼성전자와 하이닉스는 HBM은 물론이고 PIM 같은 기술에 대해서 독보적인 기술력을 갖춘 상태입니다. 아마 PIM 같은 기술도 이제 대중들이 인지할 정도로 수면 위로 올라오기 시작할 겁니다.

삼성전자는 PIM 연구를 엄청나게 활발하게 하고 있는데요. HBM과 PIM을 결합한 HBM-PIM을 내놓았고 AMD와 긴밀한 협력을 하고 있습니다. AMD에서 HBM-PIM을 접목시키니 기존 GPU보다 성능이 2배 늘고 에너지 소모가 50%나 급감했습니다.[35] 수율만 잘 잡는다면 HBM에서 앞서나간 하이닉스로 인해 상처받은 자존심도 회복되고 역전의 기회가 될 수 있습니다. 그리고 삼성전자는 세계 최초로 인메모리 컴퓨팅을 구현하는 등 기술적으로 앞서 있습니다.[37] 이 결과를 2022년 네이처에 발표하기도 했죠.

미국이 우리나라 기업들과 협업을 하고 싶어하고 샘 알트먼조차 한국을 찾는 이유입니다. 누군가는 국뽕이라며 욕할 수 있지만 충분히 근거가 있고 자부심을 가질 만한 것입니다. 개인적으론 한국인으로서 또 테크 유튜버로서 반도체 전공자였던 사람으로서 미국이 뭘 새로운 트랜지스터를 개발하고 다시 미국으로 모든 제조업을 복귀시키겠다고 한들, 우리 대기업들과 스타트업들이 HBM부터 PIM 등 다양한 초격차 기술을 내놓고 AI반도체에서도 두각을 드러냄으로써, 미국도 얕잡아 볼 수 없는 기술력을 보여줬으면 좋겠습니다.

세계는 삼성전자와 SK하이닉스의 문을 두드릴 수밖에 없도록, 반도체 시장에서 다시 '한국의 시간'이 오길 기원해봅니다.

테크, IT, 미래기술

## 한국의 시간

지금까지 일본 부활의 신호탄, 중국과 미국의 이야기를 다뤘으니 이제는 우리나라 이야기를 해봅시다.

만약 반도체를 사용하는데 전류가 필요 없다면 어떨까요? 그리고 그걸 우리나라가 제일 먼저 해낸다면 어떨까요? 전자산업에서 초전도체 만큼의 일대 혁명이 일어날 것입니다. 그런데 이게 사실이라면 믿으시겠습니까?

최근 삼성전자, 유니스트, 성균관대, IBS 등 내노라 하는 국내 연구팀들이 '준입자'인 엑시톤을 반도체에 활용함으로써 전자를 대신할 방법을 찾아내 세계 과학계의 주목을 받고 있습니다. '엑시톤'은 입자가 아니지만 입자처럼 행동합니다. 이게 손에 잡히는 실체가 아니기 때문에 이해하기 상당히 어려운 개념이라 다소 과장해서 비유해 보겠습니다.

수족관에 물고기들이 꽉 차 있습니다. 수족관에서 물고기를 한 마리 꺼내면 물고기만큼의 자리가 수족관에서 비게 됩니다. 이 비어있는 공간과 꺼내진 물고기가 아주 약하게 결합되어져 있는데 이걸 엑시톤이라고 합니다.

정확하게 말하자면, 반도체의 Valence band에 있는 전자는 외부 에너지로 인해 Conduction band로 들뜨게 되는데 여기서 전자가 사라진 자리를 hole이라고 하죠. 이 hole이 conduction band로 들뜬 전자와 아주 약하게 결합하여 엑시톤이라는 준입자를 형성합니다.

어려우시다면 "입자는 아닌데 입자같이 행동하는 신기한 애가 있구나"라고 생각하셔도 충분합니다.

여기서 의문이 듭니다. 왜 멀쩡히 있는 전자를 내버려두고 대신할 것을 찾고 있는 걸까? 성능은 좋은데 열은 발생하지 않는 반도체를 찾고 있기 때문입니다. 현재 반도체를 만들 때 큰 걸림돌이 바로 열로 인한 에너지 손실입니다. 또 반도체는 작아지면 작아질수록 전기장 간섭이 생기는데 전자는 전기장의 영향을 받습니다.

하지만 엑시톤은 아무리 전기적으로 중성이기 때문에 영향을 받지 않아 반도체에 쓰이면 전자보다 속도가 훨씬 빨라진다는 겁니다.[41] 그런데 문제는 엑시톤은 쉽게 사라진다는 거에요. 엑시톤을 만들려면 반도체 소재를 물리적으로 구부려야 하는데, 너무 세게 구부려도 안 되고 너무 약하게 구부려도 안 됩니다. 나노 단위로 조절해야 돼서 인간이 컨트롤 하는 것이 불가능에 가까웠습니다.

하지만 2022년, 유니스트와 삼성전자 공동 연구팀이 해냈습니다.[38] 연구팀이 Science Advances에 발표한 논문에 따르면[3] 연구팀은 틈이 나노미터 단위인 아주 작은 절벽을 만들어서 아주 얇은 반도체 소재가 절벽 사이로 말려들어가게 만들었습니다.[40] 아주 기가 막히게 구부리게 만듦으로써 세계 최초로 엑시톤을 조절하는 방법을 개발해낸 겁니다.[39]

그런데 이 엑시톤의 가장 큰 문제는 안정성에 있습니다. 쉽게 사라지며, 밝은 엑시톤과 다크 엑시톤 두가지로 나뉘는데, 밝은 엑시톤은 이미 퀀텀닷 디스플레이에 사용되고 있습니다. 빛에 흡수되어 쉽게 감지되기 때문입니다. 그런데 안정적이고 수명이 긴 다크 엑시톤은 반도체에 사용하기 유리하다는 장점이 있지만 빛을 흡수하지 않아 감지가 어렵습니다. 무엇보다 실제 반도체 소자 환경에서도 발현되긴 하는 건지 밝혀지지 않았습니다.[46] 비유하자면 석유를 엔진에 넣으면 엔진이 돌아

185                                              테크, IT, 미래기술

가죠. 근데 실제로 달리는 자동차에서도 엔진이 돌아가는지는 확인되지 않았던 겁니다.

그런데 2023년 9월, 이 어려운 것을 우리나라 IBS 연구단이 해냅니다. 이 연구 결과는 nature communication에 발표되었고 반도체는 우리나라라는 것을 세계에 여실히 보여주었죠. 그런데 이번에 IBS의 연구진은 최초로 다크 엑시톤을 반도체 소자와 비슷한 환경에서 감지하는 것에 성공했습니다. 연구진은 아주 얇은 물질 위에서 레이저를 쏘며 엑시톤의 거동을 확인하는 것에 성공했는데 그 물질의 상부 층에서 다크 엑시톤의 존재를 확인했습니다. 엑시톤이 실제 반도체 소자 위와 유사한 환경에서도 발현 가능하다는 것을 최초로 입증하였습니다.

엑시톤의 가능성을 본 미국의 과학자들도 최근 엑시톤 연구를 발표하기 시작했습니다. 미국 컬럼비아대 연구진은 올해 10월, 세계적인 저널 Science에 엑시톤을 이용해서 실제 반도체 개발에 성공했고[43] 기존에 쓰이던 실리콘 반도체보다 6배나 빨랐다는 것을 확인합니다.

이 연구가 시사하는 바는 상당한데, 기존 반도체는 성능을 높이기 위해선 채널의 길이를 줄이거나 폭을 늘려서 감싸는 방식을 써야 했습니다. 하지만 엑시톤을 이용하면 한계에 부딪힌 반도체 성능을 크게 올릴 수 있는 돌파구가 될 수 있습니다. 실제로 IBM도, 삼성전자도 엑시톤에 주목을 하고 있고 차세대 기술로 점찍었습니다.[41] 외신에서는 이번 연구를 두고 "초원자 물질이 실리콘을 제치고 역대 가장 빠른 반도체가 되었다Superatomic material beats silicon for fastest semiconductor ever"고 표현할 정도였죠.[42]

## 다크톤 / 엑시톤의 조직도

자료 : 기초과학연구원

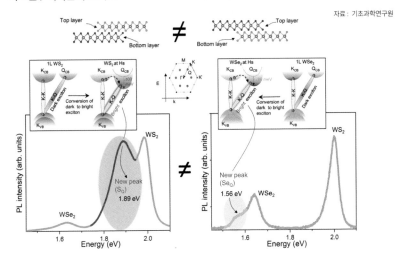

현재 엑시톤 연구의 가장 큰 문제는 역시나 안정성과 가격. 여전히 상용화하기엔 불안정해서 정보가 쉽게 사라집니다. 또한 미국 연구진이 엑시톤을 만들기 위해 사용된 2차원 물질인 Re의 경우 지구 상에서 가장 희소한 소재라 매우 비싸다는 점에 있습니다. 그래서 미국의 연구진은 Re 외의 소재를 찾고 있죠.

무어의 법칙에 한계가 도래했다고 했으나 점점 7나노, 5나노로 줄어들더니 이제는 2나노니 3나노니하며 경쟁을 하고 있죠. 그리고 더 나아가더니 과학자들은 적어도 6배 이상 성능을 늘릴 수 있는 엑시톤이라는 것을 찾아 내며 한계를 돌파하려고 합니다. 과연 우리에게 한계가 있기는 한 걸까요?

테크, IT, 미래기술

추락하고 비상하는 스타트업

## 매출 3억, 몸값은 1조

대부분 한국 반도체 기업하면 삼성전자와 SK하이닉스를 떠올립니다. 반도체에 관심을 좀 가지는 사람들이야 동부하이텍, 하나마이크론, 네패스 정도를 떠올립니다. 더 나아간다면 퓨리오사AI, 리벨리온, 사피온, 혹은 파두 같은 반도체 전문 스타트업들이 있습니다. 그런데 2023년 8월, 대한민국 역사상 최초로 반도체 스타트업이 몸값 1조원을 넘기며 유니콘에 등극한 기업이 등장했습니다.

바로 2023년을 여러 의미로 뜨겁게 달궜던 '파두'입니다. 파두의 주장에 따르면 인텔보다도 2~3배 이상 높은 성능을 보이며 세계 반도체 시장의 '다크호스'라는 평가를 받았었습니다.

반도체는 데이터를 저장하는 메모리와 데이터를 처리하는 시스템으로 나뉜다고 말씀드렸죠? 대한민국은 알다시피 메모리에 편중된 반도체 산업구조를 가지고 있습니다. 그러나 전세계 반도체 시장의 대부분을 차지하는 것은 시스템 반도체입니다. 그래서 정부기관과 삼성전자, SK하이닉스 그리고 스타트업들이 시스템 반도체에 많은 도전을 하고 있습니다. 여기서 의아한 생각이 듭니다. 현금도 많고 천재들이 즐비한 삼성전자와 SK하이닉스에서조차 시스템 반도체에서 세계적인 두각을 드러내지 못하는 이유가 뭘까? 너무나 거대한 두 기업이라 명확한 정답은 없고 복합적인 이유가 얽혀 있으나 제가 만나 뵀던 시스템 반도체 현업자들은 상대적으로 경직된 기업문화와 타이밍을 이유로 들기도 합니다.

시스템 반도체는 소위 아이디어 산업입니다. 나름의 창의성이 중요한 분야지만, 메모리 위주로 성장한 대한민국 산업 구조에서 시스템

테크, IT, 미래기술

을 연구하고 할 수 있다는 생각을 가진 선배님들이 그렇게 많지는 않았다는 것. 그런데 이제 열매가 익었습니다. 한국 반도체 역사상 최초로 반도체 유니콘이 탄생하며 모든 것이 잘 해결될 것처럼 보였습니다. 문제가 터지기 전까진 말입니다.

파두는 SSD컨트롤러를 만드는 반도체 스타트업입니다.[4] 요즘 컴퓨터나 노트북에는 기존의 저장장치인 HDD가 아니라, SSD가 들어갑니다. 서버들도 그렇습니다. 서버는 엄청나게 많은 서버용 SSD를 사용하게 되는데, 실제로 아마존, 네이버를 비롯하여 세계적인 기업들의 데이터센터가 SSD 기반 대용량 저장 매체에 투자하고 있습니다. 모두 클라우드 하나쯤은 쓰는 세상에서 거듭 AI가 발전하며 엄청난 데이터를 요구하고 있습니다. 그렇기에 빠른 속도와 낮은 전력으로 운영비를 줄일 수 있는 SSD를 사용하게 됩니다. 파두가 만드는 것은 여기 쓰이는 SSD의 안정성을 높이는 컨트롤러입니다.

SSD는 낸드플래시 메모리와 컨트롤러, D램으로 구성이 되는데요. 낸드플래시는 데이터를 저장합니다. 그리고 컨트롤러는 컴퓨터의 CPU랑 비슷합니다.

삼성전자의 표현을 빌리면 낸드플래시는 책을 보관하는 서재고, 컨트롤러는 책을 정리해주는 사람이에요. 아무리 책이 많이 보관되어 있더라도 그걸 정리하는 사람이 머리가 좋아야겠죠. 낸드플래시 집적도를 높여 512GB짜리 SSD, 1TB 짜리 SSD를 만들 수 있고 컨트롤러는 데이터가 들어오고 나갈 때 이걸 빨리 읽고 쓰고 에러를 수정해서 성능을 높여줍니다.

파두가 만든 컨트롤러는 삼성전자나 인텔 같은 업체가 만든 컨트롤러의 성능을 뛰어넘었고 전력 소모도 가장 적다고 평가받았었습니다. 무려 인텔 동급 제품보다 성능이 2~3배 이상 앞선다고 평가받았죠.

하지만 이 파두는 "파두파두 끝이 없다"는 조롱을 당하며 "뻔뻔하긴 국보급이다", "3분기 3억 매출 동네식당에 투자했네"라는 비판을 받고 있습니다. 한국 반도체 역사상 이런 경우가 없었습니다. 한때 몸값 2조원을 앞두었던 반도체 스타트업 파두가 2023년 2분기는 단 5900만원, 3분기는 3억원의 매출을 냈습니다. 네티즌들 표현을 빌리면, 동네 카페 수준 매출을 낸 겁니다. 3분기 매출액이 전년 대비 97%가 증발해버린 파두는 실적 발표 이후 첫 날 주가가 30%, 두번째 날엔 주가가 22%가량 급락해버립니다.

그리고 2024년 8월, 전세계 반도체 증시가 떨어지던 시점의 주가는 전고점의 30% 수준으로 떨어져버렸습니다. 30% 떨어진 것이 아니라, 30%가 된 겁니다. 만원짜리 주식이 3천원이 된 거죠. 세계적인 반도체 기술력을 갖추었다고 평가받으며 화려하게 상장한 파두에게 대체 무슨 일이 일어났던 걸까요?

파두가 판매하는 SSD 컨트롤러 자체가 전망이 나쁜 것은 아닙니다. ChatGPT로 시작된 AI붐과 함께 데이터센터에 사용되는 SSD는 그냥 머리가 좋은 것이 아니라, 천재 수준으로 좋아야 합니다. SSD를 수십개를 붙이면 서버가 되고, 이런 서버를 또 여러대 갖추면 데이터센터가 되는데요. 우리 데스크톱에 장착된 SSD가 고장나도 경제적 손실은 적습니다. 하지만 기업은 전혀 다른 차원의 문제입니다.

얼마 전 데이터센터 화재로 카카오톡이 멈춰버렸듯, 데이터센터의 SSD는 매우 안정적이어야 합니다. 실제로 기업용 SSD는 가정용으로

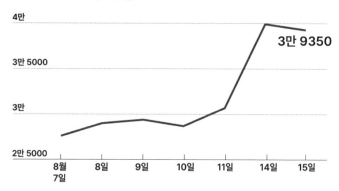

## 파두 주가 추이

(단위:원, 자료:한국거래소(종가기준))

**3만 9350**

쓰이는 SATA 기술 표준 속도인 500MB/s보다 훨씬 더 빠른 3.5GB/s를 요구하고, 안정성과 신뢰도도 높아져야 합니다.[16] 기술적인 난이도가 높다는 뜻이며 파두는 이 부분에서 기술력을 인정받았습니다.

무려 인텔 동급 제품보다 성능이 2~3배 이상 앞섰었고 2022년에 SK하이닉스에 납품하며 매출 564억을 냈었죠. 파두는 논란 당시 5세대 컨트롤러가 될 2024년부터 팔릴 것이므로 유의미한 매출이 발생할 것이라고 발표하였으나[12] 어떤 고객이고 수량은 어느 정도인지 나오진 않았으나 다소 아쉬운 매출로 보이긴 합니다.

설상가상으로 SK하이닉스 SSD 연구실 출신 한 애널리스트가 SK하이닉스가 자체 컨트롤러 개발을 앞두고 있다는 소식을 전하였습니다. 파두 매출의 거의 대부분이 SK하이닉스에서 나오는데, 하이닉스가 자체 개발을 한다는 소식이 들리자 기관 투자자들의 투자 심리가 크게 위

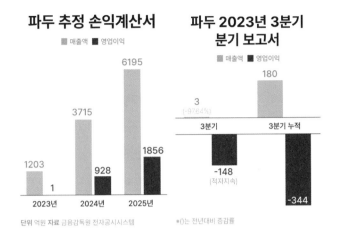

파두 추정 손익계산서
■ 매출액 ■ 영업이익

6195
3715
1856
1203
928
1
2023년 2024년 2025년

단위 억원 자료 금융감독원 전자공시시스템

파두 2023년 3분기
분기 보고서
■ 매출액 ■ 영업이익

180
3
(-97.64%)
3분기 3분기 누적

-148
(적자지속)
-344

*()는 전년대비 증감률

축되었습니다.[16] 또 놀랍게도 파두가 발표한 IR자료를 보면[11] 2023년 2분기와 3분기 파두의 SSD컨트롤러 매출은 전무합니다.[18] SK하이닉스와의 거래가 무려 반년 이상 끊겼고 끊기자마자 매출 97%가 증발해버린 거죠.[15]

상황이 이렇게 되자 사람들은 파두의 기술력에 의심을 품기 시작합니다. 그렇게 기술력이 좋으면 엔비디아처럼 없어서 못 사야 될텐데, 파두 컨트롤러가 없어도 데이터센터들은 멀쩡히 잘만 돌아갑니다. 그리고 파두의 경쟁자는 메모리 반도체 분야 업계 생태계 최강자인 삼성전자입니다. 삼성전자는 세계 최고 수준 5나노 컨트롤러를 만들고 있습니다.[19]

파두는 세계적으로도 독보적인 최강 플레이어 삼성전자랑 경쟁을 해야 합니다. 삼성전자가 올해 1월 공개한 5나노 컨트롤러는 성능이 기

테크, IT, 미래기술

존 제품보다 70% 향상되었고 소비전력이 절전모드에서 무려 10% 줄어들며 읽기 속도는 1.6배, 쓰기 속도는 1.8배 빨라졌습니다.

이러한 점들이 대두되며 사람들은 파두의 상장에 의문을 품기 시작합니다. 왜냐면 파두가 상장 전 제시한 연 매출 예상치는 1200억원이었는데, 논란 당시 누적 매출은 180억 4400만원, 3분기 매출은 3억 2100만원이었으니까요.14 즉 파두가 예상했던 연 매출 예상치의 반의 반도 달성하지 못했습니다. 파두가 상장할 당시, 파두의 매출은 단 5900만원이었습니다. 하지만 파두는 연 매출 예상치 1200억원을 제시했죠.

그렇기에 사람들은 파두가 내부적으로 2분기 매출이 5900만원에 불과하다는 것을 알면서도 이를 일부러 공개하지 않았고 주주들은 '사기 상장'이라고 주장하기 시작합니다. 종토방에선 파두의 본사 위치가 강남구청 역 앞 역세권 고급빌딩이라며 회사 사무실부터 옮기라는 말씀을 하실 정도로 다들 분노가 극에 달해 있습니다.

매출 3억 내는 회사가, 그것도 반도체 기업이 굳이 강남권에 있을 이유는 없다는 말씀이시죠. 생각해보면 삼성전자도 평택과 동탄에 팹이 있고 SK하이닉스도 이천에 있습니다.

아무리 반도체 설계기업이라 한들 반도체 회사가 비싼 강남에 있어야 할 이유는 없긴 하죠. 실제로 일부 팹리스 기업들은 삼성전자나 SK하이닉스 팹에 자주 방문하기 위해 수도권에 자리 잡고 있습니다. 물론 잘 되면 강남에 오피스가 있든 뉴욕에 오피스가 있든 상관하진 않겠지만 지금은 상황이 다소 달라 보입니다.

개인적으로 성공하든 실패하든 도전은 값진 것이고 오히려 1000번 실패하고 또 실패해야 한다고 생각합니다. 실패해야 성공합니다. 그렇기에 본인은 도전조차 하지 않으면서 남의 실패를 비웃는 사람만큼 한심한 사람이 없다고 생각합니다. 파두는 기술력만큼은 인정받아 기술 특례상장을 하였고 저는 파두의 도전을 응원했습니다.

다행히 2024년 5월에는 192억원 규모, 8월 파두는 26억원 규모의 계약을 체결하며 서버 제조사에 SSD를 공급하는 것에 성공했습니다.9 물론 여전히 상장 당시 제시했던 연 매출 1,200억과는 다소 괴리감이 있습니다. 실제로 파두의 이지효 대표는 2024년 8월, 실리콘밸리에서 열리는 2024 FMS^Future of Memory and Storage에서 기조연설을 할 예정이었으나 금융감독원이 출국금지를 풀어주지 않아 미국에 가지 못했습니다.

당시 이지효 대표는 출국금지를 사흘만 풀어달라고 금감원에 탄원서를 냈으나 금감원은 도주 및 증거인멸의 우려로 받아들이지 않았죠.9 파두 뿐 아니라 국내 반도체 스타트업들, 그리고 한국 반도체 상황은 그리 좋지 않습니다. 기술은 기술에서 끝나지 않고 사회 경제 정치와 엮여서 복잡하게 돌아가고 있기 때문입니다.

대한민국 반도체 다크호스들은 유례없는 성장을 일궈내고 있지만, 대외적으로는 미국과 중국 사이에 반도체 전쟁이 벌어지고 있습니다. 미국은 2023년 2월 28일 반도체지원법을 밝혔죠. 굉장히 뼈 아픈 조건들을 몇 가지 내걸었는데 한마디로 요약하면 "우리한테 붙지 않으면 너희는 끝이다"입니다.

여기서 잘못 알고 계신 분들은 미국이 한국 반도체 산업을 빼앗아 가려고 한다는 민족주의적 울분을 토하는데요. 미국의 반도체법은 "너희 기술을 다 가져가고 너희를 조지겠다"는 법은 아니고, 우리한테 붙어라, 즉 중국이 아니라 우리와 커뮤니티를 형성하겠다는 의도로 만들어진 겁니다.

"우리 반도체 메모리 1위인데 우리가 힘이 있지 않아? 시스템반도체도 스타트업들이 잘 해주고 있는데 우리가 정세를 지배하고 있는거 아닌가?"하는 생각이 들 수 있습니다. 일본 소니의 창업주 모리타 아키오는 "미국인들아, 내가 경영을 가르쳐주마"라는 태도를 보였고 미국은 일본에 1986년, 1991년, 1996년 총 세차례에 걸쳐 미일반도체협정을 강요하며 일본의 반도체 경쟁력을 묶어 버렸습니다. 그리고 실리콘밸리는 '적의 적은 친구'라며 삼성전자를 도왔다고 하죠.

이 시기 인텔과 HP는 공장을 견학 온 이병철을 환영했고 최고 수준의 D램 기술을 한국에 전수하는 것을 도와주었습니다. 미국과 일본의 무역갈등이 삼성전자에게 호재로 작용했던 겁니다. 즉 삼성전자와 하이닉스의 실력과 업적은 분명 대단한 것이지만 시대를 냉정하게 바라보면 미국이 주도하고 있는 글로벌 반도체 공급망이 있고 그 속에 대한민국이 어떠한 자리를 차지하였기에 오늘날의 결과가 가능했습니다.

더 거칠게 말씀드리면 후발주자였던 삼성전자가 메모리 1위가 됐던 것은 삼성전자 임직원 모두의 노력임과 동시에 일본이 스스로 제 발등을 찍어버렸기 때문입니다. 일본은 미국의 기술로 미국에 제품을 팔면서 우리가 미국을 이길수 있다는 착각에 빠졌었고 그 대가는 혹독했고 아직도 과거의 영광을 회복하지 못했습니다. 그리고 이제 미국의 그 날카로운 이빨이 이제 대한민국을 향해 있습니다. 파두 정도가 아니라 수백 조원에 달하는 한국 반도체 전체가 위기 상황인 겁니다

현재 전세계에서 최첨단 반도체를 제조할 수 있는 회사는 단 둘, TSMC와 삼성 파운드리 뿐입니다. 미국은 걱정하고 있습니다. 이 두 나

라가 같은 지역에 있고 전세계 반도체 수요가 두 나라에 달려 있는데 이 두 나라는 최근 급부상한 미국의 경쟁자인 중국의 건너편에 있습니다. 미국은 지금 우리에게 손을 내밀고 있습니다. 이미 전세계 대부분 테크 기업들은 미국 반도체에 의존하고 있습니다. 그래서 미국은 제안합니다. 우리 손을 잡을 것인가, 아니면 과거 일본처럼 몰락할 것인가?

저는 답은 명확하다고 생각합니다. 이러한 상황을 두고 칩워의 저자 크리스 밀러는 말합니다. "실리콘밸리의 미국회사들은 한국 기업과 협업하며 당시 미국의 외교적 적이었던 일본을 무력화시켰다. 단순한 논리였다. 적의 적은 친구였으니까."

## 워보이, 퓨리오사

"NVIDIA or Nothing. 현재 생태계는 엔비디아 없이는 굴러갈 수 없다." 라는 말이 있습니다. 그만큼 반도체 업계에서 엔비디아의 위용이 엄청나다는 건데요. '그래픽 카드의 황제' 엔비디아를 일부 부분입니다만 제친 곳이 있습니다. 아마 이 책을 보시는 대부분의 사람들은 모르실 겁니다.

오늘은 엔비디아를 제치고 현재 우리나라 정부를 비롯해서 스타트업계에서 엄청난 관심을 받고 있는, 우리나라 시스템 반도체에서 "할 수 있다"는 희망을 보여주며 무려 2천 억에 육박하는 투자를 이끌어낸 퓨리오사AI입니다.[2]

이야기를 하기에 앞서, 돈 이야기를 먼저 해보죠. 2024년 8월 기준으로 전세계 기업들의 시가총액 순위를 확인해보면, 애플의 시가총액은 3.27조 달러, 그 뒤를 마이크로소프트가 3.01조 달러로 바짝 붙고 있습니다.

이 책이 발행될 시점에는 뒤바뀌어 있을 수도 있겠습니다. 실제로 2024년 초에 마이크로소프트가 애플을 제치고 세계 1위에 등극하기도 했으니까요. 그리고 3위가 바로 엔비디아입니다. 2.58조 달러로 전세계 반도체 업계에선 경쟁자조차 없는 세계 반도체 1위입니다.

참고로 엔비디아의 매출은 2024년 1분기 매출이 약 35조원입니다. 참고로 삼성전자의 2024년 1분기 매출은 71조원이었습니다. 삼성전자가 엔비디아의 매출의 2배라는 사실, 알고 계셨나요?

삼성전자의 2024년 2분기 매출도 74조원으로 엔비디아보다 확실히 더 높습니다. 그럼에도 불구하고 삼성은 시가총액 0.36조 달러로 세계 24위, 엔비디아의 7분의 1 수준입니다. 투자자들끼리 농담 삼아 삼성

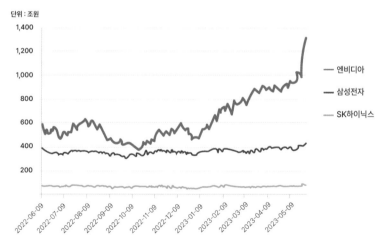

엔비디아, 삼성전자, SK하이닉스 원하 시가총액 비교

2025 대한민국 미래 인사이트

전자가 TSMC처럼 나스닥에 있었으면 시가총액이 2배는 되었을 것이라고 하죠. 삼성전자 시가총액이 2배가 되어도 엔비디아의 절반도 되지 않습니다. 어떻게 삼성전자의 매출이 2배 이상 높은데 시가총액은 엔비디아가 월등히 높은 걸까요?

흔히 주가는 미래에 대한 기대치라고 합니다. 각 기업에 거는 기대치의 점수가 다르다는 의미입니다. 2024년 2분기 기준으로 삼성전자의 매출 구조를 살펴보면 갤럭시를 파는 사업부가 42조원, 오디오를 파는 하만이 3조원, 디스플레이를 파는 사업부가 7조원 정도이며 반도체 부문인 DSDevice Solution 부문의 매출은 28.56조원입니다. 즉 반도체 부문만 놓고 보면 사실 엔비디아와 비슷합니다.

세계 1위 반도체 기업과 비슷한 매출을 낸다는 것도 매우 놀라운 일입니다.그렇기에 삼성전자의 낮은 시가총액은 더더욱 이해가 가지 않습니다. 아, 물론 박스피나 투자 커뮤니티에서 흔히 나오는 "투자의 원칙 첫번째, 절대 한국주식에 투자하지 마라. 두번째, 첫번째 원칙을 절대 잊지마라." 이야기 같은 건 일단 잊겠습니다.

아마 TSMC는 워낙 유명해서 잘 아실 겁니다. TSMC의 시가총액이 약 0.86조원으로 세계 9위입니다. 세계에서 가장 반도체를 잘 만드는 곳이니 이해가 됩니다. 그런데 '브로드컴'이라는 기업은 세계 11위로 시가총액은 삼성전자의 약 2배 수준인 0.68조 달러입니다.

아마 대부분의 사람들에게 브로드컴은 상당히 낯선 기업일 겁니다. 실제로 매출도 2024년 2분기 기준으로 17조원 수준으로, 삼성전자보다 낮습니다. 브로드컴은 반도체 설계 기업입니다. 무선이나 네트워크, 스토리지를 비롯해서 AI를 실행하는 데이터센터에 최적화된 제품을 제공하는 곳이죠.

조금 더 눈을 넓혀 100위권 내의 기업들의 면면을 살펴보면, 미국은 브로드컴, 퀄컴, AMD, 인텔이 존재합니다. 그리고 애플, 구글, 브로드컴, 퀄컴, AMD, 인텔 등 다양합니다. 하지만 한국은 삼성 단 한곳뿐입니다. 요즘 그렇게 핫한 SK하이닉스조차 놀랍게도 100위권에 들어가지 못합니다.

그리고 미국 기업들은 대부분 시스템 반도체의 최강자들입니다. 다들 알다시피 반도체 시장은 크게 메모리 반도체 시장과 시스템 반도체 시장으로 나뉘는데, 시스템 반도체 시장이 훨씬 더 거대합니다. 하지만 우리나라는 시스템 반도체 시장 점유율은 2020년 기준 3.1%에 불과합니다.[24] 4~5년이 지난 현재까지도 이 비중은 크게 달라지지 않았습니다.

메모리 반도체는 SK하이닉스와 삼성전자가 시장 점유율 70%를

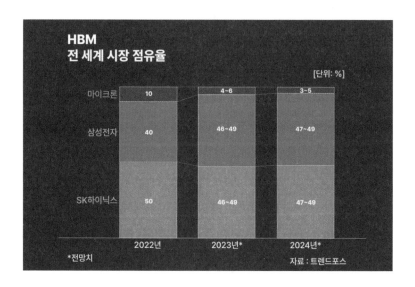

차지하고 있고, 특히 HBM의 경우 거의 90% 가까이 시장을 장악했으며 삼성전자는 3 nm GAAFET까지 출시하며 세계 시장에 출사표를 던지고 있지만 메모리 반도체는 시스템 반도체의 절반에도 못 미치는 훨씬 작은 시장입니다.[23] 즉 우리나라가 메모리를 지배하고 있지만 시스템 반도체 실력은 크게 부족합니다. 전체 반도체 시장으로 따지면 미국에게 압도적으로 뒤쳐집니다. 메모리가 책장이라면 시스템은 머리입니다. 아무리 좋은 책장이 있더라도 머리가 좋지 않으면 책들은 무의미합니다.

2021년, 한국시스템반도체포럼 이서규 회장에 따르면 우리나라 시스템 반도체가 초라한 이유로 "인력 부족", "투자 문제", "M&A 부실", "협업 부재" 등을 꼽았습니다. 인재를 가장 큰 문제로 꼽았습니다.[25] 쉽게 말해 창의력 있는 인재 육성이 매우 부실하다는 뜻이죠.

이 분은 퓨리오사AI의 리더인 백준호 대표입니다. 포브스가 선정한 초격차 기술을 주도할 10인 중 한명으로[20] 과기부 장관도 과거 취임하자마자 퓨리오사AI를 방문했고[21] 윤석열 대통령은 2022년 6월, 민간 전문가들을 불러 경제정책방향을 보고했는데 반도체 전문가로 최태원 SK회장과 함께 참석할 정도로 정부에서도 큰 지원을 받고 있습니다.[26]

대체 뭘 만들었길래 그런 것일까? 바로 AI반도체인 '워보이'와 '레니게이드' 같은 것을 만드는 곳입니다. 특히 '레니게이드'는 AI반도체 중에 최초로 SK하이닉스에서 HBM3를 공급받아 탑재했는데 가로 세로 5.5cm짜리 크기에 400억개 이상의 트랜지스터가 들어가 있습니다. AI반도체는 넓은 의미로 말한다면 '지능을 실현하는 칩'입니다.

물론 아직까지 성장 단계라 매출은 유의미하지 않습니다. 2023년

기준으로 36억원 정도로, 큰 수준은 아니지만 1세대 칩인 워보이가 엔비디아 동급 제품보다 처리 속도에서 약 2배, 2세대 칩인 레니게이드는 연산 처리 속도 부문에선 약 20배 빠른 것으로 추산될 정도의 기술력을 갖추고 있는 팀입니다. 그럼 이런 의문이 들겠죠. 아니 그렇게 대단하면 모든 반도체 기업들이 다 퓨리오사AI 반도체 써야지 왜 여전히 엔비디아 반도체를 쓰냐고. 간단하게 말씀드리면 엔비디아는 하드웨어 성능, 소프트웨어 성능, 범용성 모두 잡은 완벽에 가까운 삼위일체이기 때문입니다. 괜히 반도체 황제가 아닙니다.

　예를 들어 퓨리오사AI의 반도체 칩 워보이가 이미지 검출 처리 속도가 훨씬 우수합니다. 하지만 전체 성능으로 보자면 아직까진 부족합니다. 실제로 '워보이'는 구매하실 수 있는데요. 실제로 IT테크 유튜버

## 국내 AI 반도체 스타트업 차세대 칩 출시 계획

| | 퓨리오사 AI | 리벨리온 | 사피온 |
|---|---|---|---|
| 제품명 | 레니게이드 | 리벨 | X430 |
| 출시 | 2024년 2분기 | 2024년 4분기 | 2025년 말 or 2026년 |
| 파운드리 | TSMC | 삼성전자 | TSMC |
| 공정 | 5나노 | 4나노 | 5나노 이상(미정) |
| 디자인하우스 | GUC | 삼성전자 | 에이직랜드 |
| HBM | HBM3 (SK하이닉스) | HBM3E (삼성전자) | HBM3E (SK하이닉스) |

(자료 = 각 사)    퓨리오사AI와 타사 비교 (타사는 A사, B사로 표기)

이신 '뻘짓연구소'님이 워보이를 개인으로서는 두번째로 구입하셨고 성능 테스트를 실제로 해보셨는데 "아직까지는 숙제가 많이 남지 않았나" 하고 총평을 하셨습니다.

현재 워보이는 이미지와 영상 인식에만 탁월합니다. 실제로 퓨리오사AI에서 내세우는 것도 그 부분이기도 하고요. 어떤 관점에서 보면 잘 하는 것을 잘 한다고 볼 수 있지만 다른 관점에서 보면 범용성은 떨어집니다. 쉽게 생각해서 엔비디아는 국어, 영어, 수학 모두 90점을 맞는 친구라면, 퓨리오사AI라는 친구는 국어는 95점인데 영어와 수학은 잘 못하는 친구인 겁니다. 그럼에도 불구하고 본인들의 제품을 실제로 구입할 수 있게 만들어 뒀다는 것은 양산을 충분히 하고 있으며 자신감이 있다는 뜻으로 보입니다. 일부 스타트업들처럼 대중들에게 시연도

테크, IT, 미래기술

공개도 하지 않고 꽁꽁 숨겨두는 곳들과는 다르다는 것입니다.

실제로 저는 퓨리오사AI의 백준호 대표를 인터뷰를 한 적이 있었는데, 응답속도와 처리량 부분에서 큰 자신감을 보여주셨고 새로운 팹리스의 강자 즉, 글로벌한 강자로 가는 것이 목표라고 자신 있게 말했습니다.

물론 혹자는 엔비디아같은 빅테크들이 엄청난 자본을 가지고 있기에 자본이 부족한 한국은 어려움이 많을 것으로 보지만, 백준호 대표는 자본의 싸움이 아니라 '지능'의 싸움이라 말했습니다. 예를 들어 우리나라 드라마나 K팝이 예산이 적다고 잘 안 되는 건 아닌 것처럼 이제는 미국을 가든 일본을 가든 BTS나 블랙핑크의 노래를 쉽게 들을 수 있고 오징어게임 같은 드라마가 세계를 지배하였습니다. 그들은 미국에 비하면 절대적으로 적은 예산이지만 미국을 뛰어넘었죠.

시스템 반도체도 마찬가지입니다. 비록 우리나라 시스템 반도체에서는 아직 혁신적인 CPU나 AP, GPU는 단 한 번도 나온 적이 없습니다. 하지만 거대 대기업은 압도적 나노 기술력을 통한 생산 기술을 확보하고 아래에서는 오늘 소개드린 스타트업들이 압도적 나노 기술력으로 말미암아 시스템 반도체 칩을 만들어낸다면 우리나라 기업들이 애플이나 구글, 엔비디아와 경쟁을 하는 것도 꿈은 아닐 지도 모른다고 감히 생각합니다.

물론 지금까지는 되지 않았습니다. 우리나라 시스템 반도체는 기껏해야 아직 3~5% 수준의 작은 파이만 먹고 있었을 뿐입니다. 하지만 여러 반도체 전문가들이 말하듯 무언가 무르익고 때가 되어야 가능합니다.

우리 아이돌 가수들이나 드라마를 다시 보자고요. 불과 10년 전만 해도 아이돌은 한국에서나 활동하지 왜 밖으로 나가나 이런 여론이 팽

배해 있었습니다. BTS를 처음 들었을 때, 당시에는 '방탄소년단'이었는데요. 아미분들께는 죄송스럽지만 친구들끼리 군대도 안 갔다온 친구들 같은데 방탄헬맷에서 이름 따왔나? 하고 웃었던 기억이 납니다. 하지만 현재는 폭발적으로 컨텐츠가 터져나가며 후배 가수들도 세계로 뻗어나가고 있습니다. 우리 시스템 반도체도 마찬가지입니다. 현재 우리가 반도체 역량이 쌓이기 시작했습니다. 그럼 아직 터져나가지 못하는 문제는 무엇일까요?

퓨리오사AI의 백준호 대표는 "우리의 비전과 우리의 한계를 우리 스스로가 낮게 잡기 때문에 그렇다. 우리가 자신감을 가지고 도전하면 우리가 새로운 팹리스의 강자가 될 것이다. 아마 글로벌에서 상당히 상대하기 벅찬 상대가 등장하게 될 것이라고 생각한다."

테크, IT, 미래기술

# 반도체 황제의 시대

## 애플을 넘보는 엔비디아

무어의 법칙을 기억하십니까? 2년마다 반도체 집적도가 2배 증가한다는 법칙인데요. 10년간 저장할 수 있는 데이터가 약 100배 증가했었습니다. PC혁명의 전성기에도 10년에 100배 증가했던 겁니다.

그런데 엔비디아는 지난 8년 동안 1,000배를 이루었습니다. 최근 나온 바에 따르면 단 2년 만에 성능을 무려 5배 높였고 그 어떤 경쟁자의 추격도 허용하지 않았습니다. 그렇게 엔비디아는 애플의 바로 밑까지 치고 올라와서 애플의 자리를 넘보고 있습니다. 얼마 전, 이런 블룸버그에서 이런 이름의, 애플에서 소송을 걸 수준의 기사가 올라왔죠.

"애플은 코카콜라급 기업이 됐다"[4]

애플은 현재 AI기술력에서 밀리고 있기 때문에 나온 기사였습니다. AI에서 밀리면 아무리 아이폰 이쁘게 만든다고 한들 시대에 뒤떨어지게 됩니다. 로마제국 같았던 애플이 흔들리고 있습니다. 한때 시가총액 1위에 혁신의 대명사였으나 혁신은 둔화되고[2] 미국 정부가 애플을 상대로 폐쇄적 생태계에 대한 반독점법 위반 소송에 나서며 흔들리고 있습니다.[1]

오픈AI는 챗GPT 내놓고 구글은 제미나이 내놓고 마이크로소프트는 코파일럿, 삼성전자는 AI스마트폰 갤럭시S24까지 내놓으며 달려가고 있습니다. 물론 애플 역시 애플 인텔리전스를 내놓긴 했으나 아직까지 그리 유의미하게 세상을 바꾼 것 같지는 않습니다. 애플과 엔비디아의 시가총액은 그리 크게 차이 나지 않기에 언제든지 자리를 내줄 수 있

는 상황입니다.[2]

그리고 현재의 엔비디아는 애플 그 이상의 공고한 제국을 만들었습니다. 전문가들은 애플의 시대가 끝났으며 엔비디아의 시대로, 혁신의 아이콘도 테슬라의 일론 머스크에서 엔비디아의 젠슨 황으로 옮겨가고 있다고 평가할 정도입니다.

2024년, 엔비디아 GTC에서 B200이라는 칩을 공개했는데 이게 미쳤습니다. 현존 최고 AI칩이라고 평가받는 H100을 뛰어넘었습니다. H100에 트랜지스터가 800억개가 있어요. 일꾼이 800억명이란 뜻인데, B200은 2080억개입니다. 일꾼이 2배가 넘어요.[9] 근데 대박인건 여기서 끝난게 아니라 엔비디아는 B200 2대랑 CPU를 하나로 합쳐서 GB200이라는 칩을 만들었습니다.

쉽게 생각해서 스킨 로션 수분크림 다 바르기 귀찮으니 All in One으로 만들어둔 겁니다. 근데 여기서 끝이 아닙니다.

엔비디아는 GB200을 36개 모은 NVL72라는 플랫폼도 구축했습니다. B200이 72개나 들어가 있습니다. 기존 H100 36개로 구성된 시스템 대비 LLM 처리 속도가 30배 향상됐다고 합니다. 보통 AI를 개발하는 기업들이 한 대에 수천만원을 오가는 GPU가 엄청나게 필요한데, 가장 효율적으로 짜 놓은 플랫폼 통째로 구매하는 시스템입니다. AI를 개발하고 싶다면 NVL72라는 플랫폼을 통으로 구매해야 하는 세상인 겁니다.

완벽하게 대응되는 건 아닌데요. 애플 생태계 구축하고 싶으면 아이폰, 아이패드, 애플워치, 맥북 등을 다 같이 구매하는 느낌으로 받아들이셔도 됩니다. 맥북 사서 윈도우 깔지 말고 우리가 만든 GPU 우리 플랫폼으로 쓰라는 겁니다. 이렇게 되어버리면 다른 회사들은 엔비디아를 따라올 수가 없습니다. Lock-in이 되어버리는 겁니다.

애플 생태계에 한번 빠지면 지금까지 아이폰, 애플워치, 맥북 산 돈이 아까워서라도 안드로이드 갈아타기 어려운 것과 같습니다. 회사 입장에선 수천억, 수조원을 썼는데 어떻게 갈아타겠습니까? 엔비디아는 경쟁사들 완전 말려버리겠다는 거죠. 그런데 이런 엔비디아, 하드웨어만 지상 최강이라고 보면 안 된다는 겁니다.

의외로 엔비디아 진짜 경쟁력은 소프트웨어에 있다고 보는 사람도 많습니다. CUDA라는 엔비디아의 소프트웨어도 엔비디아의 강점을 살리는데 한몫하고 있는데요. 쉽게 생각해서 CUDA는 딥러닝을 수행할 수 있게 만들어주는 도구입니다.

엔비디아에서 직접 개발한 툴인데, 마이크로소프트가 윈도우라는

앤디비아 딥 러닝 소프트웨어 / 딥 러닝 플랫폼

자료 : NVIDIA

생태계로 세상을 지배했고 구글이 안드로이드라는 생태계로 스마트폰 시장을 지배했듯 인공지능 딥러닝 생태계는 엔비디아의 CUDA가 지배를 했습니다. 실제로 카이스트 전기전자공학과 교수 김정호 교수도 엔비디아 경쟁력은 CUDA에 있다고 말했을 정도입니다.5

CUDA는 쉽게 말해서 변역가입니다. AI알고리즘은 파이썬 같은 코딩 언어로 표현되는데, 이 언어들이 우리 인간의 언어랑 비슷합니다. 그런데 GPU는 0이랑 1만 알아들을 수 있습니다. CUDA는 AI알고리즘을 GPU가 알아들을 수 있게 번역해주는 기능을 수행합니다. 뿐만 아니라 AI는 자동차 수천만 대가 12차로 도로에 진입하는 것과 비슷합니다. 자동차가 정체 없이 지나가려면 경찰들이 서서 차선 변경하는 사람 잡고 1차로에서 정속 주행하는 사람 잡으며 최적의 환경을 만들어줘야 합니다.

CUDA가 해주는 게 바로 이런 것이고, 너도나도 사용하다 보니 확대된 겁니다. GPU 프로그램을 쉽게 사용할 수 있게 투자도 많이 했고요.

"CUDA말고 다른 거 써도 되는 거 아니야?"

물론 그럴 수 있죠. 그리고 AI 개발은 이미 편리하고 널리 퍼진 CUDA를 쓰는 게 습관화되어 있는데 시간과의 싸움이라는 위험을 감수하진 않을 겁니다. 물론 리벨리온의 박성현 대표도 언급했듯 분명 엔비디아 칩의 설계에는 약점이 있습니다. 그렇기에 특정 부분에서 리벨리온이나 퓨리오사 같은 우리 스타트업들이 엔비디아를 제치는 겁니다.

다만 엔비디아 자체는 약점이 있냐? 하면 그건 잘 모르겠습니다. 돈도 많기 때문에 본인의 약점을 공격하는 스타트업은 로마제국이 주변국 정복하듯 M&A하면 될테니까요.

개인적으론 젠슨 황이라는 차세대 혁신의 대명사의 힘도 크다고 생각합니다. 이제 일론 머스크에서 젠슨 황으로 혁신의 대명사가 옮겨 가는 느낌마저 듭니다. 젠슨 황이라는 사람의 매력이 상당합니다. 혼자서 2시간 동안 키노트를 원맨쇼로 이끌어 갑니다. 전세계에 이런 CEO가 어디 있나요?

개인적으로는 우리나라 대표님들도 이렇게 원맨쇼로 한번 이끌어 봤으면 좋겠어요. 젠슨 황은 록스타 같았거든요. 세계 20위의 부호인데 첫번째로 격의없이 소통해요. 취재진 중에 엔비디아가 작은 회사일때부터 연이 닿았던 대만의 IT매체 디지타임스 기자를 발견하자 젠슨황은 "My old friend!"라며 달려가 자녀의 안부를 물었습니다.

아마 이 기자는 젠슨 황의 평생 팬이 되겠죠. 그 어떤 질문에도 피하지 않고 대답하고요. 무대위에서는 도통 그대들의 얼굴이 보이지 않는다며 기자들 사이로 걸어 들어왔고 "당신은 AI시대의 오펜하이머 아니냐"라는 기자의 질문에 "오펜하이머는 폭탄을 떨어뜨렸지만 나는 폭탄을 떨어뜨리진 않는다"며 농담을 던지는 등 절대 질문을 회피하지 않았습니다.[6]

우리나라였다면 가능했을까요? 우리 기업의 경직성은 우리 기업들의 성장을 가로막는 요소 중 지적되어 왔죠. 우리에게도 차세대 혁신이 있으려면, 격의 없는 록스타형 리더의 등장이 필요한 시점입니다.

엔비디아는 우리나라 삼성전자부터 하이닉스까지 전방위에 걸쳐 영향력을 행사하고 있습니다. 젠슨 황이 삼성전자 부스의 HBM에 "JENSEN APPROVED"를 적고 삼성의 기술력에 대해 극찬하자 삼성 주가가 급등할 정도입니다.[8]

테크, IT, 미래기술

한국 기자들을 모아서 "한국인들은 삼성전자가 얼마나 비범한 기업인지 모른다"고 말할 정도니 말 다했죠.[11] 물론 요즘 HBM 시장에서 삼성전자가 SK하이닉스에게 밀린다는 이유로 욕을 많이 먹고 있던데 저는 욕을 하더라도 제대로 알고 욕을 해야 한다고 감히 생각합니다.

SK하이닉스도 엄청난 기술력을 보유한 기업이고 분명 HBM에서 현재로써 삼성전자를 앞서 있는 것은 맞으나, 삼성전자의 R&D 투자액의 절대적인 양만 봐도 하이닉스의 5배가 넘습니다. 그 결과로 뉴로모픽부터 인메모리컴퓨팅, PIM, GAA 등등 미래 기술에 엄청난 투자와 성과를 내고 있습니다.

그래서 앞으로의 미래는 어떻게 될까요? 인공지능 붐은 꺼지고 엔비디아도 무너지게 될까요? 만약 지금의 엔비디아를 이끈 LLM이 하입 hype이었다면 리벨리온의 박성현 대표님이 일전에 말한 적이 있듯, 엔비디아 본질과 관계없이 엔비디아는 살아날 수 없습니다. 그런데 만약 LLM이 하입이 아니고 너무 가치 있는 것이라고 정말로 판단된다면 전체 마켓이 줄어들어도 엔비디아는 멀쩡할 겁니다.

과거 애플의 스티브 잡스는 당시 펩시의 대표였던 스컬리에게 평생 설탕물이나 팔면서 남은 인생을 보낼 것인지, 아니면 본인과 세상을 바꿀 것인지 골라라고 말했는데요. 이제 애플은 평생 스마트폰이나 팔면서 남은 시기를 보낼 것인지, 아니면 AI와 세상을 바꿀 것인 것 골라야 하며 애플이 후자를 택한다면 애플의 선택도 엔비디아 외엔 답이 없습니다. 주도권이 엔비디아에게 있습니다.

거칠게 말해서 엔비디아가 "애플 너희 맘에 안 들어. 너희한테는 블랙웰 안 팔거야" 해버리면 애플은 LLM을 할 수가 없는 겁니다. 물론 로마제국도 무너졌듯 영원한 1등은 없지만 적어도 엔비디아가 한동안은 시대의 지배자가 될 것은 명확해 보입니다.

## 경쟁자가 없다

제가 과거 헛바람이 불어 '소우주'라는 로컬 어플리케이션 사업한다고 썼던 돈을 엔비디아 주식을 매수했고 지금까지 안 팔았다면 아마 지금쯤 강남 쪽에 신축 아파트 하나 매수를 했을 것 같습니다.

실제로 제가 소우주 사업을 하던 당시 엔비디아 기술력을 엄청나게 추천했고 당시엔 저점이었습니다. 그런데 저는 소우주 사업을 한다고 사지 않았죠. 오히려 당시 놀랍게도 엔비디아 주가는 고점 대비 큰 폭으로 하락 중이었고 엔비디아에 대한 부정적인 전망들이 많았습니다.

하지만 7개월 뒤, Chat-GPT가 출시되고 엔비디아가 선택이 아닌 필수라는 사실이 밝혀지며 엔비디아는 코인 덕에 상승하는 기업이 아니라, AI를 위해 무조건 필요한 기업이 되며 미친 듯이 상승했습니다. 엔비디아를 넘어야 할 목표로 보고 있는 스타트업들부터 경제계도 모두 경쟁자 자체가 없다고 보는 엔비디아, 최근 경쟁자들의 전의조차 상실시켜버릴 내용을 공개했습니다.

최근 한국에 아시아태평양지역 테크니컬 디렉터인 제프리 옌이 온다고 하여[14, 15], 엔비디아 기자간담회에 초대를 받아 이야기를 들었는데 여기에 대한 반응은 두가지로 나뉘었습니다. 어떤 기자님들은 그래 뭐 B200이나 H100 같은 기업용GPU는 이해하겠는데 엔비디아의 RTX 그래픽카드는 솔직히 게임이나 영상 외의 활용처가 있느냐"며 의아한

테크, IT, 미래기술

시선을, 몇몇 AI개발자들은 "새삼 엔비디아가 하드웨어 기업일 뿐 아니라 소프트웨어 기업이라는 것을 느낀다"고 평가하기도 했습니다.

'엔비디아 ACE'라는 것 때문인데요. Avatar Cloud Engine의 줄임 말인데 저는 그런 생각이 들었습니다. 이거 혹시라도 GTA6에 적용되면 대박 터지겠다. 저는 오픈월드 게임에 미친 사람입니다. 젤다, 엘든링, GTA, 레데리, 사펑, 팰월드 등 오픈월드형 게임은 거진 다 클리어 했습니다. 오픈월드 게임의 대명사인 GTA6가 내년이나 내후반쯤 출시 예정이라고 하는데 캐릭터들에 인공지능이 탑재돼서 게임 캐릭터에 '인텔리전스'를 부여하는 겁니다.

엔비디아는 이걸 두고 뭐라고 표현했냐면 "AI로 가상 캐릭터에 생명을 불어넣는다"[16] 저는 개인적으로 오픈월드 중에 맨날 뻔한 말만 하는 NPC들을 싫어합니다. 그런데 마치 진짜 사람인 것처럼 상호작용이

**앤비디아 RTX40 시리즈**

자료: NVIDIA

된다면 어떨까요? 자동으로 음성 인식하고, 텍스트를 음성으로 변환하고, 소규모 언어모델부터 캐릭터 얼굴 애니메이션을 생성하고… 훨씬 더 게임이 정교하고 복잡해질 것입니다.[13] 이러면 당연히 흥행하지 않겠어요?

물론 이러한 기술들이 언제쯤 적용될 거냐? 실질적으로 언제쯤 일반 대중이 체감 가능하냐는 기자님의 질문엔, "게임 같은 경우에는 엔비디아가 만드는 것이 아니라 협력사가 만드는 것이다 보니 엔비디아가 언제 어떻게 할 수 있다는 말씀을 드리는 것은 어렵다"고 말씀하시며, "아마 사람들이 인식하지 못하게 서서히 인공지능이 퍼져나가며 사용자도 모르는 사이에 사용성이 편해졌다 싶으면 알고보니 AI가 적용된 상황"일 것이라고 답하셨던 것이 기억납니다. 특히 개발자들이 강조하는 것은 엔비디아 AI 툴킷입니다. 쉽게 말해서 일반 성인이 세계 최강자급 프로 복서를 이기게 만드는 아이언맨 수트 같은 겁니다.

현재 소비자용 제품 중 최상위권 라인이 RTX 4090입니다. 이 그래픽카드의 성능 자체가 AI 쪽에선 이미 최강입니다. 예를 들어 같은 이미지 생성한다고 치면 맥북 M3 Pro보다 거의 17배 빠릅니다. 대신 가격이 저렴하지 않기에 일반적인 소비자들이 쓰는 노트북에는 RTX4050 같은 평범한 사양의 그래픽카드가 들어 갑니다.

그런데 같은 질문을 던졌을 때, 당연히 최상위권인 RTX 4090이 4050을 압살해야 하는데, RTX AI toolkit을 사용하면 RAM 사용량은 3배 절감할 수 있습니다. 성능은 4배가 빨라지고 개발자들이 AI 개발할 때 간소화하여 배포할 수 있게 되는 것입니다.

애플이 하드웨어에서 세계 톱 찍고, 소프트웨어에서도 세계 톱 찍

테크, IT, 미래기술

어서 따라올 회사가 없듯 엔비디아도 하드웨어부터 소프트웨어 모두 톱을 찍고 있는 느낌입니다. 물론 이 기술들 자체는 작년 컴퓨텍스에서 공개된 것들이 많은데, 이걸 계속 디벨롭시키고 실제 적용까지 이뤄내고 있다는 것에 주목해야 합니다.

최근 전문가들 분위기를 보면 엔비디아는 실제로 현재 경쟁자 자체가 없는 기업입니다. 엔비디아는 적어도 AI가 사라지지 않는 이상 거의 모든 산업 현장을 지배할 진짜 "반도체 황제"가 될 것이라 전망합니다.

엔비디아의 제프리 옌은 기자간담회에서 말했습니다.

"우리 칩이 탑재된 AI 컴퓨터가 생활 속에 녹아들 것이고, 모든 사용자들의 삶을 이롭게 만들 것이다."[14]

주

## Chapter 1: 거대 인공지능의 시대

1. 이상헌, "챗 GPT, AI 시대의 게임 체인저", 하이투자증권, 2023

2. 임지용 외 1, "Chat GPT 시사점과 투자 전략: 두번째 이야기", NH투자증권, 2023

3. Will Douglas Heaven, "ChatGPT is everywhere. Here's where it came from", MIT Technology Review, 2023

4.Melissa Heikkila, "Here's how Microsoft could use ChatGPT", MIT Technology Review, 2023

5. 조승리, "NH투자 챗GPT 최대 수혜주는 MS, 기업에 자체 챗봇 구축서비스 제공", Business Post, 2023

6. 이종현, "챗GPT", Science Chosun, 2023

7. 백승은, "챗GPT로 다시 뜨거워진 AI… 메모리 반도체 시장 구세주되나 [IT클로즈업]", 디지털데일리, 2023

8. Andrey Kurenkov, "GPT-3 is No Longer the Only Game in Town", Last Week in AI, 2021

9. 이종현, "챗GPT", 조선비즈, 2023

10. 박외진, "챗GPT:거대한 통계학적 앵무새가 가리고 있는 것들", 포브스, 2023

11. Thundermark Capital, "AI Research Rankings 2022: Sputnik Moment for China?", 2022

12. 이승종, "[AI의 습격]⑤ 일론 머스크는 왜 챗GPT를 떠났을까?", KBS, 2023

13. 박찬, "MS 빙 일일 활성 사용자 1억명 돌파", Ai타임스, 2023

14. 임지선, "MS발 먹통 대란에 빙산의 일각"…취약성 노출한 '초연결 세계', 한겨레, 2024

15. Gabia 라이브러리, "클라우드란 무엇인가- 개념, 장점, 서비스 구분"

16. Gabia 라이브러리, "클라우드 컴퓨팅의 종류, SaaS란?"

17. 강일용, "기업이 SaaS를 주목해야 하는 세 가지 이유", iT dongA, 2017

18. 한영혜, "어도비, 피그마 28조 인수… 10년만에 대박난 30년 청년 정체", 중앙일보, 2022

19. 남혁우, "메가존클라우드, 4500억 시리즈C 투자 유치", ZDNET Korea, 2022

20. Nick Galov, "Cloud Adoption Statistics for 2022", Web tribunal, 2022

21. 박원익, "MS 구글 이어 페이스북까지… 글로벌 클라우드 게임 패권 전쟁", 조선비즈, 2019

22. 이종현, "아마존 실적 견인한 AWS… 영업이익 74.4% 책임졌다", 디지털데일리, 2022

23. 김윤수, "클라우드 핵심, AI반도체 육성… 2030년까지 8000억 투입", 서울경제, 2022

　테크, IT, 미래기술

24. 홍재의, "구글은 왜 아마존과 MS만큼 성공하지 못 했을까?", 티타임즈, 2021

25. 홍재의, "아마존 먹여 살리는 AWS", 티타임즈, 2020

26. Carmen Ang, "How Amazon Makes Its Money", Visual Capitalist, 2020

27. 박기록, "1분기 실적 돋보인 MS… 견고한 '클라우드의 힘', 과연 아마존도?", 디지털데일리, 2022

28. Submarine Cable Map, https://www.submarinecablemap.com/

29. ETRI, "세계의 모든 데이터가 우리에게 오기까지", 2018

30. 최정우, "카카오 먹통에 'IDC 클라우드' 재조명… 조용히 웃는 통신사들", 연합인포맥스, 2022

31. 황국상, "6년만에 100배로 커진다… 해외서 결실맺는 한클라우드 기업들", MT, 2022

32. 강두순, 조윤희, "국민연금, 메가존클라우드 1000억 투자", 매일경제, 2022

33. 홍준기, "2억6000만달러 더 벌 수 있었는데, 테슬라 180만주 판 국민연금… 왜?", 조선일보, 2022

34. 박찬열 외3, "클라우드 이용 선도 프로젝트 및 국가 R&D 클라우드 컴퓨팅 활성화 방안 연구", 한국과학기술정보연구원, 2018

35. 과학기술정보통신부, "국산 AI반도체를 활용한 K클라우드 추진방안", 2022

36. 임주형, "수명은 1만년, 전기도 필요 없다…'영화 1750편' 들어가는 유리조각 [테크토크]", 아시아경제, 2024

37. Microsoft, "Project Silica", https://www.microsoft.com/en-us/research/project/project-silica/

38. Jennifer Langston, "Project Silica proof of concept stores Warner Bros. 'Superman' movie on quartz glass", Microsoft, 2019

39. Microsoft, "유리로 수천 년 동안 데이터 보존", 2023

40. 김효선, "MS, 시가총액 3조달러 안착… 애플 밀어내고 1위 재등극", 조선비즈, 2024

41. Richard Black et al, "Project Silica: Sustainable cloud archival storage in glass", Microsoft, 2023

42. 유지한, "중국은 왜 바닷속에 축구장 13개 규모 데이터센터를 건설했나", 조선일보, 2024

43. 이경탁, "올해 세계 클라우드 시장 20% 성장한 858조 전망… MS·AWS·구글, AI 적용 서비스 고도화 경쟁", 조선비즈, 2023

44. 박성우, "대답만 하던 AI는 옛말… 700조 시장 초거대 AI 경쟁 불붙었다", 조선비즈, 2023

## Chapter 2: 스마트폰 AI 전쟁

1. 신채연, "삼성전자, AI폰 상표 등록… 갤럭시 S24 탑재 유력", SBS, 2023

2. 삼성 반도체 뉴스룸, "차세대 딥러닝 기술 온디바이스 AI란?", 2019

3. 전승우, "온디바이스 AI시대, 스몰데이터 활용 역량 키워야", DBR, 2020

4. 삼성 뉴스룸, "삼성전자, 삼성 AI포럼서 자체 개발 생성형 AI 삼성 가우스 공개", 2023

5. 김익환, "스마트폰 PC에 AI 심었다… 이젠 내 손 안의 인공지능 시대", 한국경제, 2023

6. 삼성 뉴스룸, "삼성전자, 미국 실리콘밸리서 삼성 시스템 LSI 테크 데이 2023 개최", 2023

7. 연합뉴스경제TV, "HBM에 이어 '온 디바이스 AI', 우주의 기운이 모여든다! (이형수 HSL 파트너스 대표)", 2023

8. 홍석호, "폰 안의 AI로 통화 실시간 통역… 내년초 갤럭시 S24에 기능 탑재", 동아일보, 2023

9. 이상덕, "애플 아이폰16에 AI호출 버튼 달까… 삼성 AI 갤럭시와 대결 예고", 매일경제, 2023

10. 배진솔, "박용인 삼성전자 사장 AI 핵심 전략, 온디바이스 AI", SBS, 2023

11. Joel Ruben Antony Moniz et al, "ReALM: Reference Resolution As Language Modeling", arxiv, 2024 (doi.org/10.48550/arXiv.2403.20329)

12. 오로라, "빅테크들 빅AI 전쟁… MS, 자체 거대모델 개발 착수", 조선일보, 2024

13. 백종민, "AI의 A도 꺼내지마라… 애플은 왜 AI를 감추려 하는가", 아시아경제, 2023

14. Dylan Butts, "Apple is reportedly developing chips to run artificial intelligence software in data centers", CNBC, 2024

15. 유지한, "AI 밀리자 '라이벌' 구글에 손내민 애플… 아이폰에 '제미나이' 탑재 논의 중", 조선일보, 2024

16. 박현익, "팀 쿡 AI 큰 계획 곧 발표… 애플 주가 급등", 동아일보, 2024

17. 이경탁, "AI 경쟁 뒤쳐진 애플, 구글 AI 제미나이 아이폰 탑재하나", 조선비즈, 2024

18. Monica Chin, "Apple is reportedly spending 'millions of dollars a day' training AI", The Verge, 2023

19. YTN, "구글 출신들 모은 애플…'비밀 연구소' 발각", 2024

20. 이정현, "애플, 자가치유 화면 갖춘 폴더블폰 내놓을까", ZDNET KOREA, 2024

21. William Gallagher, "Folding iPhone may repair display scratches & dents by itself", apple insider, 2024

22. Hoon Sik Kim et al, "Electronic Devices With Flexible Display Cover Layers",

테크, IT, 미래기술

US011991901B2, 2024

23. 구자윤, "애플, 2026년 폴더블 맥북 출시.. LGD 패널 독점 공급", 파이낸셜뉴스, 2024

24. 박세정, "이렇게 나오면 무조건 산다 애플, 드디어 나온다…삼성도 긴장?", 헤럴드경제, 2024

25. 이현식, "애플, 더 얇은 아이폰 내년 출시 추진…프로맥스보다 비쌀 것 미국 IT매체 보도", SBS, 2024

26. Halyna Kubiv, "Foldable iPhone, my eye! Patent shows Apple is developing a rollable screen", Macworld, 2023

27. Patently Apple, "Apple files patent for Rollable/Scrollable displays for potential future devices such as an iPhone, iPad, a desktop display, TV", 2023

28. Que Anh S Nguyen and Christopher D Jones, "US-20230221766-A1", 2023

29. 오로라, "스마트폰 소멸, 한국은 준비됐나", 조선일보, 2024

30. 김성모, "애플은 왜 접는 폰을 안 만들까?", 동아일보, 2022

## Chapter 3: 인공지능에 독을 풀다

1. 헨리 A. 키신저, 에릭 슈밋, 대니얼 허튼로커, "AI 이후의 세계", 월북, 2023

2. 육지훈, "틱톡 안돼! 정말로 플랫폼 금지한 몬태나주 의회", 포퓰러사이언스, 2023

3. 김수진, "미국이 조종 당한다.. 틱톡 금지 논의", mbc, 2023

4. 장재웅, "부담없이 Z세대 홀리는 15초 마법 더 재미있게 숏폼 플랫폼 춘추전국 시대", 동아비즈니스리뷰, 2020

5. 도현정, "에릭 슈미트 前 구글 CEO AI개발 6개월 중단, 틱톡 사용금지 반대", 헤럴드경제, 2023

6. P. Covington et al, "Deep Neural Networks for YouTube Recommendations", RecSys, 2016 (dx.doi.org/10.1145/2959100.2959190)

7. J. Davidson et al, "The YouTube Video Recommendation System", RecSys, 2010

8. Z. Zhao et al, "Recommending What Video to Watch Next: A Multitask Ranking System", RecSys, 2019 (doi.org/10.1145/3298689.3346997)

9. Thomas Macaulay, "Meta's AI chief: LLMs will never reach human-level intelligence", TNW, 2024

10. Thomas Macaulay, "When will AGI arrive? Here's what our tech lords predict", TNW, 2023

11. 에스오디, "연구자들의 충격적인 폭로, AI로 박살난 미국 현상황", 2024

12. 에스오디, "특이점이 빨라지고 있다. 대중들은 모르는 AI의 발전 속도", 2023

13. 황경상, "아무도 모른다", 경향신문, 2023

14. 오동희, "AI가 왜 똑똑해지는지 인간은 모른다", 머니투데이, 2024

15. Manfred Bremmer, "소송 대신 독 타기 생성형 AI 학습 방해하는 포이즌 데이터 툴 나이트셰이드", IT World, 2023

16. Melisssa Heikklia, "This new data poisoning tool lets artists fight back against generative AI", MIT Technology Review, 2023

17. 박찬, "동의 없이 이미지 가져다 쓰면 AI '붕괴'...강력한 저작권 방어 수단 등장", AI타임스, 2023

18. 김은경, "구글 전 CEO AI 많은 인간 죽일 수도, 기술 확산 막기 어렵다", 경향신문, 2023

19. 김미정, "AI 대부 제프리 힌튼, 구글 퇴사…수십년 AI 연구 후회", ZDNET KOREA, 2023
    조성진, "구글 아마존, 기술직 대규모 정리해고", ZDNET KOREA, 2024

## Chapter 4: 삼성전자 위기론

1. 남시현, "고성능 컴퓨팅을 재정의하는 메모리, HBM3란 무엇인가?", iT dongA, 2023

2. 최인준, "AI 메모리 선점한 SK하이닉스, 엔비디아에 올라탔다", 조선일보, 2023

3. 정낙영, "엔비디아 HBM 공급 두고 삼성전자-SK하이닉스-마이크론 진실공방", Invest Chosun, 2023

4. 황민규, "HBM 5세대 제품 이름 바꿔라… 큰 손 엔비디아 요구에 고심하는 삼성전자", 조선비즈, 2023

5. 김도현, "삼성보다 빨랐다… SK하이닉스, HBM 초격차 지속", 디지털데일리, 2023

6. 김익환, "삼성 SK 우리가 HBM 시장 1등… 점유율 기술력 놓고 신경전", 한국경제, 2023

7. 황상준, "[기고문] '초고성능, 초고용량, 초저전력', AI 시대를 확장할 삼성전자 D램의 잠재력", 삼성, 2023

8. SK하이닉스, "글로벌 No.1 AI 메모리 기업, SK하이닉스! 세계 최고 성능 AI용 메모리 HBM3E 개발 주역 엔지니어 인터뷰", 2023

9. 노태민, "HBM 적층경쟁… 삼성SK 12단까지는 TC MR본딩, 이후 하이브리드본딩 적용", 디일

렉, 2023

10. SK하이닉스, "웨이퍼 공정 미세화의 한계, 어드밴스드 패키지 기술 혁신으로 무어(Moore) 이론 넘어서다", 2023

11. 강승태, "삼성전자 놀라게한 SK하이닉스 HBM3… 비결은 MR-MUF 기술", 디일렉, 2022

12. 서민석, "반도체 패키지의 역할과 재료(2) – 웨이퍼 레벨 패키지", SK하이닉스, 2023

13. 문세영, "ETRI, 전력 95% 절감 반도체 신 공정 개발", 동아사이언스, 2023

14. 안서진, "처음엔 SK가 앞섰지만 삼성 매서운 추격… HBM 경쟁에 한국 방긋", 매일경제, 2023

15. 백승은, "반도체 시장, 2026년에는 960조원 규모… 올해 전망은?" 디지털데일리, 2023

16. 이진솔, "SK하이닉스 HBM 이끄는 박명재 부사장은 누구?", 블로터, 2023

17. 박승주, 강계만, "삼성, 엔비디아에 HBM3 공급 … 5세대 AI칩도 3분기 납품 전망", 매일경제, 2024

18. 삼성뉴스룸, "삼성전자, 미국 실리콘밸리서 '삼성 메모리 테크 데이 2023' 개최", 2023

19. 삼성뉴스룸, "삼성전자, 미국 실리콘밸리서 '삼성 테크 데이 2022' 개최", 2023

20. KBS뉴스, "[ET] 한국 반도체 필요없다? 중국의 변심…삼성전자 역대급 실적 쇼크", 2023

21. 김아람, "삼성전자 3분기 영업익 2.4조원…올해 첫 조단위 '깜짝실적'(종합)", 연합뉴스, 2023

22. 삼성뉴스룸, "삼성전자, 2023년 2분기 실적 발표", 2023

23. 삼성뉴스룸, "삼성전자, 2023년 3분기 잠정실적 발표", 2023

24. 삼성뉴스룸, "삼성전자, 2022년 3분기 실적 발표", 2023

25. 황민규, 최지희, "녹슨 삼성 '전차'의 7추락… 혁신 없는 관리자 조직으로 전락", 조선비즈, 2023

26. SK하이닉스, "SK하이닉스, 세계 최고 사양 'HBM3E' 개발, 고객사에 샘플 공급해 성능 검증 진행", 2023'

27. 장유미, "삼성과 격차 또 벌린 SK하닉…세계 최고 사양 'HBM3E'로 기술력 압도", 아이뉴스24, 2023

28. 나병현, "TSMC 2분기 순이익 23% 줄어 3년 만에 역성장, 3분기는 실적 반등 전망", 비즈니스 포스트, 2023

29. 최승진, "반도체 혹한에 TSMC도 '털썩'…4년 만에 월 매출 꺾였다", 매일경제, 2023

30. Dylan Harris, "TSMC chip shipments decline 14.6% in the first quarter and are expected to improve in the second quarter", Tech News Space, 2023

31. 황민규, "파운드리 사업의 본질은 신뢰다", 조선비즈, 2023

32. 장소희, "미 제재 반격 나선 중… 첫 희생양 마이크론", 뉴데일리경제, 2023

　　삼성 뉴스룸, "삼성전자, 2024년 1분기 실적 발표", 2024


## Chapter 5: 삼성전자의 비밀병기

1. 이정현, "애플, 아이폰 내놓던 2007년부터 비전프로 개발", ZDNET KOREA, 2023

2. 브라이언 그린, "엘러건트 유니버스", 승산, 2013

3. Seunguk Song et al, "Wafer-scale production of patterned transition metal ditelluride layers for two-dimensional metal-semiconductor contacts at the Schottky-Mott limit", nature electronics, 2020 (https://doi.org/10.1038/s41928-020-0396-x)

4. Seokmo Hong et al, "Ultralow-dielectric-constant amorphous boron nitride", nature, 2020 (doi.org/10.1038/s41586-020-2375-9)

5. Samsung Newsroom, "삼성전자, 소재 원천기술 또 한 번 결실… 미래 반도체 앞당긴다", 2020

6. 강해령, "삼성은 AI 추론 칩 '마하 1'을 어떻게 만들까? (1)", 서울경제, 2024

7. 이동수, 페이스북 포스팅, https://han.gl/4XLky, 2024

8. 네이버 클라우드 플랫폼, "하이퍼스케일 AI를 위한 데이터센터와 반도체를 만들다", 2024

9. Se Jung Kwon et al, "Structured Compression by Weight Encryption for Unstructured Pruning and Quantization", CVF 2020

10. 경계현, 링크드인 포스팅, https://han.gl/w2Ppx, 2024

11. 강해령, "삼성은 AI 추론 칩 마하1을 어떻게 만들까? (2), 서울경제, 2024

12. 김규철, "삼성전자, HBM과 AI 가속기 '마하-1' 투트랙 전략…AI생태계 확장", 증권일보, 2024

13. 장형태, "AI 연산 핵심 칩은 'GPU'… AI 가속기로 추론하고 이미지 만들어", 조선일보, 2024

14. 황정수, 박의명, ""5만弗 AI 가속기는 비싸"…삼성전자 '마하1'으로 빅테크 잡는다", 한국경제, 2024

15. 황민규, "삼성전자, 신소재 기반 1000단대 3D 낸드 개발 목표… '페타 SSD' 시대 연다", 조선비즈, 2024

16. 강해령, "네이처에 실린 삼성전자 강유전체 논문 언박싱 1", 서울경제, 2023

17. 강해령, "네이처에 실린 삼성전자 강유전체 논문 언박싱 2", 서울경제, 2023

18. 강해령, "High-K 특집 High-K는 왜 업계의 슈퍼스타일까?", 서울경제, 2021

19. Sanghun Jo et al, "Negative differential capacitance in ultrathin ferroelectric hafnia", nature electronics, 2023 (doi.org/10.1038/s41928-023-00959-3)

20. 삼성 반도체 뉴스룸, "삼성전자 SAIT, 차세대 소재 적용한 시스템 반도체 구현 기술을 개발하다", 2023

21. 권순용, "K 반도체 대전략", 위즈덤하우스, 2024

22. 권순용, "반도체 넥스트 시나리오", 위즈덤하우스, 2021

23. 한지연, "286층 세계서 가장 높이 올렸다…삼성전자, 업계 첫 '9세대 V낸드' 양산", 머니투데이, 2024

24. 최동석, "D램과 낸드플래시의 동향과 전망 - 낸드플래시편", SK하이닉스, 2024

25. 이재덕, "반도체 1등의 말은 법칙이 된다", 경향신문, 2024

26. 강승태, "삼성 파운드리 2나노 비밀병기는 BSPDN", 디일렉, 2022

27. 나병현, "삼성전자 파운드리 2나노에 '후면전력공급' 적용, 경계현 'TSMC 추월' 승부수", 비즈니스 포스트, 2024

28. 허진, "물러간 '반도체 한파'…삼성 반도체, 상반기 성과급 최대 75%", 서울경제, 2024

29. 삼성반도체뉴스룸, "삼성전자, 파운드리 포럼 2024 개최 AI 시대 파운드리 비전 제시", 2024

30. 윤민혁, "삼성·인텔 의식했나…TSMC "1.6나노 양산" 깜짝 발표", 서울경제, 2024

31. 백길현, "2024년 반도체 전망", 유안타증권, 2023

32. KBS, "짐켈러 엔비디아 시대는 결국 끝난다, 다음은…", 2024

## Chapter 6: 대한민국 위기론

1. 성호철, 오로라, "美·日 반도체 속도전… '잃어버린 30년' 지웠다", 조선일보, 2024

2. 오로라, "실리콘은 실리콘밸리로… 인텔·MS·오픈AI·美상무장관 총출동, 조선일보, 2024

3. 차병선, "'글로벌 증시랠리'에 불붙인 엔비디아…美·日·유럽지수 신고가", 연합뉴스, 2024

4. 김은정, "반도체가 이끈 '닛케이 랠리'", 조선일보, 2024

5. 일본 경제무역산업성연구소, "일본, 반도체 전략과 오픈 이노베이션 현황 보고서 발표", 글로벌 과학기술정책정보 서비스, 2023

6. Anna Ikarashi, "Japanes e research is no longer world class — here's why", nature, 2023

7. 박기용, "R&D 예산 홀대하다 연구 역량 뒤처진 일본…남 일 같지 않네", 한겨레, 2023

8. 이상훈, 신아형, "'사무라이7' 주도 日증시 사상 최고, 올들어 17% 상승… 韓은 0.3% 그쳐", 동아
   일보, 2024

9. 강해령, "삼성 반도체 경영진은 일본에서 무엇을 보고 왔을까?", 서울경제, 2024

10. 최승진, 최희석, "넌 몇층 전자에 갇혔니… 반도체 호황에도 삼성은 울상, 이유 알고보니", 매일
    경제, 2024

11. 김동하, "윤, 12일 네덜란드 ASML 본사 방문… 이재용 최태원도 동행", 조선일보, 2023

12. 강해령, "윤석열 대통령이 네 덜란드 ASML에서 마주할 광경들", 서울경제, 2023

13. 강해령, "인텔 '회심의 일격', High-NA EUV는 무엇일까? 1", 서울경제, 2021

14. 강해령, "인텔 '회심의 일격', High-NA EUV는 무엇일까? 2", 서울경제, 2021

15. 김언한, "1 대 5000억원 넘는데…" EUV 장비, 무섭게 팔린다", 데일리한국, 2022

16. 장현민, "반도체 EUV High NA 기술 원리를 알아봅시다", 디일렉, 2021

17. Josh Norem, "TSMC 3nm Will be a Smooth Ramp Throughout 2023", ET, 2023

18. Anton Shilov, "Samsung's Next-Gen 3nm and 4nm Nodes on Track for Mass Production in
    2H 2024", AnandTech, 2023

19. 김수언, "평균 38세 전국서 가장 젊다… 화성, 인구 100만 눈앞", 조선일보, 2023

20. 최창현, "세계 최고 성능의 AI 반도체?…. 中 칭화대 연구팀, 엔비디아 A100보다 3000배 빠른
    AI 수행하는 광전자 칩 개발", 인공지능신문, 2023

21. Yitong Chen et al, "All-analog photoelectronic chip for high-speed vision tasks", nature, 2023
    (doi.org/10.1038/s41586-023-06558-8)

22. Tejasri Gurujaj, "The future of AI hardware: Scientists unveil all-analog photoelectronic chip",
    TechXplore, 2023

23. 한중과학기술협력센터," 칭화대학, 아날로그 광전자 칩 세계 최초 개발", 2023

24. Nature index, "Leading science cities by the numbers", 2022

25. 최지희, "중 시장 포기 못해… 수출길 막힌 엔비디아, 중국 맞춤형 AI칩 다시 내놓는다", 조선비
    즈, 2023

26. 이정훈, "젠슨 황 엔비디아 CEO, "중국 반도체 자립 능력 얕잡아 보지 마라" 경고 [CEO24
    시]", 매거진한경, 2023

27. Lauly Li, "Don't underrate China's ability to catch up in chips: Nvidia CEO", Nikkei Asia, 2023

28. 최인준, ":미 제재 역효과… 중 스마트폰 47%까지 국산화", 조선경제, 2023

29. Scott Lyon, "Built for AI, this chip moves beyond transistors for huge computational gains", Princeton University, 2024

30. EnCharge AI, https://www.enchargeai.com/

31. DARPA, https://www.linkedin.com/feed/update/urn:li:activity:7162915986004762624/

32. Alaina O'Regan, "EnCharge AI reimagines computing to meet needs of cutting-edge AI", Princeton University, 2023

33. 이강봉, "벤처기업 같은 국가 연구조직…DARPA", The Science Times, 2013

34. 권순용, K반도체 대전략, 위즈덤하우스, 2024

35. 삼성 테크 블로그, "HBM-PIM 차세대 AI를 가속화하는 최첨단 메모리 기술", 2023

36. 이명호, "[이명호의 디지털사회] DARPA, 문제 정의에서 R&D가 시작된다", iT조선, 2016

37. 윤진우, "삼성전자, 인간 뇌 닮은 '인-메모리 컴퓨팅' 세계 최초 구현", 조선비즈, 2022

38. 김민수, "차세대 반도체서 전자 대신할 '엑시톤' 조절방법 찾았다", 동아사이언스, 2022

39. 김학찬, "엑시톤 입자 손실 없이 조절하는 방법 세계 최초 개발!", 유니스트, 2022

40. Hyeonwoo Lee et al, "Drift-dominant exciton funneling and trion conversion in 2D semiconductors on the nanogap", Science Advances, 2022
(DOI: 10.1126/sciadv.abm5236)

41. 이병철, "삼성전자·IBM도 주목한 '엑시톤'…반도체 연산속도 6배 빨라진다", 조선비즈, 2023

42. Michael Irving, ""Superatomic" material beats silicon for fastest semiconductor ever", New Atlas, 2023

43. JakhangirkhodJa A. Tulyagankhodjaev et al, "Room-temperature wavelike exciton transport in a van der Waals superatomic semiconductor", Science, 2023
(DOI: 10.1126/science.adf2698)

44. 한세희, "전자 대신 엑시톤 활용한 반도체 나올까", ZDNET KOREA, 2023

45. 이영희, "꼭꼭 숨은 다크 엑시톤 활용하는 차세대 반도체 나온다", ibs, 2023

46. Riya Sebait et al, "Sequential order dependent dark-exciton modulation in bi-layered TMD heterostructure", nature communications, 2023 (doi.org/10.1038/s41467-023-41047-6)

## Chapter 7: 추락하고 비상하는 스타트업

1. 김평화, "AI가 키운 서버용 저장장치…가치 1조원 팹리스 만들었다", 아시아경제, 2023

2. 고성현, "파두, 국내 스타트업 팹리스 최초 유니콘 기업에 올라", 디지털투데이, 2023

3. 유지한, "파두 몸값 1조 돌파… 국내 첫 반도체 설계 유니콘 탄생", 조선일보, 2023

4. 송은강, "비메모리 반도체 기반 약한 한국… 이 척박한 시장에 뛰어든 게 대견했죠", 조선일보, 2020

5. 조가람, "KDI 현안분석 '최근 반도체경기 흐름과 거시경제적 영향'", 대한민국 정책브리핑, 2023

6. FRYDEK, "EUV장비, ASML의 노광공정이 반도체기술 끝판왕인 이유", InsightWave, 2022

7. 크리스 밀러, "칩 워", 부키, 2023

8. 삼성전자, "SSD의 핵심 구성요소", 2020

9. 김형민, "기조연설해야 하는데…'출국금지'로 발 묶인 파두 대표", 아시아경제, 2024

10. 정두용, "파두, 매출 다각화 성과…서버 제조사에 SSD 공급", 이코노미스트, 2024

11. 파두, "FADU 2023년 3분기 실적발표", 2023

12. 노태민, "어닝쇼크 미스터리… 유니콘기업 파두 매출은 왜 급전직하 했나?", 디일렉, 2023

13. 김남희, "상장 세 달된 반도체 설계 기업 파두, 어닝 쇼크에 하한가", 조선비즈, 2023

14. 이한림, "매출 제로 숨기고 상장?... 파두, 하한가에 의혹 일파만파", 더팩트, 2023

15. 강정아, "매출 97% 증발 파두, 이틀 연속 주가 급락", 조선비즈, 2023

16. 이경주, "파두, 주가는 사필귀정… 결국 실적이 좌우-상", 톱데일리, 2023

17. 김민지, "1조 밸류 파두, 상장 첫 문턱 통과", 톱데일리, 2023

18. 이경주, "파두, 반년 매출이 4억…SK하이닉스 거래 제로", 톱데일리, 2023

19. 삼성뉴스룸, "삼성전자, 5나노 기반 컨트롤러 탑재한 PC용 고성능 SSD 'PM9C1a' 출시", 2023

20. 김영문, "['초격차' 기술 주도할 10인] 백준호 퓨리오사AI 대표", 포브스, 2021

21. 김진원, "반도체 전문가 과기장관 전공 살린 첫 행보", 한국경제, 2022

22. KBS NEWS, "[ET] 절대 강자 '엔비디아' 제친 토종 AI 반도체 스타트업", 2021

23. 서재창, "시스템 반도체 주목해야 하는 이유, '산업구조'에 있다", Hello T, 2021

24. 박동율, 반도체 디스플레이, 인베스트 코리아, 2021

25. 이서규, "시스템반도체 문제점과 대안", 전자신문, 2021

26. 김대철, "윤석열 민간과 시장 주도로 경제체질 바꿔야, 과감히 규제 개선할 것", 비즈니스포스

테크, IT, 미래기술

트, 2022

27. Pin-Chun Shen et al, "Ultralow contact resistance between semimetal and monolayer semiconductors", nature, 2021 (doi.org/10.1038/s41586-021-03472-9)

28. Hyun-Jae Lee et al, "Scale-free ferroelectricity induced by flat phonon bands in HfO2", Science, 2020 (DOI: 10.1126/science.aba0067)

29. Seokmo Hong et al, "Ultralow-dielectric-constant amorphous boron nitride", nature, 2020 (doi.org/10.1038/s41586-020-2375-9)

30. 전병수, "리벨리온, 삼성전자와 AI반도체 공동 개발… "생성형 AI 시장 기회 잡을 것", 조선비즈, 2023

31. 오수연, "한국의 엔비디아 리벨리온, AI반도체 '아톰' 앞세워 도약", 아시아경제, 2023

32. 이주영, "KT, 리벨리온과 AI 반도체 개발 속도 높인다", AI타임스, 2023

33. 김주완, "엔비디아 제친 AI반도체…韓기업 협업의 승리", 한국경제, 2023

34. 이윤희, "맞아 죽어도 세계시장서 죽겠단 각오로 도전했죠", 디지털타임스, 2023

35. 김재현, "반도체에 대이 韓보다 앞서는 분야가? 中팹리스 5대 문제점", 머니투데이, 2023

## Chapter 8: 반도체 황제의 시대

1. 이상헌, "챗 GPT, AI 시대의 게임 체인저", 하이투자증권, 2023

2. 이덕주, "혁신 아닌 차별로 쌓아올린 제국…집단소송 직면한 애플, 미래는", 매일경제, 2024

3. 박대기, "미국은 왜 자국 기업인 애플을 겨냥할까? 아이폰 영상이 깨져서?", KBS, 2024

4. 한빛미디어, "파이토치는 무엇이고 왜 써야 하는가", 2019

5. Jeran Wittenstein, "Apple Without AI Looks More Like Coca-Cola Than High-Growth Tech", Bloomberg, 2024

6. 김정호, "1억원 넘어도 줄 설 엔비디아 반도체, 진짜 경쟁력은 쿠다", 조선일보, 2024

7. 오로라, "젠슨 황의 소통 경영", 조선일보, 2024

8. 오로라, "록 콘서트처럼… 젠슨 황 괴물 AI칩 꺼내자 1만 관중 열광", 조선일보, 2024

9. 김민지, "삼성 분위기 반전시킨 젠슨 황의 '승인했다' 서명…숨겨진 의미는?", 헤럴드경제, 2024

10. 박찬, "엔비디아, 차세대 AI칩 B200 공개", AI타임스, 2024

11. 노자운, "'VC연봉왕' 김제욱 에이티넘 부사장, 2년 연속 200억대 보수 받아", 조선비즈, 2024

12. 소환욱, "삼성은 매우 비범한 기업… 젠슨 황 한마디에 치솟은 주가", SBS, 2024

13. 권용만, "엔비디아, RTX 그래픽카드 품은 AI PC 1억대 보급…다양한 AI 기술 제공", 조선비즈, 2024

14. 한정호, "엔비디아 지포스 RTX로 AI PC 혁신 가속화한다", IT DAILY, 2024

15. 박규찬, "엔비디아, RTX AI PC로 고급 AI 경험 제공", TECH WORLD, 2024

16. 엔비디아, "게임용 NVIDIA ACE 소개 - 생성형 AI로 가상 캐릭터에 생명 불어넣기"

17. Jesse Clayton et al, "Windows RTX PC용 NVIDIA RTX AI 툴킷으로 AI 기반 앱 개발 간소화", 엔비디아, 2024

테크, IT, 미래기술

# Chapter 3

## AI 오프너(윤경식)

서울대학교 조경지역시스템공학부 졸업

Image Creator,Photographer
Midjourney, Stable Diffusion ,RunwayML, KlingAI 등 AI와 더 친숙해지고 다양한 이미지 구현을 위한 프롬프트를 연구하며 AI의 흐름과 방향에 대해 고심하면서 즐겁게 이미지 생성 및 이를 활용한 비디오 생성물을 만들어낸다. 또한 AI가 문화를 바꾸고 있는 가운데 이 흐름을 잘 적용시키기위해 노력하고 전달하는 역할을 하고 있는 유튜버이다.

# AI의
# 발전

# AI 전망

## 늘어나는 AI 관심도

최근 AI에 대한 대중의 관심이 급증하고 있으며, 기업들은 뒤처지지 않기 위해 AI 전략을 마련하는 과정에서 'FOMO'Fear of Missing Out(놓칠까 두려움)를 겪고 있습니다. FOMO는 기술 확산을 가속화하는 데 기여하지만, 그 이면에는 두 가지 상반된 반응이 존재합니다.

**첫째, "AI는 일의 생산성을 높일 수 있다."**
**둘째, "AI는 일자리를 위협할 수 있다."**

이 두 반응은 AI 발전을 바라보는 양면적인 시각을 보여줍니다. 특히 대형 언어 모델LLM의 급속한 발전은 AI 성장에 새로운 동력을 제공하고 있습니다. AI 연구는 1950년대부터 시작되었으나, 대중의 관심을 끌게 된 것은 2016년 알파고의 등장이 큰 역할을 했습니다. 하지만 그 이전에도 앨런 튜링의 튜링 테스트 제안과 같은 중요한 이정표가 있었습니다.

딥러닝을 비롯한 혁신적인 알고리즘의 개발과 오픈소스 문화의 확산은 AI 발전의 중요한 원동력이 되었습니다. 대형 기술 기업들의 대규모 투자와 다양한 산업 분야에서의 AI 응용 확대는 AI 기술의 발전을 더욱 촉진했습니다. 또한 학제 간 연구와 정부의 정책적 지원이 더해져, AI 기술은 빠르게 진보하고 있습니다.

## AI 발전의 역사

**1950년대-1960년대: AI의 태동기**
- 1950년: 앨런 튜링이 '튜링 테스트'를 제안
- 1956년: 다트머스 회의에서 'Artificial Intelligence'라는 용어가 처음 사용됨
- 1957년: 프랭크 로젠블랫이 퍼셉트론(인공 신경망의 초기 모델)을 개발
- 1970년대-1980년대: AI의 첫 번째 겨울과 부활
- 1970년대 초반: AI 연구에 대한 기대 감소와 자금 지원 축소로 'AI 겨울' 도래
- 1980년대: 전문가 시스템의 상용화로 AI 붐이 재현

**1990년대-2000년대 초반: 실용적 접근과 새로운 도전**
- 1997년: IBM의 딥블루가 체스 챔피언 가리 카스파로프를 이김
- 2000년대 초반: 기계학습, 특히 딥러닝에 대한 관심이 급증

**2010년대-현재: 딥러닝 혁명과 AI의 대중화**
- 2011년: IBM의 왓슨이 퀴즈쇼 '제퍼디!'에서 우승
- 2012년: 알렉스넷AlexNet이 이미지넷 대회에서 압도적 성능을 보여주며 딥러닝 시대 개막
- 2014년: 구글이 딥마인드 인수
- 2016년: 알파고가 이세돌 9단과의 바둑 대국에서 승리
- 2017년 이후: GPT, BERT 등 자연어 처리 모델의 급속한 발전
- 2022년: ChatGPT 출시로 생성형 AI의 대중화 시작

AI 발전에서 NVIDIA의 기여는 특히 주목할 만합니다. NVIDIA

는 GPU 병렬 처리 능력으로 딥러닝 모델 학습 시간을 크게 단축시켰습니다. CUDA 플랫폼을 통해 연구자들이 GPU를 활용한 범용 컴퓨팅을 쉽게 할 수 있게 하였고, cuDNN과 같은 딥러닝 라이브러리와 Tensor Core 같은 AI 연산 최적화 하드웨어를 개발하여 AI 연구와 응용의 속도를 더욱 높였습니다.

이러한 기술적 기반 덕분에 2023년부터 AI 발전 속도는 더욱 폭발적으로 증가했습니다. 신기술이 하루가 다르게 등장하고, 이전에 최고로 평가받았던 대형 언어 모델LLM들도 짧은 주기로 구식이 되는 상황입니다.

그래프를 보면 조급해지기도 합니다. "더 나은 기술이 나오면 그때 사용하는 게 낫지 않을까?"라는 생각도 들지만, AI의 끝을 예측하는 것

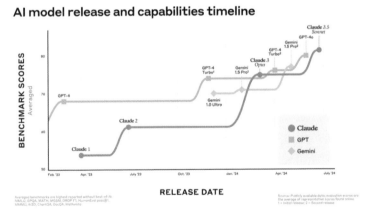

자료: https://www.reddit.com/r/ClaudeAI/comments/1dkj1ds/ai_model_release_and_capabilities_timeline/?utm_source=share&utm_medium=web3x&utm_name=web3xcss&utm_term=1&utm_content=share_button 1

은 어렵습니다. 현재 AI 툴과 기술의 흐름을 잘 이해한다면 향후 변화에 대비할 수 있고, 두려움도 줄일 수 있을 것입니다.

물론 AI 없이도 살아가는 데 큰 문제는 없지만, 세상은 급격하게 변화하고 있습니다. 인류 역사에서 큰 변화를 가져온 몇 차례의 혁명처럼, AI도 그러한 혁명을 만들어가고 있습니다.

AI 연구는 복잡하고 어렵지만, 이를 사용하는 사람들은 어렵지 않게 접근할 수 있어야 합니다. 이론적인 AI뿐만 아니라 AI 기술이 적용된 툴들을 이해하고 사용하는 것도 중요한 과제입니다. AI가 어떻게 발전하고 있는지 살펴보며, 점차 친숙해지는 과정이 필요합니다.

AI가 만들어진 이유를 생각해 보면, 그 발전 방향도 보입니다. AI의 목표는 인간의 지능을 모방하는 것에서 출발하며, 궁극적으로는 인간 지능의 무한한 잠재력을 발휘하는 데 있습니다. 사람 대신 반복적이거나 힘든 일을 수행해 생산성을 높이는 것이 주요 목적이지만, 어쩌면 새로운 존재를 창조하려는 욕망이 AI 발전을 더욱 가속화하는 것일지도 모릅니다.

AI는 끊임없이 능력을 확장하고 있습니다. 초기에는 AI가 발전하려면 많은 학습이 필요했지만, 이제는 스스로 학습하고 추론 능력이 향상되어 더 뛰어난 성능을 발휘할 수 있게 되었습니다.

영화 아이언맨에 등장하는 '자비스' 같은 AI 비서의 실현도 머지않았습니다. 자비스는 모든 상황을 파악하고, 사용자와 자연스럽게 대화하며 문제를 해결합니다. 이런 AI가 곁에 있다면 얼마나 든든할지 상상해볼 수 있습니다.

하지만 그렇게 거창하게 생각하지 않더라도, 이미 우리는 AI를 활

용할 수 있는 많은 것들을 경험하고 있습니다. 현재 AI는 우리 삶에 깊이 들어와 있으며, 이를 어떻게 활용하고 있는지 생각해볼 필요가 있습니다. 모든 AI 툴을 다루는 것은 어려울 수 있지만, 그중에서도 많이 회자되는 주요 툴들을 중심으로 이야기를 전개하고자 합니다. AI는 다양한 분야에 영향을 미치고 있지만, 우리는 보고, 듣고, 말하고, 생각하는 행위에서 많은 변화가 일어나고 있습니다. 이를 바탕으로 LLM, 이미지, 영상, 음성 분야를 중심으로 다루겠습니다.

AI의 발전

# 자연어 처리 및 텍스트 생성<sup>LLM</sup>

## 현재의 흐름

대표적으로 OpenAI의 ChatGPT<sup>Chat Generative Pre-trained Transformer</sup>는 LLM<sup>Large Language Model</sup>의 대표적인 예로 꼽히지만, 지금은 그 외에도 많은 뛰어난 모델들이 등장했습니다. 그럼에도 불구하고 ChatGPT는 여전히 가장 많이 사용되는 서비스 중 하나이기에, 이를 중심으로 발전 과정을 이야기해보려 합니다.

저 역시 AI에 관심을 갖게 된 계기가 ChatGPT의 등장 때문이었습니다. 2022년 11월 발표된 ChatGPT는 출시 2개월 만에 사용자 1억 명을 돌파하며 전 세계적인 돌풍을 일으켰습니다. 이전에도 인공지능 스피커나 스마트폰을 통해 AI와의 대화 경험은 있었지만, 대부분 일방적인 정보 전달에 불과했습니다. 우리가 원하는 것, 혹은 의도한 바를 정확하게 끌어내기는 어려웠죠.

그러나 ChatGPT는 단순한 대화를 넘어, 사용자의 궁금증을 친절하고 자세하게 해결해줍니다. 사용자에게 근엄한 말투로 답할 수도, 친구처럼 캐주얼한 어투로 답할 수도 있어, 사용자가 원하는 방식으로 소통할 수 있다는 점이 큰 매력이었습니다. 이로 인해 AI가 사용자에게 더욱 친숙하게 다가가고 있다는 것을 체감하게 되었습니다.

기존에는 검색을 통해 지식을 얻었다면, 이제는 ChatGPT를 통해 더 직접적인 해결책을 얻을 수 있습니다. 블로그 포스팅, 기획서 작성, 마케팅 전략, 법률적 지식 등 다양한 주제에 대한 질문을 던지면 즉각적으로 유용한 정보를 제공받을 수 있습니다. 특히, 복잡한 코딩 작업도 빠르게 해결하면서 많은 개발자들을 놀라게 했습니다.

이러한 성과는 인간의 언어를 이해하고 처리하는 LLM<sup>Large Language</sup> Model의 발전 덕분이며, 그중에서도 GPT-3 모델이 중요한 역할을 했습니다. 사실 GPT-3는 2020년에 개발되었으나, 지나치게 친절한 답변으로 인해 위험한 질문에도 답을 제공하는 문제가 발견되었습니다. 이를 교정한 후, 2022년 11월에 ChatGPT(GPT-3.5)가 등장했습니다.

ChatGPT는 마치 강력한 엔진을 탑재한 자동차처럼 여러 기능을 결합해 사용자들에게 보여집니다. 이제 AI는 단순히 언어를 이해하는 것에서 나아가, 다양한 형태의 정보를 처리하고 응답하는 데까지 발전했습니다. 학교에서는 ChatGPT의 답변을 리포트에 사용했다는 사례가 종종 보도될 정도로, AI가 우리의 일상 속에 빠르게 스며들고 있습니다.

하지만 AI는 여전히 완벽하지 않습니다. 초기에는 '환각Hallucination' 현상으로 잘못된 정보가 그럴듯하게 답변되는 일이 많았습니다. 이러한 문제는 SNS에서 밈으로도 많이 회자되었습니다. 그러나 2023년 3월, GPT-4로 업그레이드되면서 이러한 문제를 개선했으며, 이제는 텍스트뿐만 아니라 이미지와 음성까지 다양한 데이터를 학습하여 결론을 도출할 수 있는 멀티모달 AI로 발전했습니다.

이제 AI는 사람이 사용하는 시각 자료까지 이해하고, 사용자 중심으로 맞춤화된 기능을 제공하며 더욱 정교한 답변을 생성할 수 있습니다. 지금은 많은 이들이 이러한 기술에 익숙해졌지만, 당시에는 AI의 이러한 발전이 그야말로 센세이션을 불러일으켰습니다.

이제는 우리가 원하는 내용을 텍스트로 입력하면 AI가 그림을 그려주는 시대가 되었습니다. 그림 안에 글자까지 넣을 수 있어, 상상만 하면 거의 모든 것이 구현되는 세상이 열렸습니다. 이러한 발전은 디자이

너들에게도 큰 관심을 끌게 했습니다.

2023년 11월경에는 GPTs가 출시되었습니다. 이 GPTs는 사용자마다 필요에 맞게 맞춤화된 챗봇을 제공하며, 각자가 원하는 방식으로 파인튜닝하여 사용할 수 있습니다. 기업의 경우, 자체 데이터를 학습시켜 맞춤형 전략과 결론을 도출할 수 있는 AI 솔루션을 개발하는 데 활용할 수 있습니다.

보안 문제 역시 중요한 이슈였으나, OpenAI는 이를 보완하기 위해 노력했습니다. GPTs는 애플의 앱스토어처럼 다양한 맞춤형 AI 서비스를 제공하는 플랫폼으로 주목받고 있으며, 많은 기대를 모으고 있습니다.

2024년 5월, ChatGPT에 또 다른 혁신적인 변화가 생겼습니다. 바로 GPT-4o(Omni) 모델의 발표입니다. 이전에도 AI와 음성 대화가 가능했지만, 이번 모델에서는 응답 속도가 획기적으로 개선되었습니다. 마치 사람들과의 일상 대화처럼 자연스럽게 대화를 주고받을 수 있게 되었고, 대화 중간의 끊김이나 망설임도 거의 사라졌습니다. AI와 자연스러운 대화를 할 수 있다는 사실은 또 한 번 큰 충격을 주었습니다.

앞서 언급했듯이, AI의 목표는 사람을 닮아가는 것입니다. 이번 업데이트는 그 목표에 한 걸음 더 다가간 증거이며, AI와의 자연스러운 대화는 로봇공학과도 큰 시너지를 발휘할 가능성이 큽니다.

이와 동시에, 구글의 Gemini, 앤트로픽의 Claude, Meta의 LLama 등 다양한 기능을 갖춘 새로운 LLM 모델들도 발표되고 있습니다. 각 분야에 특화된 모델들이 쏟아져 나오고 있으며, AI 연구가 활발하게 진행되고 있음을 보여줍니다. 특히 한국 사용자의 입장에서는 Claude 모델이 많은 관심을 불러일으켰습니다. 지금까지의 LLM 모델들이 한국어를 지원하긴 했으나, 대부분 영어 중심이었기 때문에 한국어의 미묘한 뉘앙스를 잘 반영하지 못했기 때문입니다.

그러나 Claude 3.0 버전이 등장한 이후로, 한국어 인식률이 크게 향상되었습니다. 이제는 내가 원하는 바를 한국어로 입력하면 매우 만족스러운 결과를 얻을 수 있습니다. 저도 Claude를 자주 사용하며, 'Project' 기능을 활용해 그림을 그리기 위한 프롬프트를 설정하는 등 다양한 용도로 활용하고 있습니다. Claude는 한국어의 미묘한 뉘앙스를 잘 파악해 정확한 결과를 제공하는 점에서 큰 만족을 주고 있습니다.

Claude에는 'artifact'라는 기능도 있어, 원하는 내용을 시각적으로 표현하는 데 도움을 줍니다. 이 기능을 활용하면 텍스트로 코딩한 내용을 시각화해 보여줄 수 있어 매우 유용합니다. 또한 Claude의 코딩 능력도 매우 뛰어나, 많은 사람들이 이를 이용해 랜딩페이지를 만들거나 PPT 자료를 작성하는 데 활용하고 있습니다. 최근에는 'Cursor' 툴까지 업그레이드되어 코딩 작업에서 더 뛰어난 성능을 발휘하고 있어, AI의 빠른 발전 속도에 감탄하게 됩니다.

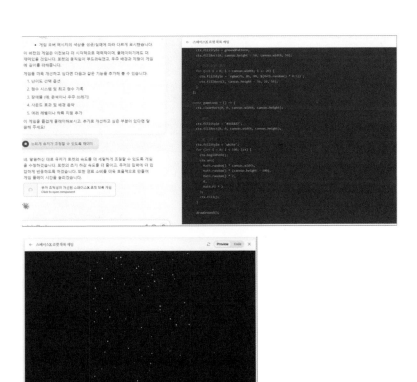

AI의 발전

# 예상되는 흐름

## LLM 모델의 속도

Groq라는 서비스를 이용하면 LLM 모델이 매우 빠르게 작동하는 것을 경험할 수 있습니다. 일반적인 LLM도 빠르게 응답하지만, Groq는 텍스트를 입력하자마자 즉각적으로 결론을 도출하는 속도에 놀라게 합니다.

자료 : groq 공식 홈페이지

croq 홈페이지

이처럼 LLM을 제공하는 서비스들은 더욱 빠른 속도로 사용자들을 매료시킬 것으로 예상됩니다. 이미 ChatGPT-4o(Omni) 모델이 즉각적인 대응 능력을 보여주었듯이, 앞으로는 더 빠르고 정확한 결론을 제공하는 AI 모델들이 계속해서 개발될 것입니다.

## 더 많은 컨텍스트 소화

현재 LLM은 처리할 수 있는 컨텍스트 양에 한계가 있습니다. 예를 들어, Claude는 최대 20만 토큰의 컨텍스트를 소화할 수 있으며, 이는 해리포터 책 500페이지 분량에 해당합니다. 시간이 지나면서 이 양은 점점 증가할 것으로 예상되며, 이는 LLM이 더 많은 정보를 기억하고 개인화된 서비스를 제공할 수 있는 가능성을 열어줍니다.

AGI(범용 인공지능)로 발전하기 위해서는 더 많은 컨텍스트를 소화하는 능력이 필수적입니다. 또한, 이러한 능력은 로봇공학과도 밀접하게 연관되어 있을 것입니다. 하지만 대화가 계속되면서 컨텍스트 한계를 넘어가면, AI는 이전 대화 내용을 기억하지 못해 대화의 자연스러운 흐름이 끊길 수 있습니다.

## LLM 모델의 소형화

이미 소형화된 LLM 모델들이 등장했지만, 앞으로 더 강력한 기능을 갖춘 소형화 및 양자화된 모델들이 개발되어, 온디바이스On-device로 AI를 활용하는 범위가 넓어질 것입니다. 대형 모델을 컴퓨터에서 구동하려면 고성능 그래픽카드가 필요하지만, 소형화된 모델은 더 빠르고 개인화된 AI 경험을 제공하기에 적합합니다.

이러한 소형화 모델들은 개인의 건강 관리, 비즈니스 스케줄 최적화, 인맥 관리 등 다양한 분야에서 활용될 수 있습니다. 뿐만 아니라, 의료, 법률, 금융 등 특정 분야에 특화된 도메인 모델들이 더 발전할 것이며, 이는 고객의 니즈에 맞춘 서비스 제공을 가능하게 할 것입니다. 개인화된 경험을 제공하면서도 시간이 지남에 따라 모델의 성능이 지속적으로 향상되는 효과도 기대할 수 있습니다.

사진 : Groq

## LLM 모델의 정확성

LLM이 보편화될수록 더욱 정교해져야 합니다. 윤리적인 문제를 제외하더라도, AI의 판단이 갈등이나 분쟁을 일으킬 수 있기 때문에 정확성이 필수적입니다. 사용자 중심으로 옮겨지는 LLM 모델에서 정확성은 반드시 요구되는 요소입니다.

이를 위해 하드웨어 업그레이드와 학습 방식의 변화 등 다양한 시

AI의 발전

도가 이뤄지고 있으며, 더 정교하고 신뢰할 수 있는 모델들이 계속해서 등장할 것입니다. LLM의 신뢰성이 높아져야 특정 사용자층에 국한되지 않고, 모든 사람들이 이용할 수 있는 범용성을 확보할 수 있을 것입니다.

## 멀티모달 능력의 향상

텍스트뿐만 아니라 이미지, 음성, 비디오 등 다양한 입력을 처리하고 생성할 수 있는 멀티모달 LLM의 발전은 더욱 가속화될 것입니다. 올해 초 OpenAI의 Sora 영상에서도 그 흐름을 확인할 수 있었듯이, 이러한 기술은 더욱 자연스럽고 포괄적인 AI 상호작용을 가능하게 할 것입니다. 이에 따라 가상 비서나 챗봇의 비중이 높아지고, 관련 서비스들이 지속적으로 증가할 것으로 예상됩니다.

## 에너지 효율성 개선

LLM의 규모가 커지면서 에너지 소비 문제가 대두되고 있습니다. 대규모 전기 에너지를 소모하는 것이 문제인데, 더 효율적인 학습 및 추론 방법을 통해 에너지 소비를 줄이는 연구도 함께 이루어질 것입니다. 이는 디지털 전환 과정에서 중요한 과제로, 국가적으로도 관심을 가져야 할 문제입니다.

## 다국어 및 문화적 이해력 향상

글로벌 시장을 고려할 때, 다양한 언어와 문화적 맥락을 이해하고 처리할 수 있는 LLM의 개발이 필수적입니다. 오픈소스를 통해 지식의 확산과 AI 개발 속도가 빨라지고 있는 만큼, 언어 장벽을 낮추는 것도 AI 발전의 중요한 과제가 될 것입니다.

## AI 규제와의 조화

AI 규제가 강화됨에 따라, 개인정보 보호, 편향성 감소, 안전성을 고려한 LLM 개발이 더욱 중요해지고 있습니다. AI가 등장하면서 가장 많은 관심을 받은 영역 중 하나가 이미지 생성입니다. LLM의 발전으로 인해 사람의 언어를 이해하고, 이를 바탕으로 그림을 생성하는 능력은 AI 기술의 큰 진보를 보여주었습니다.

곧 GPT-5 모델이 출시될 것이라는 소식도 있습니다. 구체적인 일정은 아직 알려지지 않았지만, GPT-5는 기존 GPT-4를 뛰어넘는 성능을 보여줄 것으로 기대됩니다. 이에 따라 다른 모델들도 업그레이드될 것이며, AI는 더욱 자율적으로 다양한 문제를 해결하는 방향으로 발전할 것입니다. 특히 로봇 기술과의 융합은 이미 많은 진전을 이루고 있습니다.

# 이미지 생성 분야

## 현재의 흐름

AI가 등장하면서 사람들이 가장 큰 관심을 보인 분야 중 하나가 이미지 생성입니다. LLM의 발전으로 AI가 사람의 언어를 이해하고, 그에 따라 그림을 생성할 수 있게 된 것은 매우 놀라운 발전입니다.

## AI 그림이 생성되는 원리

이미지는 픽셀 단위로 구성됩니다. 그림을 그리기 위해서는 각 픽셀의 RGB 값이 정교하게 계산되어야만 온전한 이미지가 만들어집니다. 각 AI 툴마다 알고리즘 차이는 있지만, 기본적으로 이러한 원리로 AI 그림이 생성됩니다.

예를 들어, 1000x1000 해상도의 이미지는 백만 개의 픽셀로 이루어져 있으며, 이를 계산하려면 엄청난 에너지가 필요합니다. 픽셀 기반으로 복잡한 이미지를 생성하는 것은 매우 비효율적인 방식이었죠. 그러나 이를 혁신한 것이 바로 'Diffusion model' 방식입니다. 예를 들어, 모래더미 속에서 강아지를 그린다고 하면, 강아지와 관련 없는 요소들을 제거하고 남은 부분으로 강아지를 완성하는 방식입니다.

처음에는 많은 데이터에 노이즈를 추가하고, 이후에 그 노이즈를 제거하는 'denoise' 과정을 거쳐 그림이 완성됩니다. 이러한 복잡한 과정이 단 몇 초 만에 이루어지는 것을 보면, AI 기술이 얼마나 빠르게 발전했는지 실감할 수 있습니다.

# 스테이블 디퓨전 그림 그리기 과정

1. 무작위 점들　2. 흐릿한 모양　3. 세부 사항 추가　4. 다듬기　5. 완성된 그림

컴퓨터가 단계별로 그림을 만들어가는 과정
무작위 점들로 시작해서 점점 선명한 그림으로 변해가요
마치 우리가 스케치부터 시작해서 그림을 완성하는 것과 비슷해요!

AI를 활용하는 데 있어 이미지는 매우 중요한 요소입니다. 단순히 밈을 제작하는 흥미거리를 넘어서, 이미지가 사람들에게 가장 먼저 어필할 수 있는 부분이기 때문입니다. 어떤 과정을 설명하거나 이해를 돕기 위해 영상이 유용할 수 있지만, 그 영상도 결국 이미지를 기반으로 합니다. 복잡한 개념을 설명하거나 전달하는 데 있어 그림과 도식만큼 효과적인 도구는 없다고 생각합니다.

대표적인 이미지 생성 툴로는 미드저니Midjourney가 있습니다. 이 툴이 처음 등장한 2022년 7월에는 아직 완성도가 높지 않았습니다. 사람들은 본능적으로 아름답고 완성된 이미지를 선호하는데, 초기 미드저니는 기본적인 프롬프트는 이해했지만, 정교한 표현력은 부족해 제대로 된 그림을 그리기 어려웠습니다.

그러나 LLM의 발전과 함께 미드저니의 이미지 해석 및 표현 능력이 비약적으로 성장했습니다. 마치 손의 소근육이 발달한 것처럼, 이제

는 매우 정교하고 아름다운 그림을 생성해낼 수 있습니다. 같은 텍스트 프롬프트를 사용하더라도 버전별로 확연한 차이를 느낄 수 있습니다. 현재는 거의 리얼리즘 수준의 표현도 가능할 만큼, 예술적 가치를 반영한 그림 생성 능력이 크게 향상되었습니다. 특히 2022년 버전 3부터는 그림의 완성도가 크게 향상되었다고 평가받습니다.

다음 페이지 그림의 왼쪽 부분은 V3 버전의 그림이고 오른쪽은 v6.1 최신 버전입니다.

미드저니는 역사적인 사건을 남겼습니다. 2022년 9월, 콜로라도 박람회 미술 경연 대회에서 AI가 생성한 첫 작품이 디지털 예술 분야 대상을 차지한 것입니다. 이 작품은 "스페이스 오페라 극장"으로, 수상자

AI의 발전

Allen이 미드저니 V3 버전을 사용해 만든 작품입니다. 그는 60시간 동안 900번의 프롬프트를 조정하여 이 작품을 완성했다고 하니, 한 번에 간단하게 만들어진 것은 아니지만, AI 생성기가 대상을 차지한 것 자체가 큰 반향을 일으켰습니다.

이후, LLM의 발전과 함께 미드저니의 기능도 비약적으로 발전했습니다. 이제는 간단한 프롬프트만으로도 고퀄리티의 이미지를 생성할수 있으며, 다양한 스타일을 접목하여 독특한 이미지를 만들어낼 수 있습니다. 현재 미드저니 V6.1 버전에서는 글자와 화려한 텍스트 이미지를 포함한 다양한 스타일의 이미지를 생성할 수 있으며, 이를 통해 새로운 형태의 아티스트 직업군이 생겨났습니다. 기존 아티스트들 사이에서는 여전히 반감이 있기도 하지만, 새로운 아티스트들은 서로의 스타일

## Stable Diffusion 3 Medium

Stable Diffusion 3 Medium is the latest and most advanced text-to-image AI model in our Stable Diffusion 3 series, comprising two billion parameters. It excels in photorealism, processes complex prompts, and generates clear text. The weights are available under a community license. For commercial use, please contact us for licensing details.

Download Code

Get Started with API     Get License

**eo Diffusion**

enerative AI video model based
model Stable Diffusion.

**Stable Audio 2.0**

Generate music and sound effects in high quality using cutting-edge audio diffusion technology.

Learn More

Try Stable Audio

**Stable Video 3D**

Quality 3D object generation from single images.

Download Code

Get License

**Stable LM 2 1.6B**

Experience our cutting edge open access language models.

Download Code

Get License

사진 : Stability. ai 공식 홈페

과 프롬프트를 공유하며 AI 예술이 지속적으로 발전하고 있습니다.

기존 아티스트들은 각자의 독특한 색깔을 지니고 있지만, 새로운 디지털 환경에서는 이러한 개성이 무너지거나 빠르게 변화하고 있습니다. 아트 세계관이 빠르게 다른 형태로 재구성되고 있죠. 다만, AI가 기존 디자이너들의 결과물을 학습하는 과정에서 저작권 등 민감한 문제가 발생할 수 있으므로, 이에 대한 정책적인 보완이 필요합니다. 이제 AI를 활용해 그림을 생성하려는 사람들은 매우 유리한 환경에서 시작할 수 있게 되었습니다.

많은 사람들이 AI를 처음 접할 때 미드저니를 쉽게 사용할 수 있으며, 실생활에서 이미지를 많이 사용하는 만큼, 꼭 시도해볼 만한 툴이라고 생각합니다.

많은 사람들이 AI를 처음 접할 때 상대적으로 쉽게 사용하는 툴이 미드저니입니다. 실생활에서 이미지를 자주 활용하는 만큼, 미드저니는

AI의 발전

꼭 사용해볼 만한 툴입니다. 하지만 미드저니는 여러 AI 그림 생성 툴 중 하나일 뿐, LLM보다 다양한 이미지 생성 툴들이 존재합니다. 그중 대표적인 툴이 바로 Stable Diffusion입니다.

저는 AI 이미지에 처음 관심을 가졌을 때 가장 먼저 접한 것이 Stable Diffusion이었습니다. 이 딥러닝 AI 모델은 2022년 독일 뮌헨 대학의 Stability AI와 Runway ML의 지원으로 탄생했습니다. 이 모델이 큰 환영을 받은 이유는 막대한 개발 비용에도 불구하고 전부 오픈소스로 공개되었기 때문입니다. 오픈소스 덕분에 많은 사람들이 공유하고 발전시킬 수 있었고, 이는 Stable Diffusion의 큰 강점 중 하나입니다.

미드저니에 비해 Stable Diffusion은 사용자가 원하는 포즈나 환경 구성을 더 자유롭게 설정할 수 있는 장점이 있습니다. 미적 가치뿐만 아니라 사용자의 요구에 맞춘 커스터마이징이 가능하고, 많은 사람들이 개발에 참여하는 점도 매력적입니다.

그래서 현재 AI 이미지 생성 툴로 가장 많이 거론되는 것이 Stable Diffusion입니다. 최근에는 Black Forest Lab에서 내놓은 Flux 모델로 인해 그 명성이 약간 흐려졌지만, 여전히 현업에서 수익화 모델로 활용되는 중요한 툴입니다.

결국 AI 모델은 계속 발전하고 있으며, 앞으로도 새로운 파생물들이 끊임없이 등장할 것입니다.

만약 미드저니도 오픈소스 방식을 택했다면 수익은 줄었겠지만, 훨씬 더 좋은 결과물을 만들 수 있었을 것이라 생각합니다. 또 다른 이미지 생성 툴로는 Google이 제공하는 ImageFX - Imagen 3 모델이 있으며, 리얼리티 구현에 탁월한 도움을 줍니다.

　Adobe의 Firefly는 비용 없이 이미지 생성이 가능하고, Dalí 3 이미지 엔진은 ChatGPT와 Bing.com에서 사용할 수 있습니다. 각각의 서비스는 같은 프롬프트를 사용해도 이미지가 다르게 표현되기 때문에, 이를 비교하는 작업도 흥미롭습니다.

　최근 주목받는 Flux 모델은 AI 이미지 생성에서 가장 어려워했던 손, 발, 텍스트 표현 문제를 거의 완벽하게 해결해 인기를 얻고 있습니다. 이 모델은 X(구 트위터)의 Grok 2.0에서 Dalí 3와 유사하게 텍스트로 이미지를 생성할 수 있게 해주며, 매우 높은 표현력과 언어 이해 능력을 보여줍니다.

　Freepik은 스톡 사진, 일러스트레이션, 템플릿, 영상 리소스를 제공하던 기존 서비스에 빠르게 AI 생성 시스템을 도입하여 Flux 모델뿐만 아니라 자체 개발한 Mystic 모델로도 고품질 이미지를 생성할 수 있게 했습니다.

　또한, AI 디자인 작업에서 가장 먼저 기술을 선보인 Ideogram의 이

미지 생성 툴도 최근 2.0 버전으로 업데이트되면서 리얼리티 구현과 디자인 요소들이 더욱 강화되었습니다. LLM의 발전으로 텍스트 이해 능력이 대폭 향상되었고, 손과 발의 표현력이 개선되어 상업적 활용에서 큰 걸림돌이 제거되었습니다. 리얼리즘을 표현하는 데 어려움을 겪던 부분들이 Flux 모델의 등장으로 해결되고 있으며, 이는 AI 이미지 생성의 새로운 현실로 자리잡았습니다.

　　AI가 사람다운 형태를 제대로 그리기 시작한 지 1년 남짓밖에 되지 않았는데, 이렇게 빠르게 발전했다는 점에서 앞으로 1년 뒤의 변화를 상상하기 어렵습니다.

　　결국 완벽에 가까운 이미지나 미적으로 높은 점수를 줄 수 있는 이미지는 영상으로 전환될 때도 큰 시너지를 발휘합니다. 이 부분은 다음에서 더 자세히 다루도록 하겠습니다. 또한, 실시간으로 그린 스케치가 실제 그림이 되는 기술도 있습니다.

　　이 기능은 여러 서비스에서 제공되며, Krea.AI 같은 사이트에서는

실시간으로 그림을 생성할 수 있습니다. 단순한 도형을 그려도 프롬프트를 통해 둥근 탁자나 네모난 가방 등으로 쉽게 변환할 수 있어, 이미지를 손쉽게 표현할 수 있습니다.

## 예상되는 흐름

이 부분은 특정 툴에 국한되지 않고, AI 이미지 생성의 전반적인 발전과 관련된 이야기입니다. 작년까지만 해도 AI 생성 이미지에는 교정 작업이 많이 필요했습니다. 포토샵이나 다른 보정 툴로 수정해야만 제대로 사용할 수 있는 경우가 많았죠. 하지만 최근에는 이러한 수고가 점점 줄어들고 있습니다.

　　예를 들어, 해상도 내에서 작게 그려진 얼굴이 망가지는 경우, 한 번 더 인페인팅 과정을 거쳐야 했습니다. 그러나 2024년 8월부터는 얼굴 손상이 크게 줄어들어, 더 이상 이러한 추가 작업이 필요하지 않게

AI의 발전

되었습니다. 이는 원본 이미지를 그대로 유지할 수 있는 중요한 발전입니다.

또한 손과 발의 표현도 상당히 디테일해졌습니다. 많은 미술가들이 손발을 그리는 데 어려움을 겪듯, AI도 복잡한 인체 구조를 정확하게 표현하는 데 한계가 있었지만, LLM의 발전과 프롬프트 이해력이 향상되면서 이 문제도 많이 해결되었습니다.

앞으로 더 정교한 언어 모델이 등장하면, 더욱 미세한 변화까지 포착할 수 있는 AI 이미지 생성 모델들이 개발될 것입니다. 스포츠 선수들의 복잡한 신체 움직임을 정확히 표현하는 것이 아직 남은 과제이지만, 곧 극복될 것이라 예상됩니다. 감정 표현 역시 점차 자연스러워지고 있으며, 더 풍부한 표정을 표현할 수 있는 단계에 접어들고 있습니다. 이런 발전은 AI 생성 이미지를 영상화하는 작업에도 큰 도움이 될 것입니다.

사람의 이미지를 제대로 표현하는 것은 AI 그림 생성에서 가장 어려운 부분 중 하나입니다. 이 부분이 해결되면, AI 이미지 생성에서 표현할 수 없는 것이 거의 없을 것입니다. 또한 리얼리즘이 점점 강화되는 추세로, 더욱 정교한 리얼리즘이 실현될 것입니다.

AI는 선명도뿐만 아니라 우리가 실제로 느끼는 시각적 감각을 정밀하게 포착할 수 있는 능력을 갖추게 되었습니다. 이러한 기술들이 더 깊이 우리의 삶에 스며들어 이미지를 활용하는 다양한 분야에서 큰 역할을 할 것입니다. 기업들은 더 최적화된 AI 모델을 활용해 생산 원가를 절감하고, 이에 따라 조직 문화에도 변화가 생길 것입니다. 단순한 이미지 활용의 예시이지만, 이러한 변화가 축적되면서 AI 문화가 형성되고,

소규모 인원으로도 효율적으로 운영되는 기업들이 늘어날 것입니다.

　　MZ 세대가 익숙한 메타버스나 디지털 세계에서는 자신의 역량을 발휘할 기회가 더욱 많아질 것이며, 이러한 변화는 새로운 문화를 만들어갈 것입니다. 또한, AI는 텍스트 이해력뿐만 아니라 그림 그리기에도 활용되어, 신체적 제약을 가진 사람들도 전기 신호를 통해 AI를 이용해 원하는 이미지를 생성할 수 있을 것입니다.

　　AI가 생산성을 향상시키는 것뿐만 아니라 시간적, 공간적 제약을 해결하는 데에도 기여할 것입니다. LLM의 발전과 비전 기술의 발전으로, AI 이미지 생성 기술은 보안과 시스템 관리에서도 중요한 역할을 할 것입니다. 모호한 형태나 어두운 상황에서도 물체를 정확히 파악하는 능력은 의료 분야까지 확장될 가능성이 큽니다.

　　해상도와 품질 향상도 AI 기술로 급속히 발전하고 있습니다. 흐릿했던 이미지를 고해상도, 고품질로 변환하는 AI 보정 기술은 천체 사진이나 의료 사진 분야에서도 중요한 도구로 활용될 것입니다.

# 영상 분야

## 현재의 흐름

오늘날 누구나 영상을 제작하고 배포할 수 있는 시대입니다. 동시에 영상 소비도 활발하게 이루어지고 있어, 짧은 영상 플랫폼의 인기가 매우 높습니다. 이를 통해 수익을 창출하는 사람들이 늘어나면서 영상 제작에 대한 수요도 증가했습니다. 하지만 영상을 만들기 위해서는 촬영 장소나 세트 구성에 많은 시간과 비용이 필요해, 혼자 제작하는 것은 여전히 쉽지 않습니다.

AI의 도입으로 이러한 문제를 해결할 수 있게 되었습니다. AI는 텍스트 입력만으로도 4~10초의 영상을 생성할 수 있으며, 물리적·시간적 제약을 제거해 컴퓨터 앞에서 간단히 고퀄리티 영상을 만들어낼 수 있습니다. 좋은 그래픽카드가 있으면 더 좋은 퀄리티를 얻을 수 있지만, 웹을 통해 그래픽카드를 임대하는 서비스도 있어 누구나 좋은 영상을 만들 수 있습니다.

물론 AI 영상 생성에는 아직 랜덤성이 있어서, 프롬프트대로 결과물이 나오지 않거나 왜곡 현상이 발생할 수 있습니다. 영상은 이미지와 달리, 프레임 하나하나를 연결해 자연스럽게 만드는 것이 어려운 기술입니다. 하지만 1년 전과 비교해보면 AI 영상 생성 기술은 비약적인 발전을 이루었습니다.

2023년에도 텍스트에서 비디오, 이미지에서 비디오를 만드는 기술이 있었으며, 1분 내외의 단편 영화를 제작할 수 있는 서비스도 제공되었습니다. 하지만 당시에는 학습된 것 외에 결과물이 부족하거나, 나온 결과물을 다른 디자인 도구로 보완해야 했습니다. 이러한 과정을 교육하는 커리큘럼도 있었으나, 2024년에는 훨씬 더 긴 영상과 일관성 있는 결과물을 만들 수 있게 되었습니다. 특히, 2024년 초에 공개된 Sora의 영상 기술은 실제 촬영한 것과 같은 디테일과 일관성으로 큰 기대를 모았습니다.

현재 글을 쓰는 시점에서 Sora는 오픈되지 않았지만, 이에 준하는 고퀄리티 영상을 제공하는 서비스들이 이미 등장했습니다. 예를 들어, RunwayML에서 제공하는 Gen-2에 이어 2024년 6월에 선보인 Gen-3 Alpha 모델은 이전보다 더욱 진보된 영상 제작 기능을 제공합니다.

Gen-2에서는 텍스트와 이미지를 비디오로 변환하는 기능이 있었고, Gen-3에서는 이 기능이 더욱 향상되었습니다. 그 발전은 기존 툴들

을 압도할 만큼 파격적이었고, 일관성 있는 영상, VFX 효과를 텍스트로 구현하고 창의적인 카메라 워크까지 가능하게 했습니다. 이러한 기능들은 후작업의 부담을 크게 덜어주며, 1차 영상에서 높은 퀄리티를 얻을 수 있습니다.

양질의 영상을 쉽게 생성할 수 있기 때문에 마케팅 측면에서도 매우 유리하며, 시간과 인적 비용이 크게 절감됩니다. Sora 영상이 등장했을 때 많은 전문가들이 놀랐듯이, Gen-3의 발전도 마찬가지로 큰 주목을 받았습니다. 동시에 Luma의 Dreammachine 같은 다른 고퀄리티 AI 영상 툴들도 등장했습니다. 이 툴은 텍스트와 이미지를 비디오로 변환하며, 첫 프레임과 끝 프레임을 설정해 독창적이고 예술적인 영상을 만들 수 있습니다. 현재 1.5 버전까지 나와 계속 성능이 업데이트되고 있습니다.

또한, 최근 SNS에서 이슈화된 KLING AI는 동양인 표현이 자연스럽다는 점이 특히 주목받았습니다. 대부분의 툴은 서양인 중심으로 학습되어 동양인 표현이 어색했지만, KLING AI는 이 문제를 해결했습니다. 두 인물의 이미지를 설정하고 특정 프롬프트를 넣으면 서로 껴안거나 웃는 등의 감성적인 장면을 구현할 수 있습니다. 이를 통해 가족이나 보고 싶은 사람의 사진을 이용해 감동적인 영상을 만들 수 있습니다. AI의 이 순기능은 기술적 능력 이상으로 사람들에게 깊은 감동을 주는 요소입니다.

텍스트와 이미지를 비디오로 변환하는 기술뿐만 아니라, 비디오를 비디오로 변환하는 기술도 발전하고 있습니다. 이 기술을 제공하는 대표적인 업체는 DomoAi로, 실사 영상이든 애니메이션이든 다양한 스타

AI의 발전

일로 변환하는 기능을 제공합니다.

특히 영화나 댄스 영상을 특정 스타일의 애니메이션으로 변환하는 작업이 활발히 이루어지고 있습니다. 애니메이션을 직접 제작하지 않고, 필요한 영상 소스만 구해 변환하는 방식은 생산 시간을 크게 단축할 수 있습니다. 아직 일관성을 유지하는 데 기술적 한계가 있지만, 곧 극복될 것이라 예상됩니다.

AI 영상 분야에서도 앞으로 개선할 부분이 분명 존재합니다. 그러나 이는 이제 막 시작된 기술일 뿐이며, 이미지 생성 기술이 발전한 것처럼 AI 영상도 점점 더 정교해질 것입니다.

## 예상되는 흐름

영상 역시 이미지 기술의 발전 흐름과 궤를 같이 할 것입니다. 더 현실감 있는 표현을 목표로 발전할 것이며, 인간을 어설프게 닮은 AI가 불편함을 주듯, 자연스러운 영상 구현에 초점을 맞출 것입니다. AI 영상 기술이 발전함에 따라, 1차 영상에서 최대한 완성도 높은 결과를 얻고, 후작업을 최소화하려는 노력이 계속될 것입니다. Luma, Gen-3, Kling 등의 회사가 각기 특성화된 기능으로 차별화된 서비스를 제공할 것이고, 소비자들은 자신의 목적에 맞는 툴을 선택하게 될 것입니다.

영상 제작은 장비와 시간, 공간의 제약이 크지만, AI 영상 기술이 이미지 생성처럼 현실과 구분되지 않을 정도로 발전한다면, 텍스트 몇 줄로 영상을 제작하는 시대가 올 것입니다. 유료 서비스가 저렴하지 않더라도, 퀄리티가 보장된다면 개인이나 기업 모두 이러한 기술을 적극적으로 활용할 것입니다. 특히, 현업에 있는 사람들이 AI를 활용했을 때 일반인이 제작한 결과물과는 감성적으로 차이가 크다는 점이 드러나고 있습니다.

의료 영상 분야에서도 AI 기술의 활용 가능성은 무궁무진합니다. 현재는 미세한 부분을 영상화하는 데 한계가 있지만, LLM의 발전과 AI 영상 기술이 결합된다면, 보이지 않는 영역을 시각화해 치유와 관리 측면에서도 큰 도움을 줄 것입니다.

현재 최고의 서비스를 제공하는 AI 영상 툴도 영원하지 않을 것입니다. 기술력이 더 뛰어난 서비스가 등장하면 사람들은 자연스럽게 그쪽으로 이동할 것이며, 꾸준히 연구와 성과를 내는 기업과 단체가 주목받을 것입니다. 영상 분야는 다양한 방식으로 활용될 수 있으며, 앞으로도 계속 발전할 가능성이 큽니다.

## 기술적 발전 방향

이미지와 마찬가지로, AI 영상 기술도 해상도 및 품질이 더욱 향상될 것입니다. 실시간 렌더링 능력이 개선되면, 중요한 프로젝트 발표에서 상대방을 설득하는 데 유리할 것입니다. 예를 들어, 건설 프로젝트에서 계획안을 빠르게 시뮬레이션하고 실시간으로 수정하여 개선안을 비교하는 작업이 가능해질 것입니다. 이러한 기술 발전은 공정 시간을 줄이고 비용 절감에 기여할 것입니다.

개인화된 콘텐츠 생성 기술도 발전하여, 개인이 하기 어려운 작업이나 비용 문제를 AI가 해결해 줄 수 있습니다. 적은 비용으로도 원하는 결과물을 쉽게 얻을 수 있게 되며, 1인 가구 증가와 함께 디지털 생산 분야도 더욱 분리되고 전문화될 것입니다.

## 창작 프로세스의 변화

생성형 AI뿐만 아니라 편집 툴들도 AI 기술을 도입해 계속 업그레이드되고 있습니다. 이미 포토샵, 프리미어 프로, Capcut 같은 프로그램들이 AI를 장착해, 영상 편집을 더 쉽게 하고 독창적인 콘텐츠 제작을 돕고 있습니다. AI가 장착되지 않은 툴을 찾기 어려운 시대가 도래한 것입니다.

AI 후처리 기술의 발전은 생산성을 크게 높일 것입니다. 또한, AI는 다른 언어를 모르는 사람도 쉽게 더빙을 할 수 있게 해주며, 입 모양까지 자연스럽게 조정하여 영상 콘텐츠를 글로벌 시장에 배포할 수 있습니다. 이미 일부 유튜브 유저들이 이 기술을 사용 중이며, 앞으로 더 많은 콘텐츠 제작자들이 이를 활용하게 될 것입니다.

LLM 발전 덕분에, 개인화된 챗봇을 이용해 나만의 색깔이 묻어나는 스크립트를 작성할 수 있습니다. 평소에 사용하는 언어나 스타일을 반영해 시청자들에게 자연스럽게 다가가는 스크립트를 작성할 수 있는 AI 툴들이 늘어나면서, 더 많은 사람들이 크리에이터로서 활동할 기회가 열릴 것입니다.

## 산업별 응용

영상 기술은 다양한 산업에 폭넓게 활용될 수 있으며, 특히 엔터테인먼트 분야에서 그 활용도가 높아질 것입니다. 영화, 게임, 광고 등의 분야가 대표적이며, 이들 산업은 AI 기반의 영상 생성 기술을 통해 더욱 효율적이고 창의적인 콘텐츠를 제작할 수 있습니다.

교육 분야에서도 AI 영상 기술은 개인 맞춤형 학습을 가능하게 할 것입니다. 학생마다 다르게 적용되는 보완 학습이나 개인의 선호를 반영한 학습 콘텐츠를 제작하여, 학습 효율을 높일 수 있습니다. 마찬가지로, 의료 분야에서도 AI가 개인화된 데이터를 바탕으로 건강 관리에 도움을 줄 것입니다. 예를 들어, 건강 흐름도를 영상으로 시각화해, 의료 기관이나 환자 본인이 건강 상태를 쉽게 파악하고 관리할 수 있는 시스템을 구축할 수 있을 것입니다.

보안 및 감시 시스템에서도 AI 영상 기술의 발전이 큰 역할을 할

AI의 발전

것으로 예상됩니다. 최신 기술은 영상 내에서 중요한 요소들을 빠르게 파악하고 분석할 수 있으며, 이는 범죄 예방 및 해결에 중요한 기여를 할 것입니다. 다만, 이와 함께 개인 사생활 보호를 위한 적절한 보완 장치도 필요할 것입니다.

## 영상의 윤리적 문제

최근 연예인을 대상으로 한 딥페이크 영상이 금전적 피해를 일으킨 사건이 있었습니다. AI 기술이 발전하면서 일반 대중도 속기 어려운 수준의 딥페이크가 생성될 수 있게 되었으며, 이는 심각한 윤리적 문제를 야기할 수 있습니다. 이를 방지하기 위해, 영상 내에 코드나 메타데이터를 삽입해 딥페이크를 원천 차단하는 기술이 도입될 가능성이 있습니다. 현재 AI 생성 이미지에도 육안으로는 구분이 어렵지만, 이를 식별할 수 있는 코드가 존재하듯이, 영상에서도 그러한 기술이 필요할 것입니다.

자연스럽고 현실적인 영상 기술이 발전함에 따라, 이를 악용하는 경우도 발생할 수 있습니다. 따라서 법적 제도는 기술 발전 속도에 맞춰 신속하게 보완되어야 하며, 기술의 진보가 빠르게 이루어지고 있는 만큼, 윤리적 문제 해결과 법적 규제가 동시에 추진될 필요가 있습니다.

# 음악 음성 분야

## 현재의 흐름

### 음악 분야

이미지와 영상 기술의 발전과 함께, 음악과 음성 분야도 빠르게 성장하고 있습니다. 초기에는 AI가 예술적인 영역, 특히 음악에서는 한계가 있을 것이라는 예측이 많았지만, 오히려 AI는 예술적 창작 분야에서 혁신적인 변화를 이끌고 있습니다. 작곡과 작사, 심지어 연주까지 AI가 가능하게 되면서, 기존의 예술적 경계는 모호해지고 있습니다. 실제로 현업에 있는 유명 작곡가들조차 AI의 음악적 성과에 찬사를 보내기도 합니다.

지금 AI 기반 음악 생성에서 두각을 나타내고 있는 대표적인 서비스는 Suno와 Udio입니다. 이 두 서비스는 마치 미드저니가 이미지 생성에서 그랬던 것처럼, 처음에는 다소 어설펐지만 LLM의 발전과 함께 빠르게 성장했습니다. AI가 인간을 더 잘 이해하게 되면서, 인간이 창작하는 음악 영역까지도 AI가 재현할 수 있게 된 것입니다. 이제 두 서비스는 고퀄리티의 음원을 생성할 수 있는 수준에 도달했습니다.

저는 개인적으로 Suno 사이트를 선호하는데, 한국어 발음 인식이 뛰어나서 더 친숙하게 사용할 수 있었습니다. Suno는 현재 v3.5 버전까지 업데이트되었으며, 자연스러운 가사와 음색 흐름을 보여줍니다. 전문가의 시각에서는 여전히 결함이 있을 수 있지만, 일반 사용자의 시각에서는 상당히 훌륭한 성과를 내고 있습니다. 처음에는 짧은 음악만 생성할 수 있었지만, 현재는 최대 4분 길이의 음원도 생성이 가능합니다. 이를 통해 음원을 수익화하는 사례도 등장하고 있으며, 저 역시 기회가 된다면 시도해보고 싶습니다. 가수나 연주 악기가 없어도, 텍스트와 간단한 튜닝만으로도 고퀄리티의 음악을 만들어낼 수 있는 시대가 도래한 것입니다.

영상 콘텐츠와 마찬가지로, AI 음악 생성은 시간과 비용을 절감할 수 있는 효과를 가져옵니다. 잘 만들어진 영상에 AI 음악을 삽입하면, 예술적 완성도가 크게 높아질 것입니다. 일부에서는 아직 기술의 한계를 지적하며 불편한 점들이 존재한다고 이야기합니다. 그러나 AI 기술은 끊임없이 발전하고 있으며, 이제는 기술적 완성에 가까워지고 있습니다. 현재의 기술적 수준을 냉혹하게 평가하기보다는, 미래의 가능성을 염두에 두고 AI 음악의 발전을 바라보는 것이 현명할 것입니다.

음악을 생성하는 AI 툴을 활용할 때, 각 서비스의 약관을 잘 확인하는 것이 중요합니다. 특히 상업적 이용에 대해 많은 서비스들이 유료 플랜을 통해 허용하는 경우가 많으므로, 목적에 맞는 툴을 선택해 사용하는 것이 좋습니다.

음악 용어가 익숙하지 않거나 음악적 조예가 깊지 않다면, ChatGPT, Claude, 뤼튼, Gemini 등의 AI 툴을 활용해 원하는 음악 분위기를 설명하고, 그에 맞는 프롬프트를 얻어낼 수 있습니다.

## 음성분야

음성 분야에서 AI의 발전은 기존의 한계를 뛰어넘고 있습니다. 특히, 목소리를 흉내내는 기술은 이제 성대모사 잘하는 사람들의 전유물이 아니라, AI가 매우 정교하게 수행할 수 있는 영역이 되었습니다. AI는 목소리의 패턴, 어조, 감정, 그리고 음성의 파장까지 분석하여 이를 재현해내는데, 이는 단순히 목소리를 비슷하게 흉내내는 것에 그치지 않고 감정 표현까지도 세밀하게 재현할 수 있다는 것을 의미합니다. 이러한 기술은 많은 사람들에게 신기함을 선사하며, 가수의 목소리를 빌려 다른 곡을 부르는 '커버곡' 형태의 콘텐츠가 인기를 끌었습니다.

　이러한 기술이 대중에게 받아들여질 수 있었던 이유는 AI가 단순히 목소리를 재현하는 데서 그치지 않고, 컨텍스트 이해와 의도 파악, 억양까지 정교하게 처리할 수 있기 때문입니다. 이제 사람들은 AI의 음성

AI의 발전

을 어색하게 느끼지 않으며, 오히려 친근하게 받아들입니다. 예를 들어, 저 역시 목소리가 좋지 않은 날 클로닝된 목소리로 콘텐츠를 제작한 경험이 있습니다. 물론, 100% 동일한 목소리라고 하기에는 아직 완벽하지 않지만, 기술이 더욱 정교해지면 완전히 동일한 목소리로 사용할 날도 멀지 않았습니다.

또한, 실시간 음성 변환 기술도 크게 발전하고 있습니다. 음성 변조 기술 자체는 새로운 것은 아니지만, AI 덕분에 그 정밀성과 자연스러움이 크게 향상되었습니다. 대표적으로 ElevenLabs와 같은 서비스는 최신 AI 음성 기술을 제공하고 있으며, 텍스트를 자연스러운 음성으로 변환하는 기능을 누구나 체험해볼 수 있습니다. 이전에는 딱딱하게 들리던 음성 합성 결과물이 이제는 거의 사람과 구분이 어려울 정도로 자연스럽게 들리게 되었고, 이는 콘텐츠 제작에 큰 도움을 주고 있습니다.

음성 효과와 관련해서도 AI가 매우 유용하게 활용되고 있습니다. 특정 상황을 묘사하면, 그 상황에 맞는 효과음을 AI가 생성해줄 수 있기 때문에, 별도의 녹음이나 로열티를 지불할 필요 없이 작업 시간을 절약할 수 있습니다. 이러한 기술들은 특히 짧은 영상 콘텐츠 제작에서 유용하게 사용되며, 상업적 목적이 아닌 비상업적 용도로도 간단하게 활용할 수 있습니다.

Stable Diffusion을 개발한 Stability AI는 오픈소스로 Stable Audio Open 1.0을 발표하였습니다. 이를 활용하면 사용자들이 원하는 음원과 효과음을 생성할 수 있습니다. 이 모델은 ComfyUI라는 툴을 통해 손쉽게 음성 생성이 가능하며, 사용자들에게 맞춤형 음원과 효과음을 제공하는 데 매우 유용한 도구입니다.

AI 음성 기술은 앞으로도 더 다양한 방식으로 활용될 것이며, 더 나아가 사람들의 일상생활과 창작 활동에 더 깊이 스며들 것입니다.

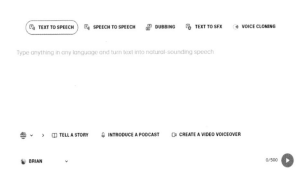

## 예상되는 흐름

기술적 발전 방향

음성 합성 기술의 발전은 눈에 띄게 빠르게 진행되고 있습니다. 2023년부터 다양한 음악 및 음성 생성 AI 서비스를 살펴본 결과, 음성 합성이 점점 더 자연스러워졌음을 알 수 있습니다. Suno와 같은 서비스를 보면 초기에는 배경 음악과 보컬의 조화가 어색했지만, 시간이 지나면서 그 조화가 자연스럽게 묻어나며 더욱 발전하고 있습니다. 이는 AI 기술이 시간이 지날수록 더 견고해지고 자연스러워질 것임을 시사하며, 앞으로는 개인 음색을 반영한 맞춤형 음악도 쉽게 만들어낼 수 있을 것입니다.

음악 분야에서 AI는 감정 표현과 억양 표현이 매우 중요합니다. 이러한 특성 덕분에 AI는 더욱 날카로운 기준으로 발전하며, 감정이 잘 표현된 음악을 생성할 수 있을 것입니다. AI는 사용자의 피드백과 학습을 통해 맞춤화된 음악을 생성할 수 있으며, 걸그룹 음악과 같은 대중적인 음악도 순식간에 만들어낼 수 있습니다. 이는 작곡가나 작사가에게는 위기일 수 있지만, 반대로 AI는 이들의 창작물을 보완하고, 더욱 뛰어난 퀄리티의 결과물을 만들어내는 도구로 활용될 수 있습니다. AI는 멜로디, 화성, 편곡, 리마스터링 기술을 더 정교하게 다룰 것이며, 음악 제작의 다양한 측면에서 발전할 것입니다.

또한, 연속적인 대화 처리 능력이 향상될 것으로 예상됩니다. GPT-4o의 시연 영상에서 이미 이 능력을 확인할 수 있었으며, 이는 음성 분석과 관련된 기술이 더 발전할 가능성을 시사합니다. AI는 연속적인 대화를 이해하고 처리하는 능력이 뛰어나질 것이며, 이는 자연스러운 대화 생성에 큰 영향을 미칠 것입니다.

## 음성의 후처리 기술 진화

이미 많은 소프트웨어에서는 음성의 노이즈 제거와 정확도 향상 기능이 탑재되어 있습니다. 예를 들어, 프리미어 프로에는 이러한 기능이 이미 포함되어 있어 영상 편집자들이 음성을 더욱 깨끗하게 다룰 수 있도록 돕고 있습니다. 이러한 후처리 기술은 계속해서 발전할 것이며, 다화자 환경에서의 음성 검출 능력과 컨텍스트 이해 능력도 향상될 것입니다.

특히, 불필요한 음성 부분을 자동으로 제거하거나, 다양한 음성 사이의 흐름을 자연스럽게 연결하는 기술도 발전하여 후처리 시간을 단축시키고 더 정교한 음성 편집을 가능하게 할 것입니다. AI는 사람의 의도와 대화의 흐름을 더 잘 파악하게 되며, 이에 따라 음성 후처리 작업이 더욱 매끄럽고 빠르게 이뤄질 것입니다.

## 음성 분야의 산업적 응용

LLM(대형 언어 모델)의 발전은 다양한 산업에 새로운 응용 분야를 열어주고 있습니다. 특히 가상 비서나 로봇의 활성화가 활발해짐에 따라, 콜센터와 고객 서비스 분야는 AI와의 밀접한 관계를 가지게 될 것입니다. 이미 AI 챗봇과 음성 인식 시스템을 사용하는 회사들이 늘어나고 있으며, 고객 응대가 자연스럽고 빠르게 진행되도록 도울 수 있습니다. 앞으로 이러한 기술들이 교육 분야, 자동차 음성 인터페이스, 엔터테인먼트, 게임 등 다양한 산업에서 그 빛을 발휘할 것입니다.

음성 AI는 특히 CF, 마케팅, 영화 및 게임 배경 음악에서 더욱 자주 사용될 것으로 예상됩니다. 음악과 음성 생성 기술이 더 자연스러워지면서, AI가 생성한 음성을 우리가 일상적으로 접할 날도 머지않았습니다. 자연스러운 AI 음성이 사람과 대화하는 수준에 도달한다면, 사람들에게 때로는 무서울 수 있지만, 영국 드라마 〈Humans〉에서 본 것처럼 이러한 변화에 적응할 가능성도 큽니다.

이제 사용자는 기존의 것을 단순히 사용하는 것이 아니라, 스스로 콘텐츠를 생성하고 재생산하는 역할을 맡게 될 것입니다. AI가 제공하는 도구를 이용해 사용자 중심의 음악과 음성이 점점 더 많이 만들어지고, 누구나 창작자가 되는 시대가 열리고 있습니다.

기타

음악과 음원은 저작권이 매우 중요한 영역으로, AI로 생성된 음악에 대한 저작권 문제는 앞으로 더욱 중요한 주제가 될 것입니다. AI 음악이 상업적으로 사용될 때 발생할 수 있는 저작권 이슈와 관련된 법적 논의는 이미 활발히 진행되고 있습니다.

비록 AI가 사람의 소리를 모방하고 감정 표현을 시도하고 있지만, 인간의 감성을 완벽히 재현하기는 아직 어려운 부분도 있습니다. 같은 멜로디를 부르더라도 특정 가수의 목소리가 감동을 주고, 인간의 감정적 깊이는 AI가 쉽게 넘보기 힘든 영역입니다. 그렇지만 AI가 감성적 표현을 얼마나 더 정밀하게 구현할 수 있을지는 앞으로도 흥미롭게 지켜볼 요소가 될 것입니다. AI가 이 감성적인 영역에서 더 큰 발전을 이뤄낼지 기대해볼 만합니다.

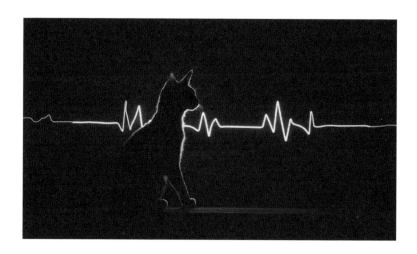

## AI 기술 미래전망

앞서 언급된 AI의 발전 방향과 함께, 이제 사회 전반에서 예상되는 AI 기술의 미래 전망을 살펴보겠습니다. 이 내용은 이미 다룬 시각적, 청각적 AI 기술을 넘어, AI가 사회에 미칠 전반적인 영향과 예측을 종합적으로 정리한 것입니다.

### 초지능 AI의 등장 가능성

현재 AI는 특정 작업에 특화된 '약한 AI'로 주로 사용되고 있습니다. 하지만 많은 전문가들은 향후 몇 년 내에 '강한 AI' 또는 '초지능 AI'가 등장할 가능성을 논의하고 있습니다. 초지능 AI는 인간 지능을 넘어서는 능력을 갖춘 AI로, 스스로 학습하고 개선할 수 있는 자율적 AI를 의미합니다. 이는 과학, 의학, 환경 문제 등 인류가 직면한 다양한 도전 과제를 해결하는 데 혁명적인 기회를 제공할 수 있습니다.

그러나 초지능 AI의 출현은 윤리적, 사회적, 경제적 문제를 동반할 가능성이 큽니다. 인공지능의 의사결정 과정이 투명하지 않거나 예측 불가능한 결과를 초래할 수 있으며, 인간을 초월하는 능력을 갖춘 AI의 관리와 통제는 어려워질 수 있습니다. 그 결과, 인공지능을 환영하는 동시에 두려워하는 현상이 더 강해질 것으로 예상됩니다.

### 인간-AI 협업의 새로운 패러다임 형성

AI 기술이 발전하면서 인간과 AI 간의 협업 모델은 더욱 정교해지고 효율적으로 변화할 것입니다. AI는 이미 인간의 능력을 보완하는 역할을 하고 있지만, 미래에는 이러한 협업이 더 자연스럽고 통합적으로 이루어질 것입니다.

예를 들어, 의료 분야에서는 AI가 방대한 의학 데이터를 분석하여 질병 진단을 돕고, 의사가 최종 결정을 내리는 협업 모델이 보편화될 것입니다. 교육 분야에서는 AI 튜터가 학생의 학습 패턴을 분석해 맞춤형 교육을 제공하고, 교사는 이를 바탕으로 더 깊이 있는 지도를 할 수 있는 환경이 조성될 것입니다. 이러한 협업 패러다임은 다양한 산업에서도 인간의 창의성과 AI의 효율성을 결합하여 생산성을 크게 향상시킬 것입니다.

### 윤리적 AI와 규제의 중요성

AI 기술의 발전은 윤리적 문제와 규제 필요성을 필연적으로 동반합니다. 데이터 프라이버시 침해, 차별적 의사결정 등의 문제는 이미 등장하고 있으며, AI의 투명성에 대한 요구도 증가하고 있습니다. AI의 활용이 늘어날수록 윤리적 책임이 더 강화되어야 하며, 이를 위한 국가적 및 국제적 규제 프레임워크가 필요합니다.

각국 정부와 국제기구는 AI 기술이 빠른 속도로 발전함에 따라, 이를 관리할 수 있는 규제 체계를 개발해야 할 것입니다. AI의 잠재적 위험을 최소화하면서도 혜택을 최대화할 수 있는 방향으로 규제가 이루어져야 합니다. 그러나 이 과정에서 환경 문제와 기술 발전 속도를 맞추는 일이 쉽지 않기 때문에, 국제적인 협력과 조정이 필요할 것입니다.

### AI의 사회적·경제적 영향

AI의 발전은 경제와 고용시장에도 큰 변화를 일으킬 것입니다. 자동화와 AI 기반 기술이 늘어남에 따라 일부 직업은 대체될 가능성이 높아지고, 새로운 AI 관련 직업이 창출될 것입니다. 따라서, 기술 격차를 해소하고 인적 자원을 재교육하여 미래의 직업 환경에 적응할 수 있는 사회적 대응이 필수적입니다.

결국, AI는 인간의 삶을 혁신하는 동시에 사회 구조의 재편을 이끌어갈 것이며, 이러한 흐름 속에서 인간의 역할과 기술의 책임을 명확히 하는 것이 중요해질 것입니다

## AI가 집중적으로 활용될 주요 분야

### 의료 및 헬스케어

AI는 의료 분야에서 질병 진단, 신약 개발, 개인화된 치료 등 다양한 혁신을 가져올 것입니다. AI 기반 영상 진단 시스템은 빠르고 정확한 진단을 가능하게 하며, 방대한 임상 데이터를 분석하여 새로운 치료법을 제안하거나 희귀 질병의 원인을 규명하는 데 큰 도움을 줄 수 있습니다.

더 나아가, 웨어러블 기기와 AI의 결합으로 실시간 건강 모니터링이 가능해지며, 질병의 조기 징후를 감지하고 예방적 조치를 취할 수 있습니다. 이는 의료 비용 절감과 함께 전반적인 국민 건강 증진에 기여할 것으로 예상됩니다.

### 교육

AI는 개인화된 학습 환경을 제공하는 데 큰 역할을 할 것입니다. AI 튜

터링 시스템은 학생 개개인의 학습 패턴을 분석하여 맞춤형 학습 경험을 제공하고, 어려운 부분을 보완하는 방식으로 교육을 최적화할 수 있습니다. 또한, VR과 AR 기술이 결합된 AI는 몰입감 있는 학습 경험을 제공하여 학습 효과를 높일 수 있습니다.

교사들에게도 AI는 큰 도움이 될 것입니다. 반복적인 업무를 자동화해 교사들이 학생과의 상호작용과 창의적인 교육 활동에 더 많은 시간을 할애할 수 있게 될 것입니다. MZ 세대는 AI와 디지털 환경에 익숙하기 때문에 빠르게 적응할 것입니다.

## 환경 및 기후 변화 대응

AI는 기후 변화 대응 및 환경 문제 해결에 중요한 역할을 할 것입니다. AI 기반 기후 모델링은 기후 변화 예측을 더 정확하게 하며, 재생 에너지 최적화와 자원 관리를 통해 탄소 배출을 줄이고 에너지 효율을 높일 수 있습니다.

또한, 위성 이미지와 센서 데이터를 분석해 삼림 벌채나 해양 오염 등을 모니터링하고, 스마트 그리드 시스템은 에너지 수요와 공급을 최적화할 것입니다. 정밀 농업에서도 AI는 작물 생산 최적화와 자원 사용 절감을 통해 생산성 향상에 기여할 것입니다.

## 금융 및 경제

AI는 금융 서비스의 개인화와 효율성을 크게 향상시킬 것입니다. AI 기반 로보어드바이저는 개인의 재무 목표에 맞는 맞춤형 투자 조언을 제공하며, 금융 사기 탐지, 신용 평가, 리스크 관리에서도 AI의 정교한 분석이 활용될 것입니다.

또한, 경제 예측 분야에서 AI는 방대한 데이터를 분석하여 더 정확한 경제 전망을 제시하며, 정책 입안자들이 더 나은 의사 결정을 내릴 수 있도록 지원할 것입니다.

## 교통 및 도시 계획

자율주행 기술의 발전과 함께 AI는 교통 시스템의 혁신을 이끌 것입니다. AI 기반 교통 관리 시스템은 실시간 데이터를 분석하여 교통 흐름을 최적화하고, 사고 예방 및 에너지 효율성 향상을 가능하게 합니다.

스마트 시티에서는 AI가 도시 데이터(교통, 에너지 사용, 환경 등)를 종합 분석하여 더 지속 가능하고 효율적인 도시 운영을 지원할 것입니다. AI와 자율주행 차량의 결합은 도시 교통의 미래를 더욱 혁신적으로 변화시킬 것입니다.

이러한 AI의 발전은 다양한 산업에 걸쳐 새로운 기회를 제공하고, 효율성 증대와 함께 생산성 향상을 이끌어낼 것입니다.

## AI 시대에 어떻게 대비해야 하는가

### 지속적인 학습과 적응

AI 기술의 빠른 발전으로 많은 직업이 변화하거나 사라질 수 있다는 불안감이 커지고 있습니다. 지속적인 학습과 새로운 기술 습득은 이제 필수가 되었습니다. 특히, AI가 쉽게 대체하기 어려운 창의성, 감성 지능,

비판적 사고 능력 같은 스킬들을 개발하는 것이 중요합니다. 평생 학습의 필요성은 어느 때보다 강조되고 있으며, 이 흐름에 익숙하지 않은 세대들에 대한 교육적 지원도 강화해야 할 것입니다.

또한, AI 전문가 양성이 필수적이지만, 사적인 권력화나 사단법인 중심의 폐쇄적 구조는 지양하고, 공적이고 포괄적인 교육 기회를 제공하는 방향으로 나아가야 합니다.

### 디지털 리터러시Literacy 향상

AI가 일상에 통합됨에 따라 디지털 리터러시는 더 중요한 요소가 됩니다. 개인이 AI의 기본 원리를 이해하고, AI가 제공하는 정보를 비판적으로 평가할 수 있어야 하며, 개인 데이터 보호에 대한 지식도 필수적입니다. 디지털 시대의 정보 조작에 대한 방어력을 키우는 것이 필요합니다. 또한, 사회적 합의를 통해 AI의 윤리적 문제와 프라이버시 보호를 위한 새로운 제도와 조직이 필요할 것입니다.

### 윤리적 의식 함양

AI의 발전은 편향성, 프라이버시 문제, 일자리 대체 등의 윤리적 문제를 동반합니다. 이러한 문제를 해결하기 위해 사회적 토론에 적극 참여하고, 윤리적 의식을 함양하는 것이 중요합니다. AI 기술이 일으킬 잠재적 문제들에 대해 미리 논의하고 대비하는 것이, 변화의 과정에서 발생할 혼란을 줄이는 데 도움이 됩니다.

## 인간만의 고유한 가치 인식

AI가 발전할수록, 인간만의 고유한 가치가 더 중요해질 것입니다. 창의성, 공감 능력, 윤리적 판단 능력과 같은 특성은 AI가 쉽게 모방할 수 없습니다. AI가 인간을 초월하는 초지능 AI 시대가 다가오더라도, 인간이 가진 고유의 특성을 지키고 발전시키는 것은 필수적입니다. 가상 세계나 AI의 도움을 받아도 인간관계의 가치를 잃지 않고 사람다운 삶을 살아가는 데에 신경 써야 합니다.

## 심리적 웰빙 관리

AI 기술의 발전은 삶의 편리성을 높이지만, 동시에 디지털 의존도 증가와 프라이버시 침해 같은 문제들로 스트레스를 유발할 수 있습니다. 이를 예방하기 위해 디지털 디톡스나 명상, 대인관계 강화 같은 심리적 웰빙 관리가 중요합니다. 기술이 발전할수록, 심리적 건강과 균형 있는 삶을 유지하는 것이 더욱 필요할 것입니다.

이러한 대비책을 통해, 우리는 AI 시대에 적응하고 미래의 도전에 대응할 준비를 갖출 수 있을 것입니다.

# Chapter 4

## 창톡(노승욱 대표)

1984년 경기도 성남시 상대원 전통시장에서 태어났다. 어머니가 40년 넘게 순대국집을 해오신 소상공인의 아들이다. 매경이코노미 창업전문기자로 근무하며 12년간 국내외 장사고수 1000여명을 인터뷰했다. 장사고수에게 상담받고 싶다는 소상공인 요청에 장사고수 멘토링 플랫폼 '창톡'을 설립했다. 유튜브 '창톡'을 통해 장사고수 노하우를 전하고 있다.

# 자영업
# 트렌드

98만 6,487명. 지난해 폐업 신고를 한 사업자(개인·법인) 수다(국세청 국세통계연보 자료). 전년(86만 7,292명) 대비 13.7%(11만 9,195명) 증가하며, 2006년 관련 통계 집계 이후 최대 폭을 기록했다.

폐업자 수는 코로나19 팬데믹이 한창이던 2020~2022년에도 80만 명대를 유지했다. 그러나 팬데믹 이후 빚으로 연명하던 자영업자들이 고물가, 고금리, 내수 부진을 견디지 못하고 연쇄적으로 폐업하는 모습이다. 한 마디로, 사상 최악이다.

## '자영업 소멸'이 시작됐다

저출산, 지방 소멸과 함께 2025년 대한민국이 맞닥뜨릴 현상은 '자영업 소멸'이다. 수십 년간 과포화 상태였던 자영업 시장에서 경쟁력을 잃은 가게들이 빠르게 도태되고, 폐업과 퇴출이 가속화될 것이다.

자영업 소멸은 이미 시작됐다. 통계청에 따르면 2018년 21.1%에 달했던 자영업자 비율이 2024년 2분기에는 19.6%로 떨어졌다. 6년 만에 1.5%포인트 감소하면서 처음으로 20%선이 붕괴됐다. 우리나라 전체 취업자 수가 약 2,800만 명이니, 6년 동안 42만 개의 사업체가 사라진 셈이다.

자영업 위기의 신호는 2010년대 후반부터 감지되기 시작했다.

첫째, 프랜차이즈 본사들은 매년 수백 개에서 수천 개씩 꾸준히 늘려오던 직영점을 2019년에 들어서 1,200개(-6.9%)나 대폭 줄였다.

급격한 최저임금 인상과 온라인 쇼핑의 증가로 인한 오프라인 내수 부진 탓에, 본사는 직영점부터 구조조정에 나선 것이다. 그러면서도

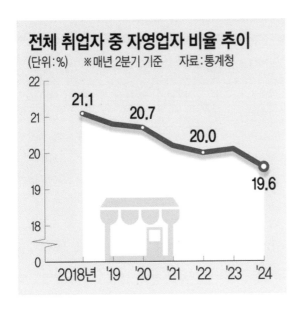

전체 취업자 중 자영업자 비율 추이

(단위:%) ※매년 2분기 기준  자료:통계청

21.1
20.7
20.0
19.6

2018년 '19 '20 '21 '22 '23 '24

가맹점은 4% 이상 지속적으로 출점했으니, 무분별한 가맹점 확장이라는 비판을 피하기 어려운 상황이다.

둘째, 상가 공실률이 치솟고 있다.

한국부동산원에 따르면, 2020년 중대형 상가(일반 3층 이상이거나 연면적 330㎡ 초과)와 소규모 상가(일반 2층 이하이고 연면적 330㎡ 이하)의 평균 공실률은 각각 12.7%, 7.1%였다. 코로나19 팬데믹이 한창이던 2021년에는 중대형 상가 공실률이 13.5%로 상승한 반면, 소형 상가 공실률은 6.8%로 약간 하락했다. 그러나 2024년 상반기에는 중대형 상가는 13.8%, 소형 상가는 8%로 최고치를 기록했다. 집합 상가(집합건축물 대장상 건물) 공실률도 2022년 9.4%에서 2024년 상반기 10.2%로 뛰어올랐다.

자영업 트렌드

| 가맹본부 정보공개서 등록현황 | | | | | | | | | |
|---|---|---|---|---|---|---|---|---|---|
| 구분 | 2012년 | 2013년 | 2014년 | 2015년 | 2016년 | 2017년 | 2018년 | 2019년 | |
| | | | | | | | | 현황 | 증감(%) |
| 가맹본부 수 | 2,678 | 2,973 | 3,482 | 3,910 | 4,268 | 4,631 | 4,882 | 5,175 | 6.0 |
| 브랜드 수 | 3,311 | 3,691 | 4,228 | 4,884 | 5,273 | 5,741 | 6,052 | 6,353 | 4.9 |
| 가맹점 수 | 176,768 | 190,730 | 194,199 | 208,104 | 218,997 | 230,955 | 243,454 | 254,040 | 4.3 |
| 직영점 수 | 11,326 | 12,619 | 12,896 | 15,459 | 16,854 | 17,135 | 17,315 | 16,114 | -6.9 |

자료 : 공정위 가맹정보제공시스템(*08.8월부터 등록 시작)

공실률 급등이 의미하는 바는 분명하다. 폐업한 자리에 신규 자영업자가 들어오지 않는다는 것. 이는 창업에 대한 기대 수익이 줄어들면서 자영업자들의 임차 수요가 감소하고 있다는 얘기다.

셋째, 기존 점포의 영업권 시세를 나타내는 상가 권리금도 꾸준히 하락 중이다. 한국부동산원에 따르면, 평균 상가 권리금은 2019년 4274

| 코로나19 팬데믹 때보다 높아진 상가 공실률 (단위 : %) | | | |
|---|---|---|---|
| | 중대형 상가 | 소형 상가 | 집합 상가 |
| 2020년 | 12.7 | 7.1 | - |
| 2021년 | 13.5 | 6.8 | - |
| 2022년 | 13.2 | 6.9 | 9.4 |
| 2023년 | 13.5 | 7.3 | 9.9 |
| 2024년 상반기 | 13.8 | 8 | 10.2 |

자료 : 한국부동산원

2025 대한민국 미래 인사이트

자영업 폐업이 급증하며 서울 시내 상가 공실이 증가, 상권 붕괴가 가시화되고 있다.

<자료 : 매경DB>

만 원에서 2020년 4074만 원, 2021년 3807만 원, 2022년 3690만 원, 2023년에는 3554만 원으로 꾸준히 감소했다.

　자영업자들이 자신이 주고 들어간 권리금을 온전히 회수하지 못한 채, 서둘러 양도·양수를 하고 있다는 얘기다. 같은 기간 동안 물가가 크게 올랐음을 감안하면, 실질적인 손실은 더욱 크다.

　넷째, 그동안 출점에 적극적이었던 다점포 점주들도 점포 정리에 나섰다. 주식 시장에 '슈퍼 개미'가 있듯, 자영업 시장에는 '다점포 점주'가 있다. 장사가 잘되면 가맹점을 한 번에 2~10개 이상 늘려 수익을 극대화하려는, '프랜차이즈 업계의 큰손'들이다. 필자는 전체 프랜차이

자영업 트렌드

| 지속 하락하는 평균 상가 권리금 (단위 : 만원) | |
| --- | --- |
| | 평균 상가 권리금 |
| 2019년 | 4274 |
| 2020년 | 4074 |
| 2021년 | 3807 |
| 2022년 | 3690 |
| 2023년 | 3554 |

자료 : 한국부동산원

즈 가맹점 중 다점포 운영 비율을 나타내는 '다점포율' 통계를 개발해, 2014년부터 매년 100여 개 주요 프랜차이즈를 대상으로 조사해왔다.

다점포율이 높다는 것은 기존 점주들이 가맹점을 추가로 출점했다는 의미이니 '뜨는 프랜차이즈'를 가리키며, 다점포율이 낮으면 기존 점주들이 점포 정리에 나섰다는 뜻이니 '지는 프랜차이즈'로 해석할 수 있다. 그동안 다점포율은 업종별로 부침이 있었는데, 쥬씨, 연안식당, 메가커피, 에머이 등 특정 브랜드가 유행하면 관련 프랜차이즈의 다점포율도 상승하고, 반대로 그와 반대되는 프랜차이즈는 하락하는 식으로 트렌드 변화가 나타났다.

그런데 2024년 초 집계된 다점포율은 거의 모든 업종에서 감소했다. 지난 10년간 다점포율을 조사하며 처음 보는 현상이었다.

"100여 개 브랜드 중 전년 대비 다점포율이 증가한 곳은 10개도 채 안 된다. 지금까지의 조사 중 최저치다. 다점포율 감소는 물론, 전체 가맹점 수가 줄어든 브랜드도 많다. 업종을 가리지 않고 다점포

**2015년 이후 우하향 중인 편의점 다점포율(단위 %)**

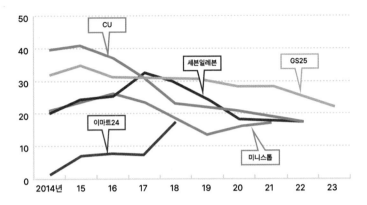

GS25 2023년은 추정치, 미니스톱은 세븐일레븐 합병, 이마트24년 2019년부터 비공개, 자료: 각 사

율이 줄어든 가장 큰 이유는 인건비 부담이다. 최저임금 인상으로 인건비가 급증하면서 다점포 운영 부담이 커졌다. 대부분 다점포는 점주가 출근하지 않고 아르바이트생으로만 운영되는 '오토auto 매장'이다. 인건비 부담에 더해 최근 부업 트렌드 확산과 인구 감소로 '구인난'까지 심화되면서 오토 매장 운영이 이전보다 어려워진 것이다."

2024년 프랜차이즈 다점포율을 취재한 나건웅 매경이코노미 기자의 분석이다.

자영업 트렌드

## 권리금 폭탄에 원상복구 부담까지 '이중고'

더 큰 문제는 이제부터다. 그동안 폭탄 돌리기를 하던 '권리금 폭탄'이 여기저기서 터지기 시작할 것이다. 2019년부터 권리금이 감소하는 추세였지만, 폐업 건수가 매년 80만 건 안팎을 기록하던 시절의 이야기다. 2024년 폐업이 100만 건에 육박하면서 권리금은 더욱 큰 폭으로 하락할 것으로 예상된다. 누구나 탐낼 만한 입지 좋은 점포가 아니라면, 권리금 회수는 이전보다 훨씬 어려워질 전망이다. 폐업 후 채워지지 않은 '무권리 공실'이 도처에 널려 있는데, 신규 자영업자가 비싼 권리금을 주고 기존 자영업자의 퇴로를 열어줄 이유가 없기 때문이다.

경기 수원의 한 외식 프랜차이즈 직영점 사례는 최근 권리금 회수가 얼마나 어려워졌는지를 보여준다. 수원에서 직영점이 큰 성공을 거둬 전국에 70여 개의 가맹점을 확장한 이 브랜드는 이후 유사 브랜드가 난립하면서 직영점 매출이 감소하기 시작했다. 유행 주기가 짧고 카피캣(모방 브랜드)이 넘쳐나는 국내 프랜차이즈 산업의 흔한 어두운 면이다. 본사는 수원 직영점을 권리금 2000만 원에 내놓았지만, 양수자가 나타나지 않아 결국 자진 폐업과 상가 원상 복구를 진행할 예정이라고 한다.

이렇게 되면 권리금을 회수하지 못할 뿐만 아니라, 상가 원상 복구 비용까지 더해져 기존 임차인은 적어도 2000만~1억 원 이상의 손실을 떠안게 될 수 있다. 이는 자영업자 비율 감소와 공실 증가, 즉 자영업 구조조정이 촉발하고 있는 사태의 단적인 모습이다.

쿠팡 이펙트·이종업태 경쟁·맛집 승자독식…

"저 공실들은 영원히 채워지기 어려울 것"

필자는 수년 전부터 이런 사태를 경고해왔다. 2016년 2월부터 고정 패널로 출연 중인 KBS1라디오 '성공예감 이대호입니다'의 〈창업 트렌드〉 코너에서 "지금 늘어나고 있는 공실은 앞으로 영원히 채워지기 어려울 것"이라고 공공연히 말했다. 이유는 간단하다. 오프라인 쇼핑 수요가 온라인으로 넘어가는 이른바 '쿠팡 이펙트coupang effect', 편의점 도시락 등으로 외식을 대체하는 '이종업태와의 경쟁 심화', 그리고 맛집을 찾아 줄 서서 먹는 '승자독식' 현상 때문이다. 시장 환경은 급변했지만, 자영업자 구성은 고령화되면서 대응 역량이 갈수록 떨어지고 있다.

한국노동연구원이 통계청 경제활동인구조사를 토대로 분석한 결과에 따르면, 국내 자영업자 중 50세 이상 '시니어 사장님' 비중은 2003년 37.8%에서 2023년 63.7%로 20년 만에 두 배 가까이 급증했다. 구체적으로 보면, 50대 이상의 비율은 19.7%에서 27.3%로, 60대 이상의 비율은 18.1%에서 36.4%까지 치솟았다.

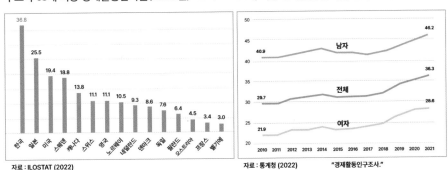

주요국 65세 이상 경제활동참가율(2020년) 단위 %    65세 이상 경제활동참가율 변화(한국)

자료 : ILOSTAT (2022)    자료 : 통계청 (2022)    "경제활동인구조사."

출처 : https://www.emozak.co.kr/news/articleView.html?idxno=5269

자영업 트렌드

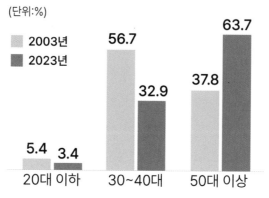

## 자영업자 연령별 비중

(단위:%)

■ 2003년
■ 2023년

| 20대 이하 | 30~40대 | 50대 이상 |
|---|---|---|
| 5.4  3.4 | 56.7  32.9 | 37.8  63.7 |

자료 : 통계청, 한국노동연구원

'나이는 숫자에 불과하다'는 말은

적어도 자영업 시장에선 통하지 않는다.

2022년 소상공인 실태조사 자료에 따르면, 연매출 5000만원 미만의 영세 소상공인 비중이 가장 높은 연령대는 60대 이상이었다. 20대와 30대도 각각 34.9%, 33.5%로 뒤를 잇고 있지만, 젊은 세대는 대체로 자본이 적어 소자본 창업을 선택하는 경향이 있다. 이를 감안하면 50대 이상의 시니어 사장님들의 저매출 문제는 더욱 심각하게 다가온다.

시니어 사장님들이 고전할 수밖에 없는 이유는 최근 자영업 시장의 변화에 있다. 자영업은 이제 배달앱과 SNS 같은 온라인 마케팅이 중요한 '기술 집약 산업'으로 변모했다. 이 변화는 2010년대 중반부터 시

2025 대한민국 미래 인사이트

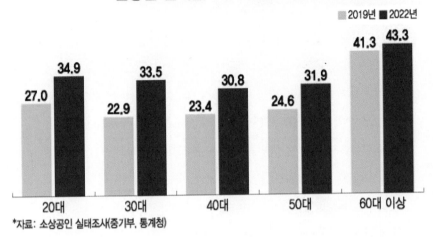

연령별 연매출 5000만원 미만 비중 증감 (단위: %)

■ 2019년 ■ 2022년

| | 20대 | 30대 | 40대 | 50대 | 60대 이상 |
|---|---|---|---|---|---|
| 2019년 | 27.0 | 22.9 | 23.4 | 24.6 | 41.3 |
| 2022년 | 34.9 | 33.5 | 30.8 | 31.9 | 43.3 |

*자료: 소상공인 실태조사(중기부, 통계청)

작된 '오래된 변화'다. 또한, 2020년대 들어 자영업은 다른 매장과의 차별화를 중시하는 '컨셉 집약 산업'이 되었다.

그럼에도 불구하고 시니어 사장님들은 여전히 자영업을 '노동 집약' 혹은 '상권(입지) 집약' 산업으로 인식하고 있다. 단지 열심히 일하거나, 좋은 입지에만 자리 잡으면 성공할 수 있는 시절은 이미 10년 전에 끝났지만, 이 변화를 받아들이지 못한 채 과거 방식에 기대고 있는 것이다.

푸드테크의 발전은 외식업계의 양극화를 부추기고 있다.

쿠팡 이펙트는 말할 것도 없고, 맛집 승자독식 현상 역시

자영업이 기술집약 산업으로 변모하며

푸드테크가 접목된 결과로 더욱 강화됐다.

과거에는 맛집 정보가 적고, 알아도 직접 줄을 서서 기다려야 하는 번거로움이 있어 승자독식을 막는 요인이 됐었다. 그러나 요즘은 캐치 테이블, 테이블링 같은 맛집 예약 앱이 대중화되면서, 어디가 맛집인지 쉽게 알 수 있고 줄을 서지 않아도 알림 서비스 덕에 차례가 오면 3분 전에 알려주는 시스템이 보편화되었다. 푸드테크 덕분에 맛집의 위상은 높아지고, 한 가게가 응대할 수 있는 손님 수는 더 늘어나게 되었다.

푸드테크의 영향으로 강소 식당이 늘어나고 있다. 4평짜리 매장에서 월매출 5000만원, 25평짜리 매장에서 월매출 2억원을 기록하는 등 회전율이 압도적으로 높은 식당들이 등장하고 있다(배달 포함). 참고로, 우리나라 음식·숙박업 소상공인의 월평균 매출은 약 1200만원에 불과하다(소상공인 실태조사 자료). 따라서 월매출 2억원의 식당이 하나 생기면, 주변의 평범한 식당 30여 개의 매출이 반토막 날 수밖에 없다.

배달앱 또한 맛집이 절대적으로 유리한 구조다. 기존에 쌓아놓은 '찜', '리뷰' 수가 진입장벽 역할을 하며, 신규 식당이 그 장벽을 넘는 것은 점점 어려워지고 있다. 과거에는 '우리가게클릭'이나 '배달비 무료' 등의 상위 노출 광고를 통해 빠르게 입지를 다질 수 있었으나, 중개 수수료가 오르고 무료 배달이 보편화되면서 신규 입점 식당들이 상위 노출 마케팅을 통해 살아남기 어려워지고 있다. 외식업에서 효율적 운영을 위해 도입된 푸드테크가 오히려 식당들의 양극화를 심화시키는 부작용을 낳고 있는 것이다.

코로나19 팬데믹 당시 자영업 시장은 초토화되었지만, 동시에 헐

값에 나온 매물을 '줍줍'하는 움직임도 활발하게 일어났다. 당시 주요 상권의 상가 권리금은 50~20% 하락에 그쳤으나, 렌트프리(무월세) 기간이 공실은 3~6개월, 신규 분양 상가는 1년까지도 연장되었다. 이러한 기회를 포착한 장사 고수들은 주식을 저점에 매수하듯 '저점 창업'으로 오히려 특수를 누렸다.

김상혁 성수노루 대표는 그 대표적인 사례다. 김 대표는 코로나19가 한창이던 2021년 성수동에서 2층 규모 상가를 권리금 단돈 1000만원에 인수, 창업 1년 만에 월매출 1억4000만원을 기록하는 대박 가게로 변모시켰다. 엔데믹에 접어들면서 성수동 상권이 활성화되어 해당 매장의 권리금은 2억~3억원을 호가하게 되었다. 김 대표는 창업 2년여 만에 월 수천만원의 운영수익과 2억5000만원가량의 권리금 차익을 얻고 엑싯exit에 성공했다.

2025년에는 코로나19 때보다 자영업 경기가 더욱 어려워질 것으로 예상되며, 다시 이 같은 저점 창업의 기회가 열릴 것으로 보인다. 현재 자영업 시장은 **'신규 창업자 우위 시장'**으로 변모했다. 상가 공실이 코로나19 이전보다도 많아져, 공실 해소를 위해 건물주와 적자 매장에서 탈출하려는 기존 임차인들이 '을'이 되고, 창업자는 '갑'이 되었다. 이에 따라 좋은 아이템과 적당한 자본을 가진 신규 창업자들은 렌트프리나 무권리금 등 이전보다 훨씬 좋은 조건으로 저비용 창업을 할 수 있는 기회를 가질 것이다.

미국 연준이 2024년 9월 금리 인하를 단행하고 2025년 경기가 2024년보다 개선된다면, 2024년 말~2025년 상반기가 외식업에서 '저점'이 될 가능성이 크다. 그러나 자영업 3대 비용(임대료, 인건비, 원자재비)이 여전히 높아진 상황에서 실력이 없는 자영업자는 저점 창업을 해도 기회를 잡기 어려울 것이다. 오히려 떨어지는 칼날을 섣불리 잡는 우를 범할 수 있다.

2025년 자영업 시장은 하수들에게는 여전히 어려운, 고수들에게는 오히려 기회를 잡기 쉬운 양극화된 상황이 될 전망이다.

**저점 창업 주목받는 이유**

① 공실 증가에 권리금↓, 렌트프리↑ '신규 창업자 우위 시장'

② 2025년 금리 인하로 돌아서면 경기 호전 기대

③ 전 국민 민생지원금 등 경기 부양책 기대

**저점 창업 시 주의사항**

① 자영업 3대 비용 상승에 높아진 손익분기점↑

② 악성 공실, 안 좋은 입지는 '싼 게 비지떡'

③ 소비의 온라인화 가속…차별화된 컨셉 있어야

필자가 운영하는 유튜브 '창톡'에서 '저점 창업' 트렌드를 소개한 영상 썸네일을 확인할 수 있다. 유튜브에서 '저점 창업'을 검색하거나, 스마트폰 카메라로 QR코드를 찍으면 실제 저점 창업에 나선 다점포 점주의 인터뷰 영상을 볼 수 있다.

자영업 트렌드

## "자영업자 비율 목표는 15%" … 길고 긴 구조조정의 시작

과포화, 고령화, 양극화, 고물가, 그리고 구조조정의 악재가 겹치면서 2025년 자영업 시장은 그 어느 때보다 험난할 전망이다. 그간 해결되지 못했던 여러 문제들이 한꺼번에 터져 나오며 자영업 시장은 총체적 난국에 직면했다.

물론 정부도 재기지원사업 등 자영업자들을 위한 연착륙 정책을 시행하고 있다. 그러나 시장 환경이 너무 빠르게 악화되고 있어 이러한 정책들이 실질적으로 효과를 발휘하기 전에 폐업하는 자영업자들이 훨씬 더 많아질 가능성이 크다. 자영업 지원 정책은 긴급한 수요에 대응하다 보니 예산이 제한적이고, 그 결과 '언발에 오줌누기' 식의 대응이 되는 경우가 대부분이다.

대한민국 자영업 정책의 수장을 맡았던 박영선 전 중소벤처기업부 장관은 2019년 한 언론 인터뷰에서 이렇게 말했다.

"자영업 비중이 현재 25%에서 10% 수준까지 내려가야 하지만, 너무 급격하게 낮추기는 어렵기 때문에 15% 정도로는 낮춰야 한다."

자영업자 비율은 집계 시점이나 기관에 따라 다소 차이가 있지만, 언론 보도를 종합하면 2024년 8월 기준 자영업 비율은 약 20% 정도다. 이 수치를 15%로 낮추려면 자영업자 4명 중 1명은 사라져야 한다. 현재도 많은 소상공인들이 자영업 소멸 현상으로 고통받고 있지만, 이는 앞으로 우리 사회가 겪어야 할 고난의 행군이 이제 막 시작되었음을 시사하는 대목이다.

현명한 자영업자라면 정부의 지원에만 의존하지 않고, 스스로 생존할 방안을 찾아 나가야 한다. 다음 장에서는 필자가 만나본 장사 고수들의 성공 노하우와 글로벌 트렌드를 종합하여, 2025년 자영업 트렌드와 대응 전략을 5가지 키워드를 통해 제시하고자 한다.

창톡 뉴스 구독하기

자영업 트렌드

# '컨셉 집약' 자영업

'기획형 식당'이라는 게 있습니다. 이는 지역에서 오랫동안 장사해온 노포들과 달리, 갑자기 등장해 한두 달 만에 적극적인 홍보와 마케팅을 통해 웨이팅waiting을 만드는 식당을 말합니다.

> "기획형 식당이라는 표현은 과거 1세대 블로거나 오래 장사해온 사람들이 이런 가게를 '낮춰 부르던' 말이었죠. 그런데 요즘 떠오르는 식당들을 보면 기획형 식당이 아닌 곳이 거의 없습니다. 그래서 저는 자기소개할 때, '저는 기획형 식당을 만들고 운영하는 사람입니다'라고 말하죠."

서울 문래동에서 6개의 음식점을 운영하는 최성민 느루집 대표가 창톡의 장사고수 특별강연회에서 한 말이다. 이는 오늘날 컨셉(기획)이 중요해진 외식 시장의 변화를 잘 보여주는 단면이다.

한때 프랜차이즈 업계에서도 '기획형 프랜차이즈'라는 말이 비슷한 의미로 사용되었다. 반짝 유행을 타고 가맹점을 순식간에 늘린 후, 빠르게 문을 닫는 '치고 빠지기' 식 프랜차이즈를 경멸적으로 부르는 말이었다. 물론 프랜차이즈에서 가맹점주의 생계가 달려 있기 때문에 기획형이라는 것이 결코 긍정적인 의미는 아니었다.

그러나 오늘날 트렌드는 더욱 빠르게 변화하고 있고, MZ세대는 차별화된 컨셉과 새로운 경험을 선호한다. 이처럼 짧은 주기 안에 대박을 터뜨리기 위해서는 독창적인 컨셉을 앞세운 기획형 식당이 필수불가결해지고 있다. 이는 외식업뿐만 아니라 소매업, 서비스업에도 동일하게 적용되는 이야기다. 자영업이 컨셉 집약 산업으로 변화하고 있는 시대다.

자영업 트렌드

## 노동 → 상권 → 기술 → 컨셉

자영업에서 컨셉이 왜 중요해졌는지를 이해하려면, 자영업의 변천사를 살펴볼 필요가 있다. 대한민국 자영업은 다음과 같은 네 가지 단계로 진화해 왔다.

2000년 이전까지 자영업은 '노동 집약' 산업이었다. 당시에는 온라인 쇼핑이 전무했고, 외식업이나 소매업의 오프라인 수요가 넘쳐났다. 자영업자들은 동네 사랑방 같은 역할을 하며 지역에서 꽤나 잘나가는 존재들이었다. 누구나 열심히만 하면 안정적인 수익을 올릴 수 있었다.

그러나 2000년대 초, IMF 외환위기와 함께 온라인 쇼핑이 활성화되며 자영업은 '상권 집약' 산업으로 변했다. 과거에는 대부분의 상권이 잘 나갔지만, 이제 도심 외곽은 점점 유동인구가 줄어들고 대형 상권 위주로 '핫플레이스'가 등장하기 시작했다. 이때는 상권이 장사의 성패를 좌우했고, 좋은 상권에 들어서기 위해선 상당한 자본이 필요했다. 그래서 자영업은 '자본 집약' 산업이기도 했다.

2010년대 중반부터는 상황이 다시 변했다. 배달앱과 SNS를 활용한 온라인 마케팅이 자영업의 핵심 전략이 되었다. 배달앱을 통해 오프라인 입지의 단점을 극복하고, 소자본 창업이라도 넓은 유효 상권을 확보할 수 있었다. SNS에서 맛집으로 소문이 나면 멀리서도 찾아오는 고객들이 생겨났고, 이때부터 자영업은 '기술 집약' 산업으로 변모했다. 푸드테크라는 용어가 널리 사용되기 시작한 것도 이 시기였다.

2020년대에 접어들며 자영업 시장은 또 한 번 변화를 맞았다. 코로나19 팬데믹이 끝나고 사회적 거리두기가 해제되자, 2023년 하반기부터는 사람들의 보복적 소비가 급증했다. 일시적으로 외식업이 호황을 맞았지만, 고물가와 고금리로 인해 다시 경기 침체가 찾아오며 2024년 자영업 시장은 역대 최악의 불황을 겪고 있다.

이러한 환경 속에서 자영업은 단순히 기술에 의존하는 것을 넘어, 컨셉 집약 산업으로 자리 잡고 있다.

| 구 분 | 시 기 | 특 징 | 변화 요인(키워드) |
|---|---|---|---|
| 자영업 1.0 | ~2000년 | 노동 집약 | 오프라인, 공급자 우위 |
| 자영업 2.0 | 2000년대~2010년대 초반 | 상권(자본) 집약 | 핫플레이스 등장 |
| 자영업 3.0 | 2010년대 중반 ~2020년대 초반 | 기술 집약 | 배달앱, SNS, 푸드테크 |
| 자영업 4.0 | 2020년대 중반~ | 컨셉 집약 | 수요자 우위, 푸드테인먼트 |

이제 자영업은 네 번째 큰 변화를 맞이하고 있다. '컨셉 집약' 산업이다. 2024년 현재, 배달과 SNS 마케팅은 이제 누구나 하는 기본적인 전략이 되었다. 하지만 이러한 방식만으로는 더 이상 차별화된 가치를 만들어내기 어렵다.

한편, 오프라인 상점은 더 이상 필수적인 존재가 아니다. 쿠팡과 배달의민족, B마트 덕분에, 온라인으로 주문하면 빠르면 30분 안에, 늦어도 다음 날에는 원하는 상품을 받아볼 수 있다. 이런 상황에서 소비자가 굳이 오프라인 매장을 방문하는 이유는, 그 매장에서 온라인 쇼핑이 제공하지 못하는 무언가를 기대하기 때문이다.

바로 여기에서 그 가게만의 컨셉이 필수적으로 요구된다. 이제 오프라인 상점은 '작은 테마파크'처럼 소비자에게 엔터테인먼트적인 즐거움을 제공해야만 살아남을 수 있다. 외식업의 경우에는 음식과 엔터테인먼트의 결합, 즉 '푸드테인먼트Food + Entertainment'가 중요한 요소가 되었다. '차별화'라는 말이 진부하게 들릴 수 있지만, 모든 오프라인 매장이 진부해진 오늘날, 차별화는 그 어느 때보다도 중요해진 시대가 된 것이다.

백종원 대표가 TV에서 자영업자들을 나무라는 장면을 떠올리는 사람들에게는 '컨셉 집약'이라는 말이 다소 낯설게 들릴 수 있다. 백 대표가 주로 강조하는 식당 성공 방정식은 QSCQuality, Service, Cleanliness, 즉 맛있는 음식, 친절한 서비스, 위생과 청결이기 때문이다. 사실, 이는 식당이라면 당연히 갖춰야 할 기본 중의 기본이다. 과거에는 이러한 기본기만 잘 지켜도 두각을 나타낼 수 있었지만, 요즘은 상황이 달라졌다.

코로나19 팬데믹을 거치며, QSC를 지키지 못한 경쟁력 없는 식당들은 줄줄이 폐업했고, 그 결과 외식업계에서 옥석 가리기가 진행되었다. 엔데믹 시대에 살아남은 식당들은 대부분 어느 정도의 실력을 갖춘 상태여서, 이제 외식업계의 전반적인 수준이 상향 평준화되었다.

창톡의 장사고수들도 이제는 QSC만 잘해서는 차별화에 성공할 수 없다고 입을 모은다. QSC는 이제 모두가 갖춘 기본이기 때문에, 더 이상 경쟁력을 제공하지 못한다. 백종원 대표가 운영하는 프랜차이즈 브랜드들이 최근 들어 어려움을 겪고 있는 이유도 이 때문이다.

사실, 빽다방, 홍콩반점, 새마을식당 등 더본코리아의 성공을 이끌었던 브랜드들은 대부분 15여 년 전인 2000년대 후반에 만들어진 것들이다. 반면, 더본코리아가 2020년대 들어 선보인 연돈볼카츠, 빽보이피자 등의 최신 브랜드는 매출 감소세를 보이며 상대적으로 고전하고 있다. 이는 브랜드만의 특별한 컨셉보다는 백종원 대표 개인의 브랜딩에 지나치게 의존한 결과로 해석된다. 일부 장사고수들은 '백종원 대표가 최근 변화한 외식 트렌드를 따라오지 못하고 있다'고 혹평하기도 한다.

그렇다면 2025년에는 어떤 가게가 성공할 수 있을까?

**극성향/웨이팅을 해야 들어갈 수 있는 가게-런던베이글**

자료 : https://www.emozak.co.kr/news/articleView.html?idxno=5269 / 매일경제

**극성향/웨이팅이 필요 없는 가게-백다방**

자료 : https://paikdabang.com/

사진 : 백다방 공식 홈페이지

자영업 트렌드

결국 '컨셉'이 분명해야 한다. 가게 이름만 들어도 "아, 거기는 그게 유명하지!"라고 바로 떠오를 수 있는 시그니처 메뉴나 인테리어, 혹은 SNS에서 화제가 될 만한 요소가 있어야 한다. 이를 위해서는 창업 전에 가게 컨셉을 기획하는 단계에서부터 심혈을 기울여야 한다. 장사고수들은 가게에 처음 방문했을 때, 그 가게의 컨셉과 기획만 보고도 성공 여부를 예측할 수 있을 정도다.

기획과 컨셉의 중요성은 외식업뿐 아니라, 소매업, 서비스업 등 성숙기에 접어든 모든 산업에도 적용된다. 산업이 도입기나 성장기에는 수요가 공급보다 많아 공급자 우위의 시장이 되지만, 성숙기나 쇠퇴기에는 수요가 공급에 미치지 못해 수요자 우위의 시장으로 전환된다. 2024년 현재 대한민국 자영업이 처한 현실이 바로 그러한 상태다.

그렇다면 자영업 시장에서 컨셉팅에 성공한 사례는 무엇이 있을까?

'백억커피'는 독특한 '시네마커피' 컨셉으로 포화된 저가 커피 시장에서 차별화에 성공한 대표적인 사례다. 2010년대 후반부터 메가커피, 컴포즈커피, 빽다방, 매머드커피 등 저가 커피 브랜드들이 급격히 늘어나면서 시장이 포화 상태에 이르렀다. 그러나 2022년 후발주자로 등장한 백억커피는 2년 만에 100개 이상의 가맹점을 열며 빠르게 확장했다. 그 비결은 바로 '배달해주는 시네마커피'라는 독특한 브랜드 컨셉이었다.

백억커피는 커피와 함께 팝콘, 나초, 핫바 등 영화관에서 즐길 만한 주전부리를 함께 판매하고 배달해준다. 코로나19 팬데믹을 겪으며 사람들이 영화관 대신 집에서 넷플릭스로 영화를 즐기게 되자, 이들의 라이프스타일을 겨냥한 메뉴와 배달 전략으로 차별화에 성공한 것이다. '국내 최초 시네마 메뉴 커피'라는 컨셉을 성공적으로 구축한 백억커피는 이제 '고속도로 휴게소' 컨셉의 신메뉴를 출시하며 컨셉팅에 더욱 적극적으로 나서고 있다.

이처럼 컨셉이 분명한 가게는 고객의 기억에 오래 남고, 시장에서 차별화된 위치를 점할 수 있다.

| (표) 외식 산업의 구조적 문제 | |
|---|---|
| 스케일업 어려움 | 인력 부족으로 체인점의 질 유지 곤란. 다점포화 전략이 좌절 |
| 성·비수기 격차 | 일간 또는 주간, 계절간 성수기와 비수기를 되풀이하는 숙명. 설비나 인력의 유연한 조정이 어려움 |
| 낮은 생산성 | 햄버거나 규동에서 시작된 외식 디플레에, 인건비와 원재료비 상승이 겹침 |
| 식당의 진부화 | 인터넷으로 식당의 검색이 용이해지며 체인점의 강점이 희박화. 차별화도 어려워짐 |

자료 : 닛케이비즈니스

유통업계나 콘텐츠 업계에서도 컨셉이 분명해야 성공할 수 있다. 각자의 세계관을 구축하고, 스토리라인을 만드는 것 역시 컨셉팅의 일종이다. 연예계에서도 컨셉과 캐릭터가 확실하면 인기를 얻는 데 매우 유리하다. 예를 들면, '뉴진스님' 윤성호, '다나카 상' 김경욱, '프로불참러' 조세호 등은 모두 독특한 컨셉과 캐릭터로 성공한 사례다.

일본은 컨셉팅이 매우 활발한 나라다. 손님에게 반말을 하는 '친구 카페', 손님을 함부로 대하는 '가장 불친절한 식당' 등이 큰 화제를 모았고, 하녀 복장을 하고 서빙하는 '메이드 카페'는 말할 것도 없다. 또한, 테

백억커피는 국내 최초로 시네마 카페, 고속도로 휴게소 카페 등의 차별화된 컨셉을 시도, 홈시네마족의 배달 주문을 이끌어내며 인기를 얻고 있다.

자료:백억커피

마파크도 단순한 놀이기구를 넘어 디즈니랜드, 유니버설스튜디오, 해리 포터 테마파크, 지브리파크, 무민밸리파크, 건담팩토리 등 캐릭터나 IP 를 활용한 컨셉 있는 테마파크가 즐비하다. 이처럼 다양한 테마파크들 은 국내외 관광객을 끌어모으고 있다. 우리나라 역시 주요 산업이 성숙 기에 접어들면서 후발주자가 독특한 컨셉팅으로 차별화를 시도하는 전 략이 주목받을 것이다.

## 인테리어보다 익스테리어

컨셉을 확실히 정했다면, 그 다음 단계는 이를 매장 전반에 반영하는 것이다. 특히, 인테리어보다 익스테리어(외관)에 더 신경 쓰는 것이 중요하다.

앞서 언급했듯이, 오프라인 상점은 이제 수요자 우위의 시장에 있다. 수많은 자영업자가 오프라인 소비를 원하는 고객들에게 어필해야 하는 상황에서, 지나가는 행인들에게 눈에 띄는 방법은 외관을 화려하게 꾸미는 것이다. 매장을 특별하게 보여줄 수 있는 방법으로 소비자의 시선을 사로잡고, '워크인walk-in' 고객을 늘리려면 인테리어보다 익스테리어가 더 중요해졌다.

일본은 상업이 일찍이 발달한 국가로, 상점 내부보다 외부에 더 많은 공을 들여왔다. 일본 상점 내부는 대체로 목조 테이블이나 다찌 형태로 단조롭지만, 외관은 각 상점마다 독특하다. 전통 문양, 노렌(천), 조형물, 네온사인 등을 통해 각 가게의 개성과 역사를 표현한다. 도쿄 시부야나 오사카 도톤보리의 상점가는 우리나라 명동이나 홍대, 강남 상점가와 비교했을 때 훨씬 화려하다.

반면, 우리나라 상점가는 익스테리어보다 인테리어에 더 집중해왔다. 가게 내부에 포토존을 만들고, 조명을 예쁘게 꾸며 SNS 인증샷 촬영하기 좋은 장소로 꾸미는 데 공을 들였다. 하지만 최근 들어 익스테리어의 중요성이 점점 부각되고 있다.

유정수 글로우서울 대표는 이 분야에서 주목받는 인물이다. 그가 기획한 익선동의 '온천집'은 가게의 주요 컨셉인 온천을 매장 중앙에 과감히 배치해 모든 자리에서 온천을 바라볼 수 있도록 구성했다. 일반적으로는 좌석 수가 줄어 매출에 불리할 거라는 우려가 있지만, 그는 "모든 사람이 특별한 경험을 할 수 있는 개성 있는 공간을 만들면 재방문율과 집객 효과가 극대화된다"며, '좌석 6, 컨셉을 나타내는 오브제(물체) 4'의 비율을 강조하는 '6:4 황금율'을 제시했다.

경기가 호황일 때는 이런 전략이 통했을지 모르지만, 요즘 같은 불경기에는 오히려 위험할 수 있다는 것이 장사고수들의 중론이다. 좌석이 적으면 객단가를 높여야 매출을 올릴 수 있는데, 불황기에는 가격 인상이 어렵기 때문에 적절치 않다는 것이다. 또한, 인스타그래머블한 가게들이 너무 많아지면서 이제는 인테리어로 임팩트를 주기가 예전만큼 쉽지 않다. 투자 대비 효율, 즉 가성비가 떨어진 것이다. 게다가 인증샷을 찍으러 온 손님들은 재방문을 잘 하지 않아 오픈 초기의 반짝 매출이 빠지면, 매출이 급감할 위험도 있다.

그래서 요즘 같은 불황기에는 인증샷이나 인스타그래머블한 요소보다는, 음식점의 본질인 맛과 가성비가 더 중요하다는 주장이 외식업계에서 힘을 얻고 있다. '튜닝의 끝은 순정'이라는 말처럼, 다시 본질에 집중하자는 것이다. 단, 우리 가게만의 차별화된 컨셉을 갖추고, 이를 고객들에게 어떻게 보여줄 것인지가 중요해졌다. 그래서 내부 인테리어보다는 외부 익스테리어에 집중하자는 것이다.

가게 내부는 불필요한 인테리어를 줄이고 좌석을 최대한 많이 배치해 가성비를 높이고, 가게의 컨셉과 시그니처는 눈에 띄는 익스테리어로 고객들에게 어필하는 것이 핵심 전략이다.

최근 인기를 끌고 있는 프랜차이즈들을 보면, 과거에 비해 외관이 훨씬 화려해졌다. 런던베이글뮤지엄, 용용선생, 청기와타운, 옥된장 등은 각각 영국, 홍콩, 미국 LA, 그리고 한국의 1960~1970년대 분위기를 그대로 재현해놓은 듯한 외관을 자랑한다. 하지만 내부 인테리어는 간소하게 하고, 좌석을 가득 배치해 회전율을 높이는 전략을 택하고 있다.

옥된장 대표 조영훈은 "판교 본점이 오픈하자마자 웨이팅이 생긴 가장 큰 이유 중 하나가 익스테리어 덕분이었다. 가게의 외관이 참신하고 시그니처가 되니 워크인 고객들이 호기심을 갖고 방문했다"고 말했다. 이를 위해 옥된장은 간판을 레트로한 느낌으로 페인팅하는 데만 600만원을 추가로 투자했다고 한다. 대신 내부 인테리어는 좌석 밀도를 높이고, 외관과 톤앤매너를 맞추는 수준으로만 마무리해 평당 인테리어 비용은 일반 프랜차이즈와 비슷한 180만원 선으로 유지할 수 있었다고 한다.

이제 음식점은 단순히 끼니를 해결하는 곳이 아니다. 그 역할을 하는 대체재는 편의점 도시락, 밀키트, 배달 등으로 충분히 넘쳐난다. 그럼에도 불구하고 손님이 우리 가게를 찾아오게 하려면, 그 가게만의 특별한 즐거움이 있는 '테마파크' 같은 공간이 되어야 한다.

그리고 테마파크는 밖에서 봤을 때도 설렘을 느끼고, 들어가고 싶은 기분이 들어야 한다. 입구에 들어설 때부터, 아니 줄을 서며 기다리는 동안에도 SNS 인증샷을 찍고 싶은 공간이 되어야 한다.

## 콘셉트가 중요해진 이유

외식업 상향평준화=몰개성

(예: 짬뽕 맛집은 있어도 짜장면 맛집은 드물다.

전수 창업의 악순환(예: 족발)

사진 : 옥된장 공식 SNS

사진 : 용구멍 공식 SNS

사진 : 용용선생 공식 SNS

사진

요즘 인기 식당들의 공통점은 익스테리어(외관)가 화려해지고 있다는 것이다.
워크인 고객을 끌어들이려면 테마파크에 입장할 때의 설렘을 제공해야 한다.

창톡이 장사고수와 함께 강남에서 오픈한 직영 일식당 '돈카츠멘'도 익스테리어에 주안점을 뒀다. 도쿄 아사쿠사 센소지의 오미쿠지를 재현, 일본 현지에 온 듯한 느낌을 주고 인스타그래머블한 포토존으로 삼았다.

자료 : 돈카츠멘

다점포 활장시 상호 잠식(carnivalozation) 방지

    (예: 런던베이글뮤지엄&아티스트베이커리)

외식업은 종합예술, 테마파크가 된 식당

    (예: 에버랜드, 롯베월드 vs     디즈니랜드, 유니버설스튜디오, 해리포

    터 테마파크, 지브리파크, 무민밸리파크, 건담팩토리

SNS 인증샷 문화

키덜트 족

세계관, 유니버스, 캐릭터 연예인

자영업 트렌드

# 불불황에 통하는
## '가성비 마케팅' 3원칙

마케팅 업계에서 그동안 모두가 추종하다시피 했던 마법의 단어가 있다. 바로 '브랜딩'이다. 소비자에게 기억에 남을 만한, 다른 브랜드와 차별화되는 '시그니처'와 '세계관'을 구축해야 성공할 수 있다는 주장이 주를 이뤘다. 이를 위해선 가격이 다소 비싸도 용인되는 분위기였다. '가치 소비'를 지향하는 팬덤 문화를 겨냥하면 된다는 논리였다.

그러나 2024년부터는 상황이 달라졌다. 고금리, 고물가로 소비 심리가 급격히 위축되면서, 소비자들은 이제 브랜딩보다는 싸고 만족스러운 '가성비'를 다시 따지기 시작했다. 가성비가 떨어지면 차라리 소비하지 않는 '소비 절벽'이 자영업 시장을 강타하고 있는 것이다.

## 불황에는 '브랜딩'보다 '가성비'

이런 상황에서 2024년에 두각을 나타낸 곳들이 있다. 생맥주를 190엔(약 1900원)에 판매하는 일본의 신지다이를 모방한 초저가 주점, 그리고 샤브샤브 등을 무제한 제공하는 무한리필 가게들이다. 예를 들어, '생마차', '쏘시지요', '단토리' 같은 초저가 생맥주를 앞세운 프랜차이즈들은 문전성시를 이루며 가맹점을 크게 확장했다.

사실 간판에 상호보다 가격을 더 잘 보이도록 크게 써넣는 것은 브랜딩 관점에서 최악의 선택으로 여겨질 수 있다. 소비자들이 브랜드보다 가격에 초점을 맞춰 방문하게 되고, 결국 브랜드는 잊혀질 가능성이 크기 때문이다. 그런데 이 전략이 통했다는 점이 주목할 만하다. 불황에 지친 소비자들은 이제 그럴듯한 브랜드보다 가성비에 더 목말라 있다는 뜻이다.

사진 : 생마차 공식 홈페이지

▲ 오사카에선 하이볼 150엔, 프리미엄 몰츠 맥주 180엔 등 가격 경쟁이 더욱 치열하게 벌어지고 있다.

자료 : 챗톡

◀ 가게 생마차 사진
출처 : https://www.beer1900.com/

　　이는 과거 우리나라와 일본이 IMF 외환위기나 버블 붕괴 직후 '천냥 백화점', '100엔숍'이 인기를 끌었던 현상과 유사하다. 경제적 어려움을 겪는 소비자를 끌어들이기에는 '초저가'를 상징하는 숫자만큼 효과적인 것이 없다. 고급스러운 브랜딩은 잠시 접어두고, 소비자들의 당장 눈앞에 놓인 실속 있는 소비 욕구를 자극하는 '원초적 마케팅'이 다시금 각광받고 있는 것이다.

2025 대한민국 미래 인사이트

## '가격 비교'는 필패… 다이소가 매달 희귀템을 선보이는 이유

문제는 자영업자 입장에서 수익이 남느냐는 점이다. 초저가 주점의 가격 파괴 마케팅이 인기를 끌자, 일반 주점들도 생맥주 한 잔 가격을 1800~1900원으로 내리며 가격 경쟁에 뛰어들었다. 이런 식으로 출혈 경쟁이 심화되면 결국 모두가 공멸할 수 있다. 과거 천냥백화점도 얼마 못 가 대부분 사라졌고, 결국 다이소만 살아남았던 것을 떠올려보라.

롱런을 꿈꾸는 초저가 주점 창업자라면 다이소의 성공 비결을 연구해볼 필요가 있다. 다이소는 단순히 가격만으로 경쟁하지 않았다. 매달 희귀템을 선보이며 차별화된 상품을 제공하는 전략을 취한 것이다. 저렴한 가격에 더해 '희소성'을 더함으로써 소비자들에게 계속해서 새로운 경험과 만족을 제공했다.

결국 중요한 건 단순한 가격 비교로 승부를 보려 하기보다는, 어떻게 '가성비'를 넘어서면서도 지속 가능한 수익 모델을 찾을 수 있는지 고민해야 한다.

자료 : 다이소

자영업 트렌드

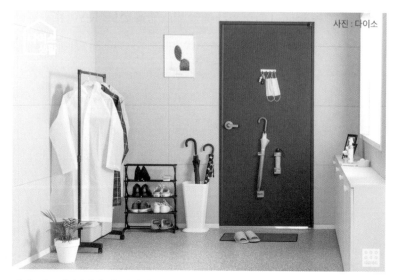

다이소는 매달 '희귀템' 마케팅을 통해 가격 비교를 피하며 소비자가 원하는 가성비와 재미 요소를 모두 충족시키고 있다.

https://www.mk.co.kr/economy/view.php?sc=50000001&year=2017&no=258615

자료 : https://biz.sbs.co.kr/article/20000141163

필자는 2017년 박정부 다이소 회장을 인터뷰하고, 다이소의 성공 비결을 분석한 케이스 스터디 기사를 쓴 적이 있다. 그 핵심 전략 중 하나가 끊임없는 '희귀템' 출시를 통해 소비자들의 '가격 비교'를 피하는 방식이었다. 당시 다이소는 전 세계 35개국 3600여 개 업체와 제휴해 매달 600여 가지의 신상품을 기획하고 출시했다. 특히 이 신상품들은 다른 유통 채널에서 보기 힘든 아이디어 상품, 즉 희귀템들이 많았다. 다이소는 별다른 광고나 마케팅을 하지 않지만, 유튜버들에게 PPL 광고를 종종 진행했다.

초저가 유통점에서 희귀템이 중요한 이유는 명확하다. 희귀템은 소비자가 이전에 구매한 경험이 없는 상품이기 때문에, 그 가격이 비싼지 저렴한지 판단할 '데이터'가 부족하다. 덕분에 소비자가 다른 제품과 가격 비교를 하기 어렵고, 판매자 입장에선 비교 없이 마진을 조금 더 붙일 여지가 생긴다. 이를 통해 완전경쟁 시장이 불완전경쟁 시장으로 전환되는 효과가 나타나는 것이다.

소비자는 희귀템의 신선함에 끌리고, 5000원 이하의 낮은 절대 가격에 안도하며, 꼭 필요하지 않아도 '경험 삼아' 구매해본다. 이는 다이소 전략의 핵심인 '작은 과소비'를 유도하는 방식이다.

[CASE STUDY] (11)    '한국형 저가숍'의 선구자 다이소
"뭐든 다 있소" 불황기 가성비 전략 주효.
매경이코노미. 2017. 4. 17.


초저가 주점의 성공 비결도 이와 비슷하다. 생맥주를 1900원에 팔면 마진이 적고 객단가도 낮아 장기적으로 지속하기 어려운 모델이다. 다이소처럼 대형 매장을 통해 박리다매를 하지 않는 이상, 그 전략만으로는 수익을 내기가 힘들다. 그렇기에 초저가 주점도 결국 어딘가에서는 마진율이 높은 상품을 팔아야 한다. 이때 초저가 주점에서 '희귀템' 역할을 하는 것은 5000~7000원대의 안주다.

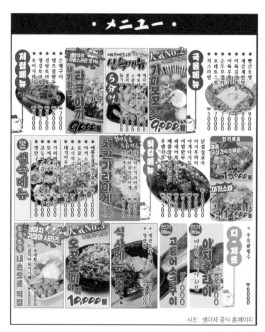

초저가 주점 프랜차이즈 '생마차' 메뉴판.
4000~7000원 안팎 생소한 가격대 메뉴가 주를 이뤄 실험적 소비와 추가 구매를 유도한다.

자료 : 생마차 홈페이지 캡처

일반적으로 스몰비어를 제외한 대부분의 주점에서는 안주 가격이 1만 원 이상이며, 양도 상당히 푸짐하게 제공된다. 그러나 최근 일본의 신지다이를 비롯해 잘나가는 초저가 주점들은 5000~7000원대의 '생소한 가격'에 안주를 팔며, 대신 양은 줄이는 전략을 사용하고 있다. 무게나 양으로 비교하면 그다지 저렴하지 않지만, 이 전략은 소비자들이 가격이 비싼지 싼지 판단하기 어렵게 만들며, 절대 가격 자체가 저렴하게 느껴지도록 유도한다.

소비자 입장에서는 '망해봐야 5000원, 7000원 정도 손해'라는 생각에 쉽게 구매 전환을 하게 되며, 이는 '실험적 구매'로 이어진다. 실험적 구매는 충동구매와는 다르다. 충동구매는 즉각적인 욕구에 따라 이

문래동의 일본식 주점 '미츠야' 메뉴판. 5000~7000원 안팎 안주로 12평 매장에서 월 3000만원 이상 고매출을 기록하고 있다.

자료 : 창톡

루어지며, 종종 후회로 이어지기 마련이다. 반면, 실험적 구매는 '그래도 저렴하게 새로운 경험을 했다'고 스스로를 설득하게 되며, 후회보다는 합리적 소비로 받아들여진다.

이렇게 되면 자연스럽게 '재구매'나 '추가 구매'로 이어질 가능성이 높고, 이는 업셀링up-selling을 유도하게 된다. 업셀링은 고객이 저렴한 가격에 끌려 가게를 방문한 뒤, 추가 구매를 하도록 유도하는 마케팅 전략이다. 예를 들어, '생맥주 한 잔에 1900원', '고기 1인분에 5000원' 같은 파격적인 가격을 내세워 손님을 끌어모은 뒤, 저렴한 안주나 추가 메뉴를 주문하도록 이끄는 것이다.

자영업 트렌드

1인 고객을 위한 일본 고깃집 프랜차이즈 '야끼니꾸라이크'의 광고 포스터. 1인분 500엔 가격은 고객이 방문 후 업셀링을 유도하기 위한 '미끼 가격'이다.

자료 : 야끼니꾸라이크 홈페이지

| 불황기에 매출을 올리는 3가지 전략 | | |
| --- | --- | --- |
| | 다이소 | 초저가 주점 |
| 생소한 가격 | 1000~5000원 | 5000~7000원 |
| 실험적 구매 | 매월 수백가지 신상품, 희귀템 출시 | 독창적인 안주 메뉴 개발 |
| 업셀링 | 가격 비교가 어려워진 소비자에게 '가성비'를 어필해 추가 구매 유도 | |

자료 : 창톡

업셀링 전략은 장기 불황이 고착화된 일본에서 특히 보편화된 마케팅 기법이다. 대표적인 예로, 30년 이상 매출과 이익이 모두 증가한 돈키호테, 그리고 1인분에 5000원부터 시작하는 초저가 고깃집 프랜차이즈 '야끼니꾸라이크' 등이 있다. 이들 브랜드의 성공을 자세히 들여다보면, 모두 업셀링 전략을 중심으로 운영되고 있음을 알 수 있다.

우리나라 역시 일본과 마찬가지로 장기 불황에 대한 우려가 커지고 있는 상황이다. 자영업자들은 2025년을 대비하며, 이러한 업셀링 전략과 가성비 마케팅을 적극적으로 참고해볼 필요가 있다.

뉴노멀 찾아 헤쳐모여

얼마 전까지만 해도 외식업계에선 '10·20·30 법칙'이 자영업의 손익 관리 기준으로 통용됐다. 매출의 10%는 임대료, 20%는 인건비, 30%는 식자재비에 쓰는 것이 적정하다는 일종의 '황금률'이었다. 상권과 업종에 따라 차이는 있지만, 이 정도 비율을 유지하면 선방했다고 보는 기준이었다.

그러나 요즘은 상황이 달라졌다. 2023~2024년에 걸친 극심한 인플레이션으로 자영업의 3대 비용이 모두 상승했다. 자영업자들은 최저임금 인상, 러시아-우크라이나 전쟁으로 인한 식자재비 급등, 그리고 엔데믹 이후 창업 수요 증가로 인한 임차료 상승까지 3중고를 겪고 있다. 이로 인해 자영업의 근간이 크게 흔들리며, 기존의 황금률 공식이 더는 적용되지 않는다는 목소리가 커지고 있다. 장사고수들은 배달이나 온라인 마케팅 등 기존 영업 방식만으로는 도저히 수익을 내기 어려운 상황에서 새로운 표준 모델, 즉 '뉴노멀'을 찾는 데 몰두하고 있다.

## 아이템별 새로운 성공 방정식 필요

### 3대 비용: 황금률 뉴노멀은 '7·23·33'

외식업의 3대 비용 황금률은 이제 '7·23·33 법칙'으로 바뀔 필요가 있다. 인건비가 매출의 2325%까지 치솟아도 선방했다고 할 정도로 인건비 비중이 크게 높아졌다. 식자재비 역시 33% 안팎을 넘나들며 상승했다. 상대적으로 덜 오른 임대료는 제품 가격을 조금 올려 매출 대비 78%로 억제하는 것이 장사고수들이 찾은 새로운 전략이다.

이처럼 최대한 비용을 통제해도 3대 비용이 매출의 60%에서 63%를 차지하게 되며, 이는 영업이익률이 최소 3% 이상 줄어들었다는 뜻이다.

## 고깃집: '그릴링'에서 다찌 형태로 전환

고깃집들도 고비용 구조에서 탈피하려는 노력이 한창이다. 2010년대 중반 하남돼지집을 필두로 직원이 고기를 구워주는 '그릴링' 서비스가 표준화되면서, 고깃집은 인건비 부담이 큰 업종이 되었다. 그럼에도 불구하고 1인분 단가가 2만원대였고, 회식 및 주류 매출 덕분에 높은 매출로 고비용을 감당해왔다. 그러나 2024년에 접어들면서 외식 감소, 회식 기피, 무한리필 고깃집의 증가로 매출이 급감하고 있다.

이제 장사고수들은 새로운 운영 방식을 모색 중이다. 그릴링 서비스를 줄이거나, '다찌' 형태로 전환하는 식이다. 미래회관 청량리점이 그 대표적인 예다. 다찌 테이블을 중앙에 배치하고, 아담한 18~25평 규모로 창업비용과 고정비를 절감했다.

미래회관의 이승훈 대표는 "고깃집 운영에서 가장 큰 문제는 월세, 공과금 등 고정비와 인건비가 많이 든다는 점"이라며, "소규모 다찌 매장은 창업비용을 1억원대 초반으로 낮추고, 적은 인력으로도 운영이 가능해 앞으로 고깃집의 뉴노멀이 될 것"이라고 말했다.

고깃집을 포함한 외식업은 이제 소규모 매장과 비용 절감, 효율성 극대화를 중심으로 재편될 전망이다.

미래회관은 다찌 형태 소규모 매장을 고깃집의 뉴노멀 형태로 제안한다.

자료 : 미래회관

## 기존 고깃집이 어려운 이유

1. 보통 30평 이상 규모로 창업해 월세, 공과금 등 고정비와 창업 비용이 많이 든다.

2. 고기를 구워주는 인력이 많이 필요해 인건비가 많이 든다.

3. 규모가 큰 만큼 대개 연매출 7억5000만원이 넘어 성실신고대상자로 분류, 세금 부담이 늘어난다.

자료 : 미래회관

창톡은 서울, 경기, 전주, 광주, 부산 등 전국 각지에서 고깃집을 운영 중인 장사고수 14명에게 고깃집의 뉴노멀에 대해 설문했다.

'그릴링'을 지속할 것인지 여부에 대해 장사고수들의 의견은 분분

### 그릴링 서비스 방식에 대한 고깃집 장사고수 14명 설문 결과

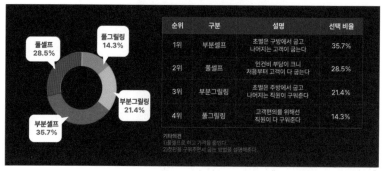

| 순위 | 구분 | 설명 | 선택 비율 |
|------|------|------|-----------|
| 1위 | 부분셀프 | 초벌은 주방에서 굽고 나머지는 고객이 굽는다 | 35.7% |
| 2위 | 풀셀프 | 인건비 부담이 크니 처음부터 고객이 다 굽는다 | 28.5% |
| 3위 | 부분그릴링 | 초벌은 주방에서 굽고 나머지는 직원이 구워준다 | 21.4% |
| 4위 | 풀그릴링 | 고객편의를 위해선 직원이 다 구워준다 | 14.3% |

기타의견
1)풀셀프로 하고 가격을 줄인다.
2)첫벌을 구워주면서 굽는 방법을 설명해준다.

자료 : 창톡

했지만, 대다수는 '부분 셀프' 방식을 선호했다. 14명 중 5명이 "초벌은 주방에서 굽거나 손님 앞에서 구워주고, 나머지는 고객이 구워 먹도록 하는 방식"을 추천했다.

이어 4명은 "처음부터 고객이 다 구워먹도록 하는 풀셀프 방식"을, 3명은 "초벌은 주방에서 굽고 나머지는 직원이 구워주는 부분 그릴링 방식"을 선택했다.

기존에 많이 채택되었던 '풀그릴링', 즉 직원이 전부 고기를 구워주는 방식은 겨우 2명만 추천했다. 이는 인건비 부담이 커지면서, 그릴링 서비스를 축소하고 셀프 방식을 확대하는 것이 새로운 운영의 표준이 되고 있다는 것을 보여준다.

그릴링에 대한 장사고수들의 다양한 의견을 직접 들어보자.

"풀그릴링 해야 하는 집은 해야 되겠으나 고급 고깃집이 아니라면 부분 셀프나 풀셀프가 맞다. 인건비 부담이 크기 때문이다"

- 이웅렬 전 장남식당 대표

"소고기처럼 비싼 음식은 그릴링 해주는 게 맞지만 나머지는 풀셀 프로 하는게 맞다고 본다."

-구자호 가음막창 대표

"삼겹살이 완전 프리미엄 컨셉과 중저가 컨셉으로 양극화되듯, 그 릴링도 마찬가지로 풀그릴링과 셀프 방식으로 나뉠 것 같다."

- 이봉구 우월소곱창·봉고기 대표

"동일한 조건이라면 풀그릴링을 해주는 것이 더 이점이 크긴 하다. 그러나 만일 매장 컨셉이 레트로나 대포집 같은 분위기라면 그릴 링에 대한 고객의 기대감이 상대적으로 낮기 때문에 풀그릴링까진 아니지만 50% 정도 그릴링을 해주는 정도로 타협점을 찾을 수 있 을 것 같다."

-김규열 다점포왕TV 대표


앞으로 고깃집을 창업한다면 어떤 전략이 유리할지 물었다. 장사 고수들의 의견은 다음과 같다.


"고깃집이 매출을 올리기가 쉽지 않은 시점이다. 때문에 매출이 올 라가지 않는다는 전제 하에서는 원가율을 5~10% 절감할 수 있는 전략이 필요하다. 예를 들면 국내산 저가 부위와 기존 부위를 혼용 하거나, 국내산 부위와 수입산 부위를 혼용하는 식의 메뉴를 구성 한다든지, 메뉴 명칭을 새롭게 네이밍 하거나 매장 분위기, 인테리

자영업 트렌드

어를 색다르게 한다든지 해서 가격의 가치를 떨어뜨리지 않은 상태에서 원가를 낮추며 창업하는 것이 좋다."

- 김규열 다점포왕TV 대표

"신규 고깃집 창업 시에는 사이드에 더 힘을 준다든가, 불고기 같은 양념류와의 결합, 냉동 수입 고기를 활용해 판매가를 낮추는 전략 등 기존에 고기에 특별히 힘을 줬던 방식들에서 벗어나 다른 형태의 기획이 들어가는 게 좋다."

- 이봉구 우월소곱창·봉고기 대표

"특정 고기 전문점보다는 여러 고기를 조금씩 다 취급해서 객단가를 높이는 게 좋은 방법인 것 같다."

- 권민철 진지한녀석들 대표

"상권과 입지에 따른 정확한 페르소나 설정 및 가격대 설정, 우리 매장을 사진 한장으로 표현 가능한 시그니처 개발이 필요하다."

- 최성민 월화갈비 대표

**배달업 : 배민 수수료 3%p 인상…유리한 메뉴는 '백반·죽·국수'**

배달업도 이제 새로운 운영 방식을 찾아야 한다. 최근 배달의민족이 주문중개수수료율을 6.8%에서 9.8%로 3%포인트 인상하면서 점주들의 수익률이 더욱 낮아지게 됐다. 창톡은 배달 매출이 3000만 원 이상인 장사고수 12명을 대상으로 "수수료 인상 상황에서 어떻게 배달 장사를 해야 할지"에 대해 설문했다.

12명 중 6명은 "배달을 유지하되, 수익성을 확보하기 위해 배달료나 가격을 인상해 소비자에게 부담을 전가해야 한다"고 응답했다. "홀 중심 운영을 하면서 배달 수수료를 음식 가격에 반영해야 한다"는 기타 의견까지 포함하면, 58%에 해당하는 7명이 결국 '가격 인상'을 불가피하다고 봤다. 이처럼 플랫폼의 수수료 인상에 장사고수들도 뚜렷한 해법을 찾지 못한 모습이다.

배달에 전념하려면, 수익성을 극대화할 수 있는 유리한 메뉴를 선택하는 것이 중요하다. 설문에 따르면, 장사고수들은 배달에 유리한 메뉴로 '백반·죽·국수'와 '분식'을 각각 4표로 꼽았다. 이어 '족발·보쌈', '중식', '아시안'이 3표씩 받았다.

임성식 부대옥 대표는 "배달 메뉴로는 한식, 김밥, 분식 같은 가성비 좋은 메뉴가 유리하다"라며, 이 메뉴들은 가격이 낮고 재구매 주기가 짧아 재주문율을 높일 수 있다고 설명했다.

반면, 배달에 불리한 메뉴로는 '치킨', '커피·디저트'가 각 5표, '피자'가 4표를 얻었다. 이들 메뉴는 유통 마진이 크고 경쟁이 치열해 수익성이 떨어지는 데다, 수수료 인상으로 인한 타격이 더 크다는 이유다. 특히, 치킨과 피자는 배달이 필수여서 수익성 악화가 더욱 불가피하다는 지적이 나왔다.

결국, 배달업에서 살아남으려면 배달에 유리한 메뉴 선정과 더불어, 이중 가격[1] 전략과 같은 수익성 유지 방안을 다각적으로 고민할 필요가 있다.

---

1 배달 수수료 인상에 대응하기 위해 식당의 홀에서 파는 가격보다 배달로 파는 가격을 더 비싸게 받는 것.

자영업 트렌드

## 마케팅 : '마케팅 인플레이션'… 차라리 월세를 더 내라

### 'A급 상권 C급 입지'에서 'B급 상권 A급 입지'로

2024년을 전후로 자영업자들, 특히 장사고수들이 선호하는 입지 조건이 크게 변화하고 있다. 과거에는 'A급 상권 C급 입지'에서도 배달과 SNS 홍보로 부족한 입지의 단점을 극복할 수 있었지만, 이제는 그런 전략이 더 이상 통하지 않게 됐다.

지금은 '마케팅 인플레이션' 현상으로 인해 온라인 마케팅의 효율성이 예전만큼 좋지 않다. 네이버나 인스타그램에서 상단 노출되는 것이 어렵다 보니, 장사고수들은 새로운 온라인 마케팅 채널을 개척하거나, 온라인보다는 오프라인 마케팅에 더 집중하는 경향이 두드러지고 있다.

이경욱 하와이조개 대표는 "과거에는 온라인 마케팅에 100만 원을 투자하면 그만큼 효과를 봤지만, 이제는 같은 금액으로 겨우 50만 원에서 70만 원의 효과를 겨우 얻을 수 있다. 이럴 바엔 차라리 30만~50만 원을 월세로 더 내고 더 나은 입지에 들어가는 것이 낫다"고 말했다.

양덕우 스토어디 대표는 "배달에 의존하는 비중을 줄이고, 매장을 지나다가 들르는 워크인 고객을 잡는 것이 장기적으로 더 유리하다"며, "매장 근처를 찾는 손님을 잡아둘 수 있는 좋은 입지가 중요하다"고 강조했다. 그는 평당 임대로 50만원[2] 이상 하는 상권의 매장들이 불황에

---

2 월세가 평당 50만원이면 20평 매장이 1000만원인 엄청나게 비싼 상권이다. 그래도 그 만한 값을 할 만큼 상권과 입지가 중요해졌다는 얘기다.

도 버티는 이유가 바로 배달앱 수수료보다 상대적으로 낮은 임대료 때문이라고 덧붙였다.

또한, 갈수록 심해지는 이상 기후 역시 좋은 입지 선택에 중요한 요소로 작용하고 있다. 2024년 여름은 역대 최장 기간 열대야를 기록하며 무더위가 기승을 부렸고, 이러한 극한 날씨는 소비자들이 장거리 이동을 꺼리게 하는 중요한 요인이 됐다. 날씨가 좋을 때는 2~3분 거리를 걷는 것도 가능했지만, 더위나 추위가 심하면 가까운 매장을 선호하게 된다. 특히, 이상 기후가 계속 심해지면, 계절에 따라 영업에 영향을 받는 기간도 길어질 수 있다.

**반려동물 동반 식당: 펫팸족 1000만 명 시대, 애견 동반 테이블 운영 고려할 만**
최근 반려동물 동반 식당이 새로운 틈새 마케팅으로 떠오르고 있다. 현재 국내 펫팸족(반려동물을 가족처럼 여기는 사람들)은 약 1000만 명에 달하지만, 이들이 반려동물과 함께 방문할 수 있는 식당은 여전히 많지 않다. 이런 수요에 맞춰 반려동물 동반 테이블을 운영하는 식당들은 펫팸족 사이에서 큰 주목을 받고 있으며, 커뮤니티에서도 입소문을 타고 확산되는 중이다.

서울 미아사거리에 위치한 고깃집 '깃든'은 이러한 흐름을 잘 이용한 사례다. 가게 앞 테라스 공간을 애견 동반 테이블로 활용해 네이버 예약이 쇄도했을 뿐만 아니라, 반려동물을 키우는 여러 가족이 함께 찾아오기도 했다. 방기수 '깃든' 대표는 "펫팸족 인구에 비해 애견 동반 식당은 아직 많지 않다. 입소문이 퍼지면 멀리서도 찾아오고, 재방문율도 꽤 높은 편이다"라고 말했다.

쿠폰　소식　메뉴　**예약**　리뷰

### 깃든 예약 N Pay +

사전 예약을 통해 편안하게 이용가능합니다.

방문자리뷰 19

　N 예약

### 테라스석 예약(애견동반가능) N Pay +

테라스석 지정 예약으로 2시간 사용으로 운영
하며 최대 6명까지 가능합니다.

　N 예약

테라스나 독립된 데크가 있는 식당이라면, 이 공간을 애견 동반 테이블로 운영해볼 만하다. 이는 새로운 고객층을 끌어들이고 재방문율을 높이는 효과적인 방법이 될 수 있다.

애견 동반 테이블 운영 시 주의사항.

① 애견 동반 손님은 켄넬 등 짐이 많으니 주차장이 있는 게 좋다.

② 차를 가져오니 주류 매출은 기대하기 어렵다.

③ 동물을 싫어하는 손님도 있으니 다른 손님들과 동선이 분리된 독립 공간이 있어야 한다.

④ 견주라도 식품위생법상 반려 동물과 접촉이 제한돼야 한다. 켄넬 활용을 권장한다.

⑤ 반려동물이 길고양이를 보고 짖는 등 통제가 필요한 경우가 있다.

이런 주의사항을 제대로 지키지 않으면 구청에서 단속을 나올 수 있다. 여러 상황을 종합적으로 고려했을 때, 중심 상권보다는 여건에 맞는 한적한 입지에 있는 식당에서 시도해 볼만하다.

**투자금 회수 기간 : 12개월→18개월…'1~6개월' 초단기 회수 모델도**

8700만원. 우리나라 소상공인의 평균 창업비용이다

사장의 인건비를 제외하고 순마진으로 투자금을 회수하는 데 걸리는 기간은 업계에서 일반적으로 다음과 같이 평가된다: 3년이면 '평타', 2년이면 '성공', 1년이면 '대박'이다(보증금 제외 기준). 사실, 1년에 100만 개의 사업장이 폐업하는 이 시대에 투자금을 회수하는 것만으로도 상위 20%에 드는 것이라고 볼 수 있다.

만약 1년 안에 투자금을 회수할 수 있다면 연간 투자수익률이 100%에 달하는 셈이다. 여기에 매각 시 권리금 차익까지 고려한다면 이는 '대박'에 해당하며, 상위 1% 장사고수라 불릴 만한 성과라 할 수 있다.

하지만 요즘은 사정이 달라졌다. 인건비, 임대료, 원재료비 등 3대 비용이 크게 올라, 장사고수들조차 1년 내 투자금 회수는 사실상 불가능하다고 말한다. 대신, 투자금 회수 기간의 마지노선으로 1년 6개월을 제시하고 있다.

### 투자금 초단기 회수법(a)
#### 소자본 창업, 바테이블, 전략적 줄 세우기

서동국 대표의 사례는 현재 창업 환경에서 초단기 회수 모델의 중

**소상공인 실태조사 자료**

자료: https://www.outsourcing.co.kr/news/articleView.html?idxno=95589

요성을 보여주는 대표적인 예시다. 1년 6개월 내 투자금 회수가 중요한 이유는 주로 임대차 계약 주기 때문이다. 대부분 임대차 계약은 2년 단위로 이루어지며, 이 시점에서 재계약을 할지, 매각하거나 원상복구 후 폐업할지를 결정해야 한다. 그러나 현재의 상가 공실률이 급증하는 상황에서는 권리금을 받기도 어렵고, 3~4년 후에도 장사가 잘될지 확신할 수 없는 경우가 많다.

따라서 1년 반에서 2년 안에 투자금을 회수할 수 있도록 기획 단계에서부터 대비하는 것이 필수적이다. 이때, 최악의 상황을 대비해 권리금을 받지 못하고 원상복구 비용까지 추가로 고려해야 한다.

창업 고수들조차 투자금 회수 기간이 이전보다 50% 늘어났다는 것을 인정하고 있으며, 이는 창업 리스크가 그만큼 커졌음을 의미한다. 그로 인해 일부 고수들은 1~6개월 내 투자금을 회수하는 초단기 모델이 필요하다고 주장하기도 한다.

서동국 대표의 경우, 소규모 매장과 낮은 고정비용을 바탕으로 고

수익률을 유지하여 초단기 투자금 회수에 성공했다. 월세가 저렴한 4평 규모의 매장에서 월매출 5000만 원을 기록하고, 3개월 만에 투자금을 회수한 것은 고정비 절감과 효율적인 운영의 결과라 할 수 있다.

'소자본 창업왕' 서동국 대표가 전하는 초단기 회수 모델 공식 3가지는 다음과 같다.

1. 핫플레이스가 아닌 곳에서 소자본 창업을 하라.
2. 바 테이블(다찌)을 활용해 주방과 홀 서빙을 혼자 할 수 있는 효율적인 구조를 설계하라.
3. 전략적으로 손님을 줄세워라.

첫째, 소자본 창업은 필수적인 전략이다. 핫플레이스에서 창업을 하려면 최소 2억 원 이상의 창업 비용이 들기 마련이다. 운 좋게 대박이 나서 한 달에 2000만 원씩 순이익이 남는다 해도, 투자금 회수까지는 최소 10개월이 걸린다. 그러나 이런 대규모 창업은 리스크가 크기 때문에, 창업자들이 더욱 작은 자본으로 시작하는 것이 중요하다.

둘째, 인건비 절감은 어느 때보다 중요한 과제다. 인건비가 크게 상승한 현 시점에서, 한 명이라도 불필요한 인력을 줄이는 것이 필수적이다. 소규모 매장이나 셀프 운영 시스템 등을 통해 인건비를 절감하는 방식이 효과적이다.

셋째, 소자본 창업과 다찌 형태의 작은 가게가 고매출을 창출하기 위한 핵심 전략이 된다. 작은 가게는 좌석이 제한되어 있어 손님이 몰리면 금세 대기줄이 생기기 마련이다. 이때, 가게 앞을 지나가던 사람들은 줄 서는 모습만 보고도 '맛집'이라고 인식하고 더 많은 손님이 몰리게 된다.

여기서 중요한 점은, 손님이 줄을 서더라도 그들이 떠나지 않도록 대기 손님 관리가 필요하다. 손님들이 기다리다가 지치거나 기분이 상해 떠나면 큰 손해다. 따라서, 손님을 붙잡아두는 노하우가 필요하다.

"단순히 대기 손님에게 '기다리라'고만 하면 그들은 자존심 때문에 기다리지 않는다. 가게가 대단한 맛집이라서 줄을 서는 것이 아니라, 좌석이 적어서 대기줄이 생겼다고 겸손하게 설명하고, 메뉴판을 먼저 주는 것이 더 효과적이다. 줄을 세우는 것도 전략적으로 해야 한다."

서동국 대표의 조언이다.

### 투자금 초단기 회수법(b)
#### "핫플에서 빠른 아이템 교체로 6개월 만에 회수 가능"

대전에서 이자카야, 냉면, 고깃집 등 프랜차이즈 직가맹점 10여 개를 운영하는 이도원 대표는 투자금을 빠르게 회수하는 또 다른 방법을 제시했다. 이도원 대표의 전략은 목 좋은 핫플레이스에서 인기 있는 아이템을 저비용 인테리어로 창업하고, 몰려드는 손님들 덕분에 단기간에 매출을 극대화하는 방식이다.

그는 "이자카야는 트렌드 변화가 빠르고 새로운 컨셉이 강력한 폭발력을 가지기 때문에, 인테리어만 저비용으로 효율적으로 한다면 핫한 아이템으로 6개월 안에 투자금을 회수하고, 이후 다른 트렌드로 전환하는 방식이 가능하다"고 말했다.

**불황형 아이템 선점: 원가 저렴한 샤브샤브와 면 요리, 가성비 좋은 뷔페 '주목'**

불황이 장기화된다면, 이를 자영업의 새로운 표준, 즉 '뉴노멀'로 받아들이는 전략이 필요하다. 이에 적응하여 가성비 좋은 '불황형 아이템'으로 승부를 보는 것도 중요한 전략이다.

대표적인 예로 샤브샤브 무한리필 전문점이 있다. 샤브샤브는 다른 고깃집에 비해 원가가 저렴한 편이며, '건강식'이라는 이미지 덕분에 여성들과 중장년층의 선호도가 높다. 덕분에 비교적 높은 가격대를 형성하고 있으며, 자영업자 입장에서는 마진이 좋은 가성비 아이템이기도 하다. 여기에 무한리필을 더해 소비자들에게도 가성비가 뛰어난 선택지가 된다. 이 때문에 2024년 외식 시장에는 샤브샤브 무한리필 전문점이 급증하고 있다.

이 외에도 무엇이든 무한리필로 제공하는 '뷔페' 형태의 아이템들이 불황형 아이템으로 주목받고 있다. 대표적인 예로 '명륜진사갈비', '고기싸롱', '애슐리퀸즈' 등이 성공적으로 자리 잡았다.

> "무한리필 고깃집의 가격대는 보통 1인당 1만7000원에서 2만원 정도인데, 일반 고깃집에서 삼겹살 1인분 가격이 1만6000원 정도임을 감안하면 무한리필 고깃집이 가격 경쟁력이 더 높다. 이런 상황에서 일반 고깃집을 창업하려면 차별화된 경쟁력이 필수적이며, 평범한 고깃집은 버티기 어려운 시점이다."

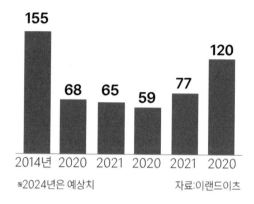

**애슐리퀸즈 매장수** (단위:개)

155

68 65 59 77 120

2014년 2020 2021 2020 2021 2020

*2024년은 예상치       자료:이랜드이츠

유튜브 '장사만세'를 운영하는 이철주 크리에이티브스푼 대표의 분석이다.

구매력이 낮은 동남아에서는 이미 오래 전부터 뷔페 문화가 대중화됐다. 태국 방콕에서 한국식 고기뷔페를 9개점 운영하고 있는 김기탁 K-BBQ 대표는 이렇게 말했다.

"태국은 중국처럼 음식을 풍성하게 차려놓고 배불리 먹고 남기는 것을 선호하는 식문화가 있습니다. 하지만 서민들은 구매력이 낮아 이렇게 하지 못하니 뷔페를 즐겨 찾습니다. 일주일에도 여러 번 뷔페 식당에서 식사를 하기도 하죠. 그래서 태국 외식업에서 뷔페 식당이 차지하는 비중은 20%를 훌쩍 넘습니다."

면 요리 역시 2025년 유망한 아이템으로 자주 거론된다. 면 요리는 조리가 쉽고 빠르며, 밑반찬이 많이 필요 없어 간편할 뿐만 아니라 원가가 저렴하다. 게다가 조리 과정에서 품이 덜 들어 인건비 부담이 적다는 장점이 있다.

이도원 쇼부다·펑바오 대표는 다음과 같이 말했다. "2025년에는 한식처럼 마진 구조가 열악하고 인건비 비중이 높은 업종은 살아남기 힘들 것입니다. 게다가 배달 시장의 강세로 한식은 점점 '진짜 집밥'의 영역으로 밀려가고 있습니다. 그래서 밥류보다는 마진이 좋은 면류에 기대를 걸어볼 만합니다. 앞으로 창업과 연구개발은 고마진 상품에 집중될 것입니다."

### '퍼스트 무버' 될 자신 없다면 '패스트 팔로워'가 돼라

업종마다 선구자가 뉴노멀을 발견하고 새로운 표준 모델을 정립하면, 이후 많은 가게와 후발 사업자들이 이를 벤치마킹해 순식간에 보편화될 것이다. 노래방이 코인노래방으로, 세탁소가 무인 세탁소로 몇 년 만에 물갈이된 것처럼 말이다.

스스로 뉴노멀을 개척할 자신이 없다면, 누군가 극심한 불황 속에서도 지속 가능한 뉴노멀을 발견하기를 기다렸다가 벤치마킹하는 '패스트 팔로워' 전략을 취하는 것이 현명하다. 그렇지 않으면 해답을 찾지 못한 채 결국 좀비 가게로 연명하다 도태되는 비극이 연출될 수 있다. 장사고수들조차도 지금 엄청난 눈치게임을 하고 있음을 명심해야 한다.

자영업 트렌드

# 자영업도 스타트업처럼 투자 받고 창업…
# '자타트업'의 등장

"소상공인을 더 이상 소상공인이라고 부르지 않겠다. '라이콘'LICORN3으로 칭하고 육성하겠다"

2023년 5월 16일, 서울 연남동에서 열린 '기업가형 소상공인 육성방안 정책발표회'에서 당시 중기부 장관 이영이 한 말이다. 같은 자리에서 당시 중기부 소상공인정책실장 이대희는 "스타트업의 거의 모든 제도를 자영업에도 이식하겠다"며 소상공인을 위한 다양한 투자 및 육성 지원 정책을 발표했다.

최근 정부와 자본 시장의 소상공인에 대한 태도가 변하고 있다. 과거에는 소상공인을 대부분 한계 상황에 놓인 영세 사업자로 보고 지원책만을 제시했다. 그러나 이제는 소상공인 중에서도 스타트업처럼 성장할 수 있는 잠재력을 가진 기업들이 있다고 판단, '기업가형 소상공인'을 발굴하고 육성하려는 움직임이 활발해졌다.

정부는 소상공인도 스타트업처럼 생애 주기와 성장 단계에 맞춘 맞춤형 보육 정책을 제시하고 있다. 예를 들면, 신사업창업사관학교에서 시작해 로컬크리에이터 지원사업, 강한소상공인 성장지원사업, 로컬브랜드 창출사업, 그리고 민간 투자자 연결로 이어지는 성장 사다리 구조가 마련되었다.

필자 또한 2023년 7월 창톡에서 열린 '기업가형 소상공인 컨퍼런스'를 개최했고, 같은 해 10월에는 '강한소상공인 성장지원사업 파이널

---

3   '라이프스타일 유니콘'의 줄임말로 중기부가 만든 용어. 1조원 가치의 비상장 기업을 '유니콘'이라 부르는 스타트업 용어에 빗대어, 자영업 시장에서도 1조원 이상 가치의 성장성 높은 기업가형 소상공인을 육성하겠다는 의지를 담은 정책 용어.

오디션'의 심사위원으로 참여했다. 중기부와의 긴밀한 소통을 통해, 정부가 이 정책에 강한 의지를 가지고 있으며, 이를 통해 구체적인 성과를 이루려는 로드맵이 있다는 것을 확인할 수 있었다.

중기부의 계획안은 혁신적이고 급진적이다. 특히 중기부는 소상공인의 중금리 자본 조달을 위해 '우리동네 크라우드 펀딩' 지원사업을 추진하고 있다. 이 사업은 지역 주민의 투자 참여를 촉진하기 위해 현물 외에도 NFT Non-fungible Token(대체 불가능 토큰)를 보상 수단으로 활용할 계획이다.

블록체인 기술과 디지털 가상 자산을 소상공인 지원사업에 접목하려는 이 시도는 금융권에서도 아직 뜨거운 감자인데, 이는 소상공인의 금융 인프라 확대를 도울 수 있는 중요한 진전을 의미한다. NFT와 같은 최신 기술을 통해 소상공인에게 필요한 자본을 조달하고, 동시에 지역 사회의 참여를 유도하려는 정책의 방향성은 매우 주목할 만하다. 물론,

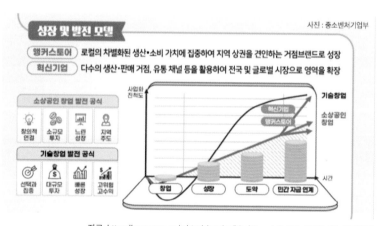

자료: https://www.mss.go.kr/site/ulsan/ex/bbs/View.do?cbIdx=211&bcIdx=1041698

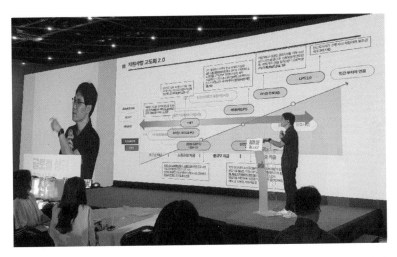

중기부는 2023년 소상공인성장촉진과를 신설하고 기업가형 소상공인 육성 정책 개발에 몰두하고 있다. 사진은 이청수 중기부 사무관이 2024년 7월 전주에서 열린 '글로컬 상권 출범식&페스타'에서 2025년 기업가형 소상공인 지원사업 고도화 2.0 정책 로드맵을 발표하고 있는 모습.

자료 : 창톡

실제 사업화 과정에서 여러 시행착오가 있을 수 있지만, 정책의 혁신적인 접근 방식은 긍정적인 신호로 볼 수 있다.

중기부는 소상공인의 중금리 자본 조달을 위해 '우리동네 크라우드 펀딩' 지원사업을 진행하고 있다. 이 사업에서는 지역 주민의 투자 참여를 촉진하기 위해 현물 외에도 NFT(대체 불가능 토큰)를 보상 수단으로 제공할 계획이다. NFT를 통한 보상은 블록체인 기술을 활용해 소상공인과 지역 주민 간의 연결을 강화하고, 새로운 형태의 투자 참여를 유도하는 데 목적이 있다.

금융권에서도 블록체인 기술과 디지털 가상자산을 소상공인 지원

자영업 트렌드

사업에 접목해 금융 인프라를 확대하려는 시도가 이어지고 있다. 이 같은 혁신적인 접근은 시행착오가 예상되지만, 정책의 방향성이 뚜렷하게 제시된 점에서 주목할 만하다. 민간 시장에서도 성장 가능성이 있는 소상공인에 대한 선제적 투자가 시작되고 있다. 스타트업 생태계만큼 고도화되지는 않았지만, 자본 투자, 팀 창업, 선배 창업가의 멘토링이라는 스타트업 시스템이 자영업에도 적용되면서 자영업 맞춤형 선순환 생태계가 조성되고 있다.

## 스타트업 닮아가는 자영업

### 자본 투자

중기부의 소상공인 실태조사에 따르면, 폐업한 소상공인의 약 40%가 재창업을 한다. 이른바 '회전문 창업'이다. 회전문 창업 자체는 한 번 실패한 경험을 토대로 재도전하는 것이므로, 성공 가능성을 높일 수 있다. 스타트업도 마찬가지로 실패 경험을 창업자의 자산으로 인정하며 재창업자를 우대하는 문화가 있다.

그러나 문제는, 자영업에서 재창업은 대부분 첫 창업보다 훨씬 적은 자본으로 이루어지고, 실패 원인에 대한 전문가의 진단 없이 자의적 판단으로 다시 시작되는 경우가 많다는 점이다. 반면 스타트업은 엑셀러레이터와 같은 전문 투자자의 심사와 자본 투자, 지속적인 컨설팅 등 체계적인 보육 과정이 수반된다. 이로 인해 재창업 때 더 많은 자본을 조달할 수 있는 시스템이 작동한다.

자영업의 경우, 이러한 시스템이 부족하고 대부분 대출이나 사채 등 위험성 높은 자금을 통해 자본을 조달하는 것이 문제다. 스타트업의 투자 시스템을 자영업에 그대로 적용하는 데는 어려움이 있지만, 최근 자영업 시장에서는 성공한 선배 창업가들이 후배 창업자에게 투자하고 지원하는 '외식업 엑셀러레이터'가 등장하고 있다.

## 사례

옥된장 프랜차이즈를 성공시킨 블루트렌드는 2024년 9월 창톡과 함께 순대국 창업팀 공모전을 개최, 최대 3억 원의 창업 자금을 지원했다. 이는 스타트업에서도 찾아보기 힘든 파격적인 지원 규모다.

또한 한경민 청년다방 대표가 운영하는 '한경기획', 박병진 백채김 치찌개 대표의 'SPBT', 방수준 대표의 '알파랩', 최대헌 대표의 '마이샵 온샵' 등 다양한 엑셀러레이터들이 존재하며, '솔솥', '탭샵바', '시올돈' 등 다양한 자영업 아이템에 투자하며 포트폴리오를 확장해가고 있다.

## 팀 창업

옥된장 창업팀 공모전의 지원 조건 중 하나는 '2명 이상의 팀으로 지원 해야 한다'는 것이다. 이는 '팀 창업'을 중시하는 스타트업 문화와 동일 하다. 과거에는 자영업이 주로 1인 창업으로 성공하는 경우가 많았다. 사장의 아이디어와 역량이 뛰어나면 나머지는 직원을 구해 해결하면 됐기 때문이다. 더구나 스타트업처럼 지분율에 따른 경영권 개념도 없었기 때문에, 팀 창업보다는 혼자 창업을 선호하는 경향이 강했다.

하지만 요즘은 달라졌다. 구인난이 극심해지고, 오래 일할 직원을 구하기 어려워지면서 공동 창업자 최소 2~3명은 있어야 성공 가능성이 높아진다. 필자가 만나본 장사고수들 중 상당수는 자본과 노동력을 결합한 동업 형태로 운영하고 있었다. 단, 의견 충돌 시 누가 최종 결정을 내리는지, 자본을 투자하면서도 경영권 간섭을 하지 않는다는 세부 사항을 명확히 규정한 '동업 계약서'를 작성하는 경우가 많았다. 스타트업처럼 지분율로 경영권을 결정하는 대신, 처음부터 역할과 책임을 구분하고 동업에 나서는 것이다.

2025년에는 이러한 자영업 팀 창업이 더욱 활성화될 전망이다. 자본이 부족한 MZ세대가 자본을 키우기 위해 동업 창업에 나서고 있기 때문이다. 특히, 2025년부터 '병장 월급 200만 원' 시대가 열리면서 전역 장병들의 동업 창업이 증가할 가능성이 크다. 2024년에 입대한 병사들이 전역할 때 1500~2000만 원 이상의 목돈을 쥘 수 있게 되기 때문이다. 전역 장병 23명이 동업을 한다면, 대출이나 부모님의 지원을 더해 1억 원 이상의 창업 자금을 모을 수 있다. 만약 창업에 실패해도 1인당 2000~5000만 원의 손실로 제한되며, 1~2년 열심히 일하면 충분히 만회할 수 있다.

가성비 와인바 '심퍼티쿠시'를 운영하는 박준혁·유상 대표는 현대차 입사 동기로 만나 동업 창업을 결심하고, 동반 퇴사 후 창업에 성공한 사례다. 이처럼 자영업도 스타트업의 팀 창업 문화를 반영해 자본과 노동을 나누는 모델이 점차 확산되고 있다. 이들이 꼽은 동업의 장점과 단점은 다음과 같다.

동업의 장점

올바른 의사 결정 가능성과 확신 증가

힘들 때의 심리적 지지

경제적·사회적 자본 및 노동력 2배 증가


동업 시 주의할 점

유사 시에 대비해 동업 계약서를 꼭 작성할 것

개인의 욕심보다 사업의 성공(공동의 목표)에 집중할 것

비슷한 수준의 심리적·실질적 기여를 할 것

개인이 놓인 환경이 유사한 사람과 동업할 것

자영업 트렌드

동업의 가장 큰 장점 중 하나는 바로 자본의 확보다. 배달앱 수수료 인상, SNS 마케팅의 과잉 경쟁 속에서 안 좋은 상권과 입지에서 소자본으로 창업하는 것은 점점 더 큰 리스크를 안게 된다. 소자본 창업은 흔히 열악한 입지에서 시작할 수밖에 없는데, 이는 고객의 선택을 받기 어려워 폐업으로 이어질 가능성을 높인다. 자영업 시장에서 자본은 경쟁력의 핵심 중 하나이기 때문에, 소자본 창업의 이점보다는 그 위험성에 대해 더 깊이 고민해야 할 때다.

동업의 또 다른 강점은 노동력이 2배로 늘어나는 것이다. 특히 요즘처럼 구인난이 극심한 시기에는 이 점이 매우 중요한 경쟁력이 될 수 있다. 물론 그간 자영업에서 동업으로 인한 문제가 많았기에 동업에 대한 우려가 존재한다. 그러나 최근 변화하는 환경 속에서 동업의 단점보다 장점이 더 부각되고 있다. 자영업을 팀 창업으로 접근하는 것도 충분히 고려할 만한 선택지로 떠오르고 있다.

다음은 2021년 미국 다점포 점주 컨퍼런스Multi-Unit Franchising Conference에서 소개된 자료다. 이 자료는 블루 칼라(현장직) 근로자의 임금 인상률이 30년 만에 화이트 칼라(사무직) 근로자를 역전한 사실을 보여주고 있다.

자영업은 본질적으로 노동 집약적인 산업이기 때문에, 사장이 마음 편히 휴식을 취하기 어려운 구조다. 특히 주말이나 휴일에도 가게를 돌봐야 하는 경우가 많다. 이 때문에 동업자의 존재는 단순히 자본뿐만 아니라 노동력 측면에서도 큰 힘이 된다. 동업자가 함께 일하면 사장

고용원 없는 나홀로 자영업자의 폐업이 늘고, 고용원 있는 자영업자가 늘고 있다는 통계.

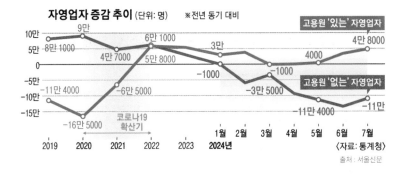

이 모든 일을 도맡지 않아도 되며, 가게 운영에 안정성이 더해진다. 흔히 "사장처럼 일할 수 있는 사람이 3명만 있어도 그 가게는 망하지 않는다"는 말이 자영업계에서 회자되는 이유도 여기에 있다.

미국의 블루 칼라(현장직) 근로자의 임금 상승률이 30년 만에 화이트 칼라(사무직) 근로자의 임금 상승률을 추월했다는 사실은 자영업에서도 시사하는 바가 크다. 노동의 가치와 인력의 중요성이 점점 더 부각되는 시대적 흐름 속에서, 자영업에서도 동업자의 역할과 함께 노동력에 대한 재평가가 필요해지고 있다.

## 선배 창업가 멘토링

필자가 매경이코노미 기자 시절, 자영업 시장 취재를 처음 시작한 것은 2012년이었다. 그 당시 기사 말미에 전문가 코멘트를 넣기 위해 창업 전문가의 의견을 구하는 것이 어려웠다. 그만큼 자영업 분야에서 전문가라고 할 만한 이들이 드물었기 때문이다. 메이저 언론사의 기자도 이런

자영업 트렌드

미국 블루 칼라(현장직) 근로자의 임금 상승률이 30년 만에 화이트 칼라(사무직) 근로자의 임금 상승률을 추월했음을 보여주는 장표.

**Labor: Blue vs White Collar**

- Blue-collar and hourly wages were already growing at faster rate than white-collar jobs
  - Reversing a trend that had been in place throughout the past 30 years
- Taking longer to find workers for hourly wage jobs, despite the rise in wages
  - These positions are usually filled with workers who are disproportionately impacted by pandemic
  - The total hourly labor pool has shrunk, some of will be permanent
- Labor shortages are prompting businesses to more aggressive capital for labor shift

자료: 미국 다점포 점주 컨퍼런스

상황이니, 코멘트를 받을 만한 '창업 전문가'가 거의 없었다.[4] 몇 년 동안 업계를 취재하고 다점포 점주들과 관계를 맺으면서 겨우 전문가 코멘트를 얻을 수 있었다.

하지만 이제는 상황이 달라졌다. 유튜브를 비롯한 온라인 플랫폼에서 자영업 관련 콘텐츠가 넘쳐나고, 다양한 TV 프로그램과 책들도 많이 출판되고 있다. '백종원의 골목식당'을 비롯한 방송 프로그램과 배민 아카데미, 배민외식업광장 같은 플랫폼에서 제공하는 장사 학교 프로그램도 좋은 정보원이 된다. 자영업자 커뮤니티에서는 오픈카톡방을 통해 실시간으로 노하우를 공유하며 배우기도 한다.

---

4   장사 경험이 없는 '컨설턴트'는 많았지만, 무늬만 전문가인 그들에겐 애초에 코멘트를 받을 생각이 없었다.

특히 창톡 같은 곳에서는 매달 강연과 선배 창업가와의 1:1 멘토링을 제공하는 기회를 열어, 초보 창업자들에게 실질적인 도움을 주고 있다. 이러한 멘토링과 컨설팅은 자영업 시장의 중요한 변화 중 하나로, 스타트업에 비해 접근이 훨씬 용이하다. 스타트업 심사역을 만나기 어렵고, 그들에게 투자를 받으려는 수많은 스타트업이 몰리면서 접근이 제한되는 반면, 자영업계는 강연과 컨설팅 이벤트가 많고 상대적으로 부담 없이 전문가와 선배 창업가를 만날 수 있다.

이처럼 성공한 창업가들의 경험이 공유되고, 전문가의 노하우가 전파되는 것은 자영업 생태계 발전에 필수적이다. 그동안 자영업계에는 이런 문화적 인프라가 부족했지만, 이제는 누구나 쉽게 노하우를 접할 수 있는 시대가 되었다.

자영업 트렌드

외국인을 잡아라
근로자든, 관광객이든

최근 국내 소비 흐름을 보면 '외강내유外剛內柔'라는 말이 떠오른다. 내수 침체로 내국인 소비는 약한 반면, 외국인 관광객들의 소비는 강세를 띄고 있다는 얘기다. 2025년을 준비하는 자영업자라면 방한 외국인 관광객을 새로운 고객으로 적극 타겟팅해야 할 필요가 있다. 외국인은 수요뿐 아니라 공급 측면에서도 중요한 역할을 한다. 구인난, 잦은 이직, 고임금 상승 등으로 자영업자의 고용 부담이 커지고 있기 때문이다. 정부도 비전문 취업비자(E-9)를 가진 외국인 근로자의 음식점업 고용을 허용하는 등 대책 마련에 나서고 있다. 2025년에는 근로자든, 관광객이든 외국인을 선점하려는 경쟁이 치열해질 전망이다.

## 2024년 방한 외국인 관광객 1500만 명 돌파 예상, 신규 수요 창출

먼저, 수요 측면에서 방한 외국인 관광객을 새로운 고객으로 타겟팅해야 한다. 우리나라를 찾는 외국인 관광객 수는 팬데믹 이후 빠르게 늘고 있다. 한국관광데이터랩에 따르면, 2022년 방한 외국인 관광객 수는 320만 명, 2023년에는 1103만 명으로 4배 가량 증가했다. 2024년 상반기에는 약 770만 명을 기록하며 전년 동기 대비 74% 더 증가했다. 이러한 추세라면 2024년 외국인 관광객 수는 1500만 명을 넘어설 것으로 보인다.

이는 팬데믹 이전인 2019년과 비교하면 더욱 의미가 크다. 당시에도 하반기 관광객 수가 상반기보다 많았던 점을 고려할 때, 2024년 하반기에는 더욱 많은 외국인 관광객이 한국을 방문할 가능성이 높다. 비록 정부의 목표인 2000만 명에는 미치지 못하지만, 400만 명 이상의 신규

일본요식업위기 30조엔 그래프

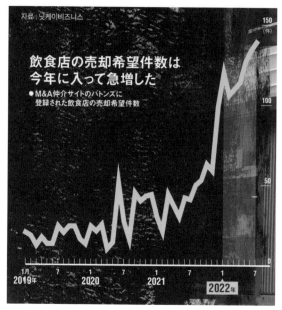

자료: 닛케이비즈니스

飲食店の売却希望件数は
今年に入って急増した
●M&A仲介サイトのバトンズに
登録された飲食店の売却希望件数

出처 : http://kfnews.kr/2022/11/24/20221123_2/

수요가 창출된 점은 자영업자들에게 긍정적인 신호다.

### 외국인 관광객 덕분에 되살아난 일본 외식 시장

이웃나라 일본의 사례를 보면, 외국인 관광객이 자영업, 특히 외식업에 얼마나 큰 영향을 미칠 수 있는지 알 수 있다.

일본은 외식 시장 규모가 1997년 약 30조엔에 달해 정점을 찍은 뒤 동일본대지진으로 저점을 찍은 2011년까지 14년간 내리막길을 걸었다. 여기에는 버블 붕괴로 인한 '잃어버린 20년' 여파 외에도 1인 가구 증가, 편의점 도시락과 밀키트 같은 이종업태와의 경쟁 등 구조적 변화가 있었다.

그러던 일본 외식 시장이 반등을 시작한 것은 2012년부터. 적극적인 대외 활동과 높은 구매력을 앞세운 '액티브 시니어' 집단의 등장, 그리고 연간 3000만명이 넘는 외국인 관광객의 방일 러시가 주요인이란 게 닛케이비즈니스의 분석이다.[5]

외식업이 활성화되면 식자재 수요 증가 등 후방 산업도 덩달아 활성화 된다. 일례로 일본의 밥쌀용 쌀 수요량은 2023년 7월부터 2024년 6월까지 1년간 702만t을 기록, 전년 동기 대비 11만t(1.6%) 늘었다(가공용을 제외한 주식용 기준).[6] 일본 내 밥쌀 수요가 증가세를 보인 것은 2013년 7월~2014년 6월 이후 처음이다.

농림수산성은 면이나 빵 등에 비해 쌀 가격 상승 속도가 완만했던 데 따른 대체 수요와 방일 관광객 증가를 10년 만에 쌀 수요가 증가한 요인으로 꼽았다. 방일 관광객에 의해 늘어난 쌀 소비량은 약 3만t 수준으로 추정했다.

기시다 후미오 일본 총리는 7월 19일 관광입국추진각료회의에서 "올해 일본을 방문한 외국인 관광객(인바운드)이 쓰는 소비액이 8조엔(약 70조7000억원)에 달할 전망"이라고 밝혔다.[7] 관광이 자동차 수출에 이어 외화벌이 수단 2위에 오를 만큼, 외국인 관광객이 일본 경제에 미치는 영향은 지대하다.

---

5  2022년 8월 닛케이비즈니스 커버스토리 '외식에 미래는 있는가'.
6  일본 '밥쌀' 수요 10년 만에 증가…"방일 관광객 등 원인". 연합뉴스. 2024. 7. 30.
7  日 올해 외국인 관광객 소비액 7.7조엔 전망. 서울경제. 2024. 7. 19.

일본 외식시장 규모 추이

●日本の外食市場規模の推移

30(兆円)

出所：日本フードサービス協会

자료: 일본 푸드서비스협회

　　일본의 유명 외식 체인 '요시노야'는 1200개 넘는 점포 중 방일 관광객 수요가 높은 약 100개 점포에 2023년 8월부터 영어, 중국어, 한국어로 된 특별 메뉴를 운영중이다. 외국인 전용 메뉴판 최상단의 추천 메뉴는 한화 2만3000원에 달하는 우나기동(장어 덮밥)이 있다. 요시노야를 찾는 일본인 손님은 상대적으로 구매력이 낮은 고객층이어서 해당 메뉴는 내국인 대상으로는 팔기가 쉽지 않다. 반면, 외국인 관광객은 소비 성향이 높고 엔저로 인해 구매력도 높아졌으니 외국인 관광객에게 수익성 좋은 고가 메뉴를 팔게 된 것이다.

　　일본 일각에선 동남아처럼 외국인 대상 '이중가격제'를 하자는 얘기도 나온단다. 소비 성향과 구매력이 높은 외국인과 그렇지 않은 내국인을 구분, 실속을 챙기려는 마케팅 전략이 고도화되고 있다.

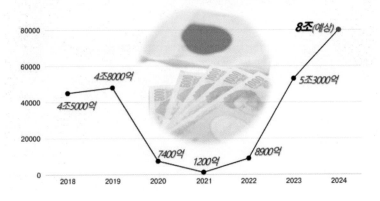

**일본 방문 외국인 관광객 소비액 추이** (단위:엔)

- 2018: 4조5000억
- 2019: 4조8000억
- 2020: 7400억
- 2021: 1200억
- 2022: 8900억
- 2023: 5조3000억
- 2024: 8조(예상)

자료: 일본 관광청

외국인 관광객으로 인한 일본의 경제 부흥 효과는 우리나라 자영업에도 중요한 시사점을 제공한다. 일본은 저성장, 1인 가구 증가, 편의점 도시락과 밀키트의 확산 등 구조적 변화를 이미 30년 전 겪었고, 이러한 변화는 우리나라에서도 10년 전부터 나타나기 시작했다. 그럼에도 불구하고 일본은 외국인 관광객 덕분에 외식업과 소매 시장이 다시 활기를 찾았다. 우리나라 역시 외국인 관광객 수요를 잘 활용한다면 침체된 외식 시장과 소매업에서 새로운 돌파구를 찾을 수 있을 것이다.

물론 현재 방한 외국인 관광객 수는 일본에 비해 절반 수준에 그친다는 점은 아쉬운 부분이다. 정부는 관광청 신설 및 외국인 관광객 2000만 명 유치를 목표로 하고 있지만, 그 진척은 더디다. 관광업계 일각에서는 2027년이 되어야 목표 달성이 가능할 것으로 보고 있다. 그럼에도 불

요시노야의 외국인 관광객 전용 메뉴판(왼쪽)과 일반 메뉴판. 일반 메뉴는 787엔짜리 가성비 좋은 스키야키 메뉴를 맨 앞장에 보여주고, 외국인 관광객 전용 메뉴판에는 2338엔짜리 비싼 장어덮밥 메뉴를 최상단에 보여주는 것이 눈에 띈다.

자료 : 닛케이비즈니스 캡처

구하고 매년 수백만 명씩 늘어나는 외국인 관광객 수는 국내 자영업자들에게 긍정적인 신호다.

### 대한민국 자영업, 상인회에 달렸다

외국인 관광객을 타겟팅할 때 주의해야 할 점 중 하나는 '서울 쏠림 현상'이다. 외국인 관광객의 약 80%가 서울을 방문하고 있으며, 이 수치는 지난 10년간 거의 변하지 않았다. 지방 소멸 문제와 구도심 상권 붕괴로 어려움을 겪는 지자체들에게 이는 힘 빠지는 소식이다. 여러 지자체들이 관광 상품을 개발하고 외국인 관광객을 유치하기 위한 노력을 기울이고 있지만, 성과는 제한적이다.

하지만 서울 자영업자들도 안심할 수 없다. 외국인 관광객은 서울 내에서도 명동, 강남, 홍대, 여의도, 신촌·이대, 성수동, 인사동·삼청동과 같은 대형 상권을 중심으로 소비 활동을 한다. 이러한 지역들은 임대료가 매우 비싸다. 따라서 외국인 관광객을 끌어들이기 위해선 자영업자가 단독으로 해결할 수 있는 문제가 아니다. 지자체와 상인회가 함께 중장기적인 대책을 마련해야 한다.

그러나 우리나라의 많은 상점가는 상인회가 조직되지 않았거나, 있더라도 유명무실한 경우가 많다. 상인회의 주도적인 역할이 부족하거나 상인회장이 장기 집권하며 이권을 독점하는 사례도 흔하다. 이는 상권 활성화의 중요한 걸림돌이다. 성공적인 상권 활성화를 위해서는 상인회의 혁신적이고 실질적인 노력이 필요하다.

결국, 외국인 관광객을 통한 새로운 수요를 창출하려면 지역 상권이 협력하고, 지자체와 상인회가 힘을 합쳐야 한다.

필자는 대한민국 상인회도 세대 교체가 시급하다고 본다. 젠트리피케이션 주기가 갈수록 짧아지는 지금, 개성 있는 가게를 열고 상권을 꾸미며 SNS를 통해 홍보하는 일은 MZ세대가 훨씬 능숙하다. 실제로 외진 상권을 적극적으로 찾아다니는 소비층도 MZ세대다. 그럼에도 불구하고 정책과 예산을 수립하고 집행하는 이들은 대부분 기성세대이기에, 새로운 트렌드에 민첩하게 대응하기 어려울 수밖에 없다.

| 외국인 카드 결제 가장 많이 늘어난 상권은?(단위: 억원, %) | | | | |
|---|---|---|---|---|
| 상권명 | 증감액 | 2019년 | 2023년 | 증감률 |
| 명동 | 3619 | 2570 | 6189 | 140 |
| 홍대입구 | 2330 | 920 | 3250 | 253 |
| 강남역 | 2181 | 872 | 3053 | 250 |
| 압구정·청담 | 1891 | 1693 | 3584 | 111 |
| 여의도 | 606 | 1185 | 1791 | 51 |
| 신촌·이대 | 597 | 114 | 711 | 523 |
| 성수동 | 478 | 49 | 527 | 985 |
| 인사·삼청동 | 441 | 242 | 683 | 182 |
| 고속터미널 | 364 | 251 | 615 | 144 |
| 이태원 | 214 | 150 | 364 | 142 |
| 북촌·서촌·청와대 | 134 | 42 | 176 | 317 |
| 익선동 | 38.5 | 6.5 | 45 | 590 |
| 건대입구 | 37 | 14 | 51 | 269 |
| 을지로 | 14 | 95 | 109 | 15 |
| 광화문 | 8 | 7 | 15 | 122 |
| 경동시장 | 2.8 | 6.3 | 9.1 | 44 |
| 서울식물원 | 2.7 | 0.1 | 2.8 | 3484 |
| 동묘시장 | 2.6 | 0.5 | 3.1 | 527 |
| 남산공원 | 0 | 48 | 48 | -0.8 |
| 망원동 | -4 | 183 | 179 | -2.4 |
| 신사동 | -10 | 99 | 89 | -10 |
| 잠실 | -109 | 192 | 83 | -57 |

*2019년 대비 2023년 연간 결제 기준, 자료: 나이스지니데이타

과거 일본 오사카의 주요 전통시장인 도톤보리와 쿠로몬 시장의 상인회장들을 인터뷰한 적이 있다. 두 시장은 모두 외국인 관광객이 많이 찾는 대표적인 관광지 상권이다. 그때 인상적이었던 것은 상인회 차원에서 외국인 관광객 유치와 편의를 위해 적극적으로 활동하고 있다는

점이었다.

예를 들어, 영어 브로슈어를 작성해 시장과 인근 호텔에 무료 배포하고, 상인들에게 영어 교육을 실시하며, 바가지 요금 근절을 위해 단속하는 등 체계적인 노력을 기울이고 있었다. 또한, 시장 내 취식 공간을 마련하고 청결을 유지하기 위해 청소 인력을 고용하는 등 상권의 질적 관리를 중시하고 있었다. 특히, 쿠로몬 시장은 방문객의 90%가 외국인 관광객인데, 인회 임원 30여 명이 매달 4~5회 회의를 개최하며 무보수로 활동할 정도로 상점가에 대한 애정과 책임을 보였다.[8]

이처럼 일본 상인회가 활발하게 활동할 수 있는 이유는 상인들이 매달 내는 회비 덕분이다. 쿠로몬 시장 상인들은 매달 약 20만 원의 회비를 납부하고, 규모가 큰 가게는 더 많은 금액을 내는 경우도 있다. 물론 회비 납부는 의무가 아니다. 하지만 회비를 내지 않는 가게는 상인회가 제작하는 홍보물이나 지도에서 제외되며, 이벤트 참여 기회도 줄어든다. 이렇게 적극적으로 참여를 독려한 결과, 쿠로몬 시장 상인의 90%가 회비를 납부하고 있다.

반면, 우리나라 전통시장의 상인회비는 평균 2만 원 수준에 그친다. 일본의 10분의 1 수준이다. 일반적으로 전통시장에 100개의 가게가 있다고 보면, 일본 상인회는 월 2000만 원, 한국 상인회는 200만 원의 활동비를 마련할 수 있는 셈이다. 200만 원으로는 청소 인력 한 명도 제대로 고용하기 어렵다.

따라서 우리나라 상인회도 임원진의 솔선수범과 함께 자생할 수

---

8  외국인 관광객 年 1천만…'일본의 부엌' 쿠로몬 시장 가보니. 매경이코노미. 2022. 7. 19.

자영업 트렌드

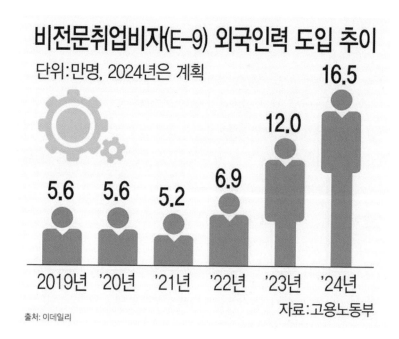

비전문취업비자(E-9) 외국인력 도입 추이
단위:만명, 2024년은 계획

| 2019년 | '20년 | '21년 | '22년 | '23년 | '24년 |
|--------|-------|-------|-------|-------|-------|
| 5.6 | 5.6 | 5.2 | 6.9 | 12.0 | 16.5 |

출처: 이데일리

자료:고용노동부

있는 경제적 기반을 마련하고, 공동체 정신을 되살려야 할 시점이다. 그래야 외국인 관광객 유치와 같은 대응책을 제대로 마련할 수 있다.

**구인난·고임금에 자영업 위기…외국인 근로자, 어디 없나요?**

구인난과 고임금으로 인한 자영업자의 어려움이 갈수록 심각해지고 있다. 월 300만 원을 제시해도 직원을 구하기 힘들어 운영에 차질을 겪는 가게들이 많다. 심지어 장사고수들조차 "장사가 안 돼서가 아니라, 직원을 못 구해서 가게 문을 닫는다"는 얘기를 할 정도다. 이처럼 심각한 구인난을 해결하기 위해 정부는 비전문 취업비자(E-9)를 가진 외국인 근로자들이 외식업계에서도 일할 수 있도록 규제를 완화하고 있다.

E-9 비자는 원래 농업, 제조업, 어업, 건설업 등 내국인들이 기피하는 업종에서만 근무할 수 있었다. 하지만 외식업계에서도 심각한 인력난을 겪으면서 외국인 근로자 고용이 허용되기 시작했다. 이는 자영업자들에게 다소나마 숨통을 트이게 할 수 있는 긍정적인 변화다.

구인난과 고임금 문제는 자영업자들에게 큰 부담이 되고, 이를 해결하지 못하면 도산하거나 소비자에게 그 부담이 고스란히 전가될 수밖에 없다. 이에 따라 서비스 품질이 저하될 우려도 크다. 다행히 정부가 외국인 근로자 취업 허용 범위를 조금씩 넓히는 움직임을 보이면서 중앙아시아, 베트남 등지에서 현지 인력을 한국으로 송출하려는 계획도 추진 중이다.

글로벌 시대에 맞춰 외국인 근로자 취업 기회가 더 확대되어, 구인난과 고임금 문제로 어려움을 겪는 자영업자들이 조금이나마 숨통이 트이길 기대한다.

# 일식 피로감, K푸드 열풍… 한식의 재발견

2023~2024년에 눈에 띄는 외식 트렌드는 바로 '일식 열풍'이다. 기록적인 엔저로 인해 일본 여행이 급증하면서 일식이 한국에서 큰 인기를 끌었다. 2023년에는 약 700만 명의 한국인이 일본을 방문했고, 2024년에는 이 수치가 800만 명을 넘을 것으로 예상된다. 엔저로 인해 일본 현지의 맛을 경험한 사람들이 한국에서도 일식에 대한 관심을 높인 것이 이 열풍의 주요 원인이다.

하지만 2025년에는 일본의 엔화 평가절상 정책과 일식에 대한 유행 피로감이 작용할 가능성이 크다. 이에 따라 다시 한식이 주목받을 것이라는 전망도 나오고 있다. 이처럼 외식 트렌드는 글로벌 경제 상황과 소비자의 취향 변화에 민감하게 반응하고 있다

여행을 많이 가는 나라의 음식이 국내에서 유행하는 것은 자연스러운 현상이다. 2010년대 후반 대만 여행이 인기를 끌며 대만카스테라,

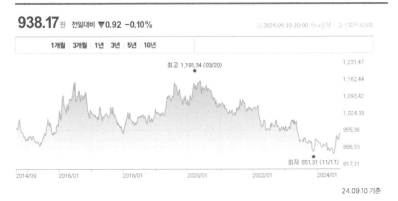

자료 : 네이버 엔/원 환율 10년 간 추이

흑당버블티 같은 메뉴들이 유행한 것도 그 예다. 당시 대만을 방문한 한국인 관광객은 연간 100만 명이 채 되지 않았지만, 그 영향력은 음식 트렌드에 상당한 파급력을 미쳤다. 따라서 2023~2024년에 일식이 유행하는 것도 일본 여행 증가와 맞물려 당연한 결과라고 볼 수 있다.

다만, 일식당이 급격히 늘어나면서 소비자들이 느끼는 피로감도 점차 커지고 있다. 창톡에서 일식당을 운영 중인 장사고수 9명을 대상으로 일식 트렌드 지속 여부에 대한 설문조사를 진행한 결과, 일식 유행의 지속성에 대한 의견은 팽팽하게 맞섰다. 그러나 오마카세 식당에 대해선 대부분이 "한물 갔다"는 의견을 내놓았다.

이도원 쇼부다·풍바오 대표는 "일식 주점이 가장 빠르게 타격을 받을 것으로 보인다"며, "유행 주기가 짧고 유사 브랜드가 빠르게 확산되기 때문에, 수도권을 중심으로 일식 카테고리 시장이 꺾일 것"이라고 내다봤다. 앞으로는 1등 브랜드나 지역의 오랜 맛집만이 살아남을 가능성이 크다는 평가다.

### 옥된장 차기 브랜드로 '순대국' 낙점…솥밥, 한식 요리주점도 각광

장사고수들은 일식 트렌드의 한계를 인식하고, 일식에서 약간 변주를 주거나 가성비를 높이는 전략[9], 혹은 완전히 새로운 메뉴 발굴에 힘쓰고 있다.

예를 들어, 된장찌개로 히트한 '옥된장'은 2025년에 새로운 순대국

---

9   가령 라멘의 경우, 메뉴 카테고리 자체는 클래식하지만, 토핑을 무엇을 얹느냐, 육수는 무엇으로 내느냐, 소스는 무엇을 첨가하느냐, 면발은 어떤 굵기로 하느냐에 따라 얼마든지 새롭고 트렌디한 라멘을 선보일 수 있다.

브랜드를 출시할 계획이다. 순대국은 직장인들이 선호하는 메뉴로 시장 규모가 크지만, 기존 프랜차이즈들의 메뉴와 가격대가 비슷해 특색이 부족하다는 판단에서다. 옥된장은 혁신적인 브랜드로 차별화를 꾀할 예정이다.

또한, 솥밥은 2023년부터 유행이 서서히 시작되어 하나의 메뉴 카테고리로 자리잡는 추세다. 과거에는 규모 있는 한정식 집에서나 맛볼 수 있었던 솥밥이 이제는 1만 원 안팎의 가격대로 프랜차이즈에서도 쉽게 즐길 수 있게 되었다. 민강현 식당성공회 대표는 "솥밥 메뉴는 당분간 크게 인기를 끌 것으로 예상된다"고 말하면서, 인덕션 기술의 발달이 솥밥 시장을 빠르게 성장시키고 있다고 분석했다. 하지만 그는 고가의 시설 투자와 전기 용량 증설 필요성 등 초기 투자에 대한 부담을 지적하며, 효율적인 프로세스를 설계하지 않으면 노동 강도가 높아질 수 있다고 경고했다.

민강현 대표는 또한 백반, 국밥, 두부, 생선구이 등 전통 한식 메뉴가 2025년 창업자들에게 유망할 것이라고 예측했다. 그는 "많은 반찬을 제공하는 백반 대신, 정갈하면서도 알찬 반찬을 제공하는 형태의 백반 한식당이 유행할 가능성이 크다"고 말하며, 빠른 조리가 가능한 국밥과 회전율이 높은 메뉴들이 2030 세대에게 인기를 끌 것이라고 덧붙였다.

이처럼 한정식에서나 즐기던 솥밥이 프랜차이즈화되면서 대중 음식점에서도 합리적인 가격에 제공되며, 가성비 좋은 아이템으로 떠오르고 있다.

유튜브 '장사만세'를 운영하는 이철주 크리에이티브스푼 대표는 2024년 일식 유행에 이어 2025년에는 '한식 요리주점'의 유행이 시작될

자영업 트렌드

자료 : 동양솥밥

것이라고 예측하고 있다. 그는 "2025년에는 고급 전통주와 막걸리를 내세운 한식 요리주점이 인기를 끌 것"이라며, 아직 경쟁이 덜 치열한 이 분야에서 한국식 요리로 다양한 시도를 할 수 있다고 주장한다. 특히 고급 전통주와 막걸리는 마진이 좋아 프랜차이즈 사업으로도 유망하며, 본사와 가맹점 모두에게 좋은 수익 구조를 만들기 유리하다고 덧붙였다. 그는 '부엉이산장', '우이락', '안주가' 같은 브랜드를 주목할 만한 사례로 언급했다. 다만, 한식 주점을 제대로 운영하려면 큰 평수와 고급 인테리어가 필요해 창업비용이 상당할 수 있다고 경고하며, 충분한 자본이 없을 경우 권장하지 않는다고 조언했다.

한편, 한식당 창업 시에는 마진율이 낮다는 점을 주의해야 한다. 한식은 중식, 일식, 양식 등에 비해 식재료 비율이 높아 같은 매출을 올려도 남는 게 적다. 유튜브 '장사천재 양승일'을 운영하는 양승일 창심관·

육풍·백산화로 대표도 이를 지적하며, 영업이익률이 한식 업종에서 낮은 이유는 소비자가 한식의 가치를 충분히 반영하지 않기 때문이라고 분석한다. 또한, 한식 업종은 잘하는 사람과 못하는 사람 간의 양극화가 심하다는 점에서 차별화된 컨셉과 뛰어난 운영 능력이 필요하다고 강조했다.

또한, 한식당에서는 중장년층 직원들과의 커뮤니케이션 스킬이 중요하다고도 덧붙였다. 젊은 직원을 구하기 힘든 한식당에서는 중장년층 직원들과의 협업이 잦아, 이들과 원활하게 소통할 수 있는 능력과 가게의 컨셉이 인력 관리에 적합한지 잘 고려해야 한다.

| 특성별(3) | 2023년 |
|---|---|
| | 매출 대비 식재료 및 인건비 비율(%) |
| 한식 | 69.6 |
| 중식 | 65.4 |
| 일식 | 64.9 |
| 서양식 | 69.4 |
| 기타 외국식 | 66.5 |

자료:「외식업체경영실태조사」농림축산식품부

# 저출산, 지방 소멸, MZ세대…'상권 대이동'

2025년에는 상권의 이동 속도가 더욱 빨라질 전망이다. 여기저기 골목
길 상권 탐방을 즐기는 MZ세대의 부상 외에도 저출산, 지방 소멸 등 거
대한 한국 사회 변화의 물결이 상권의 대류<sup>對流</sup>를 일으키고 있다.

## 지방 소멸에 뜨는 '수도권 서부'

유망 상권을 결정하는 중요한 기준 중 하나는 바로 인구 밀도다. 배후
인구나 유동 인구가 많을수록 해당 상권이 활성화될 가능성이 크기 때
문이다. 인구가 많아야 소비자가 많고, 이는 곧 매출로 연결되기 때문이
다. 그러나 최근 저출산, 고령화, 그리고 이촌향도 현상으로 인해 구도심
상권이 침체되고 지방 소멸 현상이 가속화되고 있다.

이런 상황에서 인구가 늘어나는 지역이라면 단언컨대 전도가 유망
한 상권이라 할 수 있다. 편의점 9개로 연매출 130억원을 올리는 국내
편의점 업계 1인자 심규덕 SS컴퍼니 대표가 수도권 서부 지역을 주목하
는 이유도 여기에 있다.

수도권 서부는 요즘 드물게 인구가 증가하고 있는 인천광역시를
비롯해 3기 신도시[10]가 대거 몰려있는 지역이다. 국가통계포털KOSIS 자
료에 따르면, 2021년 1월부터 2023년 11월까지 약 3년간 인천의 인구
는 294만2452명에서 299만3492명으로 5만1040명 증가, 전국 17개 광
역지자체 중 경기도[11] 다음으로 증가세가 높았다. 이어 충청남도[12], 제

---

10  인천 계양, 과천, 남양주 왕숙, 하남 교산, 부천 대장, 고양 창릉
11  같은 기간 1344만9499명에서 1362만8135명으로 17만8636명 증가.
12  같은 기간 211만9837명에서 212만9591명으로 9754명 증가.

자영업 트렌드

주특별자치도[13] 순으로 인구가 순증했고, 나머지 13개 지역은 모두 인구가 순감했다.

경기도가 수도권 전역에 걸쳐 있는 지리적 특성을 감안할 때, 인천의 인구 증가세는 특히 두드러진다. 이는 지방 소멸에 따른 이촌향도의 영향이라는 평가가 많다. 지방을 떠나 수도권으로 이주한 사람들 중 많은 이들이, 서울의 높은 부동산 가격을 감당하기 어려워 경기 지역으로 밀려나게 되는데, 특히 교통이 편리하고 상대적으로 집값이 저렴한 인천과 수도권 서부 지역을 선호하는 경향이 강하다.

앞으로도 이러한 흐름은 지속될 가능성이 크다. 특히 3기 신도시 개발이 본격화되면, 수도권 서부 지역의 상권은 더욱 활성화될 전망이다. 인천은 주요 광역시 중에서도 유일하게 인구가 증가하고 있어, 상업 및 주거 개발에 대한 잠재력이 큰 지역으로 평가받고 있다. 이러한 인구 증가는 인천이 앞으로도 자영업과 상업 활성화의 중심지로 성장할 가능성을 높여준다.

저출산과 인구 감소가 이어지는 가운데, '감성 상권'이 새로운 자영업 트렌드로 떠오르고 있다. 감성 상권은 주로 20대 후반에서 30대 중반의 소비자들이 즐겨 찾는 상권을 말한다. 이 상권은 변화한 '약속 상권'과는 차별화된다. 약속 상권은 젊은 세대들이 헌팅포차 등 규모가 큰 매장을 주로 찾는 곳을 뜻하지만, 감성 상권은 소규모 매장이 주를 이루고, 특색 있는 메뉴와 분위기를 중시하는 점이 다르다.

---

13   같은 기간 67만4615명에서 67만5845명으로 1230명 증가.

| 행정구역(시군구)별 | 2019년 | 2024년 1월 |
|---|---|---|
| 서울특별시 | 9,729,107 | 934,325 |
| 부산광역시 | 3,413,841 | 3,290,964 |
| 대구광역시 | 2,438,031 | 2,373,844 |
| 인천광역시 | 2,957,026 | 3,000,454 |
| 광주광역시 | 1,456,468 | 1,418,241 |
| 대전광역시 | 1,474,870 | 1,441,562 |
| 울산광역시 | 1,148,019 | 1,103,402 |

자료: 국가통계포털(KOSIS)

예를 들어, 대전의 봉명동과 부산 전포동, 울산 달동, 수원의 나혜석거리 등이 감성 상권으로 주목받고 있다. 이 상권은 특유의 아기자기한 분위기와 독특한 아이템으로 미식과 분위기를 중시하는 20대 후반에서 30대 소비층의 관심을 끌고 있다.

이도원 쇼부다·풍바오 대표는 최근 상권 트렌드가 약속 상권에서 감성 상권으로 옮겨가고 있다고 분석한다. 저출산의 영향으로 매년 만 19세 인구가 줄어들며, 약속 상권의 타겟층이 지속적으로 감소하고 있기 때문이다. 실제로 1998년 대비 2005년에는 전국적으로 출생아 수가 감소하여, 약 18만 명의 청년 인구가 줄었다는 통계가 이를 뒷받침한다.

감성 상권은 더 높은 구매력을 가진 20대 후반에서 30대 중반의 MZ세대가 주 고객이 되며, 이들은 미식과 분위기를 중시하는 경향이 강하다. 이 때문에 감성 상권의 특성을 반영한 메뉴와 분위기를 제공하는 것이 성공 가능성을 높일 수 있다.

자영업 트렌드

반면, 약속 상권은 수억 원에 달하는 높은 바닥 권리금으로 인해 그 가치가 점차 하락하고 있다. 이도원 대표는 저출산의 여파로 만 19세 인구가 줄면서 약속 상권의 타겟 수요층도 감소하고 있어, 시간이 지남에 따라 권리금의 가치가 떨어질 수밖에 없다고 분석한다.

| 1998~2005년 출생아 수 변화(단위: 명) | | |
|---|---|---|
| 행정구역별 | 1998년 | 2005년 |
| 전국 | 614,594 | 438,707 |
| 서울특별시 | 134,604 | 90,468 |
| 부산광역시 | 43,200 | 25,681 |
| 대구광역시 | 32,231 | 20,804 |
| 인천광역시 | 35,541 | 23,026 |
| 광주광역시 | 20,796 | 13,327 |
| 대전광역시 | 19,294 | 13,950 |
| 울산광역시 | 16,697 | 10,469 |
| 경기도 | 137,066 | 109,533 |
| 강원도 | 19,421 | 12,657 |
| 충청북도 | 20,151 | 13,164 |
| 충청남도 | 24,427 | 17,521 |
| 전라북도 | 25,849 | 15,745 |
| 전라남도 | 26,841 | 15,818 |
| 경상북도 | 34,914 | 22,339 |
| 경상남도 | 42,427 | 28,471 |
| 제주특별자치도 | 8,090 | 5,734 |

자료: 통계청

MZ세대의 라이프스타일 변화로 인해 '오피스 점심 상권'이 새로운 유망 상권으로 주목받고 있다. 대학가, 오피스, 유원지 상권들이 한때는 유망했으나, 요즘은 고전하는 상황이다. 특히, 데이트, 회식, 동아리 활동 등을 줄이는 MZ세대들의 변화가 그 배경이다.

그러나 직장인들이 매일 점심을 먹는다는 점에서 오피스 상권에서 점심 수요는 여전히 강세를 보이고 있다. 더욱이, MZ세대는 저녁 회식보다는 점심 시간에 동료들과 함께 식사하는 '점심 회식'이 증가하는 추세다. 이러한 변화는 코로나19 팬데믹 이후 비대면 근무와 야근 문화가 줄어들면서 더욱 가속화되고 있다.

실제로, 네이버에서 '점심 회식' 키워드 검색량이 꾸준히 증가하는 것으로 나타났으며, 특히 강남역, 판교, 여의도 등 오피스 밀집 지역에서 그 추세가 두드러진다. 이는 MZ세대가 직장에서 동료들과 소통하고 네트워킹할 기회로 점심 시간을 활용하고 있음을 보여준다.

따라서 오피스 점심 상권은 꾸준한 수요와 함께, 점심 회식 문화의 확산으로 인해 앞으로도 유망한 상권으로 자리잡을 가능성이 크다.

직장인 점심 수요를 노린다면, 오피스 상권에서도 외곽이 아닌 중심가에 위치하는 것이 가장 좋다. 특히 회전율이 높은 메뉴를 선택하는 것이 유리하다. 조리 시간이 짧고 빠르게 먹을 수 있는 국밥, 덮밥, 면류 같은 메뉴는 점심 시간에 적합하다. 예를 들어, 강남 테헤란로의 한 라멘집은 점심 장사로만 5회전을 하며 월매출 3000만원을 기록하고 있다. 이는 중심가에 위치한 장점과 빠른 회전율을 극대화한 결과다.

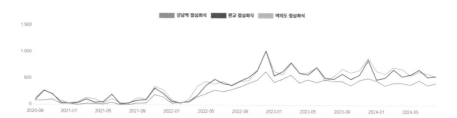

월간 ∨    📅 2020-09 - 2024-08    키워드 비교 -2 ⚙    CSV 다운로드

강남역 점심회식    판교 점심회식    여의도 점심회식

'점심 회식' 키워드 검색량 추이. 워라밸을 중시하는 MZ세대 문화와 맞물려 점심 회식이 늘어나는 모습이다.

자료 : 블랙키위

## 시간·공간별로 세분화되는 상권, 꼼꼼한 분석 필요

예전에는 특정 상권이 인기를 끌면 평일과 주말을 가리지 않고 사람들이 붐볐으나, 최근 상권은 시간대와 공간에 따라 유동 인구가 다르게 나타난다. 같은 상권 내에서도 메인 동선과 외곽의 차이가 크며, 주중과 주말의 수요가 달라지는 경우도 많다.

예를 들어, 문래동은 교통이 불편하고 오피스가 많지 않아 평일과 주말의 유동 인구 격차가 매우 크다. 이러한 상권에서는 주말만 보고 결정하면 실패할 수 있기 때문에 상권을 분석할 때 더욱 꼼꼼히 따져봐야 한다. 일부 공인중개사들은 주말의 활기를 강조하기 위해 신규 창업자와 주말에만 약속을 잡는 경우도 있다.

따라서 상권을 분석할 때는 발품을 팔아 현장을 확인하고, 인구 이동이나 출생아 수 통계까지 참고해 입체적으로 접근해야 한다. 상권이 세분화되면서 수요도 쪼개지고 있다. 온라인 쇼핑의 활성화로 오프라인 상권이 침체되는 추세 속에서 이제는 오프라인 상권뿐 아니라 온라인 쇼핑몰, 이종 업태와도 경쟁해야 하는 시대다.

# Chapter 5

## 콘시토르

미국·한국 주식 투자자이자 네이버 경제 인플루언서 이다. 주가는 실적과 기업의 행보가 결정한다고 믿는 투자자. 단기적인 흐름보다는 커다란 트렌드의 변화에 발맞춰 가는 기업들을 찾아 가장 펀더멘탈적으로 좋은 기업을 찾으려고 노력하며, 잃지 않는 투자를 꿈꾸고 있다.

주식

## 들어가며

주식 투자는 한때 폐가망신의 지름길로 여겨지곤 했습니다. 저 역시 부모님이 주식으로 큰 손해를 보신 경험이 있어, 주식을 멀리하고 오직 저축만을 믿어왔습니다. 매달 100~200만 원씩 꾸준히 모으며, 언젠가 집을 장만할 수 있을 것이라 믿었죠. 하지만 2020년, 모아둔 3천만 원의 가치는 부동산과 자산 가격 폭등, 인플레이션으로 급격히 떨어졌습니다. 내 집 마련의 꿈은 멀어지고, 물가는 치솟아 현실적인 목표조차 이루기 어려워졌습니다.

2020년 이후 자산 가격이 일부 하락하긴 했지만, 그 이전과 비교해보면 여전히 높은 상태를 유지하고 있습니다. 적금만으로는 더 이상 자산을 축적할 수 없는 시대입니다. 금리는 하락했고, 물가상승률을 따라가지 못하는 금리는 사실상 돈의 가치를 잃게 만드는 요인이 되었습니다.

**부동산 가격 폭등 사진**

아파트가격지수

출처 : https://www.chosun.com/national/weekend/2024/08/31/U4LOF4GFMRAILGMKC2UNZNTNYM/

**기준금리와 주담대 금리** (단위:연%)

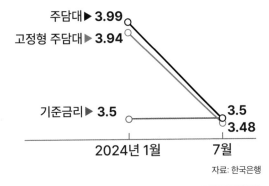

자료: 한국은행

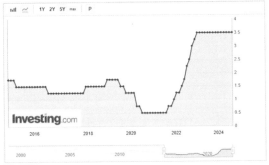

출처: https://www.hankyung.com/article/2024083076991

이제는 단순히 저축만으로는 자산을 키우기 어려운 시대가 되었습니다. 서울 아파트 가격은 10억 원을 훌쩍 넘고, 저축만으로는 이를 감당할 수 없습니다. 따라서 투자 없이는 재산을 불리는 것이 사실상 불가능해졌습니다.

최근 증권업계에서는 미성년자의 주식 투자 참여가 급격히 증가하고 있습니다. 10년 후 이들이 성인이 되면, 더 일찍 투자에 뛰어든 이들이 더 많은 자산을 축적하게 될 것입니다. 이 변화는 지속될 것이며, 투

주식

자에 참여하는 사람은 나이에 상관없이 늘어날 것입니다.

이제는 늦었다고 생각할 필요 없습니다. 변화는 이제 시작입니다. 2025년 주식과 기업 전망을 통해 투자에 발을 들이려는 이들에게 길잡이가 되기를 바라며, 시작해보겠습니다.

## 시장에 집착하지 말고, 유연하게 대응하라

주식 투자를 시작했을 때, 저는 차트 분석, 이슈 매매, 방향성 매매 등 여러 방식을 시도해봤습니다. 하지만 직장 생활과 병행하며 주식에 몰두하는 것은 큰 부담이었습니다. 중요한 순간에 매도해야 할 때 미팅 때문에 타이밍을 놓치거나, 급등 후 팔아야 할 때도 접속이 늦어 손실을 보는 일이 잦았습니다. 미국 주식을 해봐도 마찬가지였습니다. 잠을 설치며 새벽까지 주식 시장을 지켜보는 일상이 반복되었죠. 이로 인해 일상생활은 피폐해졌고, 피로감과 함께 투자에 대한 실망감도 커져갔습니다.

주식 시장에 발을 들인 이유는 돈을 벌기 위해서였지만, 오히려 적금이 나았을까 하는 생각이 들 정도로 후회가 컸습니다. 코로나19 시기에 시작했던 주식 투자가 마치 계속 우상향할 것이라는 착각이었던 것일까요? 모든 것에 회의감을 느끼던 중, 눈에 들어온 것이 바로 미국 ETF, 특히 QQQ와 SPY였습니다. 그제서야 주식 시장은 결국 시간이 필요한 것이라는 생각이 들었습니다.

당시 제 포트폴리오는 -40%, -50%의 손실을 기록하고 있었고, 종목들은 한국전력, 한국금융지주 같은 이름만 대면 알 법한 대기업이었습니다. 하지만 잘못된 종목에 집착하며 스스로를 속이고 있었던 겁니다. 이런 착각에서 벗어나지 못한 저는 그 종목들과 사랑에 빠진 것처럼 집착했고, 그 결과는 참담했습니다.

저처럼 잘못된 종목에 집착하는 투자자들이 분명 있을 겁니다. "언젠가는 오를 거야", "물타면 결국 회복될 거야"라는 희망고문에 빠져 있는 분들 말입니다. 저도 그랬으니까요. 그러던 중 거시 경제라는 개념을 접하게 되었고, 세상의 변화에 맞춰 투자해야 한다는 것을 깨달았습니다. 거시 경제는 지금이 투자할 때인지 아닌지를 알려주었습니다.

결국 모든 종목을 정리하고 손실을 감수한 뒤, 철저히 공부하기 시작했습니다. 거시경제는 폭풍이 오는지 안 오는지를 알려주는 지표입니다. 이 변화에 맞춰 투자하면 차트를 들여다볼 필요 없이, 시간을 두고 기다리며 수익을 볼 수 있다는 걸 알게 되었습니다.

이 책을 읽는 여러분에게도 이러한 변화에 맞춰 포트폴리오를 구성하고, 시장의 흐름을 읽으며 장기적으로 투자하는 방법을 권합니다. 빠르게 수익을 올리려는 단기적인 욕심보다는, 꾸준하고 안정적인 투자가 답입니다. 공짜 정보는 없으며, 시장의 흐름을 차분히 읽고 대응하는 것이 중요합니다.

저는 차트나 테마주 같은 복잡한 방식 대신, 글로벌 트렌드의 변화에 맞춰 투자할 섹터를 고르고, 그중에서도 뛰어난 기업을 찾는 방식을 추구합니다. 물론 제가 모든 종목을 예측할 수는 없겠지만, 이 글을 통해 안전하고 지속 가능한 포트폴리오를 구성하는 데 도움이 되길 바랍니다.

마지막으로, 주식 시장은 항상 변화합니다. 우리는 그 변화에 유연하게 대처해야 하며, 결코 한 종목에 집착해선 안 됩니다. 늘 깨어 있고, 시장을 읽는 눈을 키워야 합니다.

# 2024년 상반기 트렌드

## 한미 기준금리 추이

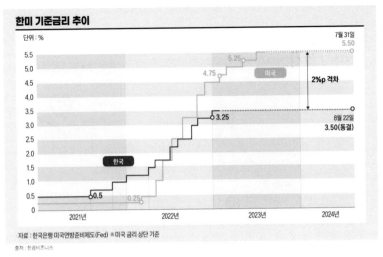

단위 : %

7월 31일
5.50

8월 22일
3.50(동결)

2%p 격차

미국 5.25 4.75

한국 0.5 0.25 3.25

2021년　2022년　2023년　2024년

자료 : 한국은행 미국연방준비제도(Fed) ※미국 금리 상단 기준

출처 : 한경비즈니스

## 연방 기금 금리 »

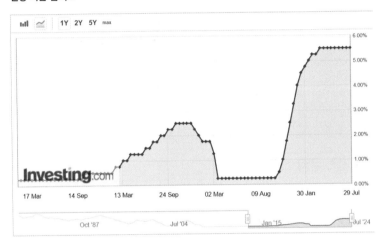

## 한국·미국 소비자물가 추이

— 미국 소비자물가　— 한국 소비자물가

단위 : %

2023년 7월　8월　9월　10월　11월　12월　2024년1월　2월　3월　4월　5월　6월　7월

자료 : 한국은행·미국 고용통계국 ※전년 동월 대비

출처 : 한경비즈니스

https://magazine.hankyung.com/business/article/202408292757b

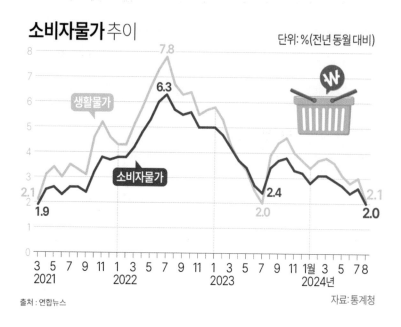

## 소비자물가 추이

단위: %(전년 동월 대비)

생활물가

소비자물가

7.8
6.3
2.4
2.0
2.1
1.9
2.1
2.0

3 5 7 9 11 | 1 3 5 7 9 11 | 1 3 5 7 9 11 | 1월 3 5 7 8
2021 | 2022 | 2023 | 2024년

출처 : 연합뉴스

자료: 통계청

## 멀어지는 금리 인하

2024년 상반기, 세계 경제는 미국 연준FOMC의 금리 인하 여부에 촉각을 곤두세웠습니다. 파월 의장이 물가가 안정되고 금리 인하를 시사했지만, 소비자 물가지수CPI와 근원 물가지수는 여전히 2%대 목표에 미치지 못했습니다. 금리 인하가 예상보다 지연되며 경제 전망에 불확실성이 커졌습니다. 특히, 트럼프 전 대통령의 대선 출마로 인해 관세 인상이 물가 상승에 영향을 미칠 수 있다는 우려도 제기되었습니다.

금리가 계속 오를 가능성은 낮아졌지만, 연준이 금리 인하 시점을 정확히 정하지 못하면서 금융 시장은 혼란을 겪고 있습니다. 그럼에도 금리 인상이 멈춘 현 상황에서, 금융 시장은 안정화될 가능성이 커 보입니다.

## AI

2024년 상반기, AI가 주식 시장의 뜨거운 화두로 떠올랐습니다. 특히 엔비디아는 AI 반도체 시장에서 90% 이상의 점유율을 차지하며 주가가 급등했습니다. AI 기술은 많은 비판을 받기도 했지만, 이미 실적을 통해 그 잠재력을 증명해 보였습니다.

AI는 단순한 일시적 트렌드가 아니라, 기술 혁신의 핵심이자 경제 발전을 주도할 요소로 자리 잡고 있습니다. 많은 사람들이 생성형 AI의 실제 효용성에 의문을 품지만, 실제로 AI는 교육, 기술, 산업 등 다양한

**엔비디아 실적 지표**

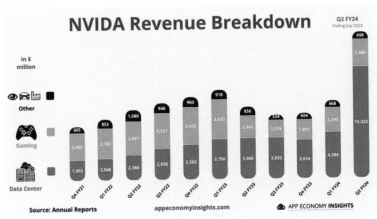

분야에서 생산성을 크게 증대시키고 있습니다. 향후 빅테크와 국가 차원의 투자가 지속될 것이며, AI 기술은 글로벌 경쟁의 핵심 요소로 부상할 것입니다.

## 밸류업 정책

한국 주식 시장에서 가장 주목받는 트렌드 중 하나는 밸류업 정책입니다. 정부는 저평가된 기업들에 세제 혜택과 펀드 조성 등 다양한 지원을 통해 기업 가치를 끌어올리려 하고 있습니다. 과거 한국 기업들이 주주 친화적이지 않았다는 비판을 받아왔지만, 이제는 주주 가치를 중시하는 기업들이 점차 등장하고 있습니다.

이러한 변화는 한국 주식 시장의 체질 개선을

**밸류업우수기업 지수 구성 예상**
(자료:유안타증권) *예상 편입비중

|  |  |
|---|---|
| 현대차 | 5.05 |
| 셀트리온 | 4.37 |
| KB금융 | 4.21 |
| 기아 | 3.99 |
| 신한지주 | 3.74 |
| POSCO홀딩스 | 3.65 |
| 하나금융지주 | 2.80 |
| 삼성물산 | 2.58 |
| 현대모비스 | 2.37 |
| 삼성화재 | 2.15 |
| 우리금융지주 | 2.09 |
| KT&G | 2.05 |
| 삼성생명 | 1.84 |
| HMM | 1.83 |
| 메리츠금융지주 | 1.72 |

위한 중요한 첫걸음으로 평가됩니다. 장기적으로 밸류업 정책은 한국 주식 시장을 더욱 선진화하는 데 기여할 것으로 기대됩니다.

## 코리아 밸류업 지수 평가 지표 감안한 점수 상위 종목

| 종목 | 자사주 비율 | 2024년 소각비율 | 매출 순이익률 | PBR | ROE | 배당성향 | 배당수익률 | FCF/시총 |
|---|---|---|---|---|---|---|---|---|
| 한섬 | 8.2% | 5.5% | 5.2% | 0.30배 | 5.8% | 22.5% | 4.1% | 25% |
| 미래에셋증권 | 24.5% | 1.7% | 68.4% | 0.43배 | 5.8% | 22.1% | 3.1% | 0.0 |
| SK네트웍스 | 8.5% | 8.1% | 1.0% | 0.48배 | 4.4% | 38.1% | 3.2% | 15% |
| KT | 4.5% | 0.3% | 4.5% | 0.53배 | 7.2% | 42.6% | 5.6% | 17% |
| KT&G | 13.4% | 2.7% | 15.7% | 1.12배 | 10.5% | 74.1% | 6.0% | 3% |
| 키움증권 | 5.5% | 2.6% | 72.8% | 0.72배 | 14.6% | 15.5% | 3.4% | 0.0 |
| JB금융지주 | 1.6% | 0.9% | 73.8% | 0.53배 | 12.9% | 28.4% | 7.0% | 0.0 |
| 아세아시멘트 | 1.9% | 1.2% | 8.1% | 0.39배 | 9.7% | 11.9% | 2.9% | 31% |
| 금호석유 | 16% | 3.1% | 5.7% | 0.65배 | 6.7% | 20.4% | 2.0% | 0.0 |
| 현대차 | 2.7% | 1.0% | 7.4% | 0.70배 | 13.6% | 20.4% | 5.0% | 12% |
| 삼성물산 | 8.8% | 3.4% | 5.3% | 0.78배 | 7.2% | 20.6% | 1.8% | 5% |
| OCI홀딩스 | 1.3% | 1.1% | 12.0% | 0.50배 | 12.4% | 16.8% | 4.1% | -4% |
| 우리금융지주 | 0.0 | 1.2% | 72.2% | 0.35배 | 9.4% | 28.9% | 7.9% | 0.0 |
| NHN | 2.5% | 3.5% | 2.2% | 0.48배 | 3.3% | 31.0% | 2.2% | 4% |
| NH투자증권 | 0.2% | 1.2% | 75.8% | 0.59배 | 8.9% | 40.9% | 6.6% | 0.0 |
| 신한지주 | 0.1% | 1.1% | 69.4% | 0.46배 | 8.8% | 23.4% | 4.6% | 0.0 |
| SK텔레콤 | 0.9% | 1.8% | 6.4% | 0.98배 | 10.0% | 65.8% | 6.7% | 18% |
| DL이앤씨 | 0.1% | 8.3% | 3.5% | 0.32배 | 6.6% | 9.5% | 2.1% | 21% |
| 메리츠금융지주 | 2.1% | 6.3% | 74.0% | 1.72배 | 23.5% | 18.8% | 2.6% | 0.0 |
| 에코마케팅 | 1.9% | 0.9% | 11.9% | 1.83배 | 20.6% | 24.6% | 2.5% | 10% |

*2024년 컨센서스 기준
*자사주 비율·소각 비율은 상장 주식수 대비 비율
*FCF는 임여현금흐름
*자료: 하나증권 리서치센터

주식

## 방산 섹터

러시아-우크라이나 전쟁과 미국-중국의 패권 경쟁으로 인해 방산 섹터는 2024년 상반기에도 주목받는 분야였습니다. 세계화가 약해지면서 각국은 국방력을 강화하고 있으며, 대한민국 방산 기업들도 유럽과 중동 국가들로부터 수주를 잇따라 받으며 성장세를 이어가고 있습니다.

특히, 중동 지역의 분쟁과 불안정한 정세로 인해 방산 수요는 꾸준히 증가할 것으로 보이며, 이러한 글로벌 불확실성은 방산 섹터의 장기적 성장을 견인할 것입니다.

# 2024년 하반기는
# 어떻게 진행되고 있나,
# 25년 맛보기

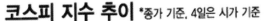
## 코스피 지수 추이 *종가 기준, 4일은 시가 기준

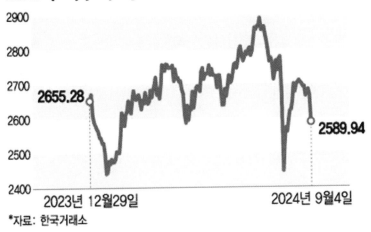

2900
2800
2700
2600
2500
2400

2655.28

2589.94

2023년 12월29일

2024년 9월4일

*자료: 한국거래소

코스피

**2,524.40** ▼ 19.88 (-0.78%)

일봉　주봉　월봉　1일　3개월　**1년**　3년　10년

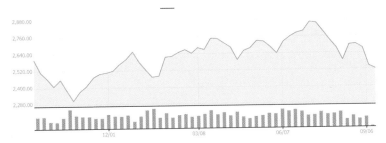

2025년을 전망하기 전에, 현재 2024년 7~8월이기에 하반기 전망을 먼저 짚고 넘어가겠습니다.

경제는 빠르게 변하고 기술 발전 속도도 엄청나기에, 하반기에 남아 있는 변수와 분위기에 대한 제 의견을 2장에서 다루고, 3장에서 섹터

주식

별 전망과 제가 주목하는 종목들을 소개할 예정입니다.

최근 코스피는 서킷브레이커가 발동될 정도로 급락했습니다. 하루 만에 -8.77% 하락하며, 역사적으로 손에 꼽을 정도의 큰 하락폭을 기록했습니다.

코로나19 당시 하락은 전 세계가 팬데믹 공포에 빠진 상태였기에 당연했지만, 이번 하락이 과연 그 정도로 타당한가에 대한 의문이 듭니다. 오히려 너무 과한 반응이 아닌가 생각됩니다. 이슈를 하나씩 살펴보겠습니다.

## R의 공포

'R'은 경기 침체Recession를 의미합니다. 코로나19 이후 최저 금리를 유지하던 미국이 금리를 올려 현재 5.5%까지 도달했습니다. 2023년 6월 금리 인상을 멈춘 후, 1년 넘게 이 수준을 유지 중입니다. 금리 인상의 원인은 물가 상승입니다. 시중에 풀린 과도한 화폐 때문에 소비가 늘고, 물

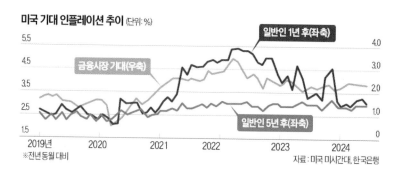

출처 : https://www.hankyung.com/article/2024090196141

2025 대한민국 미래 인사이트

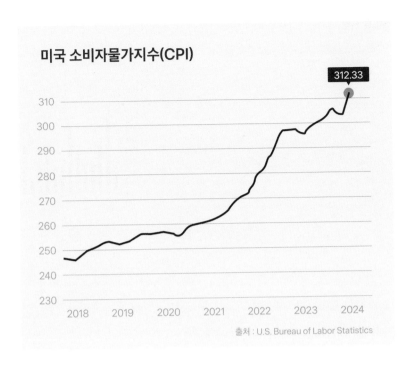

## 미국 소비자물가지수(CPI)

312.33

310

300

290

280

270

260

250

240

230

2018　2019　2020　2021　2022　2023　2024

출처 : U.S. Bureau of Labor Statistics

가가 급등했습니다. 이를 억제하기 위해 금리를 인상해 소비를 줄이고, 기업의 투자를 제한함으로써 물가를 잡으려는 것입니다.

미국 연준의 목표 물가는 2%입니다. 하지만 2024년에도 물가는 2%대에 도달하지 못했고, 계속해서 3%대를 유지했습니다. 초반에는 금리 인하 기대감이 컸지만, 연준이 물가 안정을 우선시하며 금리를 유지하고 있습니다. 또한, 실업률이 조금씩 상승하면서 경기 침체에 대한 우려도 커지고 있습니다.

8월에 발표된 실업률 지표가 상승하면서 고용 시장 불안이 확산되었습니다. 시장은 이때부터 급격히 냉각되었고, 미국과 글로벌 증시가

주식

## 실업률 차트

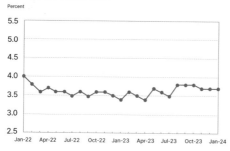

Chart 1. Unemployment rate, seasonally adjusted,
January 2022 - january 2024

Percent

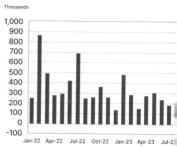

Chart 2. Nonfarm payroll employment over-the-m
seasonally adjusted, January 2022 - january 2024

Thousands

출처 : https://news.einfomax.co.kr/news/articleView.html?idxno=4301150

크게 하락했습니다. 이것이 바로 'R의 공포', 즉 경기 침체가 시작될 것이라는 두려움에 기반한 반응입니다.

하지만 현재 실업률은 코로나19 당시와 비교하면 상대적으로 낮은 수준입니다. 투자자들이 일시적으로 경기 침체에 대한 우려를 잊고 있다가, 다시 이슈가 부각되면서 시장이 과민 반응한 측면이 큽니다. 또한, 코로나19 이후 시중에 풀린 막대한 통화량 때문에, 일부 매도 물량이 시장을 급락시킨 원인 중 하나로 보입니다.

향후 금리 인하는 2024년 9월로 예상되고 있습니다. 금리가 인하되면 소비와 대출 부담이 줄어들며 경기가 다시 회복될 가능성이 큽니다. 그러나 급격한 금리 인하보다는 점진적인 인하가 이루어질 것으로 보입니다.

2025 대한민국 미래 인사이트

**실업률 차트**

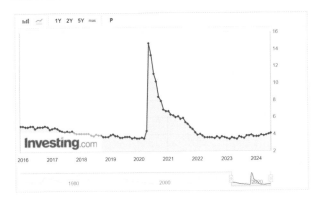

결국, 미국 연준은 금리 인하를 통해 경기가 연착륙하도록 조정할 것이며, 하반기에는 국내외 증시가 다시 안정화될 것으로 전망됩니다. 다만, 금리 인하가 장기적으로 지속될지는 불확실합니다. 파월 의장은 '샤워실의 바보'가 되지 않기 위해 급격한 정책 변화보다는 신중한 대응을 유지할 것입니다.


**M2 증가량**

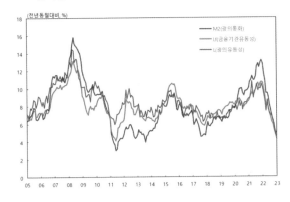

주식

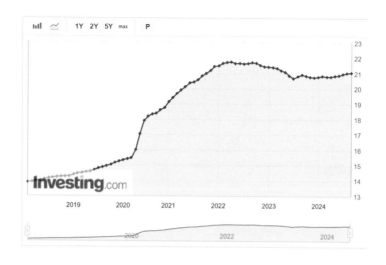

## 엔 캐리 트레이드/청산

엔 캐리 트레이드는 일본의 저금리를 활용해 엔화를 대출받아 금리가 높은 자산에 투자하는 전략입니다. 기본 구조는 다음과 같습니다.

1. 일본에서 낮은 금리로 엔화를 대출받는다.
2. 엔화를 달러나 유로화 등 기축 통화로 환전해, 높은 수익을 기대할 수 있는 자산에 투자한다.
3. 투자 수익을 얻으면 다시 엔화로 환전해 대출을 상환한다.

이 투자 방식은 일본의 오랜 저금리 정책 덕분에 가능했으며, 특히 코로나19 이후 글로벌 인플레이션 속에서 일본의 디플레이션이 오히려 기회로 작용했습니다. 일본은 수년간 경기 침체와 디플레이션을 겪었

엔화-달러 환율 사진　　　　　　　　엔화-원화 환율 사진

출처 : https://kr.investing.com/currencies/usd-jpy　　　출처 : https://kr.investing.com/currencies/jpy-krw
날짜에 따라 달라짐　　　　　　　　　　날짜에 따라 달라짐

지만, 전 세계적인 물가 상승과 반도체 수요 증가로 경기 회복의 신호를 보이기 시작했습니다.

　2024년 3월, 일본은 오랜만에 금리를 인상하기 시작했으며, 7월에는 다시 금리를 올리면서 시장의 주목을 받았습니다. 이로 인해 엔 캐리 트레이드를 하던 투자자들은 불안해졌습니다. 일본의 금리는 오르고, 미국은 금리 인하를 논의하면서 두 나라 간의 금리 차이가 좁아지면, 투자 수익이 줄어들 가능성이 높기 때문입니다. 이러한 우려 속에서 많은 투자자들이 엔 캐리 트레이드를 청산하며 주식을 매도했고, 이는 2024년 8월 하락장의 원인 중 하나로 분석됩니다

　일본이 금리 인상을 단행하면서 엔화 가치가 오를 것이라는 예상도 있습니다. 그러나 필자는 엔화의 상승세가 일시적일 것이라고 봅니다. 일본 경제는 오랜 저금리 구조에 맞춰 대출과 투자가 이루어져 왔기

때문에, 급격한 금리 인상은 경제 전반에 혼란을 가져올 수 있습니다. 또한, 수출 의존도가 높은 일본 경제에서 환율 상승이 수출 경쟁력에 악영향을 줄 수도 있습니다.

따라서 이 현상은 비정상적인 상황을 정상화하려는 흐름으로 볼 수 있으며, 미국 경제 상황과 맞물려 더 지켜볼 필요가 있습니다.

## AI 거품론

AI에 대한 거품론은 2024년 하반기 내내 지속될 이슈로 보입니다. 거품론의 주된 근거는 AI가 아직 수익을 보장하지 않는다는 점입니다. 실제로 AI는 현재 주로 검색 알고리즘 개선이나 이커머스의 추천 시스템에 활용되고 있을 뿐, 직접적인 수익을 창출하는 메인 기술로 자리 잡지는 않았습니다. 예를 들면, ChatGPT의 경우 유료 버전도 있지만 일반인들에게는 군이 필수적이지 않다는 점에서 수익에 한계가 있습니다.

AI 거품론자들은 "수익성이 없다", "사람들이 쓰지 않을 것이다"와 같은 주장을 내세우며 아직 AI가 제대로 자리 잡지 않았다고 말합니다. 하지만 이 같은 주장은 과거의 사례를 떠올리게 합니다. PC와 핸드폰이 처음 등장했을 때도 사람들은 그 필요성을 의심하며 비난했지만, 지금은 그 기술이 없으면 일상생활이 불가능할 정도로 필수적인 도구가 되었습니다. AI 역시 초기 단계에서 비난받고 있지만, 미래의 필수 기술로 자리 잡을 가능성이 큽니다.

실제로 글로벌 빅테크 기업들이 막대한 자본을 AI에 투자하고 있습니다. 데이터 센터 확장, 연구개발, 관련 기업 인수 등 AI 인프라에 대

네이버 시가총액 변화 사진

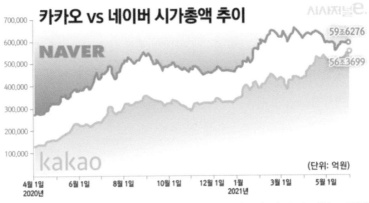

출처 : https://www.sisajournal-e.com/news/articleView.html?idxno=232764

한 투자가 이어지고 있으며, 이는 단순한 일시적 거품이 아니라 장기적인 기술적 패권을 위한 필수적인 움직임입니다. 메타의 마크 저커버그도 "AI 자본적 지출은 수익성이 없어도 반드시 해야 하는 일"이라고 말한 바 있습니다.

과거 닷컴 버블 때도 수많은 기업들이 등장하고 사라졌지만, 살아남은 기업들은 이후 수십 년간 시장을 지배하며 막대한 수익을 거두었습니다. 네이버가 그 예입니다. 지금 AI에 투자하는 기업들도 이와 비슷한 길을 걷고 있을 가능성이 높습니다. 거품론은 앞으로도 지속되겠지만, 이는 오히려 AI 기술이 성숙하고 자리를 잡아가는 과정이라고 볼 수 있습니다.

빅테크 기업들은 이 사실을 알고 있기 때문에 AI 투자를 멈추지 않는 것입니다.

주식

## 국내 증시 정책 방향

2025년 전망에 앞서, 2024년 하반기의 국내 증시 흐름을 짚어보겠습니다.

최근 국내 증시에 대한 투자자들의 반응은 냉소적입니다. 미국 증시가 오를 때 국내 증시는 그만큼 오르지 못하고, 반대로 내릴 때는 더 크게 하락하는 경향 때문입니다. 많은 신규 투자자들이 국내 주식 시장에 등을 돌리고 미국 시장으로 눈을 돌린 이유도 여기에 있습니다.

### 우리나라의 경제 구조: 수출 의존

대한민국은 내수 시장이 작고 인구도 적습니다. 인구 감소와 출산율 하락으로 인해 내수 시장의 성장은 제한적일 수밖에 없습니다. 이에 따라 한국 경제는 수출에 의존할 수밖에 없습니다. 그러나 글로벌 경기가 미국을 제외하고는 부진한 상태라, 국내 기업들의 성장은 한계가 있습니다. 이러한 경제 구조가 국내 주식 시장의 경기를 민감하게 만들고, 미국 시장과 비교해 상대적으로 낮은 성장률을 보이는 원인이 되고 있습니다.

### 정부의 대응

정부는 이러한 문제를 인식하고 주식 시장에 활력을 불어넣기 위한 정책을 추진 중입니다. 대표적인 것이 금융투자소득세 개편과 코리아 디스카운트를 해소하기 위한 밸류업 정책입니다. 일본의 사례를 참고한 이 정책은 저평가된 종목에 대한 세제 혜택을 제공하고, 펀드를 조성하여 자금을 지원하는 등의 방식으로 국내 증시에 대한 매력을 높이려 하고 있습니다.

### 배당주와 밸류업 정책의 혜택

정부의 정책 변화로 배당주와 같은 주식에 대한 투자 매력이 높아지고 있습니다. 배당주의 경우, 필자는 이제 미국보다 한국 시장이 더 유리하다고 봅니다. 또한, 저평가된 종목들 역시 밸류업 정책의 혜택을 받을 것으로 예상됩니다. 시간이 걸리겠지만, 국내 주식 시장도 점차 개선될 가능성이 높습니다.

### 투자자의 변화

과거와 달리 투자자들은 점점 더 똑똑해지고 있으며, 자신만의 기준으로 시장을 분석하는 이들이 늘고 있습니다. 이는 리딩방이나 자산 운용을 맡기는 전통적인 방식 대신, 직접 공부하고 투자하는 방향으로 변화하고 있음을 보여줍니다. 앞으로 국내 주식 시장은 이러한 투자자들의 변화에 맞춰 점진적으로 선진화될 것입니다.

## 전쟁 이슈

이스라엘과 이란의 긴장 상태는 여전히 지속되고 있으며, 중동 지역의 분쟁은 여전히 뜨거운 이슈입니다. 중동 분쟁이 주목받는 이유는 미국과 중국의 패권 경쟁과도 연관이 있기 때문입니다. 셰일 가스 혁명으로 중동 석유에 대한 의존도가 줄어들었지만, 중국은 중동과의 관계를 강화하려 하고 있습니다. 미국 역시 중동을 완전히 포기할 수 없는 상황입니다.

중동의 석유 공급이 차단되면 글로벌 경제에 큰 충격이 올 수 있으며, 이는 우리에게도 영향을 미칠 것입니다. 중동 분쟁은 앞으로도 계속해서 세계 경제와 주식 시장에 영향을 미칠 주요 변수로 작용할 것입니다.

## 지속되는 전쟁 위험

2차 세계대전 이후, 대규모 전쟁은 없었지만, 이제 세계는 점점 더 불안정해지고 있습니다. 특히 중국의 부상으로 미국과의 긴장이 고조되면서, 글로벌 정세는 더 복잡해지고 있습니다. 이와 함께 러시아와 우크라이나 전쟁도 계속되고 있어, 전쟁 이슈는 2024년 하반기뿐만 아니라 향후에도 지속적으로 중요한 이슈로 남을 것입니다.

필자는 단호하게 말한다.

"세계화의 시대는 끝났다. 이제는 각자도생의 시대다."

트럼프 대통령 후보의 "아메리카 퍼스트" 발언만 봐도, 이제 미국은 더 이상 세계의 경찰이 아닌 자국 이익을 우선시하는 길로 나아가고 있다. 그동안 미국은 막대한 국방비를 쏟아부으며 세계의 균형을 유지해왔지만, 이러한 정책이 흔들리게 되면 국제 질서에도 큰 변화가 올 것이다.

한편, 중국은 대만을 노리고 있고, 중동은 분쟁의 중심에 있다. 글로벌 리더십이 사라진 지역에서는 오랫동안 억눌렸던 세력들이 다시금 발톱을 드러낼지도 모른다. 특히, 그동안 큰 세력에 눌려왔던 국가들은 이제 그 부재를 틈타 혼란에 빠질 가능성이 크다.

## 각자도생의 시대

이제는 미국조차도 자국의 이익을 최우선으로 하며, 전쟁과 갈등은 일

러시아 우크라이나 전쟁 사진
자료: https://www.sisain.co.kr/news/articleView.
html?idxno=49654

우크라이나 전쟁: 러시아군 패배를 고소해하는 서방
https://ws.or.kr/m/28311

상적인 이슈가 될 것이다. 러시아-우크라이나 전쟁 초기만 해도 전 세계가 긴장했지만, 2년이 지난 지금은 전쟁에 대한 무감각이 생겼다. 유럽 국가들은 이미 전쟁 가능성을 염두에 두고 국방을 강화하고 있으며, 미국과 중국 같은 대국들은 군사 작전 관련 이야기가 심심치 않게 들려온다.

## 전쟁은 현실이다.

전쟁이 우리 일상에서 사라졌다고 해서, 이를 부인할 수는 없다. 이제 우리는 전쟁 자체보다는 핵에 대한 두려움을 더 많이 느껴야 할 시점이다. 물론, 필자도 전쟁을 원하지 않는다. 평화가 지속되기를 바라지만, 투자에 있어서는 이러한 바람이 아닌 현실을 직시해야 한다. 세계화는 이미 금이 간 상태이며, 우리는 그 변화된 현실에 맞춰 준비해야 한다.

핵을 두려워할 시대가 온 것이다.

하지만, 그럼에도 불구하고 언젠가는 다시 평화가 찾아오길 바라는 마음으로, 현재를 직시하며 대비하는 것이 중요하다.

주식

# 2025년 주식 트렌드 전망

필자는 미국과 한국 주식을 주로 분석하며, 유럽이나 중국, 대만 같은 시장에 대해서는 전반적인 경제 흐름만 이해하고 있습니다. 인도 주식도 최근 주목받고 있지만, 그들의 성향과 관습에 대한 이해가 부족해 자세히 다루지 않습니다.

필자는 대형주 투자를 선호합니다. 누군가는 소형주에서 큰 수익을 기대할 수 있지만, 대부분의 경우 작은 종목은 다시 제자리로 돌아가곤 합니다. 오랫동안 잘하는 기업들은 계속 성장하며 거래량도 많습니다. 내가 투자할 종목은 아래 기준으로 선택합니다.

## 1. 변화에 잘 따라가는 기업인가?

세상의 변화에 민첩하게 적용하거나 주도하는 기업인지가 중요합니다.

## 2. 실적

실적을 가장 중요한 판단 기준으로 봅니다. 실적이 우상향하는 기업은 결국 주가도 지속적으로 상승합니다. 실적이 없다면, 주가는 일시적으로 오를 수 있어도 지속적인 성장은 불가능합니다. 실적이 좋은 기업은 대체로 재무제표, 부채 관리도 잘 이루어집니다.

## 3. CEO의 비전

CEO가 미래를 어떻게 그리는지도 중요합니다. 변화에 제대로 대응하지 못하면 기업은 성장세가 둔화되고, 실적도 하락합니다. 예를 들어, 코로나19 이후 메타버스가 한때 주목받았지만, AI 기술이 급부상하면서 메타는 메타버스를 보류하고 AI로 빠르게 전환했습니다. 이처럼 CEO

가 빠르게 적응할 수 있는 능력이 중요합니다.

특히 한국 시장은 승계 구조가 강해 기업의 첫 방향 설정이 중요합니다. 승계가 이루어지는 기업은 주주의 신뢰를 받기 어려울 수 있으므로, 처음부터 CEO의 경영 방향을 잘 주시할 필요가 있습니다.

### 4. 1개월 차트 분석

필자는 주식 분석에서 1개월 주기로 차트를 보는 것을 중요하게 생각합니다. 이는 단기적인 일봉 차트가 아닌, 기업의 장기적인 역사와 추세를 반영한 것입니다. 차트를 통해 상승 추세에 있는지, 하락 추세에 있는지를 파악하는 것이 핵심입니다.

잘 나가는 기업들은 지속적으로 성장하고, 실적도 좋으며 업황의 도움을 받아 더욱 발전합니다. 반면, 하락 추세에 있는 기업들은 부채 문제나 무리한 도전으로 인해 어려움을 겪습니다. 그렇기에 상승 추세를 유지하는 기업이 더 안전한 선택이라 판단합니다.

하락 추세에 있던 기업이 다시 상승세로 돌아섰다면, 그 기업의 변화와 회복 과정을 주의 깊게 살펴볼 필요가 있습니다. 그들이 위기를 어떻게 극복했는지, CEO의 운영 능력은 어떠했는지 차트에서 확인할 수 있기 때문입니다.

주식 시장은 끊임없이 변화하는 생명체와 같습니다. 시장 전체의 상황, 특히 글로벌 정세나 전쟁과 같은 큰 변수는 특정 기업의 성과와 무관하게 주가에 영향을 미칠 수 있습니다. 따라서 투자자는 유연한 관점을 유지하고, 상황에 따라 판단을 수정할 수 있어야 합니다. 내가 틀렸음을 인지하고 빠르게 대응하는 것이 장기적으로 중요한 전략입니다.

이제 본격적으로 트렌드별 전망을 살펴보겠습니다.

## 한국 주식 시장 전망

최근 한국 주식 시장에 상장된 종목은 많아졌지만, 전고점을 돌파하는 기업은 드물고, 코스피 지수는 좀처럼 오르지 않는 모습을 보이고 있습니다. 많은 사람들은 이를 한국 주식 시장 자체의 문제로 보고 있으며, 어느 정도는 맞는 말이지만, 100%는 아닙니다.

한국 주식 시장에서 가장 큰 비중을 차지하는 섹터는 반도체와 이차 전지입니다. 최근 이차 전지 주식들이 반등하지 못하고 있으며, 철강, 화장품과 같은 산업도 금리 인상기의 하락장 이후 좀처럼 회복하지 못하고 있습니다. 이 때문에 한국 증시가 전체적으로 오르지 못하는 것입니다.

하지만, 한국 증시에서 오르는 종목들은 여전히 존재하며, 필자는 이런 종목들에 주목하고 있습니다. 한편, 반등을 하지 못하는 산업에는 공통적으로 중국의 영향이 큽니다.

철강: 중국은 정부의 보조금을 등에 업고 값싼 철강을 수출하고 있어, 한국 기업들도 수익성이 떨어진 상태입니다.

화장품: 중국은 자국 내수 시장을 강화하면서 외국 제품 대신 자국 제품을 사용하고 있습니다. 이로 인해 한국 화장품 기업들의 중국 내 매출이 줄어들고 있습니다.

이차 전지: 필자도 이차 전지에 대해 회의적인 전망을 내비쳤고, 중국 기업

**베터리 출하량 지표**

| maker | 매출액 | | | 출하량 | | |
|---|---|---|---|---|---|---|
| | Rank | M$ | M/S | Rank | GWh | M/S |
| CATL | 1 | 40,200 | 30.6% | 1 | 308 | 35.6% |
| LGES | 2 | 21,520 | 16.4% | 3 | 129 | 14.9% |
| BYD | 3 | 13,970 | 10.6% | 2 | 135 | 15.6% |
| SDI | 4 | 10,290 | 7.8% | 5 | 49 | 5.7% |
| SK on | 5 | 9,870 | 7.5% | 4 | 57 | 6.6% |
| Panasonic | 6 | 4,690 | 3.6% | 6 | 41 | 4.7% |
| CALB | 7 | 3,130 | 2.4% | 7 | 34 | 3.9% |
| EVE | 8 | 3,020 | 2.3% | 9 | 21 | 2.4% |
| Guoxuan | 9 | 2,330 | 1.8% | 8 | 25 | 2.9% |
| Farasis | 10 | 2,320 | 1.8% | 10 | 15 | 1.7% |
| Sunwoda | 11 | 1,460 | 1.1% | 11 | 14 | 1.6% |
| SVOLT | 12 | 1,360 | 1.0% | 12 | 10 | 1.2% |
| PPES | 13 | 1,262 | 1.0% | 13 | 6 | 0.7% |
| AESC | 14 | 730 | 0.6% | 14 | 5 | 0.6% |
| Others | | 15,388 | 11.7% | | 16 | 1.8% |
| 시장규모 (pack 기준) | | 131,540 | 100.0% | | 865 | 100.0% |
| TOP 10 비중 | | 84.6% | | | 94.1% | |

출처 : https://www.digitaltoday.co.kr/news/articleView.html?idxno=488857

들이 강력한 보조금과 원자재 확보를 통해 이차 전지 시장을 점령하고 있는 상황입니다.

결론적으로, 한국 주식 시장이 오르지 못하는 주요 이유는 중국의 경쟁과 한국의 주요 수출 산업이 중국에 의해 타격을 받고 있기 때문입니다.

우리나라 사람들은 종종 중국을 과소평가하는 경향이 있지만, 필자는 중국을 견제하는 것이 일본보다 더 중요하다고 생각합니다. 중국

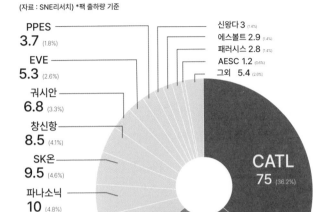

올해 1분기 배터리 출하량 1·2위 中···LG엔솔 3위

(자료 : SNE리서치) *팩 출하량 기준

PPES
**3.7** (1.8%)

EVE
**5.3** (2.6%)

궈시안
**6.8** (3.3%)

창신항
**8.5** (4.1%)

SK온
**9.5** (4.6%)

파나소닉
**10** (4.8%)

삼성SDI
**15** (7.2%)

LG에너지 솔루션
**28** (13.5%)

신왕다 **3** (1.4%)
에스볼트 **2.9** (1.4%)
패러시스 **2.8** (1.4%)
AESC **1.2** (0.6%)
그외 **5.4** (2.6%)

**CATL**
**75** (36.2%)

**BYD**
**30** (14.5%)

은 광활한 영토와 막대한 인구, 원자재 보유량뿐만 아니라, 정부의 강력한 지원을 받아 첨단 산업을 빠르게 발전시키고 있습니다.

우리가 중국 제품이 별로라고 평가할지라도, 실제 소비자들은 중국산 제품을 선택하고 있습니다. 중국 제품은 가격이 저렴할 뿐 아니라 기술력 또한 상당히 우수하기 때문입니다. 이차 전지 배터리 출하량 지표에서도 알 수 있듯, 중국의 산업은 글로벌 시장에서 경쟁력을 인정받고 있습니다. 필자는 이차 전지 전문가가 아니지만, 중국 제품의 수요가 계속 증가하고 있다는 사실은 부정할 수 없습니다.

주식

따라서 필자는 중국이 1위를 차지하고 있는 산업에는 투자하지 않는 편이 낫다고 생각합니다. 그 이유는 중국의 막대한 보조금과 기술 개발 지원 덕분에, 한국 기업들이 이들과 경쟁하기 어려운 상황에 처해 있기 때문입니다. 한국의 여러 기업들이 과거에는 1위를 차지했으나, 중국의 방식에 따라잡힌 사례가 많습니다.

이러한 점을 고려하여, 필자는 한국 주식 시장에 투자할 때 중국과의 경쟁을 항상 염두에 두어야 한다고 생각합니다. 그렇다면 2025년에도 긍정적으로 전망되는 기업들에 대해 하나씩 살펴보겠습니다.

## AI의 변화에 따른 반도체 수요

AI 기술의 발전은 앞으로 고용 문제나 생산성 향상 등 다양한 분야에서 중요한 역할을 할 것으로 보입니다. 하지만, 한국에서는 ChatGPT와 같은 생성형 AI 플랫폼을 만들기 어렵다는 현실을 마주하게 됩니다. 이 점을 이해하기 위해 대표적인 세 가지 이유를 살펴보겠습니다.

### 막대한 자본력

미국의 생성형 AI를 개발하는 기업들은 수십조 원 단위의 투자를 단행하고 있습니다. 이는 단순히 한두 해의 이익으로 감당할 수 없는 규모입니다. 미국의 빅테크 기업들은 글로벌 시장에서 자금을 끌어모을 수 있으며, 달러 패권의 영향으로 자금 조달이 유리한 위치에 있습니다.

비교를 위해 시가총액을 살펴보면, 네이버는 약 25조 원 수준이지만, 마이크로소프트는 4,200조 원이 넘습니다. 이는 150배 이상의 차이로, 자본력의 격차가 AI 기술 투자에 있어 얼마나 큰 영향을 미치는지 보여줍니다.

네이버는 발 빠르게 한국형 생성형 AI를 출시하며 국내 시장에서 점유율을 높이려 하고 있지만, 투자금에서 밀리는 현실은 여전히 큰 도전입니다. 검색 시장만 보더라도, 네이버는 여전히 강력한 위치를 차지하고 있지만, 구글과 마이크로소프트 Bing이 AI 기술을 기반으로 한국 검색 시장을 침투하고 있어 경쟁은 더 치열해지고 있습니다.

## 국내 시장 규모와 글로벌 진출의 한계

미국 빅테크 기업들은 글로벌 시장에서 AI 플랫폼을 확장할 수 있는 반면, 한국 기업들은 국내 시장 규모의 한계에 직면해 있습니다. 글로벌 확장을 하려면 언어, 문화, 규제 등의 복잡한 문제를 해결해야 하며, 이는 막대한 자본력과 기술력을 필요로 합니다.

## 기술 생태계의 차이

미국의 AI 생태계는 빅데이터, 클라우드 인프라, AI 칩셋 등을 개발하는 기업들이 협력하여 AI 기술의 완성도를 높이고 있습니다. 반면, 한국은 반도체 제조 기술에서는 세계적인 경쟁력을 가지고 있지만, AI 소프트웨어와 플랫폼 개발에서는 아직 뒤처지고 있습니다. AI 반도체 수요가 급증하고 있지만, 이를 활용할 수 있는 플랫폼 생태계 구축이 필요합니다.

따라서 AI의 발전에 따라 한국의 반도체 수요는 꾸준히 증가할 것이지만, 국내 AI 플랫폼의 경쟁력을 높이기 위해서는 생성형 AI와 같은 기술 개발에 대한 지속적인 투자와 혁신이 필수적입니다.

**검색플랫폼 점유율 추이**

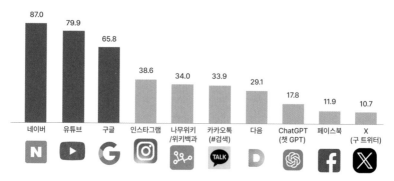

자료: https://www.mk.co.kr/news/it/10956121

**2023 한국 검색 시장 점유율**

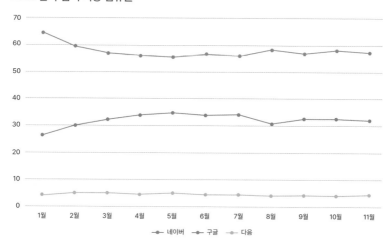

(자료 = 인터넷트렌드, 단위 %)

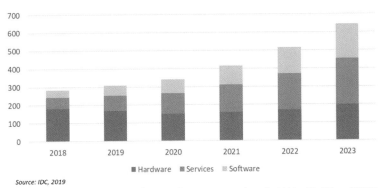

 국내 인공지능 시장 전망 2019-2023년 [단위:십억]

Source: IDC, 2019

자료: https://www.aitimes.com/news/articleView.html?idxno=127065

**빠른 속도로 변화하는 검색 시장의 추격자와 선두의 경쟁**

현재 AI 기술을 기반으로 한 검색 시장의 대대적인 변화가 예상됩니다. 필자는 AI 기반 검색이 앞으로 주요 전환점이 될 것이라 보고 있습니다. 하지만, 이것이 당장 1등을 빼앗길 만큼 극적인 변화는 아닙니다. 우리에게 익숙한 검색 플랫폼과 시스템은 여전히 강력한 위치에 있으며, 많은 사용자들이 새로운 AI 기반 검색 시스템에 즉각적으로 적응하지 못할 것입니다.

예를 들어, 구글 검색을 사용하다 보면 생각보다 불편함을 느끼는 경우가 있습니다. 검색 결과가 AI 기반으로 최적화되었더라도, 사용자 경험과 인터페이스 측면에서 기존 시스템과의 차이가 존재하기 때문입니다. 하지만 시간이 지남에 따라 이 추세는 점차 변하게 될 것입니다.

주식

사용자들은 AI 검색이 제공하는 정확성과 맞춤형 결과에 점점 더 익숙해질 것이며, 기존 검색 시스템에 대한 의존도가 줄어들 가능성이 있습니다.

### 데이터에서 사용되는 언어의 차이

컴퓨터 안에서 데이터 처리에 사용되는 단어들의 비율을 생각해본 적이 있나요? 검색 엔진의 효율성과 AI의 학습 능력은 데이터 언어의 비율과 양에 크게 영향을 받습니다. 현재 압도적으로 많은 비율을 차지하는 언어는 영어입니다.

전 세계 인터넷 콘텐츠의 대부분이 영어로 작성되어 있기 때문에, AI 시스템은 영어로 된 데이터를 훨씬 더 많이 학습하게 됩니다. 이는 영어 기반의 AI 기술과 검색 시스템이 다른 언어보다 더 강력하고 정확할 수 있는 이유 중 하나입니다. 한국어와 같은 비주류 언어는 상대적으로 적은 데이터로 인해 AI 성능에서 차이가 발생할 수 있습니다.

따라서, AI 검색 시장에서의 경쟁은 언어 데이터의 양과 질에 따라 좌우될 가능성이 높으며, 앞으로 이 격차를 줄이기 위한 다국어 AI 학습의 중요성도 커질 것입니다.

맞습니다. 데이터가 AI 발전의 핵심이라는 점에서, 빅 데이터를 보유한 자가 AI 시장에서 우위를 점하게 됩니다. AI의 성능은 데이터의 양과 질에 따라 달라지며, 더 많은 데이터를 가진 기업일수록 더 정확한 분석과 더 똑똑한 AI 모델을 개발할 수 있습니다.

현재 데이터 수집에서 압도적인 위치에 있는 곳은 미국의 빅테크 기업들입니다. 구글, 애플, 메타(페이스북), 아마존 등 글로벌 플랫폼을

| Rank | Language | % of top 10M websites | share of speaking population |
|------|----------|----------------------|------------------------------|
| 1 | English | 60.4% | 16.2% |
| 2 | Russian | 8.5% | 3.3% |
| 3 | Spanish | 4.0% | 6.9% |
| 4 | Turkish | 3.7% | 1.1% |
| 5 | Persian | 3.0% | 0.7% |
| 6 | French | 2.6% | 3.5% |
| 7 | German | 2.4% | 1.7% |
| 8 | Japanese | 2.1% | 1.6% |
| 9 | Vietnamese | 1.7% | 1.0% |
| 10 | simplified Chinese | 1.4% | 14.3% |

통해 전 세계 사용자 데이터를 축적하고 있으며, 이를 바탕으로 AI 기술을 빠르게 발전시키고 있습니다. 이들 기업은 수십억 명의 사용자를 보유하고, 다양한 언어와 문화에 걸쳐 데이터를 수집할 수 있는 장점을 가지고 있습니다.

한국의 위치: 작은 시장과 제한된 데이터

한국은 인구가 적고 내수 시장이 상대적으로 작아 빅 데이터 수집에 한계가 있습니다. 삼성전자와 같은 글로벌 기업들이 있긴 하지만, 애플, 구글, 메타 같은 전 세계적 플랫폼을 운영하는 미국의 빅테크 기업들과 경쟁하기에는 어려움이 큽니다.

## 중국의 도전과 규제

중국은 틱톡과 같은 SNS 플랫폼을 통해 빅 데이터를 확보하려고 노력하고 있지만, 미국의 규제로 인해 쉽지 않은 상황입니다. 틱톡은 엄청난 인기를 끌면서 전 세계적으로 데이터를 수집하고 있었지만, 미국과 유럽 등의 규제로 데이터 수집에 제약이 생겼습니다. 중국은 막대한 인구와 자국 내 시장에서 데이터를 얻고 있지만, 글로벌 시장에서의 확장에는 규제와 정치적 갈등이 큰 장애물로 작용하고 있습니다.

결국, AI 시장에서 우위를 점하기 위해서는 많은 양의 데이터가 필수적이며, 데이터를 쉽게 수집할 수 있는 글로벌 플랫폼을 보유한 기업들이 AI 경쟁에서 유리할 수밖에 없습니다. 한국과 중국은 이 시장에서

**미국 틱톡 규제 관련 사진**

자료 : BBC NEWS 사진 https://www.bbc.com/korean/articles/c4n1lk2jqdxo

선두를 차지하는 데 있어 미국의 압도적인 데이터 수집 능력을 넘어서기 위해 더 많은 노력과 전략적 접근이 필요할 것입니다.

앞서 필자는 AI에 대해 여러 차례 강조해왔습니다. AI의 발전은 앞으로 고용 문제나 생산성 등의 여러 문제를 해결할 중요한 기술로 자리잡을 것입니다. 하지만 안타깝게도 우리나라에는 ChatGPT와 같은 생성형 AI를 만드는 기업이 네이버 외에는 없습니다. 네이버조차도 이 길을 걸어가는 것이 쉬운 상황은 아닙니다. 그렇다면 왜 한국에서는 생성형 AI 개발이 어려울까요? 여러 이유가 있겠지만, 대표적으로 세 가지 이유를 설명하겠습니다.

## 막대한 자본력

미국의 생성형 AI를 개발하는 기업들의 투자 규모를 보면 수 조 원에서 수십 조 원까지 투자하고 있습니다. 이들 기업도 막대한 자본을 투입하는 만큼 현금 흐름에 부담이 있을 수 있지만, 이들 대부분은 전 세계로부터 자금을 끌어들일 수 있는 글로벌 상장사입니다. 게다가 달러라는 기축통화를 바탕으로 한 자금 조달 능력도 강력합니다.

네이버와 같은 국내 기업들이 이러한 자금력을 따라가는 것은 사실상 불가능합니다. 네이버의 시가총액이 약 25조 원인 반면, 마이크로소프트의 시가총액은 4,200조 원이 넘습니다. 이 차이는 무려 150배 이상이죠. 이런 상황에서 네이버가 미국의 빅테크와 같은 규모로 투자한다는 건 현실적으로 불가능합니다.

그럼에도 불구하고 네이버는 발 빠르게 한국형 AI 서비스를 발표하고, 국내 시장을 중심으로 AI 서비스를 확장하고 있습니다. 필자는 네이버의 이런 전략이 매우 잘하고 있다고 생각합니다. 다만, 이런 상황이 장기적으로 지속될 수 있을지는 다소 불안합니다. 네이버가 국내 검색 시장에서 압도적인 점유율을 자랑했지만, 최근 들어 구글과 마이크로소 프트의 Bing이 AI를 등에 업고 검색 시장에 침투하고 있는 것만 봐도 이를 알 수 있습니다.

## 데이터 언어의 차이

컴퓨터에서 가장 많이 사용되는 언어가 무엇인지 아십니까? 바로 영어 입니다. 전 세계에서 사용하는 프로그래밍 언어와 데이터의 대부분이 영어 기반으로 되어 있습니다. 이는 AI와 관련된 시스템에서도 마찬가지입니다. 이미 영어로 구축된 시스템에서 한국어와 같은 다른 언어가 들어가기에는 기술적, 구조적으로 불리한 점이 많습니다. 심지어 한국에서도 개발자들이 대부분 영어로 프로그래밍을 하는데, 이런 상황에서 한국어 기반의 AI가 경쟁력을 갖기란 쉽지 않습니다.

## 빅데이터의 차이

AI 발전의 핵심은 데이터입니다. 많은 데이터를 통해 AI는 학습하고, 더 정확한 답을 도출할 수 있게 됩니다. 그렇기 때문에 데이터를 많이 보유하고 있는 기업들이 AI 시장에서 유리한 위치를 차지하게 됩니다. 그런데 한국은 인구가 적고, 글로벌 시장에서 데이터를 모을 기회도 상대적으로 적습니다. 삼성전자와 같은 기업이 글로벌로 나아가고 있긴 하지만, 전 세계에서 인스타그램, 페이스북, 구글과 같은 플랫폼을 사용하는 기업들과는 비교할 수 없습니다.

**결론**

이러한 이유들로 필자는 한국 주식 시장에서 AI와 관련된 기업으로는 네이버 외에는 주목할 만한 곳이 없다고 생각합니다. 다른 기업들도 AI 관련 기술을 보유하고 있거나 발전시키고 있지만, 실질적인 성과를 내고 있는 곳은 네이버뿐입니다. 그렇기 때문에 AI 관련주에 투자할 때는 신중해야 하며, 실적이 뒷받침되지 않는 테마주에 투자하는 것은 매우 위험합니다.

"그렇다면 한국에서 AI와 관련된 꿈을 꾸지 말라는 것인가?"라고 묻는다면, 당연히 아닙니다. 한국은 AI를 뒷받침할 수 있는 강력한 반도체 산업을 보유하고 있습니다. 삼성전자와 SK하이닉스를 필두로 메모리 반도체 시장에서 압도적인 점유율을 차지하고 있습니다. 미국은 AI 기술에서는 우위에 있지만, 그 AI를 구동하는 데 필요한 반도체에서는 한국, 대만, 일본에 의존하고 있습니다.

따라서 필자는 한국 시장에서 AI와 관련된 투자는 반도체 산업에서 기회를 찾는 것이 더 적절하다고 보고 있습니다. AI가 발전함에 따라 반도체 수요가 급증할 것이며, 삼성전자와 SK하이닉스는 이에 맞춰 중요한 역할을 할 것입니다.

**삼성전자**

삼성전자는 우리나라 시가총액 1위 기업으로, 글로벌에서도 인정받는 기업입니다. 삼성전자의 사업은 크게 4개의 부문DX, DS, SDC, Harman으로 나뉘는데, DX 부문은 우리가 잘 아는 TV, 모니터, 냉장고, 스마트폰 등 선자제품 분야입니다. DS 부문은 메모리, 파운드리, 모바일 AP 등을 포함한 반도체 부문입니다. 이 외에 SDC는 디스플레이, Harman은 카 오디오와 포터블 스피커를 주력으로 합니다. 이번 글에서는 DX 부문에 집중해 설명하겠습니다.

### DX 부문: 가전의 변화와 AI 도입

가전 사업은 계절성에 크게 영향을 받습니다. 결혼 시즌이나 계절이 바뀔 때, 특히 겨울이나 여름철에 가전제품의 판매가 늘어나며 매출도 이에 따라 변동이 큽니다. 삼성전자뿐만 아니라 LG전자도 비슷한 실적 변화를 보여왔습니다.

그러나 최근 온디바이스 AI$^{On-Device AI}$ 기술이 도입되면서 가전 분야에도 큰 변화가 일어나고 있습니다. 기존의 AI는 클라우드 서버에서 데이터를 학습하고 결과값을 기기에 전달하는 방식이었으나, 온디바이스 AI는 기기 자체에서 연산과 학습을 처리해 통신 연결 없이도 스스로 기능을 수행할 수 있게 합니다. 이로 인해 가전제품들이 더 똑똑해지고, 사용자에게 맞춤형 서비스를 제공할 수 있게 됩니다.

대표적으로, 삼성의 갤럭시 S24는 온디바이스 AI 기술을 이용해 실시간 통화 통역 기능을 제공하고 있습니다. 이 기술은 가전제품에도 적용될 수 있는데, 예를 들어 냉장고가 내부 음식의 유통기한을 관리하고, 사용자의 식습관을 분석하는 기능으로 발전할 가능성이 큽니다. 현재는 스마트폰에 집중된 기술이지만, 가전 제품으로도 확대될 전망입니다.

## 경쟁자와의 경쟁

삼성전자는 온디바이스 AI 기술을 활용해 앞서가고 있지만, 경쟁자들의 추격도 만만치 않습니다. 애플은 최근 온디바이스 AI를 ChatGPT와 결합해 도입하겠다고 발표한 상태이며, 중국 기업들은 폴더블 스마트폰을 내놓으며 빠르게 삼성전자의 시장 점유율을 위협하고 있습니다. 삼성전자가 자랑하는 폴더블 스마트폰 역시 디자인과 활용도로 젊은 층의 인기를 얻고 있으나, 중국 기업들이 내수 중심의 물량 공세로 압박하고 있는 상황입니다.

DX 부문의 성장을 판단하려면, 온디바이스 AI에서의 선두 유지 여부와 경쟁자들에 비해 얼마나 앞서나갈 수 있는지가 중요합니다. 특히, 스마트폰 시장에서 압도적인 성능 또는 혁신적인 디자인을 지속적으로 보여줄 수 있는지가 관건입니다.

## 해외 시장 진출과 향후 전망

내수 시장이 상대적으로 크지 않은 삼성전자는 최근 중동과 인도 시장으로의 진출을 가속화하고 있습니다. 신흥국 시장에서의 성공 여부도 앞으로의 성장을 좌우할 중요한 포인트입니다. 삼성전자가 DX 부문에서 더 큰 성과를 내기 위해서는 이러한 신흥국 시장에서의 확장이 필수적입니다.

결론적으로, 삼성전자의 DX 부문은 온디바이스 AI 기술 발전과 스마트폰에서의 경쟁 우위가 핵심입니다. 앞으로도 삼성전자가 이 분야에서 혁신을 지속하고, 글로벌 시장에서 경쟁자들을 따돌릴 수 있을지 주목해야 합니다.

### 삼성전자 DS 부문: HBM과 반도체 시장의 과제와 전망

삼성전자의 DS<sup>Divice Solutions</sup> 부문은 주로 메모리와 반도체 파운드리 등 핵심 반도체 사업을 담당하고 있습니다. 최근 AI 고점론과 함께 삼성전자의 HBM<sup>High Bandwidth Memory</sup> 사업이 주목받고 있는데, 특히 SK하이닉스에 비해 뒤처진다는 평가가 나오는 상황입니다.

### HBM 경쟁에서의 도전

삼성전자는 AI 반도체 핵심인 HBM DRAM 분야에서 SK하이닉스에 밀리고 있다는 평가를 받고 있습니다. HBM은 AI 데이터 처리를 위한 고속 메모리로, 엔비디아와 같은 AI 칩 제조사들에게 필수적인 부품입니다. SK하이닉스는 이미 이 분야에서 앞서가고 있어, 삼성전자는 경쟁력 회복을 위해 빠르게 대응하고 있습니다.

최근 뉴스에 따르면, 삼성전자의 HBM3 제품이 엔비디아의 테스트를 통과해 AI 반도체에 채택될 가능성이 있습니다. 저가형 AI 반도체에서 먼저 적용될 것이라는 소식도 나왔지만, 핵심은 HBM3E가 AI 고성능 칩에서 채택될지 여부입니다. 삼성전자는 실수를 인정하고 HBM3E 개발에 집중하고 있으며, SK하이닉스의 아성을 뛰어넘기 위한 노력을 기울이고 있습니다.

하지만 HBM3E 테스트 통과가 삼성전자의 주가를 즉각적으로 끌어올릴지는 아직 확신하기 어렵습니다. AI 반도체 피크론과 반도체 고점론이 제기되면서, HBM을 포함한 메모리 반도체의 공급 과잉과 가격 하락을 우려하는 목소리도 큽니다.

## 반도체 고점론과 삼성전자의 대응

HBM을 비롯한 반도체 수요가 AI 기술 발전과 맞물려 크게 늘어날 것이라는 전망이 있지만, 반도체 가격 하락을 우려하는 시각도 존재합니다. 이는 AI 관련 기업들이 HBM과 같은 고성능 메모리를 대량으로 채택하게 되면서 특정 시점에서 공급이 과잉되고 가격이 급락할 수 있다는 주장입니다.

삼성전자는 이에 대응해 감산 정책을 유지하고 있습니다. 이는 기존 재고를 소진하면서 메모리 시장의 균형을 유지하려는 전략으로 볼 수 있습니다. 삼성전자가 반도체 생산 CAPA를 HBM에 집중하게 되면, 다른 DRAM 제품 생산량은 줄어들고, 이는 DRAM 가격의 상승 요인이 될 수도 있습니다. 현재 반도체 가격의 추이를 보면, 감산 정책이 시장에 긍정적인 영향을 미치고 있음을 알 수 있습니다.

## AI와 온디바이스 AI의 수요 증가

또한, AI 기술의 발전에 따라 온디바이스 AI가 대중화되면서 전자제품과 데이터센터에서의 반도체 수요는 꾸준히 증가할 것으로 예상됩니다. 이는 반도체 시장에 긍정적인 영향을 미칠 수 있으며, 반도체 사이클이 과거의 2~3년 주기에서 벗어나 더 긴 성장 주기를 가져올 가능성도 있습니다.

## 반도체 시장의 불확실성

그렇다고 해서 삼성전자가 반도체 시장에서 무조건 좋아질 것이라고 확신하기에는 아직 불확실한 요소가 많습니다. 글로벌 반도체 시장에서

## 반도체 가격 추이

출처 : 연합인포맥스

자료 : https://news.einfomax.co.kr/news/articleView.html?idxno=4308199

## 낸드·D램 반도체 매출 점유율

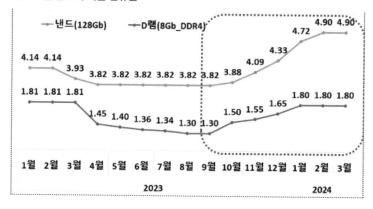

삼성전자가 차지하는 비중과 경쟁 구도를 보면, 앞으로도 도전 과제는
여전히 존재합니다.

결론적으로, 삼성전자의 DS 부문은 HBM 경쟁력 회복, 감산 정책,
AI 수요 증가 등의 요인에 힘입어 긍정적인 전망을 기대할 수 있지만,

## 반도체 매출 점유율

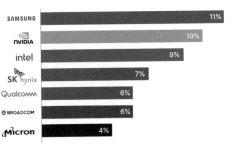

**Top 7 Semiconductor Companies by Revenue Size, Q1 2024**

- SAMSUNG: 11%
- NVIDIA: 10%
- intel: 9%
- SK hynix: 7%
- Qualcomm: 6%
- BROADCOM: 6%
- Micron: 4%

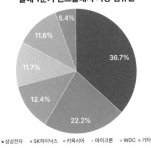

올해 1분기 낸드플래시 시장 점유율

- 5.4%
- 11.6%
- 11.7%
- 12.4%
- 22.2%
- 36.7%

■ 삼성전자 ■ SK하이닉스 ■ 키옥시아 ■ 마이크론 ■ WDC ■ 기타

http://www.seoulfn.com/news/articleView.html?idxno=524025

반도체 시장의 불확실성과 경쟁 기업들의 추격을 계속 주시할 필요가 있습니다.

삼성전자의 파운드리 부문은 여전히 TSMC에 뒤처지고 있으며, 점유율 격차가 벌어지고 있는 상황입니다. 빅테크 기업들은 수주를 맡길 때, 상대적으로 TSMC를 선호하고 있는 추세입니다. TSMC는 메모리 사업을 하지 않고 오로지 파운드리 쪽에만 연구개발 역량을 집중하고 있어, 이 분야에서 기술력과 효율성을 앞서고 있다는 평가를 받고 있습니다.

## 삼성전자의 파운드리 도전 과제

삼성전자는 메모리와 파운드리, 설계까지 One step으로 해결할 수 있다는 점을 내세우고 있지만, 필자는 이것이 오히려 빅테크 기업들에게 부담으로 작용할 수 있다고 생각합니다. TSMC는 고객과 경쟁하지 않는다는 경영 철학을 내세워, 모바일이나 PC 등의 분야에 진출하지 않고

주식

오식 파운드리에만 집중하고 있습니다. 반면, 삼성전자는 모바일, 설계까지 포함한 여러 분야에서 활동하고 있어, 빅테크들이 파운드리 의뢰를 맡길 때 잠재적인 경쟁자가 될 우려가 있다는 생각을 할 수 있습니다.

이러한 이유로 빅테크 기업들이 TSMC를 더 선호하고 있는 것은 아닐까 추측해볼 수 있습니다. 삼성전자가 세계적인 경쟁력을 갖춘 기업임에도 불구하고, 파운드리 점유율을 가져오지 못하는 것은 이와 같은 경쟁 구도와 신뢰성 문제가 복합적으로 작용하고 있는 것일지도 모릅니다.

## 삼성전자의 향후 전망

삼성전자는 HBM3E 개발과 파운드리 회복을 통해 반도체 분야에서 다시금 성장을 도모하고 있습니다. 비록 TSMC와의 격차를 좁히는 데 어려움을 겪고 있지만, 자본력과 기술력을 바탕으로 빠르게 따라잡으려는 노력을 지속하고 있습니다. HBM3E의 성공적인 출시와 파운드리 수주가 다시 활발해지면, 이는 삼성전자에게 중요한 성장 촉매제가 될 것입니다.

결론적으로, 삼성전자는 여전히 저력을 가진 기업으로, 비록 일부 경쟁에서 밀리는 모습을 보이고 있지만, 그들의 빠른 대응 능력과 자본력을 고려할 때 장기적으로는 회복과 성장을 기대할 수 있습니다. HBM3E 성공과 파운드리 시장 회복이 핵심적인 트리거가 될 것이며, 이는 향후 삼성전자의 주가와 성장에 중요한 영향을 미칠 것입니다.

# SK하이닉스

SK하이닉스는 AI 반도체 분야에서 큰 성과를 이루며, 특히 HBM<sup>High</sup> <sup>Bandwidth Memory</sup> 기술을 통해 엔비디아 및 TSMC와 함께 글로벌 기술 삼각편대를 이루고 있습니다. 이번 AI 붐 속에서 SK하이닉스는 삼성전자에 뒤를 잇는 2등 기업으로 자리 잡았으나, HBM 기술을 통해 오히려 일부 공정에서는 삼성전자를 앞서 나가며 강력한 성장세를 보였습니다.

### SK하이닉스의 현황과 도약

SK하이닉스는 메모리 사업에 집중하며, 이번 HBM 기술의 성공으로 2024년 2분기 영업이익률 33%를 기록하며 고부가가치 제품 판매에 성공했습니다. 이로 인해, AI 산업이 SK하이닉스에게 얼마나 큰 수혜를 주고 있는지 명확히 드러났습니다. 증권가에서는 SK하이닉스가 향후 3년 후인 2027년에는 100조 원의 현금을 확보할 것이라는 전망도 나오고 있습니다. 또한 용인 클러스터의 개발이 추진되고 있어, 앞으로도 지속적인 성장이 기대됩니다.

SK하이닉스는 메모리 사업에만 집중하고 있기 때문에 과거에는 반도체 사이클에 따른 큰 변동성을 보였으나, AI의 발전으로 인해 사이클 수요의 감소폭이 줄어들 가능성이 큽니다. 특히 AI 서버 및 클라우드 교체 수요까지 이어질 경우, 현시점에서 펀더멘탈 측면에서는 삼성전자보다 우위에 있다고 볼 수 있습니다.

### 맞춤형 HBM 기술과 고객 수요

최근 SK하이닉스는 미국 빅테크 M7 기업들로부터 맞춤형 HBM을 요청받으며, 그 기술력에 대한 신뢰를 확인했습니다. 삼성전자가 일부 고객을 놓치는 상황에서, SK하이닉스는 고객들로부터 선택적 집중을 받고 있으며, 이는 메모리 분야에 집중한 전략이 효과를 발휘하고 있음을 의미합니다.

### Capa 확장에 대한 신중한 입장

시장에서는 SK하이닉스가 Capa(생산 능력) 확장에 대해 아직 보수적인 입장을 보이고 있다는 점을 일부 우려하고 있습니다. 하지만 필자는 이를 긍정적으로 평가하고 있습니다. 과거 많은 기업들이 잘 나갈 때 무리하게 투자했다가, 업황이 어려워지면서 그 판단이 오히려 기업을 더 힘들게 만드는 사례가 많았습니다. SK하이닉스가 현금을 확보하고 연구 개발에 집중하는 전략은 앞으로의 업황을 주도할 수 있는 핵심적인 전략으로 작용할 가능성이 큽니다.

### SK하이닉스의 체크 포인트

앞으로 SK하이닉스는 기술적 우위를 지속적으로 유지할 수 있는지, 그리고 주주환원 확대가 중요한 포인트가 될 것입니다. 현재 SK하이닉스는 밸류에이션 측면에서 글로벌 기업들에 비해 저평가된 편인데, 이는 코리아 디스카운트와 함께 주주환원 정책이 부족한 점이 주요 요인 중 하나입니다.

만약 SK하이닉스가 주주환원을 점차 개선해 나간다면, 이는 또 다

## 배당금 지표

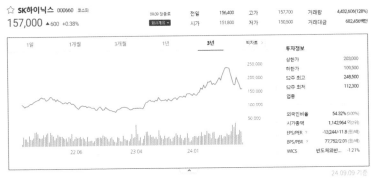

출처 : https://finance.daum.net/quotes/A000660#home

른 성장 동력이 될 것으로 보입니다. 현재 외국인 지분율이 55%에 달하는 만큼, 주주환원이 확대될 경우 외국인 투자자들의 긍정적인 반응을 얻을 가능성이 큽니다. SK하이닉스가 펀더멘탈을 유지하면서도 주주들의 권리를 신경 쓰는 방향으로 나아가길 기대합니다.

## 한미반도체

한미반도체는 반도체 장비 분야에서 두각을 나타내고 있는 기업으로, 특히 HBM<sup>High Bandwidth Memory</sup> 생산에 필수적인 장비를 제공하고 있습니다. DUAL TC BONDER라는 주력 장비는 웨이퍼와 웨이퍼 사이를 연결하여 2.5D, 3D 구조의 반도체 구성을 가능하게 하는 열압착 본딩 장비로, HBM 생산의 핵심적인 후공정 장비 중 하나입니다.

또한, 6-SIDE INSPECTION 장비는 HBM 칩의 생산 전후에 불량률을 최소화하고, 수율과 생산성을 극대화하는 데 중요한 역할을 하

주식

고 있습니다. 한미반도체의 장비들은 HBM 후공정에 최적화되어 있어, SK하이닉스와 같은 대기업들이 그 기술력을 인정하고 사용하고 있습니다.

특히 삼성전자가 HBM3, HBM3E 시리즈에서 SK하이닉스에게 뒤처졌던 이유 중 하나가 한미반도체의 본딩 방식을 채택하지 않았기 때문이라는 이야기가 있을 정도로, 한미반도체의 기술력이 이 시장에서 중요한 역할을 하고 있습니다. SK하이닉스는 MR-MUF Mass Reflow-Molded UnderFill 방식을 사용하며 HBM 생산에서 앞서 나가고 있는데, 이는 반도체 칩 사이에 열을 가해 납땜한 후, 액체를 주입해 단단히 굳히는 방식으로 성능과 신뢰성을 높였습니다.

## 반도체 장비 기술의 중요성

반도체 공정이 점점 더 미세화되고 있는 지금, 첨단 장비 기술력은 반도체 업계에서 필수적인 요소로 자리 잡고 있습니다. 특히 앞으로 나올 HBM4 시리즈에서는 하이브리드 본딩 방식을 도입할 것이라는 전망이 나오고 있으며, 이는 D램 사이의 범프를 없애고 데이터 전송 속도를 크게 향상시킬 것으로 기대됩니다.

## 결론

한미반도체는 반도체 장비 산업에서 중요한 위치를 차지하고 있으며, 그 기술력은 한국 반도체 기업들이 글로벌 경쟁에서 앞서 나가는 데 필수적인 역할을 하고 있습니다. 필자는 이 기업이 앞으로도 기술력을 바탕으로 성장할 가능성이 크다고 보고 있지만, 현재 주가가 많이 오른 상

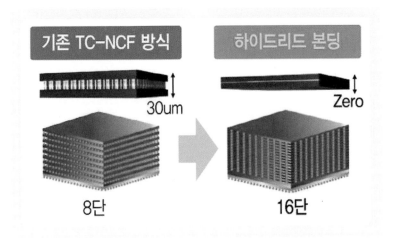

기존 TC-NCF 방식 → 하이드리드 본딩
30um → Zero
8단 → 16단

태에서 신중한 접근이 필요하다고 생각합니다.

 필자가 강조하고 싶은 부분은 AI의 발전이 반도체 산업에도 큰 변화를 가져오면서, 이에 따라 반도체 장비 주식들이 각광받을 가능성이 높다는 점입니다. 현재 전공정의 Capa는 ASML, TEL, AMAT, LAM과 같은 해외 기업들이 대부분 차지하고 있지만, 후공정에서는 우리나라 국산 장비 기업들이 메이커 업체들과 협력하여 지속적인 발전을 이뤄내고 있습니다. 한미반도체는 그 대표적인 성공 사례로, 현재 본딩 분야에서 두각을 나타내고 있지만, 앞으로는 패키징, 테스터 등의 다른 공정에서도 국내 기업들이 활약할 가능성이 큽니다.

 물론 한미반도체가 HBM4 시리즈에서도 성공을 이어갈지는 아직 확실하지 않지만, 그들의 성공 사례는 반도체 장비 주식에 투자할 때 중요한 참고 자료가 됩니다. 이러한 기업들은 반도체 메이커들과 얼마나 협력하며 차세대 반도체 기술에 대응하는지, 실적이 탄탄한지, CEO의

주식

시각이 어떻게 설정되어 있는지를 분석하는 것이 관건입니다.

많은 투자자들이 주가가 이미 오르고 나서야 이러한 강점을 발견한다고 생각할 수도 있습니다. 하지만 미래를 준비하는 기업들은 반드시 존재하며, 그러한 기업들을 찾는 것이 중요합니다. 물론 이들 기업의 시가총액이 아직 작고, 그들의 성장 시기가 도래하지 않았을 수도 있기 때문에 시간이 걸릴 수 있다는 점도 명심해야 합니다.

따라서, 반도체 장비 주식에 투자할 때는 신중한 접근이 필요합니다. 장기적인 성장 가능성을 보고 접근하는 것이 좋으며, 아직 시장에서 두각을 나타내지 못한 기업일수록 더 긴 시간을 필요로 할 수 있습니다. 비중을 너무 많이 가져가는 것은 추천하지 않으며, 이들은 변화를 주도하는 핵심 기업이라기보다는 그 변화를 지원하는 일부분이기 때문에 항상 시장의 변화에 유연하게 대응할 필요가 있습니다.


## 밸류업 정책에 의한 저평가 주식들의 시대

밸류업 정책에 대해 먼저 설명하고 넘어가야 할 것 같다. 다만 이 정책은 아직도 개정 중이며 수정이 계속 이루어지고 있기 때문에 내가 설명하는 내용과 실제 현 시점에서 조금 차이가 있을 수 있음을 감안해주길 바란다.

이 정책은 2024년 2월 금융위원회를 통해 발표된 자본시장 선진화 방안 중 기업 밸류업 지원 방안에 해당된다. 기본적인 배경은 생산성 감소, 인구구조 변화, 그리고 지정학적 갈등에 따라 우리나라의 경제 성장이 둔화되고 있다는 점에서 시작된다. 이를 해결하기 위해 자본의 효율적 활용과 생산성 향상이 필요하며, 동시에 국민들에게 안정적인 자산 소득을 제공하는 것이 중요하다고 판단했다. 특히 코리아 디스카운트를 해소하기 위해 기업들의 자발적인 가치 제고 노력이 필요하다는 것이 주요 내용이다.

이 정책은 저조한 수익성, 성장성, 미흡한 주주환원 등 우리나라 기업들의 문제점을 지적하며, 이를 해결하고자 기업가치 제고 계획을 수립하고, 투명한 공시를 통해 기업들이 하는 일을 투명하게 보여주는 것을 목표로 하고 있다. 이를 통해 기업은 주주와 더 활발히 소통하고, 주주들이 기업 경영에 영향을 미칠 수 있는 구조를 만들려는 것이다.

이 정책은 자율적으로 참여할 수 있으며, 참여 기업들에게는 세제 혜택과 인센티브를 제공할 예정이다. 하지만 아직 이와 관련된 구체적인 세제 혜택이 명확하게 발표되지 않았고, 실제 공시된 사례도 많지 않다. 다만 이 정책을 통한 변화가 시작되고 있으며, 참여하는 기업들이 늘어날수록 시장에서 공시를 하지 않는 기업들은 도태될 가능성이 커질 것으로 예상된다.

또한, 외국인 투자자들에게도 이 정책은 중요한 영향을 미칠 것으로 보인다. 외국인들이 한국 주식에 투자할 때 가장 우선적으로 고려하는 것은 리스크 관리이다. 이 정책은 투명한 공시를 통해 외국인 투자자들에게 신뢰를 줄 수 있는 기회를 제공하며, 특히 자산 규모가 큰 외국인 자본이 국내 기업에 더 많이 유입될 수 있는 환경을 만들어 줄 것이다.

물론, 자율적인 참여에 따른 한계점도 있다. 모든 기업이 참여하도록 강제하지는 않기 때문에, 모든 기업들이 자발적으로 참여할지는 미지수이다. 하지만 시간이 지나면서 점차 참여하는 기업들이 늘어날 것으로 기대되며, 특히 자사주 소각이나 배당률 증가 등으로 주주환원에 나서는 기업들이 늘고 있는 추세이다.

이제 밸류업 정책이 적용될 주요 섹터에 대해 이야기해보자. 나는 금융과 자동차 두 가지 섹터에 주목하고 있다. 이 두 섹터는 그동안 코리아 디스카운트의 대표적인 사례로 꼽혔던 분야들로, 이번 밸류업 정책을 통해 큰 혜택을 받을 가능성이 크다고 본다.

다음으로, 각 섹터에 대해 구체적으로 설명해보겠다.

## 금융섹터

금융주가 저평가 종목이라는 점은 누구나 알고 있다. 한국 금융주들은 오랜 기간 동안 PBR이 1을 넘지 않는 것은 물론이고, 0.5 이하로 평가되는 경우도 많았다. 그럼에도 불구하고 실적은 꾸준히 잘 나오고 있으며, 배당금 또한 두둑하게 지급되고 있었다. 하지만 금융주의 성장성에 대해서는 항상 물음표가 있었고, 주주환원 역시 배당금을 제외하면 특별히 매력적인 부분이 없었다.

그러나 최근 밸류업 정책으로 인해 금융주들은 변화의 조짐을 보이고 있다. 금융주들은 앞다퉈 주주환원 정책을 강화하기 시작했고, 자사주 매입은 물론 소각까지도 어렵지 않게 이루어지고 있다. 이에 따라 주주환원율은 지속적으로 상승하고 있으며, 주주들은 배당금과 주가 상승의 두 가지 혜택을 동시에 누리게 되었다. 밸류업 정책에 따라 공시를 하겠다고 발표한 첫 번째 기업도 금융주에서 나왔다.

그렇다고 금융주 모두가 혜택을 누릴 수 있는 것은 아니다. 금융주 중에서도 일부는 주주환원에 적극적으로 나설 여력이 있지만, 그렇지 않은 기업들도 존재한다. 특히 최근 PF대출 관련 충당금 이슈가 지속적으로 부각되고 있다. 금융주에 투자할 계획이 있다면, PF대출 리스크를 반드시 고려해야 한다. 특히 지방은행의 경우 PF대출에 대한 부담으로 인해 희비가 엇갈리고 있다.

일부 사람들은 "우리나라 은행들이 망할 수 있다"고 이야기하지만, 필자는 이에 동의하지 않는다. 중소형 은행들은 몰라도 대형 은행들은 이미 상당한 현금을 보유하고 있으며, 매출 지표도 꾸준히 우상향하고 있다. 만약 큰 은행들이 무너진다면, 이는 단순히 금융권 문제로 끝나는 것이 아니라 국가 경제 전반에 영향을 미칠 것이다. 그런 일이 발생하지 않도록 정부 역시 결코 손을 놓고 있지 않을 것이다.

## 자동차 섹터

자동차 섹터는 밸류업과는 다소 거리가 있는 것처럼 보이지만, 필자는 현대차와 기아차 두 기업에 주목하고 있다. 이들은 특히 주주환원 정책에서 매우 적극적이다. 자사주 소각과 배당 확대는 물론, 현대차는 인도 법인 상장을 통해 벌어들인 수익을 재투자에 활용하겠다고 밝혔다. 과거에는 우리나라 기업들이 주주 자금으로 유상증자나 전환사채 발행을 통해 자금을 조달했지만, 현대차와 기아차는 그런 방식과는 다른 모습을 보여주고 있다.

현대차와 기아차의 밸류에이션 지표는 글로벌 자동차 기업 중에서도 가장 저평가된 수준이다. 특히 기아차는 세계적인 브랜드 중에서도 가장 낮은 밸류에이션을 기록하고 있다. 따라서 필자는 이 두 기업이 밸류업 정책의 수혜를 볼 가능성이 크다고 보고 있다.

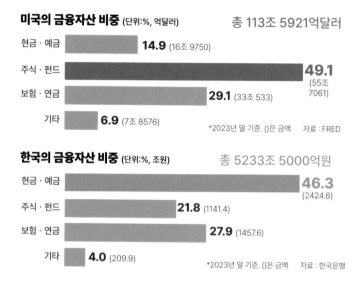

우리나라 국민 자본 문포와 미국 국민의 자본 분포

**미국의 금융자산 비중** (단위:%, 억달러)　　총 113조 5921억달러

| 현금 · 예금 | **14.9** (16조 9750) |
| 주식 · 펀드 | **49.1** (55조 7061) |
| 보험 · 연금 | **29.1** (33조 533) |
| 기타 | **6.9** (7조 8576) |

*2023년 말 기준. ()은 금액　　자료 : FRED

**한국의 금융자산 비중** (단위:%, 조원)　　총 5233조 5000억원

| 현금 · 예금 | **46.3** (2424.6) |
| 주식 · 펀드 | **21.8** (1141.4) |
| 보험 · 연금 | **27.9** (1457.6) |
| 기타 | **4.0** (209.9) |

*2023년 말 기준. ()은 금액　　자료 : 한국은행

　　이 외에도 지주사나 보험주 등 밸류업 정책과 연관이 있는 기업들이 존재한다. 하지만 필자는 보험주의 수익 구조에 대해 명확하게 이해하지 못해 언급하지 않았으며, 지주사의 경우에는 승계 문제나 내부 사정으로 인해 섹터 전반의 불확실성이 크다고 판단해 제외했다.

　　밸류업 정책은 일본 시장에서 시행된 사례를 본떠 만든 것으로, 코리아 디스카운트를 해소하고 한국 주식 시장을 선진화하는 첫걸음이 될 것이다. 일본 시장에서 저평가되었던 주식들이 이 정책의 수혜를 받아 큰 폭으로 상승했듯이, 한국 시장에서도 비슷한 결과가 나올 것으로 기대된다.

　　결론적으로 밸류업 정책은 단순한 시도 이상의 의미가 있다. 이는

|  | 국맨대차대조표<br>(2013년 말 기준, A) | 가계금융복지조사<br>(2014년 3월 조사, b) | B/A |
|---|---|---|---|
| 총자산 | 7,586 | 6,137 | 0.81 |
| 비금융자산 | 4,912 | 4,494 | 0.91 |
| 금융자산 | 2,674 | 1,643 | 0.61 |
| 순자산 | 6,366 | 5,034 | 0.79 |
| 부채 | 1,220 | 1,103 | 0.90 |

투자자들이 똑똑해지고, 시장이 변화하고 있다는 신호이다. 과거와 달리 주식 시장에 뛰어드는 이들이 점점 더 젊어지고 있으며, 이제는 주식이 그들의 재정 생활의 중요한 부분이 되어가고 있다.

한국의 자본은 여전히 대부분 부동산에 집중되어 있다. 하지만 미국의 경우, 주식 시장에 자본의 절반 이상이 투자되어 있으며, 이는 미국 국민들의 일상 생활에도 큰 영향을 미친다. 미국 주식 시장의 움직임이 국민의 재정적 안정을 좌우하기 때문에, 정부와 기업들도 주식 시장을 매우 중요하게 다룬다. 이에 반해, 한국에서는 여전히 많은 국민들이 주식보다는 부동산에 더 큰 관심을 보이고 있다. 이로 인해, 주식 시장에 대한 정부의 관심과 기업들의 주주 환원 정책이 상대적으로 미흡하게 이루어지고 있다고 생각한다.

그러나 최근 몇 년 사이에 청년층의 투자 방식이 크게 변화했다. 많은 청년들이 이제는 주식 투자를 필수적인 재테크 수단으로 여기고, 국내 주식뿐만 아니라 미국 시장에도 활발히 투자하고 있다. 이는 청년 세

## 순자산 상위 10%, 5%, 1%의 점유율 국제 비교

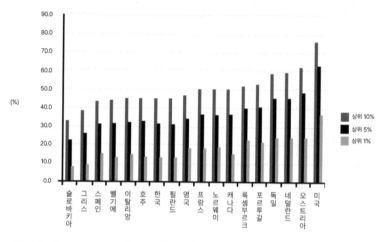

자료: https://www.peoplepower21.org/welfarenow/%EC%9B%94%EA%B0%84%EB%B3%B5%EC%A7%80%EB%8F%99%ED%96%A52016/1456374

http://stats.oecd.org/index.aspx?DataSetCod=WEALTH, 한국은 2013년 가계금융복지조사(통계청) 자료에서 계산, 호주 캐나다, 노르웨이, 영국 등은 2011년 자료

대가 더 넓은 금융 시장에 대한 이해를 가지고, 보다 글로벌한 투자 트렌드에 발맞추고 있다는 것을 보여준다.

한국 정부도 이러한 변화를 인식하고 있으며, 금융 선진화를 목표로 주식 시장의 활성화를 위한 정책들을 조금씩 도입하고 있다. 현재는 부동산 중심의 자산 구조가 주를 이루고 있지만, 언젠가는 미국이나 일본처럼 자산의 절반 이상이 주식 시장에 투자되는 시대가 올 것이다. 그 변화는 천천히 이루어지고 있지만, 분명히 진행 중이다.

우리는 이러한 변화의 흐름 속에 서 있으며, 이 변화에 맞춰 주식 시장에 대한 이해를 높이고, 투자 전략을 세우는 것이 중요하다.

## KB금융, 신한지주, 하나금융지주 등 금융주

금융주는 최근 밸류업 정책의 대표적인 수혜주로 꼽히고 있다. 특히 KB금융, 신한지주, 하나금융지주와 같은 대형 금융사들이 이 정책의 중심에 서 있다. 이들 금융주는 과거에 코리아 디스카운트로 인해 저평가되어 왔으며, 이는 밸류업 정책이 시작된 근본적인 이유 중 하나였다.

과거에는 PER이 1.0을 간신히 넘거나, PBR이 0.2~0.3 수준에 머무르며 매우 저평가된 상태였다. 그러나 저평가에도 불구하고, 금융주들은 배당수익률이 높았고, 그 결과 투자자들은 연말 배당금을 노린 단기 투자를 주로 진행했다. 이로 인해 장기적인 투자가 아닌 배당 수익에만 집중하는 흐름이 강했다.

하지만 최근 몇 년 동안 금융주의 배당 정책이 바뀌면서, 반기 또는 분기 배당을 도입한 주식들이 생겨났고, 배당 정책도 더욱 투명하게 변화했다. 이러한 변화는 밸류업 정책과 함께 금융주의 주주환원 정책에 큰 변화를 가져왔고, 이는 주가 상승의 촉매제가 되었다. 더군다나 최근의 금리 인상 효과도 더해지면서 이들 금융주의 이익률은 크게 상승하며 대부분의 금융주들이 고점을 찍고 있다.

물론, 기술주에 비하면 금융주의 성장성에 대한 의문이 있을 수 있다. 또한 금리 인하가 시작되는 시점에 금융주의 매력이 줄어들 수 있다는 반론도 존재한다. 그러나 금융주의 밸류에이션을 미국의 뱅크오브아메리카와 같은 글로벌 금융주와 비교해 보면, 여전히 저평가되어 있으며, 이들 기업은 주주환원 정책을 더욱 강하게 펼치고 있다.

결론적으로, 금융주는 여전히 매력적인 투자처로, 특히 주주환원 정책을 강화하는 과정에서 장기적으로 긍정적인 성장 가능성을 보여주

주식

**얼라인파트너스 주주환원 요구사항 및 금융지주별 발표 내용**

| 은행지주사 | 자본비율관리* | 중장기 목표 주주환원율 제시** |
|---|---|---|
| 신한 | CET1 12% 이상 자본 주주환원 | 총 주주환원율 30% / 2023년 1분기 자사주매입소각 1500억원 포함시 33% 규모 / 현금배당 유지, 분기배당 정례화, 적극적 자사주매입소각 |
| KB | CET1 13% 이상 자본 주주환원 | 총 주주환원율 26% / 2023년 1분기 자사주매입소각 3000억원 포함시 33% 규모 / 적극적 자사주매입소각 활용 의지 |
| 하나 | CET1 13.5% 초과 자본 전액 주주환원 / 13~13.5% 전년 대비 증가분의 50% 주주환원 | 총 주주환원율 27% / 2023년 1분기 자사주매입소각 1500억원 포함시 31% / 중장기 주주환원율 목표 50% 설정 |
| 우리 | CET1 12% 조기도달까지 주주환원율 30% 유지 / 12% 초과시 중장기 주주환원 정책 재검토 | 총 주주환원율 26% / 2023년 2분기 자사주매입 소각 포함시 30% |
| DGB | CET1 13% 목표, 초과시 주주환원율 40% 추진 / 12~13% 에선 주주환원율 30~40% 유지 / 12% 이하 주주환원율 30% 수준 | 총 주주환원율 27.1% |
| JB금융 | CET1 13% 목표, 초과시 주주환원 재원 활용 / 12% 초과시 자사주 매입소각 적극 검토 | 총 주주환원율 27% |
| BNK | | 총 주주환원율 27% / 주주환원율 50%까지 확대 |

*자본비율 관리: 보통주자본비율(CET1) 13% 이상 주주환원, 지방은행은 12% 이상 주주환원
**중장기 주주환원율 목표 제시: 당기순이익의 최소 50%
※총 주주환원율은 2022년 결산 기준이며 배당 및 자사주 매입·소각 포함
출처 : 비즈워치
자료: 얼라인파트너스자산운용, 각 금융지주 2022년 실적발표 내용 참조

자료 : https://news.bizwatch.co.kr/article/market/2023/02/10/0040

고 있다.

　금융주, 특히 KB금융, 신한지주, 하나금융지주와 같은 대형 금융사들은 밸류업 정책의 수혜를 받고 있으며, 자사주 매입 및 소각 등 주주환원 정책에 적극적으로 나서고 있습니다. 이는 그들의 재무 상태가 매우 탄탄하기 때문에 가능한 일입니다. 금융사의 재무건전성은 주가에 긍정적인 영향을 미칠 수 있으며, 자사주 소각이 그들의 재무구조를 해

치지 않는 한, 주가 상승에 큰 도움이 됩니다.

그러나 금융주들이 절대적으로 리스크가 없는 것은 아닙니다. 금융사들이 직면한 가장 큰 리스크는 PF 대출(프로젝트 파이낸싱 대출)입니다. PF 대출은 부동산 건설 프로젝트의 사업성만을 기반으로 자금을 빌려주는 구조로, 고위험 고수익 구조를 가지고 있습니다. 특히 브릿지론과 같은 고금리 단기 대출을 이용해 토지를 구입하고, 이후 PF 대출로 자금을 운용하는 방식이 문제가 되고 있습니다. 금리가 낮을 때는 이러한 구조가 효과적이었으나, 금리 인상으로 인해 대출금 연체 및 기업의 워크아웃(기업 재정난 극복을 위한 구조조정) 사례가 발생하면서 금융권에 리스크가 번지고 있습니다.

특히 지방 부동산 경기가 좋지 않은 경우, 지방 은행들이 더욱 심각한 영향을 받을 수 있습니다. 지방 은행권은 대규모 부동산 PF 대출과 연관된 리스크에 노출되기 쉽기 때문에 주의가 필요합니다.

따라서 2025년 금융주를 선택할 때 주목해야 할 주요 포인트는 다음과 같습니다:

1. 주주환원 정책의 방향성과 속도: 금융주들은 적극적인 자사주 매입, 소각, 배당 확대를 통해 주주 가치를 높이려는 노력을 지속하고 있습니다. 이들이 얼마나 신속하고 지속적으로 주주환원 정책을 시행하는지가 중요한 투자 포인트입니다.

2. PF 대출 리스크 관리 여부: PF 대출과 브릿지론과 관련된 리스크가 얼마나 잘 관리되고 있는지, 그리고 해당 금융사가 PF 대출에 얼마나 연관되어 있는지를 면밀히 확인해야 합니다. 특히 지방 은행들은 PF 대출로

인한 리스크가 클 수 있으므로 주의가 필요합니다.

대표적으로, KB금융은 주주환원 정책을 적극적으로 시행하면서도 PF 대출에 상대적으로 자유로운 편입니다. 또한 해외 진출에도 힘쓰고 있어, 이와 같은 요인이 주가 상승에 긍정적인 영향을 미치고 있습니다.

결론적으로, 금융주를 선택할 때는 주주환원 정책과 PF 대출 리스크를 면밀히 분석하는 것이 중요하며, 이러한 점을 고려해 안정성과 성장성을 동시에 갖춘 금융사를 선별하는 것이 필요합니다.

맞습니다. 외국인 투자자들은 일반적으로 안정적인 기업을 선호하며, 특히 리스크 관리를 중시하기 때문에 안정적인 배당 수익과 재무 상태가 탄탄한 기업에 많은 관심을 둡니다. 앞서 언급한 KB금융, 신한지

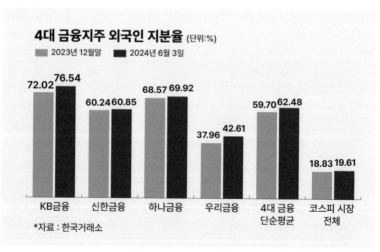

출처 : https://news.mt.co.kr/mtview.php?no=2024060415014623362

주, 하나금융지주 등 주요 금융주는 이러한 안정적인 특성을 갖추고 있으며, 외국인 투자자들이 상당한 비중을 보유하고 있는 대표적인 종목들입니다.

특히 밸류업 정책이 발표된 이후, 외국인들은 이 정책의 수혜를 미리 예상하고, 지분을 더욱 확대했을 가능성이 큽니다. 외국인 투자자들은 국내 투자자들보다 정보 수집과 분석에 있어서 빠르게 움직일 수 있기 때문에, 밸류업 정책이 금융사들에게 미칠 긍정적인 영향을 미리 예측하고 비중을 늘렸을 수 있습니다.

외국인들의 지분 비율을 살펴보면, 국민연금이나 기관 투자자의 비중을 제외하고도 상당히 많은 유통 주식이 외국인 투자자들의 손에 있는 것을 확인할 수 있습니다. 이는 그들이 한국의 금융주가 저평가된 상태에서 잠재적인 가치 상승을 미리 인지하고, 장기적인 관점에서 투자하고 있다는 것을 의미합니다.

필자의 관점대로, 외국인 투자자들이 밸류업 정책의 효과를 미리 알고 있었을 가능성도 배제할 수 없습니다. 그들이 한국 금융주의 잠재적인 가치 상승을 미리 인지하고, 장기적인 관점에서 비중을 확대했을 가능성이 높습니다.

## 현대차, 기아

현대차와 기아는 국내 대표적인 자동차 대기업으로서 밸류업과 미래 산업에 대한 적극적인 행보를 보여주는 기업들입니다. 이 두 회사는 기본적으로 같은 그룹에 속해 있으며, 사업 방향 또한 비슷하게 움직이고 있어, 함께 언급될 수밖에 없습니다.

현대차와 기아는 단순히 자동차 판매에 안주하지 않고, 자율주행, 로봇 기술, 그리고 전기차와 같은 미래 산업에 큰 투자를 하고 있습니다. 현대오토에버를 통한 자율주행 기술 연구와 보스턴 다이내믹스 인수를 통한 로봇 기술 개발은 그들의 첨단 기술에 대한 의지를 보여주는 좋은 사례입니다. 이는 자동차 제조를 넘어 기술 혁신과 미래 모빌리티 시장을 선도하려는 현대차와 기아의 전략적 비전을 나타냅니다.

또한, 최근 북미 시장에서의 매출이 급격히 증가하고 있으며, 전기차 시장에서도 적극적으로 발을 넓히고 있습니다. 기존에는 배터리 셀 업체들에게 의존했지만, 이제는 자체 배터리 개발에 대한 투자를 늘리며 전기차 생산의 수직 통합을 꾀하고 있습니다. 이는 전기차 시장에서 독립적인 생산 체계를 구축하고, 경쟁력을 강화하려는 의도라고 볼 수 있습니다.

결론적으로, 현대차와 기아는 단순히 밸류업 정책의 수혜주로서만 머물지 않고, 미래 발전을 주도하는 기업으로 나아가고 있습니다. 그들의 전기차와 자율주행, 로봇 관련 투자는 앞으로도 지속될 것이며, 이로 인해 글로벌 시장에서의 위치를 더욱 강화할 가능성이 큽니다.

물론 그들의 주가는 이 자동차 매출에 따라서 좌지우지 될수 있는 부분은 있다. 하지만 예전의 현대차가 아니라는 것이 키포인트다. 북미 침투율은 점차 올라가고 있으며, 미국의 중국 견제가 오히려 현대 기아

| 4 | 자동차 | 5,903 | 15.0 | 6,488 | 4.8 | 6,202 | △0.4 | 5,367 | △9.1 |
| | 전기차 | 1,372 | 69.5 | 1,143 | △18.4 | 891 | △43.2 | 872 | △36.5 |

## 자동차 수출입지표

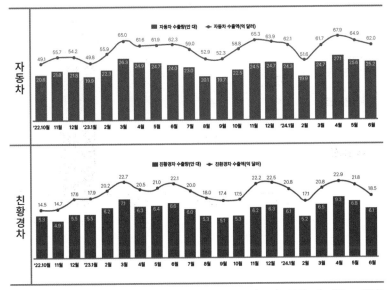

출처 : http://www.haesanews.com/news/articleView.html?idxno=121715

차들에게는 수혜가 되고 있다. 특히 이 시기와 적절하게 그들의 SUV 차량들이 디자인적으로나 수요적으로나 미국인들에게 인기를 끌기 시작하면서 오히려 탄력을 받고 있다.

그렇다. 밸류업을 빼고 보더라도 앞으로의 성장이 기대되는 현대기아차다 거기다 밸류에이션까지 비교했을 때도 전 세계 자동차 기업들 중에 싼 가격 축에 속하기까지 한다. 이제는 밸류업으로 넘어가면 그들의 주주환원 정책은 굉장히 적극적임을 아래 표를 통해 알 수 있다.

현대차와 기아의 주가는 여전히 자동차 매출에 큰 영향을 받을 수 있지만, 과거의 현대차와는 다르게 현재는 미래 성장 가능성이 매우 기대되는 기업으로 변모하고 있습니다. 특히 북미 시장 침투율이 꾸준히

주식

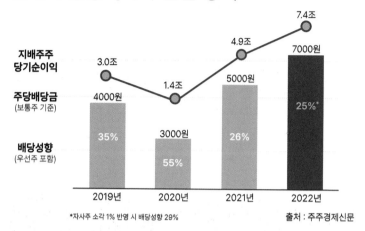

# 현대차 중장기 주주환원 정책

**지배주주 당기순이익**
3.0조   1.4조   4.9조   7.4조

**주당배당금**
(보통주 기준)
4000원   3000원   5000원   7000원

**배당성향**
(우선주 포함)
35%   55%   26%   25%*

2019년   2020년   2021년   2022년

*자사주 소각 1% 반영 시 배당성향 29%     출처 : 주주경제신문

상승하고 있으며, 미국의 중국 견제가 오히려 현대차와 기아에게는 수혜가 되고 있습니다.

현대차와 기아의 SUV 차량들이 디자인과 수요 측면에서 미국인들에게 큰 인기를 끌면서, 이 시기에 탄력을 받고 있는 것이 큰 장점입니다. 특히 현대차의 팰리세이드와 기아의 텔루라이드 같은 SUV 모델들은 미국 시장에서 높은 판매량을 기록하며 브랜드 인지도를 강화하고 있습니다.

현대차와 기아는 단순히 밸류업 정책의 수혜주로서만 머물지 않고, 미래 성장 동력을 바탕으로 전 세계 시장에서 경쟁력을 강화하고 있습니다. 더욱이 글로벌 자동차 기업들 중에서 밸류에이션 측면에서도 상대적으로 저평가된 주식이라는 점에서 성장 잠재력이 더욱 두드러집

## 현대차 중장기 재무 목표 (OP Margin)

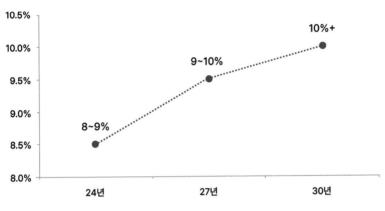

현대차 중장기 재무 목표 (OP Margin)

자료:현대차

니다.

이제 밸류업 정책으로 넘어가면, 현대차와 기아는 주주환원 정책에도 굉장히 적극적입니다. 주주가치 제고를 위한 자사주 매입과 배당 확대 등 다양한 주주환원 방안을 시행하고 있어, 투자자들에게 긍정적인 신호를 주고 있습니다.

## 커져가는 방산 수요, 커지는 자국주의

세계화의 흐름이 2022년 러시아-우크라이나 전쟁을 기점으로 크게 변하기 시작했습니다. 과거에는 전쟁이 일어날 가능성을 크게 염두에 두지 않고, "설마 전쟁이 나겠어?"라는 식의 대화가 흔했습니다. 그러나 지

주식

금은 전쟁의 현실이 그 어느 때보다도 가까이 느껴지고 있으며, 전쟁이 더 이상 남의 일이 아니라는 인식이 확산되었습니다.

이제는 사람들 사이에서 "전쟁이 나면 어떻게 해야 할까?" 또는 "미리 피신해야 하는 게 아니냐?"와 같은 현실적인 대화가 오갈 정도로 전쟁에 대한 공포와 불안감이 커지고 있습니다. 이는 글로벌 안보 질서가 변하면서 특히 우리나라 같은 지정학적 위치에 놓인 국가들에게 중요한 문제로 대두되고 있습니다.

특히 북한과 러시아의 관계도 주목할 만합니다. 예전에는 북한이 국제적으로 고립된 국가였고, 대부분의 국가들로부터 비판을 받았습니다. 하지만 현재 러시아의 푸틴 대통령은 북한과의 군사 협력을 강화하고 있습니다. 예를 들어, 북한으로부터 미사일을 조달하는 움직임이 공공연히 드러나고 있으며, 이는 과거와는 확연히 다른 양상입니다. 이러한 상황은 북한이 더 이상 고립된 나라가 아니라 러시아와 같은 강대국의 지지를 받을 수 있는 환경을 보여주고 있습니다.

전쟁은 이제 더 이상 가상의 시나리오가 아니라 현실적인 위협으로 다가왔습니다. 세계화의 붕괴와 자국 우선주의가 확산되면서, 각국은 자국의 이익을 우선시하고 있습니다. 미국도 더 이상 세계 경찰 역할을 지속할 수 없다는 의견이 정치권 내에서 점차 힘을 얻고 있습니다. 도널드 트럼프 전 대통령은 대선 출마 당시부터 아메리카 퍼스트America First라는 구호를 외치며, 미국이 타국의 방위를 위해 막대한 비용을 부담하는 것에 대해 강한 반감을 표했습니다. 특히 주한미군 주둔 비용 문제와 관련해 한국에 추가 부담을 요구하는 등의 발언을 하며, 70년 동안 유지되어 온 미국 주도의 국제 안보 질서가 흔들리고 있습니다.

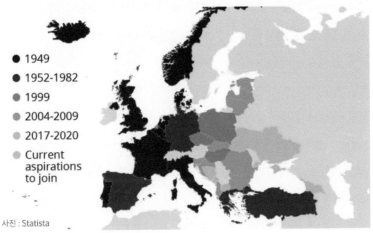

# How NATO Expanded Eastwards

European countries by year they joined NATO

- 1949
- 1952-1982
- 1999
- 2004-2009
- 2017-2020
- Current aspirations to join

사진 : Statista

출처 : https://news.mt.co.kr/mtview.php?no=2022020910514691244

러시아-우크라이나 전쟁의 주요 배경 중 하나는 NATO(북대서양 조약기구)입니다. NATO는 2차 세계대전 후 소련의 군사적 팽창을 막기 위해 만들어진 군사 동맹 기구로, 처음에는 미국, 캐나다, 유럽 10개국이 참여한 소규모 조직이었습니다. 하지만 이후 여러 동유럽 국가들이 가입하면서 규모가 확대되었고, 오늘날에는 32개국이 참여하는 거대한 군사 동맹으로 성장했습니다.

이러한 NATO의 확장이 러시아에게는 위협으로 받아들여졌고, 결국 푸틴 대통령은 NATO의 동진을 우크라이나 전쟁의 주요 원인 중 하나로 언급하게 되었습니다.

러시아는 NATO가 동쪽으로 확장하지 않겠다는 미국의 구두 약속을 어겼다며, 우크라이나의 NATO 가입 움직임에 강하게 반발했습니다. 우크라이나가 가입하면 러시아를 직접 위협하는 상황이 올 것이라는 이유로 전쟁을 시작한 것입니다. 물론, 푸틴의 지지율 문제나 러시아의 우크라이나 영토 욕심 등의 다른 이유도 제기되지만, 중요한 것은 전쟁이 실제로 일어났다는 사실입니다.

중동에서는 이란과 이스라엘 간의 긴장도 계속되고 있습니다. 특히 이스라엘과 하마스의 전쟁으로 시작된 갈등은 종교적 대립을 배경으로 더욱 격화되고 있습니다. 이슬람교와 유대교 간의 종교적 갈등은 폭력과 전쟁으로 이어졌고, 이스라엘의 시리아 주재 이란 영사관 폭격이 갈등의 불씨를 당긴 사건 중 하나였습니다. 이 전쟁은 단순한 두 나라의 문제로 끝나지 않고, 확전될 가능성이 높습니다.

유럽도 러우 전쟁의 여파로 자국 우선주의가 부각되고 있습니다. 2024년 유럽의회 선거에서 우파 세력이 성장하며, 이민과 친환경 정책에 대한 반발이 커지고 있습니다. 난민 문제와 경제적 불안이 자국 우선주의를 강화하는 원인이 되고 있습니다.

중국은 미국의 패권을 넘어서기 위해 물밑 작업을 하고 있으며, 대만 문제와 TSMC 장악을 목표로 삼고 있습니다. 미국의 강력한 견제에도 불구하고 중국은 꾸준히 힘을 키우고 있으며, 언제 다시 움직일지 모르는 상태입니다.

미국도 자국 우선주의로 전환 중입니다. 트럼프 후보는 동맹국에 대한 부담을 강조하며 '아메리칸 퍼스트'를 주장하고 있으며, 이민 문제와 군사비 부담 등을 이슈화하고 있습니다.

결국, 세계 각국이 자국 우선주의로 변해가면서 전쟁의 위험이 더 이상 남의 일이 아니게 되었습니다. 국방비 증액과 무기 구매가 늘어나고 있으며, 많은 국가들이 전쟁 가능성에 대비하고 있습니다.

한국 역시 휴전 상태로, 여전히 전쟁이 끝나지 않았습니다. 2022년 기준으로 한국의 국방비는 GDP의 2.7%로, 미국 동맹국 중에서도 높은 편입니다. 독일(1.57%), 프랑스(1.9%), 영국(2.03%)과 비교해도 더 많은 투자를 하고 있으며, 세계 군사력 순위에서도 2023년 기준 6위로 평가받고 있습니다. 이는 기술력 덕분이며, 특히 군사 기술 개발에 지속적으로 투자해왔기 때문입니다.

한국은 미국 무기보다 가격 경쟁력이 뛰어나고, 빠른 생산력과 기술력으로 전 세계에서 방산 수요를 끌어모으고 있습니다. 폴란드를 시작으로 유럽, 중동 등으로 방산 수출이 확산되고 있으며, 2023년 수주 잔고만 해도 100조 원에 달할 정도로 성공적입니다.

더불어, 방산은 경기 침체에도 방어적인 섹터입니다. 전쟁 위험이 커진 상황에서 각국은 국방비를 줄일 수 없기 때문에, 방산 산업은 경기 침체에도 상대적으로 안정적일 것입니다.

자국주의와 각자도생의 시대가 열렸습니다. 세계가 다시 손을 잡고 평화롭게 협력하는 날이 언제 올지 모릅니다. 이러한 지정학적 변화 속에서 한국은 중요한 역할을 할 것입니다.


## 한화에어로스페이스

한화에어로스페이스는 항공, 방산, IT서비스, 우주산업 등 다양한 분야에서 활약하는 종합 방산업체로, 각 사업 분야에서 견조한 실적을 기록하고 있습니다. 특히 항공 부문은 수출 매출이 급증하며 30조 원에 달하는 수주 잔고를 보유하고 있으며, 방산 부문은 K9 자주포와 장갑차, 정밀 유도무기 등에서 강세를 보이며 매출이 지속적으로 증가하고 있습니다.

또한, 한화에어로스페이스는 국내외 방산 수주와 국가 정책 지원의 혜택을 받고 있습니다. 예를 들어, 대한민국 수출입은행의 법정자본금 한도 증대로 대형 방산 수주에 대한 금융 지원이 확대되었고, 이를 통해 한화에어로스페이스는 더 많은 수주 기회를 얻게 되었습니다. K9 자주포는 세계 자주포 시장에서 70%의 점유율을 기록하며 글로벌 방산 시장에서도 입지를 넓히고 있습니다.

한화에어로스페이스는 우주산업에서도 두각을 나타내며, 우주발사체 민간사업자로 선정되어 정부의 우주항공청 개청과 함께 관련 사업을 주도하고 있습니다. 향후 저궤도 위성 사업에서도 성과가 기대되고 있으며, 방산과 우주산업에 맞춰진 시대적 흐름을 잘 타고 있는 기업이라 평가받고 있습니다.

이 기업은 방산과 우주산업의 성장성과 한국 정부의 정책적 지원에 힘입어 앞으로도 꾸준히 주목받을 것입니다.

## 현대로템

현대로템은 레일솔루션과 방산이라는 두 축을 가진 기업입니다. 레일솔루션 부문에서는 국내뿐만 아니라 해외로도 진출하며, 특히 LA 전동차 수주 등 해외 프로젝트에서 성과를 내고 있습니다. 필자는 그동안 현대로템의 철도 사업을 내수에만 한정해 보았으나, 최근 수주 증가와 해외 시장 확장이 이 부문에서도 견조한 흐름을 보이고 있다는 점이 인상적

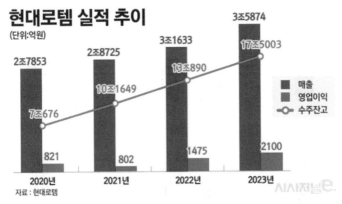

자료1: https://www.sisajournal-e.com/news/articleView.html?idxno=400554

레일솔루션 수주 추이

자료2 : https://news.mt.co.kr/mtview.php?no=2024042913484278715

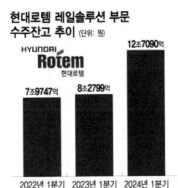

입니다.

방산 부문에서는 K2 전차가 현대로템을 대표하는 제품입니다. 폴란드와의 1차 계약으로 180대의 K2 전차를 수주했으며, 2차로 최대 820대의 추가 수주가 기대되고 있습니다. 다만, 수은법(수출입은행법)의 한도 문제로 인해 820대보다는 적은 규모의 수주가 예상되지만, 꾸준한 성장을 보일 가능성이 높습니다.

현대로템의 방산 부문은 다소 탱크에 한정되어 있어 다양한 방산 수주를 확보하지 못한 점이 아쉽긴 하지만, 폴란드 1차 계약분의 전차 인도가 진행됨에 따라 실적 증가가 이어질 것으로 보입니다.

## 방산 부문 수주 추이

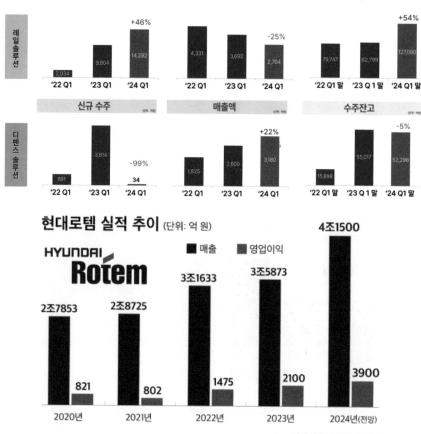

### 현대로템 실적 추이 (단위: 억 원)

[자료] 전자공시시스템, 에프엔가이드

자료: https://m.ceoscoredaily.com/page/view/2024082814524360013

LIG넥스원

LIG넥스원은 미사일 시스템, 특히 천궁 미사일로 두각을 나타내는 방산 기업입니다. 과거에는 매출의 80% 이상이 내수 시장에 의존했지만,

고스트로보틱스 로봇

2024년 상반기에는 수출 비중이 30%까지 증가하며 해외 시장에서도 성과를 내고 있습니다. 특히 유도 미사일 분야에서 강점을 보이며, 앞으로도 수출 비율이 더욱 증가할 것으로 예상됩니다.

러시아-우크라이나 전쟁에서 최첨단 무기, 특히 미사일이 전쟁의 양상을 바꿨다는 점은 LIG넥스원과 같은 미사일 제조사에게 긍정적인 신호입니다. 미사일 수요는 계속 증가할 전망이며, 이미 미사일 품귀 현상이 나타나고 있는 상황에서 LIG넥스원은 유리한 위치에 있습니다.

또한, LIG넥스원은 고스트 로보틱스에 투자해 전쟁용 로봇 개발에도 나서고 있습니다. 이 로봇은 전투에서 물자를 조달하거나 무기를 장착해 참여하는 등의 역할을 할 것으로 기대됩니다. 이는 LIG넥스원이 현재의 방산 기술에만 안주하지 않고, 미래의 전쟁 패러다임에도 대비하고 있음을 보여줍니다.

현재 주가는 상당히 오른 상태지만, LIG넥스원의 기술력과 미래 비전을 고려하면, 여전히 주목할 가치가 있는 기업입니다.

## 한국 주식 투자 전략: 밸류업, 방산, 반도체

필자가 보는 한국 주식 시장의 흐름은 크게 세 가지로 나눌 수 있다: 밸류업 관련 주식, 방산 주식, 그리고 반도체 주식. 이 세 가지 섹터에서 필자는 특히 밸류업 관련 주식과 방산 주식에 더 높은 비중을 두고 싶다.

2025년에도 경기에 대한 우려와 금리 방향성에 대한 논의는 계속될 것이며, 금리가 급격히 인하된다면 이는 오히려 경기 침체를 의미할 수 있다. 방산 산업은 국민들의 안전을 직접적으로 다루기 때문에 빠른 수출이 요구되며, 환율 변동의 영향을 상대적으로 덜 받을 것으로 보인다. 반면, 반도체 산업은 중국과 미국에 의존도가 높아 변동성이 클 수 있다. 특히, AI 기반 반도체의 필수재 여부에 대한 논쟁은 계속될 가능성이 크다.

필자는 안전한 주식부터 비중을 두고 싶으며, 2024년 하반기 차트에서도 상대적으로 견고한 흐름을 보이는 주식들이 눈에 띌 것이다.

또한 필자는 미국 주식을 더 선호하는 편이다. 환율과 산업을 주도하는 힘 때문에 미국 주식이 더 안정적이라고 생각한다. 한국은 수출 의존도가 높아 환율 하락이 기업 수익성에 부정적 영향을 미치고, 변동성 또한 확대될 수 있다. 반면, 미국은 달러의 힘과 글로벌 자본, 인재가 몰리는 중심지로서 산업을 이끄는 추진력이 다르다.

결론적으로, 미국 주식의 비중을 더 늘리는 것이 현명하다고 생각하며, 투자에 있어 수익성을 우선시하는 것이 중요하다.

## 미국 주식 전망

많은 사람들이 한국 주식을 포기하고 미국 주식으로 넘어가는 이유는 단순하다: 상승률 차이가 크기 때문이다. 미국 주식 시장은 한국과 달리 내수 시장이 크고, 달러의 힘으로 세계 경제를 주도하고 있다.

미국의 부채 증가나 무역적자는 큰 문제가 되지 않는다. 그들은 달

코스피, SP&500 차트 비교
출처 : https://samsungfundblog.com/archives/49583

출처 : https://ko.tradingeconomics.com/united-states/government-debt

**미국 엔비디아 주가와 삼성전자 주가 비교** 단위: 달러, 원

〈미국 엔비디아〉

11월 17일(현지 시각)
종가 **307.10달러**

10월 18일(현지 시각)
종가 **222.22달러**

300

200

100

〈삼성전자〉

11월 17일
종가 **7만 700원**

10월 18일
종가 **7만 200원**

10만

5만

자료=한국거래소, 나스닥거래소

자료: https://m.g-enews.com/article/Securities/2023/05/202305311140185535edf69f862c_1

러를 통해 고가의 물품을 쉽게 구매할 수 있기 때문이다. 미국의 부채는 지속적으로 늘어날 것이며, 이는 투자자들에게 큰 문제가 되지 않는다. 달러의 기축통화 지위 덕분에, 글로벌 경기 침체에 대한 불안이 있을 때마다 자금이 미국으로 몰리는 현상이 반복된다.

미국 주식 시장의 빅테크 기업들, 일명 매그니피센트 7(M7)인 애플, 마이크로소프트, 알파벳, 아마존, 메타, 테슬라, 엔비디아는 전 세계 트렌드를 주도하고 있다. 이들 기업은 기술과 혁신을 통해 글로벌 시장을 장악하고 있으며, 그 영향력은 반독점법 이슈가 끊이지 않을 만큼 막대하다. 하지만 이러한 법적 이슈조차 그들의 성장과 시장 주도권을 막지 못하고 있다.

결론적으로, 미국 주식 시장은 달러의 힘과 빅테크를 중심으로 성장할 것이며, 이는 앞으로도 지속될 전망이다.

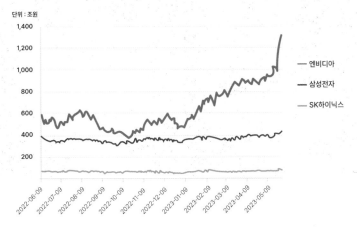

## 엔비디아, 삼성전자, SK하이닉스 원하 시가총액 비교

단위 : 조원

- 엔비디아
- 삼성전자
- SK하이닉스

자료: https://biz.chosun.com/stock/stock_general/2021/11/18/2CIAEO5R45DN5I5JWMXHFOLLTY/

## 미국 주식: 달러의 힘과 선진 금융 시장

미국 주식이 강세를 유지하는 이유는 단순히 몇몇 기업들의 성장 때문이 아니다. 미국은 전 세계 트렌드를 주도하는 기업들이 모여 있는 곳이기 때문이다. FAANG 시대가 지나고 M7이 등장했듯이, 특정 기업이 주도권을 잃더라도 또 다른 기업이 그 자리를 채우며 계속해서 성장한다. 왜냐하면, 돈이 미국으로 흐르고, 트렌드를 주도할 수 있는 환경이 갖춰져 있기 때문이다.

    미국 시장의 매력 중 하나는 선진 금융 시스템이다. 금융 범죄에 대한 강력한 처벌과 CEO들의 책임감 있는 경영이 특징이다. 미국에서는 잘못된 전망을 내놓으면 주주들이 소송을 걸고, CEO는 물러나야 할 수도 있다. 반면, 한국에서는 비현실적으로 낙관적인 전망이 많고, 책임을

지는 경우가 드물다.

또한, 주주환원정책에 있어서도 미국 기업들은 적극적이다. 주가가 하락할 때 자사주 매입이나 소각을 통해 주가 방어에 나선다. 한국 기업들은 이에 비해 소극적이며, 주주들의 이익보다는 기업의 투자와 지출을 우선시하는 경향이 강하다.

미국 시장은 달러의 힘과 기술의 중심일 뿐만 아니라, 선진 금융 시스템과 기업인들의 책임감 있는 경영이 자금을 끌어들이는 원동력이 되고 있다. 이런 이유로, 많은 투자자들이 미국 주식을 선호하며, 필자 역시 기술주에 투자할 때 미국 시장을 선택하는 것이 맞다고 생각한다.

**하드웨어 생태계: 반도체와 플랫폼의 미래**

AI 기술이 발전하면서 하드웨어 생태계도 급격히 확장되고 있다. 특히, AI 반도체는 그 중심에 있으며, 대표적으로 엔비디아의 H100과 같은 고성능 AI 반도체가 이를 주도하고 있다. AI 기술의 발전을 가능하게 하려면, 단순히 데이터를 많이 확보하는 것만으로는 부족하다. 데이터를 처리하고 연산할 수 있는 강력한 하드웨어가 필요하다. 그렇기 때문에 AI 하드웨어 생태계는 AI의 성장을 뒷받침하는 필수 요소다.

AI 하드웨어 생태계는 데이터센터 건설에서 시작된다. 데이터센터를 안정적으로 운영하려면 막대한 전력과 이를 식힐 냉각기, 에너지 저장 시스템ESS, 그리고 데이터를 빠르게 처리할 연산 장치와 가속기 등이 필요하다. 이러한 모든 하드웨어가 AI의 발전에 맞춰 확장되고 있으며, 마이크로소프트, 아마존, 메타와 같은 빅테크 기업들은 자본적 지출을 확대하면서 데이터센터 증설에 적극적으로 나서고 있다.

물론, 이들 기업들의 수익성은 향후에도 견고할 것으로 전망된다. 하지만, AI 생태계가 지금처럼 폭발적으로 성장하는 시기는 한정적일 수 있다. 하드웨어 인프라가 안정적으로 구축되고, AI 기술이 정착화되는 시기가 오면, 지금의 폭발적 성장세는 둔화될 가능성이 있다. 현재는 매출 2배 성장이나 50% 영업이익률 같은 현상이 나타나지만, 경쟁이 치열해지고 기술이 평준화되면, 이러한 성장세는 현재만큼의 강도를 보이지 않을 수 있다.

엔비디아와 같은 기업들은 이미 생명 바이오 등 다른 플랫폼으로 확장해 나가며 미래를 준비하고 있다. AI 하드웨어 생태계의 성장 가능성에 의심의 여지가 없지만, 시간이 지나면서 소프트웨어 플랫폼의 성장세와는 다를 수 있다는 점을 인식할 필요가 있다.

따라서, AI 하드웨어 생태계를 바라볼 때 미래의 변화를 감안한 장기적인 관점에서 접근하는 것이 중요하다. 지금의 투자 붐이 언제까지 이어질지는 불확실하지만, AI 하드웨어는 여전히 중요한 요소로 자리

잡고 있으며, 이 생태계의 흐름을 주의 깊게 지켜볼 필요가 있다.

## 엔비디아: AI 하드웨어의 선두주자

엔비디아는 현재 AI 산업과 주식 시장을 뜨겁게 달구고 있는 대표적인 기업이다. 불과 5년 만에 주가가 30배 이상 올랐고, 지금은 대중에게도 익숙한 이름이 되었다. 사람들은 엔비디아 주식을 가지고 있지 않으면 바보라는 말까지 할 정도다. 하지만 이 주식이 왜 이렇게 올랐고, AI 산업의 중심에 서 있는 이유에 대해서는 잘 모르는 경우가 많다. 엔비디아의 성공 비결을 알아보자.

## 엔비디아의 출발7점: GPU에서 AI로

엔비디아는 원래 GPU(그래픽 처리 장치)로 유명했다. CPU가 컴퓨터의 두뇌 역할을 한다면, GPU는 그래픽 처리에 특화된 두뇌다. 엔비디아는 이 GPU를 세계 최초로 상용화했으며, 주로 게임이나 그래픽 작업에서 활용되었다. 하지만 AI 시대가 도래하면서 GPU의 역할이 크게 변화했다. AI 알고리즘을 처리하기 위해서는 대량의 데이터를 빠르게 연산할 수 있는 하드웨어가 필요했다. GPU는 병렬 구조를 통해 다수의 명령어를 동시에 처리할 수 있기 때문에, AI 연산에 최적화된 장치로 주목받기 시작했다.

엔비디아가 단순히 GPU 성능이 뛰어나서 성공한 것은 아니다. 2006년, 엔비디아는 CUDA라는 소프트웨어 플랫폼을 출시해 GPU에서 알고리즘을 프로그래밍할 수 있게 했다. 이 CUDA 생태계는 개발자들에게 무료로 제공되었고, 20년 가까이 축적된 방대한 개발 자료와 경험이 엔비디아의 AI 반도체 우위를 더욱 강화했다. AI 반도체 시장에서 엔비디아가 독보적인 이유는 바로 이 생태계 때문이다. AI 개발자들은 CUDA에 익숙해져 있고, 이로 인해 엔비디아의 GPU를 사용할 수밖에 없는 구조가 형성되었다.

## 경쟁자들의 도전과 엔비디아의 대응

물론 AMD와 같은 경쟁자들도 AI 반도체 시장에 진입하고 있지만, 엔비디아의 생태계를 뒤집기에는 역부족이다. 현재 AI 데이터센터용 반도체 시장의 98%를 엔비디아가 차지하고 있다. 또한, 엔비디아의 젠슨 황 CEO는 이 산업을 진심으로 즐기고, 큰 그림을 그리고 있는 리더다. 그의 리더십 아래 엔비디아는 단순한 반도체 제조를 넘어 NIM과 같은 새로운 소프트웨어 도구를 개발해 AI 어플리케이션 제작을 더욱 쉽게 만들고 있으며, 생명공학 플랫폼으로도 확장을 시도하고 있다.

## 2025년 전망

엔비디아는 여전히 AI 하드웨어 부문의 주도주로 자리할 것이며, 빅테크 기업들의 자본적 지출도 계속해서 늘어날 전망이다. 특히, H200 시리즈에 이어 블랙웰 시리즈가 출시되면 더욱 높은 성능으로 AI 반도체 시장을 이끌 것이다. 블랙웰 시리즈는 전력 소모를 줄이면서도 연산 능력을 향상시킨 제품으로, AI 시장에서 큰 반향을 일으킬 가능성이 크다.

다만, 현재 엔비디아는 너무 과열된 관심을 받고 있다. 주식 시장에서 변동성이 커질 수 있기 때문에, 단기적 조정을 대비할 필요가 있다. 하지만 장기적으로 봤을 때, AI 하드웨어 생태계에서 엔비디아의 위상은 계속해서 유지될 것이다. 2025년에도 엔비디아는 AI 하드웨어 시장에서 주요한 플레이어로 남을 것이다.

결론적으로, 탐욕이 넘치는 시점에서는 신중한 접근이 필요하다. 엔비디아는 여전히 주목할 가치가 있지만, 지나친 기대보다는 장기적인 투자 전략을 권장한다.

### TSMC: 파운드리 시장의 절대 강자

TSMC는 반도체 파운드리 산업에서 독보적인 위치를 차지하고 있는 기업이다. 파운드리 산업이란, 다른 기업이 설계한 반도체를 주문 제작하는 것으로, 고객의 설계 없이 자체 생산이 불가능한 구조를 가지고 있다. 이 때문에 수익 구조가 상대적으로 불안정할 수 있지만, TSMC는 전 세계적인 빅테크 기업들로부터 높은 신뢰를 받고 있다. 그들이 선택한 이유는 TSMC의 경쟁하지 않는 전략과 고도의 기술력 덕분이다.

### 왜 TSMC인가? 고객과 경쟁하지 않는 모토

TSMC는 다른 경쟁자와 달리 고객과 경쟁하지 않는다는 모토를 내세우고 있다. 삼성전자와 같은 다른 반도체 기업들이 스마트폰이나 플랫폼 사업을 하면서 고객사와 직접적인 경쟁 관계에 있는 반면, TSMC는 철저히 반도체 생산에만 집중하고 있다. 이런 이유로, 애플, 엔비디아, 구글 등의 빅테크 기업들은 TSMC에 안정적으로 반도체 생산을 의뢰한다. 이러한 비즈니스 모델 덕분에 TSMC는 안정적인 성장을 이어가고 있으며, **영업이익률 50%**를 기록할 정도로 고마진 수익을 창출하고 있다.

## 독보적인 점유율과 기술력

현재 TSMC는 \*\*글로벌 파운드리 시장의 62%\*\*를 점유하고 있으며, 이 점유율은 해마다 증가하고 있다. 그 비결은 지속적인 연구개발 투자에 있다. 분기마다 수조 원을 투입해 3나노, 5나노 등 최첨단 공정 기술을 개발하고 있으며, 가격을 8% 인상한 상황에서도 여전히 빅테크 기업들이 TSMC의 제품을 선택하고 있다. 이는 TSMC의 기술력이 그만큼 앞서 있음을 의미한다.

TSMC는 앞으로도 \*\*Capa(생산 능력)\*\*를 확장할 예정이다. 일본 구마모토와 독일 드레스덴에서 새로운 반도체 공장을 짓고 있으며, 특히 차량용 반도체 분야에서의 성장이 기대된다. 이는 향후 고객 수요에 더욱 유연하게 대응할 수 있는 기반을 마련하고 있음을 보여준다.

## TSMC의 강점과 단점

TSMC는 수요가 견고하고 판매가가 계속 오르는 상황에서, AI 하드웨어와 소프트웨어 생태계에서도 중요한 역할을 할 것으로 보인다. AI 반도체뿐만 아니라 다양한 전자제품에 필수적인 반도체를 생산하기 때문에, AI 하드웨어 부문이 주춤하더라도 큰 타격을 받지 않을 것이다. 고객사들이 줄을 서 있는 상황에서, TSMC의 성장 가능성은 여전히 높다.

그러나 TSMC에는 한 가지 중대한 리스크가 존재한다. 바로 대만이라는 지리적 위치 때문이다. 중국의 대만 침공 위협은 TSMC의 미래를 위협하는 요소로 남아 있다. 중국은 하나의 중국을 주장하며 대만을 점령하려는 의지를 지속적으로 표명하고 있으며, 만약 중국이 군사적 행동을 취한다면 TSMC의 생산 시설이 파괴될 가능성도 있다. 이 문제는 TSMC의 펀더멘탈과 무관하지만, 정치적 리스크로 인해 주가 변동성은 언제든지 커질 수 있다.

## 2025년 전망

2025년에도 TSMC는 AI 하드웨어와 반도체 시장에서 강력한 위치를 유지할 것이다. AI 반도체 수요가 지속적으로 증가하고 있으며, TSMC의 생산 능력 확장도 계속되고 있다. 다만, 중국의 위협에 따른 변동성은 여전히 주의를 요한다. 전쟁이 발생하지 않는 한, TSMC 주식은 좋은 투자 기회가 될 수 있다. 단기적인 하락이 발생한다면 오히려 매수 기회로 삼을 수 있다.

결론적으로, TSMC는 AI 산업의 확장과 함께 성장할 것이며, 파운드리 산업에서의 독보적인 위치는 흔들리지 않을 것으로 예상된다.

## 퀄컴: AI 시대의 저평가된 잠재력

퀄컴은 미국의 대표적인 무선통신 기술 기업으로, 3G부터 5G에 이르기까지 전 세계 통신 기술의 혁신을 주도해왔다. 특히 스냅드래곤 AP<sub>Application Processor</sub> 칩으로 잘 알려져 있으며, 삼성전자의 갤럭시 S23과 S24에도 탑재될 만큼 모바일 시장에서 강력한 입지를 가지고 있다. 하지만 퀄컴을 이야기할 때 자주 따라다니는 단어는 '저평가'이다.

## 저평가의 이유와 AI 시대의 전환점

퀄컴은 높은 기술력을 보유하고 있음에도 불구하고 다른 빅테크에 비해 주가 상승폭이 크지 않았다. **PER(주가수익비율)**로 비교해보면,

다른 빅테크 기업들은 30배에 달하는 반면, 퀄컴은 20대에 머물러 있다. 그러나 AI 시대가 본격적으로 도래하면서 퀄컴의 위치가 점점 달라지고 있다.

온디바이스 AI 시대가 열리면서, 퀄컴은 무선통신 기술의 강점을 AI 하드웨어로 확장하고 있다. 이미 **자동차 플랫폼 '디지털 새시'**에서 성과를 보였으며, 이는 클라우드, 자율주행, 운전자 보조 시스템을 지원하는 기술로, 2023년 1분기에 35%의 성장률을 기록하며 전체 매출의 6%를 차지했다. 온디바이스 AI는 각 기기 자체에 AI 연산 능력을 탑재하는 기술로, 퀄컴의 통신 기술이 필수적인 역할을 하게 될 것이다.

## CPU 시장으로의 확장

또한 퀄컴은 AI 시대의 흐름에 맞춰 CPU 시장에도 도전장을 내밀었다. 기존의 인텔이 독점하던 이 시장에 스냅드래곤 X 엘리트를 출시하며 새로운 바람을 불러일으키고 있다. 이 칩은 마이크로소프트의 코파일럿 PC에 탑재되어, AI 연산을 지원하는 온디바이스 AI의 중심 기술로 자리잡고 있다. 현재 제품에 대한 평가가 엇갈리긴 하지만, 퀄컴이 AI PC 시장에 진출한 것은 큰 변화의 신호이다.

이 시점에서 인텔은 구조 조정과 하락세로 어려움을 겪고 있는 반면, 퀄컴은 AI 시대를 준비하며 CPU 시장에서도 경쟁력을 키우고 있다. AI 기술이 발전하면서 이러한 온디바이스 AI 기술을 탑재한 PC는 점차 증가할 것이며, 퀄컴은 이에 따라 성장할 것이다.

### 퀄컴의 저평가 이유

그렇다면, 왜 퀄컴은 저평가되었을까? 그 이유 중 하나는 기술적 진입 장벽의 상대적 약점이다. 퀄컴은 강력한 기술력을 보유하고 있지만, 엔비디아처럼 AI 전체 시장을 주도하는 기술을 선보이진 못하고 있다. 예를 들어, 애플은 셀룰러 네트워크를 연결하는 데 필요한 모뎀을 퀄컴에게 공급받고 있었으나, 이제는 자체적으로 모뎀을 설계하겠다고 발표했다. 이로 인해 퀄컴은 애플과 같은 큰 고객을 잃을 위험에 직면해 있다.

### 2025년 전망

2025년에도 퀄컴의 전망은 밝다. AI와 온디바이스 AI의 확산에 따라 퀄컴의 AP와 CPU 기술은 더욱 주목받을 것이며, 스냅드래곤 X 엘리트는 AI 시대의 중요한 요소로 자리 잡을 가능성이 크다. 특히 애플이 온디바이스 AI를 도입하는 움직임을 보이며, 퀄컴의 반도체 수요는 계속될 것이다.

결론적으로, 퀄컴은 저평가된 주식이지만, AI 시대에 들어서며 그 가치를 점점 더 인정받고 있다. 온디바이스 AI의 성장과 함께 퀄컴은 스마트폰을 넘어 자동차, PC 시장에서도 중요한 역할을 하게 될 것이다.

## AI 소프트웨어 생태계: 개화 직전의 혁신

AI 소프트웨어 생태계는 현재 "개화 전" 단계에 있다고 표현할 수 있다. 지금은 수익성 면에서 두드러지지 않지만, AI 기술의 잠재력은 무궁무진하다. ChatGPT 같은 생성형 AI도 월 3만 원에 사용할 수 있을 정도로 저렴한데, 이 수익은 AI 개발에 들어간 비용에 비하면 미미하다. 이런 상황에서 AI 피크론이 제기되지만, 기업들은 당장의 수익성보다 미래를 내다보며 경쟁에서 뒤처지지 않기 위해 AI에 투자하고 있다.

## AI의 무궁무진한 가능성

AI의 역할은 ChatGPT에 국한되지 않는다. 이미 네이버와 같은 플랫폼에서는 AI가 소비자의 성향을 분석하고, 맞춤형 검색 결과를 제공하고 있다. 유튜브 알고리즘도 우리가 말하는 주제를 자동으로 추천해주는 수준까지 발전했다. 이렇게 AI가 실생활에 침투하며 점점 더 많은 영역에서 활용되고 있으며, 그로 인한 수익성도 커질 것이다.

## 의료 AI의 잠재력

AI는 의료 분야에서도 큰 변화를 일으킬 수 있다. 예를 들어, 한 의사가 20년 동안 수많은 환자를 진료하고 얻은 데이터를 AI가 분석하면, 수천만 건의 데이터를 빠르게 처리해 보다 정확한 진단을 내릴 수 있다. 이는 인간이 가진 한계를 AI가 극복하는 대표적인 사례로, 의료 AI가 본격적으로 도입되면, 암과 같은 난치병도 초기에 발견할 가능성이 높아질 것이다.

### 제조와 직업의 변화

AI는 제조업에서도 혁신을 일으키고 있다. 예전에는 사람들이 북적이던 자동차 공장이 이제는 AI와 로봇으로 대체되었지만, 생산성은 오히려 증가했다. 사람들은 새로운 직업에 종사하게 될 것이며, AI 발전에 따른 다양한 직업들이 탄생할 것이다. 요즘 코딩을 배우는 어린 학생들이 바로 그런 변화를 대비하고 있는 사례다.

### AI와 콘텐츠의 융합

AI는 콘텐츠 제작에도 영향을 미치고 있다. 최근 OpenAI는 AI가 만든 가상의 인물인 SORA의 동영상을 공개했다. 아직은 사람들과 구별이 될 정도로 부자연스럽지만, AI의 발전 속도를 감안하면, 미래에는 실제 사람과 구분할 수 없을 정도로 정교한 영상이 나올 것이다. 이렇게 되면 광고업계와 같은 분야도 AI로 인해 큰 변화를 맞이할 것이며, 새로운 방식의 광고 제작과 마케팅이 등장할 것이다.

결론적으로, AI 소프트웨어 생태계는 아직 수익성 면에서 눈에 띄지는 않지만, 그 잠재력은 어마어마하다. AI가 점차 더 많은 영역에서 도입되면서, 향후 AI를 활용한 다양한 산업과 직업이 생겨날 것이다.

AI는 이미 버추얼 캐릭터와 같은 분야에서 활용되며 기획사와 콘텐츠 제작 방식에 변화를 주고 있다. 앞으로는 더욱 많은 직업과 기업들이 AI의 발전으로 인해 사라지거나 변화할 것이다. 예를 들어, AI를 활용한 광고 제작, 영화 및 미디어 산업은 이미 변화의 물결에 직면해 있으며, AI가 만들어내는 콘텐츠는 실제 인물과 구별이 어려워질 날이 머지않았다.

버츄얼 아이돌 PLAVE

　　이런 맥락에서, AI에 대한 회의론이나 "거품"이라는 비판이 많지만, 필자는 AI 소프트웨어 생태계가 아직 진정한 시작을 하지 않았다고 본다. 많은 사람들이 생성형 AI를 아직 제대로 활용하지 못하고 있지만, AI 소프트웨어가 실생활에서 널리 사용되고 수익성이 커지기 시작하면, AI의 진정한 시대가 도래할 것이다.

## AI 시장의 독점 가능성

AI 소프트웨어 시장에서 누가 주도할지는 아직 불확실하다. 과거에 컴퓨터 운영체제는 마이크로소프트, 검색 시장은 구글, 전자제품은 애플, SNS는 메타, 그리고 이커머스는 아마존이 장악했듯이, AI 시장도 특정 기업이 독점할 가능성이 크다. 그러나 AI가 적용되는 범위가 방대하기 때문에, 이 시장이 어느 특정 분야에서 독점될지, 아니면 전반적으로 나뉘어질지는 아직 알 수 없다.

### 투자 전략: 분산의 중요성

투자자는 한 종목에만 집중하는 것은 위험하다는 점을 인식해야 한다. 현재 ChatGPT가 주목받고 있지만, 메타의 LLaMA3나 구글의 Gemini 가 시장을 뒤엎을 가능성도 배제할 수 없다. 따라서 포트폴리오 분산은 필수적이며, 시장을 독점하는 기업이 명확해졌을 때, 그때 비중을 조정 하는 것이 현명한 전략일 수 있다.

### 성장의 발판과 시장의 변화

AI 하드웨어 기업들이 급성장하며 주가도 급격히 상승하고 있는 반면, AI 소프트웨어 관련 기업들은 이들 하드웨어 기업의 성장을 발판으로 서서히 부상할 것이다. 이런 상황에서 투자자들은 자극적인 뉴스에 흔 들리지 않고, 펙트만을 기반으로 냉철하게 판단할 필요가 있다. 또한, AI 관련 기업들은 자산이 많고, 정치권과도 엮일 가능성이 크기 때문에, 이 런 요소들 역시 유의하며 투자를 고려해야 한다.

필자가 글을 쓰는 현재 미국 대선의 결과도 불확실한 상황이지만, 투자자들은 특정 결과에 집착하기보다는, 유연한 대응 전략을 가지고 상황을 맞이하는 것이 중요하다.

### 마이크로소프트

마이크로소프트는 AI 소프트웨어 생태계에서 가장 강력한 위치를 차 지할 가능성이 높은 기업 중 하나입니다. 기존의 컴퓨터 운영체제인 Windows를 통해 PC와 관련된 산업 전반을 장악한 이 기업은 이제 AI 시장에서도 패권을 노리고 있습니다.

## 클라우드와 AI의 결합

마이크로소프트는 ChatGPT를 개발한 OpenAI에 대규모 투자를 하여 지분 49%를 확보하였고, 그 결과 생성형 AI 시장에서 강력한 입지를 다졌습니다. 특히 **코파일럿Copilot**이라는 서비스를 통해 Office 365와 같은 사무용 소프트웨어에 AI를 접목, 업무 효율을 극대화하는 도구를 제공하고 있습니다. 이 AI 기반 서비스는 기업들 사이에서 높은 호응을 얻고 있으며, 향후 유료화되면 엄청난 수익을 창출할 잠재력이 있습니다.

## 클라우드 컴퓨팅 서비스: 애저Azure의 성장

마이크로소프트의 또 다른 강력한 성장 동력은 **Azure(애저)**라는 클라우드 컴퓨팅 서비스입니다. AI와 데이터베이스, 스토리지, 네트워킹 등을 통합하여 제공하는 이 서비스는 다양한 기업의 요구에 맞춰 효율적인 IT 솔루션을 제공합니다. 클라우드 서비스의 확장성, 보안성, 비용 절감 효과 때문에 앞으로도 수요는 꾸준히 증가할 것으로 예상되며, 현재 마이크로소프트는 아마존의 AWS에 이어 클라우드 시장 2위를 기록하고 있습니다.

## AI와 클라우드의 시너지

AI와 클라우드는 서로를 보완하는 필수적인 관계입니다. AI 기술이 발전함에 따라, AI 처리에 필요한 데이터와 연산 능력을 제공하는 클라우드 인프라는 더욱 중요해질 것입니다. 마이크로소프트는 이러한 클라우드 인프라를 강화하기 위해 데이터센터 확장과 같은 대규모 투자를 진행하고 있으며, 1천억 달러 규모의 데이터센터 건설 계획을 발표했습니다. 이러한 움직임은 마이크로소프트의 AI 패권을 더욱 확고히 나질 것입니다.

## 마이크로소프트의 AI 생태계

마이크로소프트는 OpenAI와의 협력뿐만 아니라, AI 생태계 전반에서 확장을 꾀하고 있습니다. 코파일럿과 같은 사무용 AI 서비스뿐만 아니라 Bing 검색 엔진에도 AI를 접목하여, 구글과 경쟁하고 있습니다. 또한 Azure를 기반으로 한 클라우드 컴퓨팅 서비스가 AI의 확장에 중요한 역할을 하면서, 마이크로소프트는 AI 소프트웨어와 하드웨어 모두에서 견고한 입지를 다지고 있습니다.

**검색 시장 점유율, 클라우드 시장 점유율**

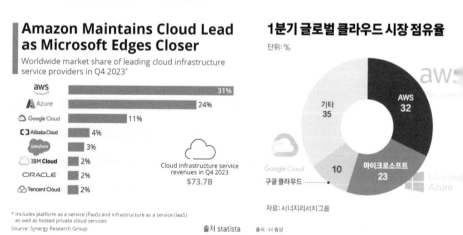

자료: https://www.joongang.co.kr/article/25176047

## 2025년 전망과 투자 전략

2025년 마이크로소프트는 AI 소프트웨어와 클라우드 시장에서 가장 유력한 주도 기업이 될 가능성이 큽니다. 현재 하드웨어 기업들에 비해 소프트웨어 기업들의 성장이 다소 늦게 이루어지고 있지만, AI 생태계가 자리 잡는 시점에서 마이크로소프트는 강력한 성장세를 보일 것입니다. 특히 AI 하드웨어 시장이 정체될 때, 마이크로소프트의 AI 소프트웨어와 클라우드 인프라는 더욱 두각을 나타낼 것으로 보입니다.

결론적으로, 2025년 마이크로소프트는 AI와 클라우드 분야에서 안정적인 성장세를 보일 것이며, 이 기업에 대한 투자는 안전한 투자처로 평가될 수 있습니다. AI 소프트웨어 패권에 가까운 기업으로서, 마이크로소프트는 장기적인 투자 가치를 지닌 주식입니다.

## 메타: 플랫폼을 넘어 AI로 확장하는 기업

메타는 우리가 잘 아는 페이스북과 인스타그램을 운영하는 세계적인 플랫폼 기업입니다. 이 회사는 본래 메타버스에 주력하기 위해 사명을 변경했지만, 사업성에 대한 의문이 제기되자 AI 산업으로 급선회했습니다. 현재는 SNS라는 기존의 플랫폼을 기반으로 AI를 적극 활용하며 새로운 비즈니스 모델을 구축하고 있습니다.

## AI와 SNS의 결합

메타의 강점은 전 세계 31억 명이 사용하는 SNS 플랫폼을 보유하고 있다는 점입니다. 이 플랫폼은 메타의 AI 전략에서 중요한 역할을 합니다.

메타는 AI 추천 시스템을 도입해, 페이스북과 인스타그램 피드에서 보여지는 콘텐츠의 50% 이상을 AI가 추천하고 있습니다. 이 AI 기반 추천 시스템은 사용자의 관심사에 맞는 광고나 콘텐츠를 보여주어, 수익을 크게 늘리는 데 기여하고 있습니다. 실제로 AI 기능을 이용한 광고 수익은 전년 대비 두 배 이상 증가했다고 보고되었습니다.

### AI 기술의 발전: LLM 모델과 라마3

메타는 AI 분야에서도 두각을 나타내고 있으며, 최근에는 LLM<sup>Large Language Model</sup> 기술을 바탕으로 **"라마3"**라는 AI 모델을 출시했습니다. LLM 기술은 방대한 데이터를 바탕으로 자연어를 이해하고 처리하는 능력을 갖추고 있어, ChatGPT와 같은 AI 생성 모델의 기반이 되는 기술입니다. 메타는 SNS 플랫폼을 통해 방대한 언어 데이터를 보유하고 있어, LLM 개발에서 유리한 위치에 있습니다.

### AI 활용의 미래 가능성

메타는 AI 기술을 광고 산업에도 적극적으로 활용할 계획입니다. 앞으로는 AI를 통해 자동으로 광고 영상을 생성하고, 이를 SNS 플랫폼에 쉽게 배포할 수 있게 하는 서비스를 제공할 가능성이 큽니다. 광고주는 AI를 통해 광고 제작 비용을 절감하면서도 높은 광고 효과를 누릴 수 있고, 메타는 AI와 플랫폼을 통해 두 배의 수익을 얻을 수 있는 구조를 만들 수 있을 것입니다.

## 2025년 전망과 리스크

2025년 메타의 AI 성장 가능성은 매우 긍정적입니다. 퀄컴과의 협력으로 AI를 구동할 수 있는 스냅드래곤 프로세서를 활용한 스마트폰 및 PC에서 라마3를 적용하며, 엔비디아와도 긴밀한 관계를 유지하고 있습니다. 메타는 SNS라는 강력한 플랫폼을 통해 AI를 활용한 새로운 수익 모델을 개척하고 있으며, AI 패권을 차지할 가능성이 큽니다.

그러나 한 가지 변동성 요인은 미국 대선입니다. 메타 CEO 마크 저커버그와 일론 머스크 사이의 관계는 공개적으로 불편하며, 트럼프 후보와 메타의 관계도 애매합니다. 이 정치적 변동성이 메타에 어떤 영향을 미칠지 아직 확실하지 않지만, 구설수에 오를 가능성은 존재합니다.

## 결론

메타는 AI와 SNS의 결합을 통해 새로운 수익 모델을 창출하며, AI 기술에서도 두각을 나타내고 있는 기업입니다. 2025년에도 메타는 AI 패권을 선점하는 데 중요한 역할을 할 것이며, 플랫폼의 강점을 바탕으로 AI 소프트웨어 시장에서의 입지를 더욱 강화할 것으로 예상됩니다.

## 아마존: 이커머스를 넘어 AI와 미래 산업으로 확장

아마존은 미국의 대표적인 이커머스 기업이자, 클라우드 서비스 부문에서 1위를 수성하고 있는 글로벌 기업입니다. 비록 AI 소프트웨어 시장에서는 아직 두드러진 성과를 내지 않았지만, 2024년 하반기에 생성형 AI 모델을 출시하겠다고 발표해 기대감을 모으고 있습니다.

### AI 소프트웨어와 클라우드

아마존은 아직 AI 소프트웨어 시장에서 눈에 띄는 강자는 아니지만, AWS^Amazon Web Services를 통해 이미 클라우드 서비스에서 독보적인 위치를 차지하고 있습니다. 클라우드 시장에서 1위를 지키고 있는 AWS는 전 세계 기업들이 AI를 포함한 다양한 IT 서비스에 의존할 수 있도록 도와주는 기반 플랫폼입니다. AI 소프트웨어가 본격적으로 도입되면, AWS와 AI의 결합은 엄청난 시너지 효과를 낼 것으로 기대됩니다.

AWS는 2024년 2분기 전년 대비 19% 성장했으며, 영업이익은 75% 성장하는 등 클라우드 사업의 견고한 성장을 보여주고 있습니다. 현재 마이크로소프트의 애저에 점유율 일부를 내주고 있지만, 아마존은 자체 생성형 AI 모델이 출시되면 다시 한 번 클라우드 시장에서 경쟁력을 강화할 수 있을 것입니다.

### 이커머스와 데이터센터의 결합

아마존은 이커머스와 데이터센터의 결합을 통해 더욱 혁신적인 서비스를 제공할 가능성이 큽니다. 전 세계적인 데이터센터 네트워크를 기반으로 이커머스에서 발생하는 방대한 데이터를 AI로 처리하고, 이를 고객 맞춤형 서비스로 제공하는 등 새로운 비즈니스 모델을 만들 수 있을 것입니다. 특히 북미, 유럽, 인도 등 다양한 지역에 데이터센터를 확장하고 있다는 점에서, 글로벌 서비스를 위한 기반이 이미 마련되어 있는 상태입니다.

### 첨단 산업에 대한 투자: 카이퍼 프로젝트

아마존은 또한 카이퍼 프로젝트라는 우주 산업에도 투자를 하고 있습니다. 이 프로젝트는 일론 머스크의 스페이스X 스타링크와 유사한 위성 인터넷 사업으로, 저궤도 위성을 통해 전 세계에 인터넷을 제공하는 것을 목표로 하고 있습니다. 2023년에 2기를 발사했으며, 2030년까지 3,236기를 발사할 계획입니다. 이러한 위성 인터넷 기술은 드론, 사물인터넷IoT, 도심항공망 등 미래 산업과의 연계를 통해 더 큰 성과를 낼 수 있을 것입니다.

### 미래를 내다보는 아마존

아마존은 이커머스를 넘어 클라우드, AI, 우주 산업까지 다양한 분야에 걸쳐 미래를 준비하고 있습니다. AI 소프트웨어 시장에 대한 본격적인 도전이 2024년 하반기에 시작될 예정이며, 이에 대한 기대가 큽니다. 아마존의 저력은 이미 클라우드 시장을 주도하며 입증되었기 때문에, AI와 첨단 산업에서도 성공할 가능성이 충분하다고 할 수 있습니다.

### 2025년 전망

아마존은 AI 소프트웨어 시장에서 아직 확실한 입지를 다지지는 못했지만, 2024년 하반기에 출시될 생성형 AI 모델과 함께 강력한 성장을 이룰 가능성이 있습니다. 이와 더불어, 클라우드 서비스의 성장이 지속되고 있으며, 이커머스와 데이터센터의 결합을 통해 새로운 비즈니스 모델을 만들어 나갈 것으로 기대됩니다.

아마존은 AI 소프트웨어 시장에서 경쟁력을 더욱 강화하고, 카이퍼 프로젝트와 같은 첨단 산업에서도 성공적인 모습을 보여줄 가능성이 큽니다. 아직 AI 부문에서 두드러진 성과를 내지 않았다는 이유로 저평가

될 수 있지만, 아마존의 미래 비전과 클라우드 및 첨단 기술에 대한 투자를 고려할 때, 2025년에는 더 큰 성과를 기대해볼 수 있을 것입니다.

## 비만 치료제 및 미용 산업의 미래 전망

비만 치료제와 미용 산업은 현재 바이오 분야에서 가장 핫한 주제 중 하나로 자리 잡고 있습니다. 코로나19 이후, 전 세계적으로 바이오 산업의 중요성이 크게 부각되었고, 질병에 대한 연구와 예방이 더욱 가속화될 것으로 전망됩니다. 그러나 이 장에서는 구체적인 질병 연구보다는 최근 가장 주목받고 있는 비만 치료제와 미용 관련 시장에 대해 이야기하고자 합니다.

### 비만 치료제의 수요 증가

비만 치료제는 특히 미국 시장에서 뜨거운 주제로 자리 잡고 있으며, 이 수요는 앞으로도 지속적으로 증가할 것으로 예상됩니다. 미국의 경우, 식습관과 생활 습관으로 인해 비만 인구가 급격히 증가하고 있으며, 이에 따라 비만 치료제에 대한 수요도 비례하여 늘어나고 있습니다. 2023년 미국의 비만 치료제 시장은 150억 달러에 달할 정도로 성장했으며, 이는 앞으로도 지속될 전망입니다.

이와는 달리, 한국이나 아시아권에서는 상대적으로 비만 인구가 적은 편입니다. 한국은 타인의 시선과 건강에 대한 관심이 높기 때문에, 비만 환자 비율이 낮은 편입니다. 그러나 중국과 같은 아시아 국가들에서도 식습관의 서구화와 생활 패턴의 변화로 비만 인구가 증가하고 있어, 아시아 시장에서도 비만 치료제에 대한 수요가 증가할 가능성이 큽

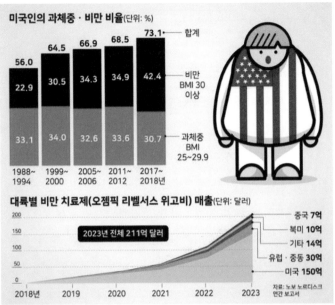

미국인의 과체중·비만 비율(단위: %)

출처 : 한국일보

니다.

비만 치료제의 수요는 특히 선진국에서 급격히 증가하고 있습니다. 미국의 경우, 비만률이 42.4%에 달하며, 과체중 비율은 30.7%로, 1988-94년과 비교했을 때 비만 인구가 크게 늘어난 것을 확인할 수 있습니다. 노보 노르디스 연간 보고서에 따르면, 선진국의 비만 치료제 수요는 더욱 늘어날 것으로 보입니다.

미래의 생활 방식 또한 비만 인구의 증가에 영향을 미칠 것입니다. AI와 자동화로 인해 사람들의 육체 노동이 줄어들고, 컴퓨터를 사용하는 시간이 증가하면서 비만 인구가 계속해서 늘어날 가능성이 있습니다. 예를 들어, 영화 월E에서처럼 미래에는 인간이 의자에 앉은 상태에서 모든 일을 처리하게 되면서 비만 문제가 더욱 심화될 수 있습니다.

## 미용 산업의 성장

비만 치료제 외에도 미용 산업에 대한 수요는 계속해서 증가할 것으로 예상됩니다. 젊음과 아름다움에 대한 욕구는 시간이 갈수록 더 강해지고 있으며, 50~60대 이상의 기득권 세대가 부를 대부분 소유하고 있어, 그들의 미용에 대한 투자도 계속해서 늘어날 것입니다.

한국에서 미용 산업은 피부과와 성형외과가 굉장히 인기 있는 분야로, 이는 다른 나라에서도 비슷한 트렌드를 보입니다. 필자는 특히 미용 기기 시장의 성장이 두드러질 것으로 보고 있습니다. 예를 들어, 클래시스와 같은 미용 기기 제조사는 소모품 매출까지 늘리며 국내외에서 꾸준한 성장을 보이고 있습니다. 또한, 보톡스 관련 기업인 휴젤도 꾸준한 수요로 실적이 상승하고 있습니다.

이러한 미용 산업의 성장은 단순히 미용에 대한 수요만으로 이루어지는 것이 아닙니다. 시대의 흐름이 미용과 젊음에 대한 욕구로 흐르고 있으며, 기득권층의 영향력과 경제적 여력이 이러한 흐름을 더욱 가속화시키고 있습니다. 앞으로도 젊음과 미에 대한 욕구는 더욱 강해질 것이며, 이는 미용 산업의 성장을 지속적으로 견인할 것입니다.

## 결론: 미래의 비만 치료제와 미용 산업 전망

비만 치료제와 미용 산업은 바이오 분야에서 가장 주목할 만한 주제 중 하나로, 앞으로도 그 중요성과 수요는 계속해서 증가할 것입니다. 비만은 단순히 외적인 문제뿐만 아니라 건강과 생존과도 밀접하게 관련되어 있으며, 미용에 대한 욕구는 시간이 지날수록 더욱 강해지고 있습니다. 이러한 트렌드는 앞으로도 비만 치료제와 미용 관련 산업이 꾸준히 성장할 것을 시사합니다.

### 암젠Amgen - 비만 치료제와 그 잠재력 feat. 일라이릴리, 노보 노디스크

암젠이라는 기업을 듣는 순간, 많은 투자자들은 의아해할 수 있습니다. 왜냐하면 비만 치료제 하면 흔히 일라이릴리와 노보 노디스크가 떠오르기 마련인데, 아직 비만 치료제를 출시하지 않은 암젠이 이 리스트에 첫 번째로 언급되기 때문입니다. 하지만 암젠은 주목할 가치가 있는 기업이며, 특히 비만 치료제 시장에서 향후 중요한 플레이어로 떠오를 가능성이 큽니다.

### 일라이릴리와 노보 노디스크의 선두 주자 역할

지난 5년간, 일라이릴리와 노보 노디스크의 주가는 각각 7배, 4배 이상 상승했습니다. 이 주가 급등의 주요 원인은 바로 비만 치료제의 출현 덕분입니다. 이들 기업은 GLP-1(글루카곤유사펩타이드)이라는 호르몬을 활용해, 당뇨 치료제로 시작된 약물을 비만 치료제로 성공적으로 전환했습니다. 이 호르몬은 음식 섭취를 조절하는 역할을 하며, 이를 모방한 유사체들이 포만감을 유지시켜 체중 감량에 효과를 발휘하고 있습니다.

일라이릴리는 최초로 마운자로라는 비만 치료제를 내놓았고, 이는 비만 치료제 시장에서 폭발적인 인기를 끌었습니다. 이어서 노보 노디스크의 위고비가 출시되었고, 평균 체중의 **15%**를 감량할 수 있다는

주식

효과가 알려지면서 큰 인기를 끌었습니다. 이후 일라이릴리의 젭바운드는 평균 18% 감량 효과를 내며 시장을 선도하고 있습니다.

비만 치료제의 가격은 위고비 기준으로 한 달에 183만 원 정도의 비용이 드는 고가의 치료제입니다. 고가임에도 불구하고, 운동 없이 살을 뺄 수 있다는 점에서 비만 치료제는 엄청난 인기를 끌고 있으며, 이 흐름은 앞으로도 계속될 것으로 예상됩니다.

### 암젠의 잠재력: 후발주자로서의 강점

암젠은 아직 비만 치료제를 출시하지 않았지만, 주목해야 할 후발주자입니다. 암젠은 생명공학 분야에서 두각을 나타내고 있으며, 바이오테크 업계에서의 입지가 탄탄한 기업입니다. 기존의 당뇨 치료제를 전문으로 하는 일라이릴리와 노보 노디스크와는 달리, 암젠은 다양한 치료제 포트폴리오를 가지고 있습니다.

암젠은 최근 소아 건선 치료제와 소세포 폐암 신약 승인 등을 통해 신약 개발에서도 강력한 성과를 보여주고 있으며, AI 플랫폼에도 진출하는 등 다방면에서의 활약을 보여주고 있습니다. 이처럼 다양한 치료제와 연구개발 역량을 바탕으로, 암젠은 비만 치료제 시장에서도 선두주자로 자리 잡을 가능성이 큽니다.

암젠의 비만 치료제 마리타이드는 현재 임상 2상에 진입한 상태입니다. 이 치료제는 기존의 1주 1회 주사를 맞아야 하는 비만 치료제와 달리, 한 달에 한 번만 주사를 맞으면 되는 방식으로, 환자들에게 더 큰 편리성을 제공합니다. 또한 초기 임상에서 12주간 환자들이 14.5% 체중을 감량한 결과를 보여주며, 기존 치료제와 비교해 더 빠른 효과를 나타내고 있습니다.

## 비만 치료제 시장의 미래

비만 치료제 시장은 단순히 일시적인 트렌드가 아닙니다. 비만은 인류가 해결해야 할 만성적인 문제 중 하나이며, 이를 치료하기 위한 수요는 지속적으로 증가할 것입니다. 현재는 고가의 치료제로 인해 부유층이 주요 소비자이지만, 시간이 지나면서 치료제가 더 저렴해지고 보급화된다면, 더 넓은 소비자층이 형성될 가능성이 큽니다.

암젠의 마리타이드는 기존의 비만 치료제와는 차별화된 방식과 편리성을 제공하며, 임상 결과가 긍정적으로 나온다면 암젠도 일라이릴리와 노보 노디스크와 같은 성공을 거둘 것으로 예상됩니다. 특히 2024년 말에 임상 결과가 발표될 예정이기 때문에, 2025년에는 암젠이 비만 치료제 시장에서 큰 기대를 모을 가능성이 큽니다.

## 결론: 암젠의 미래 전망

암젠은 단순히 비만 치료제뿐만 아니라, 다양한 바이오테크 분야에서의 성과와 함께 생명공학 기업으로서의 강점을 가지고 있습니다. 비만 치료제는 암젠의 성장에서 중요한 역할을 할 수 있으며, 시장이 계속해서 확장되는 가운데 암젠의 마리타이드는 큰 주목을 받을 것입니다.

## 미국 주식 전망 끝으로

사실, 앞서 소개한 주식 외에도 필자는 더 많은 종목을 눈여겨보고 있습니다. 그러나 시가총액이 낮거나, 2025년 한 해만 바라보기엔 모호하다고 생각되는 종목들은 제외했습니다. 애플을 언급하시 않은 이유에 대해 질문이 있을 수도 있는데, AI 분야에 대한 애플의 진입이 아직 초기 단계에 불과하기 때문에, 어떻게 AI 전략을 이끌어 갈지 지켜볼 필요가 있다고 판단했습니다. 만약 아이폰 출시 이후였다면 애플을 주목했을 것입니다. 그들이 가진 플랫폼의 강점은 분명하기 때문입니다.

록히드마틴(방산), 브로드컴(AI 하드웨어) 같은 기업들도 포함시키지 않았는데, 이들에 대한 추가적인 공부가 필요하다고 느꼈기 때문입니다. 더 작은 기업들도 많지만, 언급하지 않은 이유는 미국 주식 시장이 워낙 방대하기 때문입니다. 그들은 자본 시장의 투명성을 자랑하며, 필자는 한국 주식보다 미국 주식 투자가 더 쉽다고 생각합니다. 뉴스와 실적만 확인하면 충분하며, CEO들은 기업 전체의 이익을 위해 움직입니다. 이러한 투명성 덕분에 투자자는 매우 편리하게 기업을 분석할 수 있습니다.


**비중 이동: 하드웨어에서 소프트웨어로**

2024년에서 2025년으로 넘어가는 시점에서는 AI 하드웨어에서 AI 소프트웨어로 서서히 비중을 옮겨야 한다고 생각합니다. 이는 하드웨어 기업의 수익성이 감소해서가 아니라, 소프트웨어 기업의 경쟁력이 점차 커지는 시기가 올 것이기 때문입니다. 급하게 비중을 전부 옮길 필요는 없으며, 산업의 변화에 맞춰 천천히 이동하는 전략이 좋을 것입니다.


**비만 치료제에 대한 비중 조절**

비만 치료제와 같은 성장성 높은 바이오 분야는 AI와 함께 포트폴리오에 포함시킬 만한 가치가 있다고 봅니다. 필자는 AI에 대한 비중을 유지하면서, 시장이 주춤할 때 바이오 관련 주식을 공략하는 방식으로 비중을 조절하고 있습니다. AI가 불러올 파도에 올라타는 것은 훌륭한 투자 기회가 될 수 있습니다.

## 2025년 전체 경제 지표 및 이벤트에 따른 전망

앞서 소개한 주식들은 필자가 안전하고 견조한 종목들로 선별한 결과입니다. 누군가는 "이 주식들을 모르는 사람이 어디 있냐?"라고 할 수도 있겠지만, 중요한 것은 트렌드의 변화입니다. 트렌드에 맞춰 투자하면, 시장의 큰 변동에도 상대적으로 덜 영향을 받으면서 기회를 잡을 수 있습니다. 특히, 작은 기업보다는 대기업이 더 나은 환경에서 살아남을 가능성이 높습니다. 대기업은 혁신에 빠르게 대응하고 시장을 장악할 능력을 가지고 있기 때문입니다.

실제로, 애플이 메타버스 산업에 도전했다가 AI로 선회한 것처럼, 대기업은 실패를 극복할 수 있는 자본력과 유연성을 가지고 있습니다. 반면, 중소기업이었다면 한 번의 실패로 무너질 가능성이 큽니다. 그래서 필자는 주식 경력이 짧은 투자자라면 대형 주식에 더 비중을 두고, 경력이 높은 사람이라면 일부 포트폴리오를 단기 투자로 활용하는 것을 권장합니다.

### 경제 지표와 대응 전략

2025년의 경제 지표와 이벤트는 투자에 큰 영향을 미칠 것입니다. 이를

주식

위해, 가장 주목해야 할 세 가지 요소는 다음과 같습니다.

1. 미국의 금리와 고용
2. 외생변수(전쟁 등)
3. 한국 시장의 정책 방향

이 요소들을 고려하여 경제 전망을 바탕으로, 신중하게 투자 전략을 세우는 것이 중요합니다. 적립식 투자라면, 시장이 주저앉았을 때 과감하게 들어가 수익을 챙길 수 있는 기회를 포착하는 것이 핵심입니다.

2025년, 경제 지표와 이벤트에 맞춰 유연하게 대응하며, 변화에 적응할 수 있는 투자 전략을 실행하는 것이 성공적인 투자의 열쇠가 될 것입니다.

## 외생변수 요인, 전쟁

사실 전쟁과 같은 외생변수는 그 누구도 정확히 예측하기 어렵습니다. 필자도 러시아의 푸틴 대통령이나 중국의 시진핑 주석이 아니기에 그들의 행보를 예측할 수 없습니다. 또한, 이들은 대한민국과 같은 자유민주주의 국가에서 태어나고 자란 인물들이 아니므로, 그들의 사상과 정책 방향을 필자와 같은 일반 투자자가 가늠하기란 어려운 일입니다.

현재 러시아와 우크라이나의 전쟁 상황을 보면, 러시아는 때로는 화해의 제스처를 취하다가도 다시 공격을 가하는 모습을 보입니다. 트럼프 후보는 자신이 당선되면 전쟁을 끝낼 수 있다고 주장하지만, 그 구체적인 방법에 대해서는 명확히 밝힌 바가 없습니다. 필자는 그가 우크라이나에 대한 무기 지원을 끊고 영토를 분할하는 방식으로 전쟁을 종결하려고 할 것이라고 상상하고 있지만, 이는 단순한 추측일 뿐입니다.

그러나 유럽은 러시아가 더 이상 자신들의 국경에 가까워지지 않기를 원하며, 우크라이나가 싸우는 동안 국방력을 강화하고 있습니다. NATO의 정식 일원이 아닌 우크라이나를 직접적으로 방어하지 않으면서도 무기 지원은 계속하고 있는 상황입니다. 전쟁이 끝나더라도 유럽은 여전히 냉전 체제 속에서 러시아를 주시할 가능성이 큽니다. 따라서, 전쟁이 지속될 것이라는 전망은 여전히 유효하며, 냉전 상태에서 긴장감이 계속될 것으로 보입니다.

다음으로, 중국의 대만 침공 가능성에 대해서는 아직까지 시진핑 주석이 구체적인 행동을 취하지 않고 있지만, 군사훈련이나 발언을 통해 압박을 가하고 있습니다. 미국은 무역 및 산업 정책을 통해 중국을 견제하고 있으며, 이는 중국 내수 경제에도 큰 부담을 주고 있습니다. 이런 요소들이 복합적으로 작용하여 중국과 대만 사이의 긴장은 계속되고 있지만, 아직까지는 대만 해협에서의 실질적인 충돌이 발생하지 않고 있는 상황입니다.

만약 대만에서 전쟁이 발생한다면, 이는 세계 경제에 막대한 영향을 미칠 가능성이 큽니다. 대만 해협은 세계에서 가장 붐비는 해상 교통로 중 하나이며, 이곳이 봉쇄되거나 교통이 중단된다면 글로벌 공급망에 연쇄적인 파장이 발생할 수 있습니다. 이런 상황에서는 주식시장도 매우 큰 영향을 받을 것이고, 투자를 논하는 것 자체가 힘들어질 수 있습니다.

따라서 전쟁과 같은 외생변수에 대해 준비하고 대응하는 것은 필수적이지만, 이를 미리 예측하기보다는 발생할 수 있는 위험을 인시하고 다각화된 포트폴리오를 통해 위험을 분산하는 전략이 필요합니다.

## 한국의 정책과 자산 시장의 변화

한국 시장은 현재도 증시, 부동산, 자산과 관련된 정책들이 계속해서 변화하고 있습니다. 특히 부동산 정책은 정권이 바뀔 때마다 변동이 커졌고, 최근 서울의 집값 상승세를 보면 안정화라는 목표는 사실상 멀어진 것처럼 보입니다. 예를 들어, 최근 서울의 분양가가 15억 원에 이르는 사례는 많은 사람들에게 충격을 주었습니다. 이는 평균적인 직장인들의 연봉과는 큰 차이가 있으며, 도대체 누가 이러한 가격에 집을 살 수 있을지 의문을 제기하게 만듭니다.

## 부동산 시장: 가격 상단이 다가오는가

부동산 가격의 급등은 이제 누구도 부정하기 어려운 현실입니다. 서울

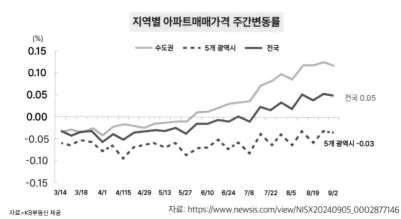

자료=KB부동산 제공

자료: https://www.newsis.com/view/NISX20240905_0002877146

2025 대한민국 미래 인사이트

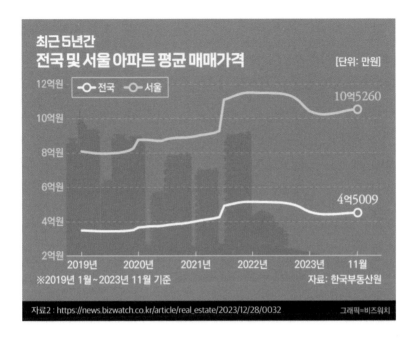

과 같은 도시에 인프라와 일자리가 집중되어 있기 때문에, 많은 사람들
은 이 지역의 부동산 가격이 불패라는 생각을 갖게 됩니다. 하지만, 필자
는 특정 지역을 제외한 다른 곳의 부동산 가격 상단이 다가오고 있다고
생각합니다. 이는 단순히 구매력의 한계 때문입니다. 앞으로의 주택 구
매 주체가 될 청년 세대는 현시점에서 이렇게 높은 부동산 가격을 감당
할 수 없을 것이기 때문입니다.

### 자산 배분의 변화: 부동산에서 주식으로

미래의 부동산 시장은 여전히 강세를 유지하겠지만, 일정 수준에서 상
단에 도달하면 자산 배분이 시작될 것입니다. 이는 자연스러운 흐름입

주식

니다. 한국에서도 주식 투자가 점차 대중화되고 있으며, 주식 시장으로 자금이 유입되는 흐름이 더욱 강해질 것입니다. 특히, 부동산 가격이 상한선에 도달할 때가 되면, 주식 시장으로 자금이 몰리는 현상이 더욱 뚜렷해질 것입니다.

### 정책 변화와 자산 시장의 미래

한국은 현재도 금투세와 같은 주식 관련 정책에 대한 논의가 활발히 진행되고 있습니다. 이는 주식 시장에 대한 관심 증가와 투자자의 목소리가 커지고 있음을 반영한 현상입니다. 향후에는 부동산 정책과 더불어 주식 시장에 대한 정책적 지원이 더 강화될 것이며, 이는 자산 배분의 변화 속에서 주식 시장을 더욱 활성화시키는 역할을 할 것입니다. 25년 이후의 시장에서는 주식과 부동산 간의 자산 배분이 중요한 화두가 될 것입니다.

### 끝으로

세상에는 정보도 많고, 여러 사람들의 의견도 넘쳐납니다. 특히 단기간에 돈 벌기와 같은 유혹들이 판을 치고 있습니다. 필자는 이 글을 마무리하며 네 가지 중요한 메시지를 남기고자 합니다:

- 주식 시장은 냉철하다.
- 경제에 무조건이라는 것은 없다.
- 쉽게 돈을 버는 방법은 없다.

- 익절은 항상 옳다.

## 주식 시장은 냉철하다

주식 시장은 테마나 이슈로 일시적으로 요동칠 수 있지만, 결국 실적이 주가를 결정짓습니다. 실적이 뒷받침되지 않는 기업의 주가는 시간이 지나면 반드시 제자리를 찾아갑니다. 테마주에 쉽게 휩쓸리지 말고, 기업의 실적과 현금 흐름을 확인하는 것이 중요합니다.

한국 시장에서는 경영진의 결정 하나로 기업의 펀더멘탈이 변할 수 있으니, 경영진의 판단에도 주의를 기울여야 합니다. 유상증자와 같은 경영 이슈에 대해 철저하게 대응하는 것이 필요합니다.

## 경제에 무조건이라는 것은 없다

어떤 경제 상황에서도 무조건은 없습니다. 세상은 끊임없이 변화하고, 예측 불가능한 사건들이 언제든지 발생할 수 있습니다. 따라서, 한 가지 방향만을 고집하지 말고 유연한 태도를 가지는 것이 중요합니다. 정치, 세계, 과학과 같은 다양한 분야의 뉴스를 꾸준히 접하면서 트렌드의 변화를 주의 깊게 관찰하는 것이 좋습니다.

## 쉽게 돈 버는 방법은 없다

세상에 쉽게 돈을 버는 방법은 없습니다. 단기간에 큰돈을 벌 수 있다는 유혹에 넘어가지 말고, 꾸준한 노력과 인내가 필수입니다. 주식에서 성공한 사람들은 잃어본 경험이 있더라도 다시 일어나 공부하고 노력한 결과, 성과를 이뤘습니다.

꾸준함과 미련함은 다릅니다. 스스로의 투자 방법을 돌아보고, 필요하다면 새로운 관점을 받아들여야 합니다.

## 익절은 항상 옳다

수익을 거둔 후 팔지 않으면, 언제나 아쉬움이 남습니다. 따라서, 분할 익절을 통해 수익을 실현하고 리스크 관리를 하는 것이 중요합니다. 돈을 잃지 않는 것이 가장 중요하며, 적게라도 수익을 거두는 것이 투자에서의 성공으로 이어집니다.

주식 시장에서는 지속적인 관찰과 냉철한 판단이 필요합니다. 급격한 변동에도 흔들리지 않도록 현금 비중을 적절히 유지하며, 투자에서 중요한 것은 꾸준한 수익을 쌓는 것임을 잊지 마십시오.